IJS 서울대학교 일본연구소

현대일본생활세계총서 **7**

전후 일본의 생활평화주의

남기정 엮음

박문사

   서울대학교 일본연구소에서는 정치외교연구실, 역사경제연구실, 사상담론연구실, 그리고 사회문화연구실 등 네 개의 기획연구실을 두고 현대 일본에 대한 인문학적 연구와 사회과학적 연구를 융합한 분석을 계속해 가고 있다. 각 연구실은 HK사업의 중심축으로 〈현대일본의 생활세계연구〉라는 대주제를 설정하고, 단계별로 집담회, 워크숍, 공개 심포지엄을 거치면서 연구 성과의 상호 검증을 통해 학제적 연구의 총체적인 발전을 도모하고 있다. 그 최종 성과물들을 〈현대일본생활세계총서〉라는 시리즈로 발간하고 있다. 이미 이 시리즈의 일환으로 5권의 총서가 출판된 바 있다. 제1권 〈전후 일본, 그리고 낯선 동아시아〉(2011. 7.), 제2권 〈도쿄 메트로폴리스〉(2012. 6.), 제3권 〈현대 일본의 전통문화〉(2012. 6.), 제4권 〈전후 일본의 지식 풍경〉(2013. 6.), 제5권 〈협조적 노사관계의 행방〉(2013. 12.), 제6권 〈일본 생활세계의 동요와 공공적 실천〉(2014. 5.)이 그것이다. 이번에 출간하는 〈전후 일본의 생활평화주의〉는 제7권에 해당한다.

   서울대 일본연구소는 연구 성과가 일본 전문가 및 연구자들에게만 공유되는 것을 넘어서서 사회적 공감을 확산할 수 있는 기회를 확장하고 있다. 공개세미나와 더불어 연구 성과물의 출판은 그 핵심적인 부분을 차지한다. 한국 내에서 일본에 대한 종합적이고 체계적인 이해의 확산을 도모하는 것이 연구소의 사명이라는 믿음이 있기 때문이다. 그런 의미에서 보다 일본을 전문적으로 연구하는 사람들을 대상으로 한 학술 저널 〈일본 비평〉 이외에도, 특별 강연 시리즈를 읽기 쉬운 글로 엮어내는 〈Reading Japan〉 시리즈도 만들어내고 있다. 2012년 이후 발간된 〈리딩 재팬〉 시리즈만 보아도 이를 알 수 있다. 제7권 〈독도가 우리 땅인 이유〉, 제8권 〈일본의 한반도 외교〉, 제9권 〈일본 전후의 붕괴〉, 제10권 〈아베의 일본 어디로 향하고 있는가〉, 제11권 〈천황의 전쟁 책임〉, 제12권 〈한일관계의 어제와 내일을 묻다〉 등은 모두 일반 독자들이 쉽게 현대 일본을 이해할 수 있도록 엮어낸, 학술적이면서도 동시에 대중적 저작물들이다.

현대 일본에 대한 이해는 과거와 현재를 포괄하는 통시적 시각을 필요로 하는 동시에, 인문학과 사회과학이 공존할 수 있는 학제적 연구 분석을 통한 융합의 가시화가 필요하다. 아울러, 다양한 분야에 대한 종합적이고 통섭적인 분석을 통해서만 일본의 전체상에 대한 입체적인 분석이 가능해진다. 일본연구소가 네 개의 기획연구실을 운영하는 이유이며, 연구자들의 구성을 학제적으로 짜가고 있는 이유이기도 하다.

일본연구소가 출판하는 다양한 연구 성과 중에서도 〈현대일본 생활세계총서〉는 연구소가 수행하는 HK사업의 핵심적인 연구 성과이자 동시에 일본연구소의 연구 방향을 담은 출판물의 의미를 가진다. 이번에 출판해 내는 책도 2년에 가까운 연구 활동과 반년에 걸친 출판 준비 작업을 통해 세상의 빛을 보게 되었다. 연구의 완성도 면에서는 아직 수정 보완이 요구되는 부분들도 남아 있으나, 연구의 성과를 다른 연구자들 및 일반 독자들과 공유하는 것도 사회적 책임의 일부라고 생각하여 조심스럽지만 동시에 과감하게 책으로 출판하게 되었다. 물론 미진한 부분이 있다면 연구소와 연구진의 책임이다. 이 책을 읽는 분들의 냉정한 비판과 조언을 구한다.

HK기획연구를 진행하는 동안 집담회, 워크숍, 공개 발표회 등을 통해 귀중한 의견을 주신 여러 분야의 연구자들의 조언과 도움이 없었다면 이 책은 빛을 보지 못했을 것이다. 이 기회를 빌려 연구 작업에 동참하셨던 모든 선생님들께 특별한 감사의 마음을 전하고자 한다. 또한, 일본연구소의 연구 성과를 출판할 수 있도록 언제나 적극적으로 임해주시는 박문사 관계자들께도 심심한 사의를 표하는 바이다. 끝으로, HK 기획 연구에 참여해 주신 동료 연구자들, 세미나 보조, 자료 조사, 교정 등으로 다망했던 연구보조원들, 연구 활동 수행의 보이지 않는 조력자인 행정실 직원들에게도 그간의 노고에 진심 어린 감사를 드린다.

2014년 5월 26일
서울대학교 일본연구소장·HK사업단장
박 철 희

현대일본생활세계총서 **7**

전후 일본의 생활평화주의

서 장

'생활평화주의'로 풀어보는 전후 일본의 평화론

남기정

1. 전후 일본, 평화의 일상적 풍경

'평화'는 전후 일본의 국시(國是)였다. 패전의 충격 속에서 국민 일
반에 퍼져 있던 염전(厭戰)의 감정이 반전의 사상으로 고양되는 한편, 헌
법에 '전쟁 부정'과 '병력 불보유'가 명문화되고, '평화적 생존권'이 확립
됨으로써 '평화'는 전후 일본의 국시가 되었다. 이는 6·25전쟁을 치른 한
국에서 '반공'이 국시가 되었던 것과 비슷한 상황이다. 전후 일본에서 '평
화'가 국가 생존의 기본 전제였던 것은 전후 한국에서 '안보'가 국가 생존
의 기본 전제였던 것과 짝을 이룬다.

한국에서는 오랫동안 '평화론'이 '안보론'이나 '전쟁론'의 외투를 필
요로 했으나, 일본에서는 '안보론'이 '평화론'으로 포장되어야 했다. 아베
내각이 '소극적 안보정책'으로부터의 전환을 '적극적 평화주의'라는 이
름으로 분칠하여 내세우고 있는 것은 한국에서 통일과 평화에 대한 수

많은 제안들이 다양한 수식어를 수반한 '안보구상'으로 제출되는 것과 데칼코마니를 이룬다.

한국의 어느 시인이 '삼팔선은 삼팔선에만 있는 것이 아니'라며, '입산금지의 붉은 팻말'과 '이웃집 강아지의 주둥이'에서 삼팔선을 보았듯이,[1] 그래서 한국인들이 '안보'를 부둥켜안고 일상을 살아야 했던 것과 정반대로, 전후 일본에서 '평화'는 도처에 있었다. 일본 도처의 크고 작은 기념관과 공원과 거리의 이름으로, 식당과 메뉴의 이름으로, 문구점과 팬시샵과 기념품 가게 이름으로, 거기에서 파는 종이와 문구와 장난감의 이름으로, 게임센터, 파친코센터와 경정(競艇)장의 이름으로, 때로는 당당하고 경건한 모습으로, 때로는 작고 아기자기한 모습으로, 또 때로는 야릇하고 그윽한 모습으로 '헤이와(平和, Heiwa)'라는 글자는 자리를 잡고 있다. 너무나 흔해서 눈에 띄지 않고, 그래서 그것이 의미하는 것이 무엇인지 의식되지 않을 정도로, 전후 일본에서 평화는 '일상'의 풍경이 되어 있었다. '평화기념관'이라는 울림이 귀에 익은 일본인들이 서울에서 '전쟁기념관'을 방문할 때 느끼는 뜨악한 기분을 생각해 보기 바란다.

한국에서 평화는 '안보'로 확보되는 목표였고, 그래서 잠시 미뤄 두어야 할 이상이었던 반면에 전후 일본에서는 평화가 일상이었다. 그러한 일상을 가능하게 했던 것은 평화를 통해 안보가 확보된다는 믿음을 구체화한 '헌법9조'가 있었고, '헌법9조'에 충실할 것이 국제사회로의 복귀와 생존을 위한 조건이었기 때문이다. 그래서 그것은 일본 국민의 염

---

1) 김남주, 「삼팔선은 삼팔선에만 있는 것이 아니다」, 『나의 칼, 나의 피』, 인동, 1987.

원이었다. 한국에서 '광복'과 '통일'이 그렇듯이 말이다.

이제는 많이 줄었지만 한국의 어느 마을에나 광복시장, 광복교회, 광복식당, 광복이발관, 통일상회, 통일슈퍼, 통일마트들이 하나 정도는 있듯이, 일본의 마을마다 거리마다 '평화'는 넘쳐난다. 북으로는 홋카이도의 삿포로(札幌)에서 남으로는 오키나와의 나하(那覇)에 이르기까지 도시 중심에 '평화로(平和通り)'를 가진 도시는 일본에 부지기수다. 대부분은 공습으로 파괴되었다가 전후 복구와 함께 새로 만들어진 거리들에 붙여진 이름들이다. '전쟁'에서 '평화'로 일상의 배경이 변화한 것을 가장 극적으로 보여주는 예는 아마도 홋카이도 아사히카와(旭川) 시의 '평화로'이리라. 이전 이름은 청일전쟁 후에 들어선 제7사단의 이름을 딴 '사단로(師団通り)'였다. 그리고 아사히카와 시의 평화로가 그렇듯이 대부분의 '평화로'는 특별한 기념물 없이 도시 중심의 상가거리로, 도시 주민들의 직장생활과 가정생활이 교차하는 일상생활의 터전으로 자리 잡고 있다.

2. '평화'를 '생활'에 연결하기

이 책은 이렇듯 전후 일본인의 생활에 일상의 풍경으로 자리 잡은 평화주의를 주제로 삼고자 한다. 이 책에서는 이러한 특징을 '생활평화주의(everyday-life pacifism)'로 새롭게 개념화하여, 전후 일본의 평화주의 또는 평화운동의 주요 흐름을 추적한다.

전후 일본의 평화운동은 혁신 엘리트 지식인, 정치인의 반전-반핵 운동으로 시작되어, 점차 반기지-반원전의 주민운동으로 정착되어갔다. 이는 '평화'가 정치나 이념의 고지에서 생활과 감각의 평지로 하강하는 과정이라고도 할 수 있다. 이러한 과정과 함께 평화운동의 주체는 고도의 정치의식으로 각성한 인민-계급의 결사체로부터 보통의 생활 감각을 공유하는 시민-주민들의 모임으로 변화했다. 이들은 정치투쟁으로서의 평화운동에 일정한 거리를 유지하면서도, 생활감각에 기인한 예민함으로 '비평화'의 징후를 민감하게 포착하여 생활의 현장에서 '평화'의 유지와 확대를 위해 노력해 왔다. 이 책에서 제시하는 '생활평화주의'는 전후 일본에서 전개된 이러한 평화주의-평화운동의 내용을 담기 위한 용어다.

'생활평화주의'를 학술적 용어로 처음 사용한 사람은 야마모토 마리(山本真理)다. 야마모토는 전후 1945년에서 1960년까지 주로 남성 노동자와 주부들이 전개했던 평화운동을 풀뿌리평화주의의 형성이라는 관점에서 분석하고 있다. 이 가운데 특히 주부들이 전개했던 평화운동을 '생활평화주의'라고 부를 만한 것이었다고 주장하고 있다.

야마모토는 '평화를 자기의 생활에 연결시키는 생각'을 '생활평화주의(people-first pacifism)'로 설명하고, '민중의 개인적 요구야말로 가장 중요하다'는 '현실적인 서민적 심정(down-to-earth popular wisdom)'이 국가의 대의에 개인의 희생을 종속시키는 이데올로기에 대항하는 근거가 되었다고 평가하고 있다. 그러나 야마모토의 저술에서 '생활평화주의'는 결론 부분에서 위의 특징을 서술하는 용어로 한 차례 언급될 뿐, 더 이상 구체적으로 개념화되지는 않는다.

그녀의 관심은 '생활'과 '평화'의 관계보다는 '풀뿌리평화주의'에 있는 것 같다. 야마모토에 따르면 주부들의 생활개선운동이 전후 노동자들의 경제주의적 노동운동과 결합하면서 '풀뿌리평화주의'가 형성되었고, 이를 기반으로 평화헌법을 지지하는 '분위기'가 만들어졌다는 것이다. 따라서 주부를 중심으로 한 여성들의 '평화론'이라는 것은 '주의'라고 할 만한 확고한 신조는 아니며, 막연한 평화애호 '무드'라는 게 야마모토의 주장이다.[2]

이 책에서는 이러한 문제의식을 보다 확대하여, 주부들의 평화운동에서 야마모토가 간취한 '생활평화주의'적 요소가 사실은 일본에서 전개된 평화운동 전반에 나타나고 있으며, 1960년대 이후에 그러한 특징이 보다 뚜렷해지면서 여러 갈래의 평화운동이 '생활평화주의'에 수렴되었다는 생각을 전개해 보고자 한다. 그런 의미에서 이 책에서는 '생활평화주의'라는 용어를 다음과 같은 내용을 갖는 개념어로 사용하고자 한다.

---

2) 山本真理, 『戰後労働組合と女性の平和運動―「平和国家」創生を目指して』, 青木書店, 2006, 303-304쪽. 야마모토의 이 책은 옥스퍼드대학 박사학위 논문을 가필 수정하여 영어로 출판한 것을 일본어로 번역한 것인데, 루틀리지에서 출판한 영어 단행본을 참고하면 '생활평화주의'는 원래 'people-first pacifism'이었던 것을 일역한 것임을 알 수 있다. Mari Yamamoto, *Grassroots Pacifism in Post-war Japan: The Rebirth of a Nation*, Routledge, 2004, p.207. 참고로 이 책에서도 그녀는 'people-first pacifism'에 *'sekatsu heiwa shugi'*라는 일본식 용어를 병기해 놓고 있다.

3. '생활평화주의': '생활세계'의, '생활인'의 평화주의

'생활평화주의'란 우선 '생활세계'에서 전개되는 평화주의다. 여기에서 생활세계란 사람들이 "일상생활에서 그 속에서 살고 있는 일상적 세계"다.[3] 생활세계는 후설(E. Husserl)과 슈츠(A. Schütz), 하버마스(J. Habermas) 등의 철학적 사색과 개념화를 통해 특별한 의미를 지니는 용어가 되었다. 그렇게 개념화된 철학용어로서의 '생활세계(Lebenswelt)'란 '선소여된(vorgegeben) 세계'이자 '주관연관적인 세계(subjekt-relative Welt)'이며,[4] "과학자들에 의해 구축된 사회가 아니라 의식을 지닌 주체들이 일상적 경험을 통해 상호의미를 교환하는 전(前)과학의 세계"이자,[5] "의사소통 행위가 항상 이미 이루어지고 있는 지평"[6]이다.[7]

---

3) 한전숙, 『현상학』, 민음사, 1996. 222쪽.
4) Edmund Husserl, *Erfahrung und Urteil. Untersuchungen zur Genealogie der Logik*, hrsg von L. Landgrebe, 1954, p.38; Edmund Husserl, *Die Krisis der europäischen Wissenschaften und die transzendentale Phänomenologie. Eine Einleitung in die phänomenologische Philosophie*, hrsg. von W. Biemel, 1954, p.127. 박인철, 「생활세계와 의사소통: 후설과 하버마스의 비교를 중심으로」, 『철학과 현상학 연구』 31권, 2006, 4쪽에서 재인용.
5) Alfred Schütz(ed by H. Wagner), *On Phenomenology and Social Relation*, The University of Chicago Press, 1975. 김왕배, 『도시, 공간, 생활세계』, 한울, 2000, 84쪽에서 재인용.
6) Jürgen Habermas, *Theorie des kommunikativen Handelns*, Bd. 2, Frankfurt a. M. 1995, p.182. 박인철, 「생활세계와 의사소통: 후설과 하버마스의 비교를 중심으로」, 8쪽에서 재인용.
7) 그 외에 한국현상학회가 펴낸 『문화와 생활세계』(철학과현실사, 1999)에 포함된 다음의 두 논문을 참조. 윤병렬, 「문화의 위기 및 상호 문화성과 반상호 문화성」; 최재식, 「하버마스의 "생활세계"와 "체계" 이론 및 이에 관한 사회·문화 현상학적 비판」.

그러나 여기에서 언급되는 생활세계라는 용어는 그러한 철학적 깊이를 갖지 않는다. 그래도 굳이 철학적 용어를 빌리자면 '생활세계의 평화'는 플라톤적 이데아로서의 평화가 아닌, 그 여집합의 모든 평화를 말한다. 즉 식탁 위에 오르내리는 밥과 반찬, 나날이 입고 다니는 옷이나 비와 바람을 피해 잠을 청하는 집으로서의 평화를 말한다. 생활이란 것이 사람이 태어나 죽는 순간까지 삶을 지탱해주는 활동이라고 할 때 그 기본은 의식주이기 때문이다. 그런 모든 것이 자본주의 사회에서 상품으로서 교환되어 얻어지는 것이라면, 저잣거리에서 내다 팔리는 상품으로서의 평화도 평화다.

그것은 '언젠가 당신이 계신 그곳의 평화'가 아니라 '지금 여기 나의 평화'이며, 유토피아나 이데올로기로서의 평화가 아니라 리얼리티로서의 평화다. 따라서 세상에 존재하는 것은 '하나의 평화'가 아니라 '여러 개의 평화들'인 것이다. 따라서 이 책에서 말하는 '생활평화주의'란 머릿속에 그려지는 이상으로서의 평화가 아니라, '여러 개의 평화들'이 있음을 자각적으로 받아들이고 손에 잡히는 실체로서의 평화를 말하려는 태도나 생각, 또는 그것을 이루려는 행동이다.

한편 '생활평화주의'란 '생활인'의 평화주의이기도 하다. 그것은 사색에 잠긴 지식인의 평화주의가 아니며, 현실의 개혁에 분투하는 운동가의 평화주의도 아닌, 늘 비슷한 복장을 하고 나와 반복되는 일상을 마치고 동네 슈퍼에 들러 먹을거리를 사들고 집에 가는 소시민들의 평화주의다. 그런 의미에서 '생활평화주의'는 '지식인평화주의'나 '진영평화주의'의 지평이자 배경으로 먼저 와서 늦게까지 살아남는다. 그것은 그치는 법이 없다. 생활이 이어지는 한.

생활세계는 '신의 계시'의 세계가 아니라 '인간의 언어'의 세계다. 그것은 선험적, 관념적이지 않고, 직접적 경험과 세속적 감각의 세계다. 또한 그것은 타자와 단절된 독백의 세계가 아니라 타자와 소통하는 대화의 세계다. 따라서 그것은 소수의 영웅들의 세계라기보다는 다수 대중의 세계다. 직선으로 질주하는 순종 경주마(서러브레드)의 세계가 아니라 갈지자로 소요하기를 즐기는 잡종 야생마의 세계다. 진리를 깨우쳐 가르치고 배우는 세계가 아니라 뒷담화를 주고받는 우물가 잡담(井戶端會議)의 세계다. 그것은 목적의식적, 대자적 세계가 아니라 현실적응적, 즉자적 세계이며, 체계와 질서가 없는 비체계, 무질서의 세계이다.

이렇듯 전후 일본의 '생활세계'에서 '생활인'의 평화주의로 전개된 '생활평화주의'의 의미와 한계를 지적하는 작업이 이 책의 목표이다. 이하 이 책의 구성과 각 장의 개요를 소개하면서 '생활평화주의'의 형성과 전개를 살펴보고자 한다.

4. '생활평화주의'의 초기 조건
   : 생활인의 감성과 생활의 정치화

일본에서 평화운동이 처음으로 고양된 것은 한국전쟁을 전후한 시기였고, 냉전의 세계사적 전개와 패전국가 일본의 특수한 경험이 교차하면서 빚어낸 평화에 대한 생각들이 평화주의라는 사고의 틀로 나타나기 시작하는 것도 비슷한 시기였다. 서동주의 글 「1950년대 '생활기록'과 평화담론」은 '생활기록운동'을 소재로 전후 초기 일본의 평화운동의 일면을 소개하면서, 그것이 지니는 의미를 '생활평화주의'의 시각에서 드러내 보여주고 있다.

1950년 한국전쟁이 일어나자 일본공산당과 그 외곽조직은 '평화운동'의 이름으로 반미투쟁을 조직하고 전개했다. 그것은 동북아시아의 국제공산주의의 움직임과 연동된 것이었으며, 따라서 고도의 정치적 투쟁이었다. 일본공산당은 1951년에 두 차례의 비합법 전국협의회를 열고 군사노선과 무장투쟁을 강령으로 채택하여 적극적 반미운동을 전개했으나 이는 실패했다. 서동주가 주목한 '생활기록운동'이 시작되는 것은 이 즈음이다. '기록운동'은 공산당의 총노선에 조응해 시작되었으면서도 이와는 일정한 거리를 두며 독자적인 평화운동으로 전개되었다. 공산당의 무장투쟁 노선은 1955년에 이르면 오류로 총괄되어 폐기되기에 이른다. 그런데 서동주에 따르면 오히려 '기록운동'은 1955년을 계기로 폭발적으로 보급되고 있다. 이 점을 고려하면 '생활기록운동'은 공산당의 과격노선에 대한 의도적 태만(사보타지)이었을 가능성이 있다.

이후 1950년대 후반기 '생활기록운동'은 조직적이고 지속적인 전개를 보이는데, 그러한 전개를 가능하게 했던 조건은 일본인의 '생활세계의 지근거리에, 곳곳에 편재하는 미군기지'의 존재였다. 그 결과 '운동으로서의 기록'과 '기지라는 현실'이 만나는 곳에서 '나'를 주어로 하고 '반전과 평화'를 주제로 한 '무수한 기록물'들이 생산되었다. 이 시기 일본의 '반전 평화' 운동가들에게 '전쟁과 평화'의 전선은 '미군기지'와 '주민생활

'(나의 생활)'의 사이에 존재하고 있었다. 과격한 정치투쟁이 실패한 뒤 '생활인의 감성'을 전면에 드러내는 '생활기록운동'이 '반전 평화' 운동의 주류로 등장했다는 사실, 거기에서 등장한 무수한 '나의 기록'들이 평화 담론의 기저를 이루고 있다는 사실에서 '생활평화주의' 탄생의 객관적 조건을 찾아볼 수 있다.

이은경의 글 「〈일본모친대회〉, 각성하는 '모성'과 평화」는 여성들, 특히 어머니들의 평화운동을 다루고 있다. 1955년에 시작되어 현재까지 계속되고 있는 〈일본모친대회〉에 주목하여, 이 운동단체와 그에 의한 집회가 일본 '반전평화운동'의 주요 흐름으로 등장하는 배경과 그것이 지니는 일본적 특수성을 해명함으로써, 일본 평화주의(평화운동)의 특징을 보여주는 것이다. 이 연구는 특히 전후 일본 여성들의 대표적인 반전평화운동이 '왜 하필 전전의 불편한 기억과 연결된 "모성"을 전면에 내세우며 "모친운동"이라는 형태로 전개되었는가'라는 질문으로 시작하여, '평화'가 '아이들의 건강한 생존권'의 문제로 인식되었던 구조 속에서 그 답을 찾아가고 있다.

이은경에 따르면 '모친운동'의 개시는 일본 국민에게 핵 재앙을 각인시킨 '비키니 사건'을 계기로 한 것이었지만 그 토양은 패전 직후부터 일관되게 진행된 여성들의 평화 희구 움직임으로 이미 존재하고 있었다. 그러던 중에 '비키니 사건'이 일어나자 여성들의 반핵운동이 〈모친운동〉의 모습으로 급격히 조직화하기 시작했던 것이다. '죽음의 재'에 의한 건강상의 피해와 차세대에 대한 악영향이 현실의 공포로 나타난 '비키니 사건'은 '아이와 생활'이 평화운동의 핵심 주제로 등장하는 계기가 되었으며, 그 과정에서 평화운동의 주체로서 '모친'이 발견되었다.

그런데 이은경은 이 과정에서 전쟁에 협력했던 '모성', 국가와 전쟁을 위한 '모성'의 문제가 완전히 해결되지 않고 그대로 남게 되었다는 점을 지적하고 있다. '가족의 생활'이 곧 '국가의 생존'이라는 논리 구조는 그대로 남았으며 오히려 강화되었다는 것이다. 이러한 관찰은 납북 일본인 문제에 대처하는 가족들의 모임이 평화운동의 외양을 띠면서 국가주의적 운동을 선도하는 연유를 짐작하게 한다. 나아가 모친들의 평화운동이 지향하는 '아이의 더 나은 생활'이라는 목표는 구체적이고 현실적이나, 한편으로 보수적이다. 그런 의미에서 모친들의 '생활평화주의'는 '더 나은 생활'이 정착하는 1980년대에 생활보수주의를 맞이하는 마중물이 되었을 가능성도 있다. 심지어 2000년대 '모성'의 평화는 더욱 보수화하는 중이다. 북한에 납치된 '자식'을 돌려보내 달라며 눈물로 호소하는 말들 속에 배외주의적 언설을 무심하게 박아 넣는 '어머니'들의 모습이야말로 '생활평화주의'의 또 다른 표현인 것이다.

박이진의 글 「'귀환체험담'과 '반전평화주의'」는 전후 일본 사회의 반전-평화주의로 수렴되는 공적 기억(기록)의 전형으로서 '귀환체험담'에 주목하여, 그 원형이 만들어지는 과정과 의미를 천착하고 있다. 이때 박이진이 주목하는 것은 소시민들로 구성된 소규모의 귀환자들이 자발적으로 집필에 참여하여 1976년에 출판된 『동토로부터의 소리(凍土からの声)』이다. 여기에 기록된 귀환자들의 전쟁체험기는 히로시마와 나가사키의 원폭피해담이나 도쿄와 고베 등 일본 국내 여러 도시의 공습체험담과 함께 '비평화적 상황'의 원점처럼 기능하며, 전후 일본 국민을

반전의 '정서적 동맹체'로 묶어내는 역할을 수행했다.

박이진은 그것이 '이후 세대에게 전쟁이 없는 평화로운 세상을 남겨주어야 한다'는 범인류적인 메시지를 담은 평화기원의 기록이었던 점을 평가하면서도, 전쟁에서 당한 '개인의 수난'에만 초점이 맞추어진 '정형화된 수난담'으로서의 한계를 가진다고 지적하고 있다. 즉 '믿었던 관동군의 배반'과 '국가에 의한 기민(棄民)'으로 전쟁의 참담함을 온통 '개인'이 고스란히 받아내야 했던 피해의 경험을 전달하며 국가와 군대를 고발하고 반군-반전 의식을 고양하는 '귀환체험담'이 다른 한편에서는 침략전쟁의 일익을 담당했던 해외개척 이민자들을 전쟁의 피해자로 객체화하여 전쟁의 주체로서의 위치에서 지워버리는 문제를 낳고 있다고 지적하고 있다. '귀환체험담'에서 '비평화'는 전쟁으로 파괴된 '생활'의 문제이며, 따라서 전쟁 그 자체는 비평화의 구조에서 간접적 지위가 부여되고 있을 뿐이다.

그런데 '귀환체험담'이 속속 나오기 시작하는 1970년대는 베트남전쟁의 현실 속에서 일본이 아시아에서 가해자가 되고 있다는 의식이 나오기 시작하는 시기다. 그런 가운데 피해의식이 강조되는 '귀환체험담'이 나와 널리 읽히기 시작했다는 점은 의미심장하다. 이는 '귀환체험담'이 '시대의식'과 괴리를 보이고 있는 지점인데, 박이진은 그러한 괴리가 1970년대의 시대적 상황에 귀환자들의 전쟁 후유증이 자극을 받은 데에서 비롯되고 있다고 해석하고 있다.

한편 박이진은 나리타 류이치(成田龍一)의 분석에 기대어 또 다른 '70년대성'을 지적하고 있다. 즉 이 시대가 오일쇼크의 시대로, 일상생활의 위기가 감지되던 시기라는 점이다. 과거 전쟁의 그림자는 석유 수급의 불균형과 그로 인한 국제정치의 대균열로부터 드리워지고 있었다. 박이진은 1970년대에 자원문제를 둘러싸고 일본이 국제정치의 소용돌이에 휘말리고 있다는 의식과 함께 전쟁의 위기의식이 첨예화하고 있었다고 지적하고 있다. 전쟁의 위기가 실재하지 않음에도 불구하고 패전의 트라우마가 각성되면서 생활의 위기를 전쟁의 '징후'로 받아들여 이에 민감하게 반응했다는 것이다. 이 때문에 전쟁으로 파괴되는 일상을 기록한 '귀환체험기'가 반전평화의 성전이 될 수 있었다고 분석했다. 그결과 생활로서의 반전이 강조되면서 전쟁 기억의 문제는 오히려 '국제정치적 평화'의 문제에서 비껴나기 시작했다는 것이다.

이와 같이 1970년대 일본에서 평화의 문제는 '일상의 회복'으로서의 평화주의라는 의미에서 '생활평화주의'로 수렴되기 시작했던 것이다. 일상의 철저한 파괴가 눈앞에 펼쳐졌던 3·11 이후 귀환자들의 체험담들이 다시 주목받고 있는 이유도 여기에서 찾을 수 있다고 박이진은 지적한다.

5. '생활평화주의'의 내러티브: 국민의 심성과 평화의 의례화

이렇게 생활의 감성에서 출발한 '나의 평화'들은 평화의 의식과 축제들을 통해 의례화되어 일본 국민의 심성으로 자리 잡게 되었다. '생활평화주의'는 한편으로는 국민적 고양의 과정을 거쳐 공공재화하였고,

다른 한편으로 시장에서의 교환가치를 획득한 상품이 되었다. 그것은 국민의례처럼 정형화되어 해마다 반복되는 신문매체들의 8·15 특집들과 대중적 메가 이벤트로 전개되는 각종 스포츠 예능축제를 통해 모습을 드러냈다.

박진우의 글 「'8·15'를 통해서 본 전쟁관과 평화인식」은 마이니치(每日), 아사히(朝日), 요미우리(読売) 등 3대 일간지의 8월 기사들 가운데 사설과 독자 투고를 추적하여, 일본인 일반이 가지고 있는 8·15의 역사인식이 어떻게 전개되어 왔는지 분석하고 있다. 일본에서 해마다 8월은 1945년 8월의 히로시마와 나가사키를 거쳐 종전에 이르는 시간을 추체험하면서 '전쟁과 평화'의 의미를 곱씹게 하는 달이다. 먼저 '8·15 사설'들에 대한 분석에서 박진우는 시간의 흐름에 따른 변화를 다음과 같이 정리하고 있다. 1960년대까지 '가해책임'을 묻지 않았던 사설들이 70-80년대에 들어와 침략전쟁과 가해책임을 묻기 시작했고, 90년대에서 2000년대까지 이러한 인식은 더 깊어지고 있기는 하나, 1995년을 정점으로 보수화하기 시작했으며, 특히 요미우리신문사의 입장이 두드러지고 있다는 것이다.

한편 독자투고란에 대한 분석에서는 전쟁체험의 전승(傳承) 문제가 주된 기조로 자리 잡고 있으며, 주변 피해국에 대한 가해 책임을 외면하고 자국의 희생자들을 기리면서, 그 희생 위에 전후의 평화가 있다는 '일국 평화주의'의 한계를 드러내는 내용이 주를 이루고 있음이 확인되었다. 이는 위의 박이진이 지적한 바와 일맥상통하는 내용이다. 박진우의 분석에 따르면, 독자 투고에서 가해책임이 언급되기 시작하는 것은

'신문사설'보다 조금 늦은 80년대 이후이며, 이 시기부터 피해자의식에 대한 '전후 세대'의 비판도 나오기 시작했다고 한다. 이어서 1980년대 후반인 '전후 40년'에서 '전후 50년'에 이르는 시기는 일본 국민의 침략의 사실에 대한 자각과 이에 대한 반성이 가장 두드러지게 표현되던 시기로 기록된다. 이것은 아마도 전쟁의 직접적 피해의 기억이 옅어져 가는 가운데, '생활평화주의'의 담당자들이 침략과 가해의 역사와 마주할 수 있는 심리적 여유가 생겼음을 의미하는지도 모른다. 다른 한편, 바로 그것이 역사수정주의 대두의 배경이기도 했을 것이다. 그런 의미에서 1990년대에는 '생활평화주의'에서 발단한 부수적 효과들이 긍정적 측면과 부정적 측면에서 동시에 드러나기 시작했다고 할 수 있다.

이경분은 「〈팩스 뮤지카 콘서트〉와 소비되는 평화」에서 대중문화로 소비되는 평화의 문제를 다루고 있다. 이경분은 1984년 당시 일본의 정상급 대중스타 다니무라 신지(谷村新司)가 기획하고 이에 한국의 조용필과 홍콩의 알란 탐(Alan Tam, 譚詠麟)이 의기투합해서 개최했던 〈팩스 뮤지카〉를 소재로 삼아, 그 속에 투영된 평화의 이미지를 찾고 있다.

음악은 감성의 공유를 통해 공동체의 구성원을 하나로 규합하는 효과를 발휘한다. 음악은 때로 국경을 초월하여 세계를 하나로 만들기도 하지만, 내부적인 결속을 강화하여 배외적 감정을 일거에 폭발시키는 역할을 하기도 한다. 독재를 미화하기도 하고, 거꾸로 독재에 항거하는 수단이기도 하다. 그래서 음악은 정치적 분석의 대상이 되기도 하며, 그 자체가 정치적 수단이 되기도 한다. 히틀러가 바그너의 음악을 이용했다는 것은 널리 알려진 이야기이며, 60년대 미국의 반전 포크송은 베트남에서 미국의 실패를 불러온 요인이 되었다고 지적되곤 한다. 전자는 음악이 사람들의 일상을 규율하는 수단이 될 수 있다는 것을, 후자는 음악에 표현된 민중들의 기분이 정치적 압력을 만들어낼 수 있다는 것을 보여준다.

이경분의 글에서는 음악에 자연스럽게 묻어나는 1980년대 일본 사회의 분위기를 읽어낼 수 있다. 이경분은 메가 이벤트로서 소비되는 '평화'에 주목하고, 그 대표적인 사례로서 1984년에 처음으로 시작된 〈팩스 뮤지카〉 공연의 내용과 성과를 소개하고 있다. 이경분도 강조하고 있지만 그 평화의 구호가 '아시아인이여, 우리는 하나'였다는 점은 특히 주목할 만하다. 동아시아공동체와 관련한 지식인들의 논의가 이 지역에 나타나기 시작한 것이 1990년대 중반이었던 것을 생각해 보면, 이는 그로부터 10년 앞선 것으로, 그 선구성을 읽어낼 수 있다. 그 현재적 의미에 대해서는 더 논의가 필요하겠지만, 1980년대 일본에서는 대중들이 탈정치적 일상의 감성으로 '아시아의 연대와 평화'를 노래하고 있었던 것만큼은 분명하다.

한편, 생활세계는 생산과 소비, 교환이 일어나는 공간이기도 하다. 그런 의미에서 생활세계의 평화는 즉 '생활평화주의'는 생활의 공간에서 생산되고 소비되고 교환되는 것이었다. '평화'를 '생활'로 받아들이는 일본의 대중들은 〈팩스 뮤지카〉라는 시장에서 노래를 구매 소비하는 것과 동시에 평화를 구매하고 소비하고 있었던 것이다.

6. '생활평화주의'의 주체들: 인민/주민/시민의 생활과 평화

　'생활평화주의'는 복수의 '나'를 주체로 한 것이며, 하나로 통합된 '우리'를 상정하지 않기 때문에 그 주체 또한 다양할 수밖에 없다. '생활평화주의'의 주체에는 '인민으로서의 나'도 있을 수 있고, '주민으로서의 나'도 있을 수 있으며, 당연히 '시민으로서의 나'도 포함될 수 있다. 그렇기에 '인민'을 주체로 설정했던 평화운동에서도 '생활평화주의'의 속성은 발견될 수 있으며, 같은 속성이 '주민' 또는 '시민'을 주체로 해서 전개된 운동에도 배어 있을 수 있다.

　박정진의 글 「〈원수폭금지운동〉과 일조인민연대」는 일본과 조선의 '인민'이 〈원수폭금지운동〉 속에서 서로 만나 연대할 수 있었던 가능성과 한계에 대해 논하고 있다. 〈원수폭금지운동〉 이전, 비록 그것은 '생활평화주의'라고 할 만한 것은 아니었지만, '생활'의 문제를 전면에 내걸었던 '생활 옹호 투쟁'에서 양국 인민은 연대를 모색했으며, 〈원수폭금지운동〉과 함께 연대를 구체화했지만, 결국 〈원수폭금지운동〉의 위상을 둘러싼 논쟁 속에서 연대는 붕괴의 과정을 겪었다. 그런 의미에서 박정진의 글은 '생활평화주의'가 본격적으로 대두되기 이전 시기에 '생활'과 '평화'의 관계 문제를 운동사적 측면에서 재평가하는 작업이다.

　박정진은 '사회운동의 55년 체제'가 시작되고 '진영 평화주의'가 평화공존의 평화운동으로 방향을 바꾸면서, 재일조선인의 '생활 옹호 투쟁'이 크게 후퇴하게 된 것을 문제 삼고 있다. 이를 박정진은 '평화 이데올로기가 생활을 밀어낸 셈'이라 분석했다. 일본의 패전 직후, 원래 재일조선인들은 '생활 옹호 투쟁'의 선봉에 있었고, 그래서 평화운동의 주류에 설 수 있었다. 박정진의 명제를 거꾸로 세우면 '생활은 평화운동을 밀고 나가는 힘'이었다고 할 수 있다. 이 역사적 경험에서 이 시기 일본에서 평화와 생활의 관계가 가지는 하나의 특징을 발견할 수 있다. '평화는 생활의 전제'이지만 '생활은 평화의 조건'이 아니었던 것이다. 나아가 평화공존론을 주장하는 '진영평화주의'는 사회주의 진영의 분열과 함께 실패함으로써, 일본에서 평화운동의 짐이 되고 말았다. 결국 '진영'과 결합한 평화주의는 국내적으로는 '생활운동'의 실패, 대외적으로는 '평화운동'의 실패의 원인이 되었다. 여기에서 일본의 평화운동이 취해야 했던 역사적 교훈은, 운동에서 생활을 중심으로 사고하는 것은 평화운동으로의 발전 가능성을 가지고 있는 반면, 평화의 이데올로기에 고집하는 태도는 생활을 운동의 중심에서 밀어낸다는 것이었다.

한편, 진필수는 「'자생적 생활운동'으로서 이와쿠니 반기지운동」이라는 글에서 2000년대 중반 전개된 이와쿠니 반기지운동을 생활사적 맥락에서 재해석하고 그 의미와 성격을 논하고 있다. 그것은 '주민'이 전개하는 평화운동의 의의와 한계를 '이와쿠니 반기지운동'을 소재로 드러내 보이는 작업이다. 이 시기 일본의 다른 지역에서는 특히 90년대에 크게 일어났던 오키나와의 반기지운동이 상대적으로 소강상태에 들어가고 있던 반면, 이와쿠니에서는 새로운 형태의 반기지 운동이 발생하고 있어서 주목을 받았다. 그 이유는 이 운동이 '생활밀착형'으로 전개되었기 때문이다.

따라서 너무나 정당하게도 이와쿠니 반기지운동은 생활사적 맥락에서 분석되어야 하는데, 진필수에 따르면 생활사적 맥락에서 운동을 고찰한다는 것은 다음의 네 가지 요소에 주목한다는 것이었다. '기지피해'와 '기지경제'의 문제. 그리고 다양한 사회세력의 존재와 의견 조정의 과정 등이다. 즉 '기지'에서 나오는 '손해'와 '이득'의 '계산'과 '조정'의 문제가 반기지운동의 전개에서 가장 중요한 문제라는 주장이다. 반면, 기지피해와 기지경제, 즉 생활의 요구에서 나오는 자생적 반기지 운동은 기지문제를 야기하는 구조의 문제, 즉 미국의 세계 군사전략과 미일동맹의 문제는 건드리지 않고 특정 기지 정책을 비판하고, 그 운용의 개선을 요구하는 운동에 그칠 가능성이 있어서 한계로 지적되곤 한다.

그러나 이와쿠니의 사례는 이러한 생활상의 요구가 정부 당국의 부실한 대응에 부딪힐 때, 오히려 그것은 정책 비판을 넘어 체제 비판으로 발전할 가능성이 있다는 것을 보여주고 있다. 한편, 진필수는 기지경제가 반기지운동을 침체시키는 요인이라는 통념도 재고될 필요가 있다고 문제를 제기하고 있다. 이러한 주장은 보수화의 위험성이 지적되는 '주민'들의 '생활평화주의'가 조건에 따라서는 오히려 급진적일 수 있다는 예상을 가능하게 한다.

마지막으로 남기정은 '생활평화주의'의 주체로서의 시민에 주목한다. 2011년 3월에 일어난 동일본대지진의 여파로 후쿠시마에서 원전사고가 일어난 뒤 전국적으로 대규모의 반원전운동이 고양되었고 그 주체로서 '시민'이 새롭게 주목을 받았다. 남기정의 글 「반원전운동과 생활평화주의」는 3·11 이후에 고양된 반원전운동의 역사적 기원과 의미를 찾고 있다. 언뜻 새로워 보이는 이러한 움직임이 사실은 1960년대 말부터 일본의 '평범한 시민'들이 전개한 베트남전쟁 반대운동에 기원을 두고 있다는 것이 남기정의 주장이다.

베트남전쟁 반대운동에 참가한 일본의 시민들은, 베트남으로의 파병을 거부하고 탈주한 미군 병사들을 지원하는 운동을 전개하는 과정에서 전쟁과 평화의 '일상성'에 주목하여, 운동의 과정에서 '생활의 발견'을 성취해 나갔다. 나아가 그들은 베트남전쟁의 종결을 전후해서 새로운 사회적 이슈로 등장하고 있던 현대적 문제들, 즉 도시문제와 공해문제에 직면하여, '생명과 생활'을 지키는 일반 민주주의의 운동으로서 '인간의 원리'에 입각한 운동을 전개해 나갔다. 그러한 운동은 베트남전쟁 이후에도 여러 형태의 조직을 거치면서 지속적으로 전개되었으며, 자연스럽게 원전반대 운동의 흐름을 형성해 나갔던 것이다. 그것이 가능했던 것은 생업과 운동을 양립시키고자 했던 '베평련(베트남에 평화를! 시민연합)'의 운동원칙이 있었기 때문이었다.

한편, 전공투 운동이 패배한 뒤 학생운동을 반성하는 움직임 가운데에서도 반공해운동을 전개하는 그룹이 생겨났다. 반공해운동이 자본에 저항하는 근거가 될 수 있다고 생각했던 것이다. 그들은 원전 건설이 본격화하자 공해문제의 하나로서 원전문제에 주목하고 지역주민을 주체로 한 반원전운동을 조직해 나갔다. 자본에 저항하는 것은 이제 계급이 아니라 '주민'이 되었던 것이다.

3·11 이후에 분출한 반원전/탈원전운동은 이러한 시민운동과 주민운동이 결합하면서 폭발적으로 나타난 것이었다. 이러한 운동이 3·11 이후의 반원전운동의 전사(前史)로서 지속적으로 전개될 수 있었던 것은

평화의 달성이 노동자계급이나 피압박민족의 자각에 의한 '혁명'과 '반제투쟁'으로서가 아니라, 평범한 시민들이 생활 속에서 생명과 생활을 지키는 운동을 전개하는 가운데 가능하다는 신념이 있었기 때문이었다. 이러한 신념을 또한 우리는 '생활평화주의'라고 부를 수 있을 것이다.

여기에서 남기정은 '생활평화주의'라는 용어를 일본의 시민사회에서 전개되어 온 '평화운동'이 일상생활의 영역에 착근하여 지속적으로 전개되는 힘을 가지면서도, 독자적 정치세력으로 조직화되지 못하는 한계를 노정해 왔다는 의미에서 양가적(ambivalent)으로 사용하고 있다. 3·11 이후에도 일본의 시민사회에서 전개되는 반원전운동은 '생활평화주의'의 의의와 한계를 동시에 보여주고 있는 듯하다.

7. '생활평화주의'의 의의와 한계

이 책은 전후 일본에서 '일상'처럼 자리 잡은 평화주의를 주제로 삼고 있다. 일상에 흐르는 일본의 평화주의는 시대적, 사회적 상황에 조응하여 이런 저런 형용어로 수식되는 다양한 형태의 평화주의로 발현했다. '절대평화주의', '강단평화주의', '진영평화주의', '풀뿌리평화주의' 등이다. 전후 일본은 가히 평화주의의 백화점이다. 그중에 많은 평화주의들이 현재적 의미를 상실하고 역사가 되어갔다. 이윽고 평화주의 그 자체가 사라져 가고 있는 듯하다.

이러한 중대한 시점(critical point)에서 이 책은 일본의 평화주의를 한국의 관점에서 분석, 평가하고자 하는 의도에서 기획, 집필되었다. 일본의 평화주의에 대한 관심은 일본 정부의 '불온'해 보이는 움직임이 어디까지 갈 것인가를 가늠하고 이에 대한 적절한 대응을 모색해야 한다는 실천적 과제와 맞닿아 있다. 그 움직임은 일본의 평화주의와 그에 기초한 각종 운동과의 길항 속에서 전개되기 때문이다. 여기에서 우리가 던져 볼 수 있는 질문은 다음과 같은 것들이다. 일본의 평화주의는 과연 유효한 제동장치로 기능할 것인가? 그렇지 않다면 일본은 군국주의로 회귀(또는 새로운 형태의 군국주의로 진화)할 것인가?

일본의 평화주의는 유효한가? 아베 제2차 내각의 등장 이래 가팔라지고 있는 일본의 군사적 우경화 행보를 보면, 일본의 평화주의를 옹호하기에 그 대응은 영 미덥지 않다. 그런 의미에서 일본의 평화주의는 유효기간이 다되어 '폐기처분'을 기다리는 '신선식품'같다. 이제 바야흐로 아베의 일본은 고삐 풀린 망아지처럼 군사적 우경화로 치달을 것처럼 보인다.

그렇다면 일본의 평화주의는 수명을 다했는가? 아베의 군사적 우경화 시도가 구체적인 개헌일정으로 넘어가려 할 때마다 일본 국민이 보이는 저항은 비록 많이 미약해졌다고는 하지만, 아직은 무시할 수준까지 내려앉은 것은 아니다. 아베 수상의 집요한 헌법개정 시도가 해석개헌이라는 '꼼수'로 나타나고 있는 것은 아직은 '분위기'로서의 평화주의가 살아 있다는 것을 알게 해 주는 역설적 바로미터다. 서두에 언급했던 것처럼, 그가 과거 일본이 추구해 왔던 소극적 안보정책으로부터의 전환을 '적극적 평화주의'라는 용어로 내 놓을 수밖에 없었던 것이 이러한 역설적 구조를 드러내 보여주고 있다.

　전후 일본에서 전개된 평화주의의 의미는 위의 두 가지 질문 사이 어딘가에서 찾아져야 한다. 있다고 확언하기에 미심쩍고, 없다고 잘라 말하기에 석연치 않은 그런 일본의 평화주의를 문제화하여 거론하기. 바로 이를 위해 '생활평화주의'라는 용어가 개발되었다. 조직적인 운동으로 분출되어 나오지는 않지만 공기처럼 존재하는 평화주의, 정치의 세계에서는 좀처럼 강력한 변수로 부상하지는 않지만 생활의 세계에 침투하여 군건한 상수로 존재하는 평화주의, 일본에서 평화주의는 그렇게 존재한다. 그렇다면 일본의 평화주의에 대한 낙관적 기대는 일본의 군사적 우경화에 대한 대응을 무디게 할 수 있는 반면, 기대에 미치지 못하는 일본의 평화주의에 대한 과도한 비난이 평화주의의 약화를 가져오고 그 틈새를 '전쟁불사의 안보론'이 파고들어 오고 있는 것은 아닌지 고민해 볼 일이다.

　모쪼록 이 책이 전후 일본의 평화주의의 미래를 가늠하고, 일본의 군사적 우경화의 행보가 어디로 어느 만큼 향할 것인지 전망하는 데 유용한 도구상자가 되길 바란다.

2014년 5월 23일

남 기 정

제1부

생활인의 감성과 생활의 정치화

현대일본생활세계총서 7

전후 일본의 생활평화주의

1950년대 '생활기록'과 평화담론*

서동주

1. 1950년대 '기록운동'

이 글은 1950년대 직장과 지역에 거점을 두고 대중적으로 전개되었던 '기록운동'의 역사적 의미를 '평화운동'의 시각에서 살펴보고, 특히 기록운동을 통해 나타난 '개인과 공동체' 혹은 '예술과 정치'의 전례 없는 '밀착'을 가능케 한 이 시대의 고유한 조건을 탐색하는 것을 목적으로 한다.

1950년대는 '기록운동'의 시대라고 할 수 있다. 『메아리 학교(山びこ学校)』(1951)를 계기로 각지에서 '생활작문교육'이 운동의 형태로 일어났고, 지역과 직장의 문화 서클 등에서 '서클 시'와 '생활기록'이 전국적 네트워크를 갖고 전개되었다. 또한 아방가르드 예술과 르포르타주가 결

---

* 이 글은 『일본사상』 25호(2013. 12)에 게재된 「1950년대 '기록운동'과 '기지 일본'의 표상」을 수정·보완한 것이다.

합한 '기록예술운동'도 이 시기에 동시적으로 펼쳐졌다.[1] 이러한 기록의 유행은 '문학', '미술'과 같은 전통적인 표현 영역에 국한되지 않았다. 예를 들어 1953년부터 시작된 TV방송을 매개로 새로운 다큐멘터리의 흐름이 일어났고, 르포르타주 회화와 함께 '리얼리즘 사진'이라는 장르도 활성화되었다. 또한 국민적 역사학운동에 촉발되어 지역의 역사를 발굴하는 시도가 광범위하게 이루어졌다. 여기에 그런 지역사 발굴의 열기 속에서 제작된 각종 그림연극(紙芝居)과 환등(幻燈)도 빼놓을 수 없다. 이렇게 이 시기의 기록운동은 장르와 매체를 횡단하며 거의 전국적인 규모로 전개되었다.[2]

사회운동의 관점에서 보면 1950년대는 이른바 '기지반대 운동'이 또한 전국적인 규모로 전개된 시기이기도 하다. 1953년 이시카와 현 우치나다에서 시작된 미군 기지 포탄 사격 연습장 무기한 사용에 반대하는 투쟁에 호응이라도 하듯이, 도쿄에서는 세타가야 기지에 반대하는 도내 최초의 반기지 데모가 일어났다. 급기야 1953년 다치카와 기지 확장에 반대하면서 일어난 스나가와 초 주민들의 '스나가와 투쟁'이 불거져 나왔다. 이듬해 10월에는 강제 측량을 둘러싸고 농민, 이를 지원하는 노동조합원과 학생들이 경찰과 충돌하면서 다수의 부상자가 나오는 사건이 벌어졌다.[3]

---

1) 佐藤泉, 「五〇年代ドキュメンタリー運動」, 『昭和文学研究』, 2002. 3.
2) 鳥羽耕史, 『1950年代─「記録」の時代』, 河出ブックス, 2010. 9쪽.
3) 그 무렵 묘시산과 아사마산, 기타후지 등에서 기지 확장에 반대하는 투쟁에 불이 붙었고, 오키나와에서도 잇따라 발생하는 주민과 여성에 대한 미군 병사들의 폭력, 살인과 주민 의사를 무시한 점령 방침에 사람들의 분노가 폭발해 '섬 전체의 투쟁'이 전개되고 있었다. 요시미 순야(오석철 옮김), 『왜 다

이러한 전국적 규모의 기지반대 운동을 초래한 것은 생활세계 곳곳에 편재하는 미군기지의 존재였다. 일본은 1952년 '강화조약'이 발효되면서 연합군의 점령통치에서 벗어나 '독립'을 회복했지만, 주지하는 것처럼 한국전쟁 시기 동안 미국의 전쟁수행을 위한 후방기지의 역할을 담당했다. 1953년 1월 현재, 일본 내에 미군기지의 수는 773곳, 그 총면적은 약 1,444㎢로 오사카 지역과 거의 맞먹는 넓이였다.[4] 더구나 한국전쟁이 끝났음에도 미군기지의 수는 감소하기는커녕 오히려 증가했다. 예를 들어 1953년 11월 미군 연습장, 비행장 및 보안대 접수지 면적은 약 1,780㎢를 넘어 전년인 1952년에 비해 347㎢ 이상 늘어났다.[5] 1950년대 후반이 되면 일본 본토 내 미군기지의 수는 현저히 감소하지만, 적어도 1950년대 초반에는 연합군의 점령통치가 종결되었음에도 불구하고, 무엇보다 한국전쟁의 영향 등으로 미군기지는 확대되는 양상을 보였다. 전국에 편재할 뿐만 아니라 생활세계의 지근거리에 위치했던 기지는 그곳에 주둔했던 미군들과 함께 그 지역 일상풍경의 일부를 이루고 있

시 친미냐 반미냐—전후 일본의 정치적 무의식』 산처럼, 2008, 175-176쪽.
4) 小椋廣勝編, 『講和からMSAへ』(日本資本主義講座—戰後日本の政治と經濟 第2巻), 岩波書店, 1953, 149쪽(남기정, 「한국전쟁과 일본 : '기지국가'의 전쟁과 평화」, 『평화연구』9, 2000, 173쪽 재인용), 여기에 군용기의 발착과 미군과의 접촉으로 직접적인 영향을 받고 있는 지역을 더하면 거의 시코쿠에 필적하는 면적이었다. 그밖에 일본 열도를 둘러싸고 합계 39군데의 해상연습장이 산재해 있었으며 수역은 거의 규슈에 필적하는 크기였다. 간토에 한정하더라도 비행장은 다치카와, 존슨(도요오카), 요코타, 아쓰기, 기사라즈, 가시와, 마에와타리, 오타, 다테바야시 등 10군데가 넘었다. 요시미 슌야(오석철 옮김), 『왜 다시 친미냐 반미냐』, 2008, 175-176쪽.
5) 基地問題調査委員会 編, 『軍事基地の實態と分析』, 三一書房, 1954(요시미 슌야, 『왜 다시 친미냐 반미냐』, 175쪽 재인용)

었다.

그리고 운동으로서의 기록과 기지라는 현실이 만나는 곳에 '반전과 평화' 그리고 '기지반대'를 주제로 한 무수한 기록물이 생산되었다. 이른바 서클 시 운동 속에서 창작된 '저항시', 반전과 평화를 주제로 한 무수한 생활기록들, 그리고 지식인과 주민들에 의한 기지 르포르타주 등이 그것이다. 특히 '나'의 기록에서 출발했던 생활기록과 기지 주변을 살아가는 주민의 목소리가 담긴 수기들에서 보는 것처럼, 이 시기의 기록운동은 무엇보다 당사자로서의 '나'를 이상적인 주체로 상정하고 있었다. 달리 말하면 '나'의 기록이 개인의 내밀한 기록에 머물지 않고, 집단적 운동의 일환으로 확장되었다는 점은 이 시기 기록운동이 보여주는 가장 중요한 특징이라고 할 수 있다. 한편 기지반대 운동이 일어난 '현장'으로 내달렸던 아방가르드 예술가들의 자취는 이때의 기록운동이 개인과 집단의 관계만이 아니라, 예술도 정치와 밀착했음을 보여준다. 이렇게 1950년대 기록운동은 '나'에서 출발했지만 집단적 '운동'의 형태를 띠고 있었고, 거기서 예술은 정치와 행복하게 조우하고 있었다.

1950년대 기록운동의 양상과 성격에 관해서는 이미 다수의 연구가 존재한다. 선행연구는 일반적으로 이 시기의 기록운동을 '대중'의 자발성에 근거했던 새로운 문화운동으로 간주하는 것이다.[6] 따라서 지역과 학교를 근거지로 했던 '생활작문'과 주로 방적공장 여공이 남긴 '생활기

---

[6] 1950년대 기록운동의 재평가와 관련해서는 다음 논문을 참조할 것. 佐藤泉, 「五〇年代ドキュメンタリー運動」, 『昭和文学研究』, 2002. 3와 成田龍一, 「「サークル時代」の時代——一九五〇年代・「日本」の文化の場所」, 『ローカルヒストリーからグローバルヒストリーへ——多文化の歴史学と地域史』, 岩田書院, 2005.

록'에 대한 연구에 편중된 경향을 드러내고 있다. 반면 평화운동과 기록운동의 접목이 낳은 대표적인 사례라 할 수 있는 기지 르포르타주의 경우는 아방가르트 예술가의 예술과 현실에 대한 인식이 주로 분석의 초점이 되고 있는 관계로, 기지 주변을 살았던 '당사자'의 목소리까지 시야에 넣지 못하는 한계를 보이고 있다. 이에 대해 최근 도바 고지(鳥羽耕史)는 『1950년대―기록운동의 시대』(2010)를 통해 생활기록을 비롯해 르포르타주와 기록영화까지를 망라하면서 1950년대 기록운동의 전체상을 묘사하고 있다. 그러나 도바의 경우 당시 기록운동이 노출시켰던 '정치와 예술', 혹은 '개인과 공동체'를 둘러싼 상상력을 거론하면서도 그것을 기록운동이 낳은 일종의 결과로 취급할 뿐, 거꾸로 그것을 가능케 한 내적 논리 혹은 조건의 탐색까지는 나아가고 있지 못하다.

이상과 같은 문제 제기 위에서 이 글은 다음과 같은 과제를 다룬다. 우선 1950년대의 기록운동을 '평화운동'의 관점에서 접근하고 이를 위해 생활기록만이 아니라 기지 르포르타주도 분석의 시야에 넣어 당시의 구체적인 전개 양상을 살펴보고자 한다. 또한 기지 르포르타주를 다룰 경우 기존의 아방가르드 예술가의 기록만이 아니라 '당사자'들의 기록에도 초점을 맞추고자 한다. 마지막으로 '평범한 나의 기록'이 '우리의 평화' 혹은 '기지일본의 표상'으로 '상승', '수렴'되는 양상에 주목하여, 그런 발상을 가능케 했던 시대적 조건들을 탐색해 보고자 한다.

2. '생활기록' 속의 반전과 평화

1950년대 기록운동의 중심은 공장 노동자, 특히 방적공장의 여공들이 중심이 되어 전개된 '생활기록'이다. 그리고 직장과 지역을 단위로 조직된 무수한 서클과 거기서 제작된 서클 잡지는 각각 이 시기 기록운동의 거점이자 미디어의 역할을 했다. 여기서 말하는 서클 잡지란, 등사판 원지(原紙)에 연필로 손수 쓴 글을 갱지로 인쇄해 끈이나 풀 등으로 엮은 조잡한 잡지를 가리킨다. 서클 잡지의 발행부수는 통상 수십 부에 불과했지만 당시 서클 간의 전국적인 네트워크 속에서 해당 서클의 범위를 넘어 유통되었다. 이것은 문예동인지와 비슷해 보이지만 그것이 문단 등용문의 성격을 가졌다면, 서클 잡지에는 문필로 출세한다는 인텔리 청년만이 아니라, 직장, 학교, 지역 등의 단위에서 이른바 '보통 사람들'이 쓰기의 주체로 참여하고 있었다. 서클 잡지에 실린 글에는 소설과 수필 등도 있었지만, 압도적인 비중을 차지했던 것은 '서클 시'와 '생활기록'이었다.[7]

먼저 서클 시에 대해 살펴보면, 그것은 서클 내부에서 회람되는 방식이 일반적인데, 때때로 특정 주제하에 시집의 형태로 간행되기도 했다. 이런 시집은 주로 공장이나 요양소에서의 일상생활을 소재로 취한 것과 마쓰카와 사건(松川事件), 제5후쿠류호(第五福竜丸) '비키니사건', 스탈린의 죽음 등 당대의 주요 사건을 다룬 것이 다수를 점하고 있는데,

---

7) 鳥羽耕史, 『1950年代─「記録」の時代』, 20–21쪽.

그중에는 반전과 평화를 주제로 한 이른바 '저항시(집)'도 포함되어 있었다. 이 시기의 대표적인 저항시집으로는 『평화의 노랫소리(平和のうたごえ)』(平和のうたごえ編集委員会編, ハト書房, 1951. 9), 『조국의 모래 일본무명시집(祖国の砂 日本無名詩集)』(筑摩書房編集部編, 筑摩書房, 『평화의 노랫소리 제2집(平和のうたごえ 第2集)』(平和のうたごえ編集委員会編, ハト書房, 1953. 4) 등을 들 수 있다.[8] 특히 『일본저항시집』을 엮은 노마 히로시(野間宏)는 "나는 2년간에 걸쳐 또한 금후 몇 년간 계속해서 민족의 투쟁 속에서 새롭게 민중시인 속에서 위대한 국민시가 생겨날 것을 기대"[9]한다며, 현재의 저항시가 장차 '국민시'로 발전할 것이라는 전망을 내놓기도 했다. 이렇게 이 시기의 서클 시는 강화조약 체결 이후 부상한 '대미종속'에 대한 비판적 여론을 배경으로 개인의 감상을 넘어서서, 공장과 지역을 변화시키고 정치를 바꾸는 주체의 형성이라는 열망에 추동되고 있었다.

생활기록도 서클 시의 모태가 되었던 서클 운동의 중요한 일부로 존재했다. 즉 서클 시와 마찬가지로 '신변의 일을 사회적으로 혹은 담담하게 기록'한다는 목적을 따르고 있었고, 서클이라는 소규모 공동체를 통해 수용되었다. 하지만 그것이 서클 운동의 영향하에서만 전개된 것은 아니었다. 다른 한편으로 그것은 『메아리 학교』(1951)를 발단으로 하는 이 시기의 이른바 '생활작문운동'의 흐름과도 관련되어 있었다.

잘 알려진 것처럼 『메아리 학교』는 1951년 3월 무차크 세이쿄(無着

---

8) 鳥羽耕史, 『1950年代—「記録」の時代』, 22–23쪽.
9) 野間宏, 「日本抵抗詩集」, 『野間宏 第16巻』, 筑摩書房, 1970, 24쪽.

成恭)가 편찬한 학생문집이다. 이 문집은 당시 야마가타 현 야마모토(山元)중학교에 재직하고 있던 무차크가 자신이 담임을 맡고 있던 학생들의 작문을 모아 책으로 엮은 것이다. 그런데 여기에 실린 작문은 단순한 독서감상문과 같은 것이 아니라, 전후 점령군에 의해 신설된 사회과의 일환으로 자신과 가족의 생활을 기록하며, 사회적인 분석의 단서를 발견한다는 생활작문의 성격을 띠고 있었다는 점이 특징적이다.

그리고 『메아리 학교』를 발단으로 촉발된 생활작문운동은 1952년 8월에 열린 '작문교육전국협의회'에서 무차크 세이쿄와 쓰루미 가즈코(鶴見和子), 그리고 쓰루미 가즈코와 사와이 요시로(澤井余志朗, 동아방직주식회사 서클 운동의 리더) 등의 만남을 계기로 아이들의 생활작문에서 성인의 생활기록으로 전환되었다. 참고로 사와이는 이미 동아방직 공장 내 서클에서 『노문(労文) 메아리 학교』(1952)라는 문집을 낸 바 있었고, 이후 쓰루미와 교류하면서 〈작문교실〉이라 개칭한 서클을 통해 『나의 어머니(私のお母さん)』(1953), 『어머니의 역사(母の歴史)』(1953) 등을 간행했다.

한편 1955년은 '생활기록'이 폭발적으로 보급된 해로 기억된다. 물론 일상생활을 기록하는 행위로서의 '생활기록'은 그 역사를 거슬러 올라가면 전전의 '작문운동'과도 연결되어 있었다. 또한 지식인이 개입하여 하나의 사회운동으로 그 '정체성'을 확보하기 이전부터, 예를 들면 각 지역의 청년단체를 중심으로 사적 기록을 모아 문집으로 발간하는 움직임이 자연발생적으로 형성되어 있었다. 그리고 여기서 이런 행위는 '생활기록', '기록활동', '작문', '생활작문', '생활학습', '낙서장(らくがき帳)'

처럼 다양한 명칭으로 불렸다. 생활기록을 '성인이 자신이 느낀 것, 생각한 것을 다른 사람에게 전달하기 위해 그런 감정과 생각을 발생시킨 계기가 되는 사건(事物)을 꾸밈이 없는 자기 자신의 말로 구체적으로 쓴 문장'[10]으로 정의한 쓰루마 가즈코의 견해를 참고하면, 1955년은 글쓰기라는 행위가 서클 중심의 창작 혹은 생활기록운동의 범위를 뛰어넘어 '대중적' 성격을 띠기 시작한 전환점이라 할 수 있다.

당시의 양상을 보면, 『신일본문학』 1955년 5월호에는 고쿠분 이치타로(国分一太郎)의 「생활기록과 문학운동(生活記録と文学運動)」, 오노 도사부로(小野十三朗)의 「생활기록으로부터의 출발(生活記録からの出発)」이 실리는 등 생활기록이 문학의 문제로 본격적으로 제기되었다. 특히 고쿠분 이치타로의 글은 〈실제로 쓰는 자에게〉, 〈지도자 혹은 간부 분들에게〉, 〈문학평론가 분들에게〉, 〈전문작가 여러분에게〉와 같은 목차의 구성에서 보듯이, 생활작문, 생활기록과 문학을 둘러싼 구체적 문제를 거론하고 있는 점이 특징적이다. 또한 젊은 층을 주된 독자로 하는 『인생수첩(人生手帳)』과 『갈대(葦)』라는 잡지도 생활기록의 '붐'을 구성하고 있었다. 이들 잡지는 인생의 교훈과 독자투고의 활성화를 통해 일정한 인기를 모았다. 특히 잡지 『갈대』는 '인생기록잡지'라는 부제를 달고 있었는데, 1955년 10월호부터는 그것이 '생활기록잡지'로 바뀌었다.[11]

앞서 말한 것처럼 1950년대 서클 운동의 중핵은 서클 시와 생활기

---

10) 日本作文の会 編, 『生活綴方事典』, 明治図書, 1958, 440쪽.
11) 鳥羽耕史, 『1950年代―「記録」の時代』, 33쪽.

록이었다. 특히 1950년 일본공산당의 내부 분열 이후 '소감파' 문학자를 중심으로 창간된『인민문학』(1950년 11월 창간)은 이 서클 시 운동의 구심점 역할을 했다.『인민문학』은 1954년 1월부터『문학의 벗(文学の友)』으로 잡지명을 바꿔 1955년 2월까지 간행을 이어갔는데, 이러한 명칭변경의 배경에는 '서클 시'에서 '생활기록'으로의 전환이라는 편집방침의 변화가 놓여 있다. 실제로『인민문학』의 지면에서 '생활기록'이라는 말이 등장하기 시작한 것은 1954년 중반 이후이다. 우선 1954년 들어와 환자의 생활기록으로 당시 노마 히로시에 의해 '생활기록'의 전형(典型)이라 지칭되었던 야마다 우타코(山田うた子)의「살아가다(生きる)」가 '창작'란의 지면에 등장했다. 1954년 8월호의 특집「일본의 여성」에서는 '일하는 여성의 생활기록' 5편이 게재되기도 하였다. 뿐만 아니라 매호에 '생활기록'이 실렸고, 1954년 12월호 특집은「생활기록·왕복서한」이 장식했다.[12]

생활기록은 서클 시와 함께 서클 운동의 중심을 이루고 있었지만, 양자의 성격이 달랐다는 점은 확인해 둘 필요가 있다. 우선 앞서 본 것처럼 서클 시가 대체로 정치적 이슈에 근접한 경향을 보였다면, 생활기록의 대부분은 '신변의 일'에 근거하고 있다. 또한 양자의 사이에는 일종의 '젠더 구분'이 기능하고 있었다. 즉 서클 시의 창작 주체가 주로 남성 노동자였다면, 생활기록은 여성 노동자, 구체적으로 방적공장의 여공을 그 주체로 했다. 따라서 생활기록은 일상적 소재 가운데에서도 그들의

---

12) 鳥羽耕史,『1950年代—「記録」の時代』, 32–33쪽.

인생을 공장으로 향하게 만들었던 자신과 집안의 '빈곤'이 주로 다루어 졌다. 하지만 그렇다고 생활기록에 반전·평화와 같은 일종의 정치적이 고 공적인 이슈에 관한 기록의 비중이 결코 적었다고는 할 수 없다.

예를 들어 사와이 요시로와 쓰루미 가즈코가 결성한 〈생활을 기록 하는 모임〉이 전7권으로 간행한 『방적여자공원생활기록집』에서 그 일 면을 찾아볼 수 있다. 『해방의 노래소리』라는 제목의 제2권에는 노동문 제와 반전평화에 관한 여공들의 수기와 일기가 수록되어 있다. 예컨대 여기에 실린 『평화문집』(1952)을 보면, 당시 '경찰예비대'가 창설되는 사 안을 비판적으로 거론하며 '평화'를 역설하는 다음과 같은 글을 확인할 수 있다.

…쇼와 20년, 8월 15일 해방의 날, 이 날에 비로소 자각하는 날이 온 것입니다. 만나는 사람마다 전쟁의 비참함을 이야기하고, 전쟁은 이제 싫다고 말했습니다. 그리고 진실로 평화의 나라를 만들기 위해서는 세 계 여러 나라에 앞서 전쟁은 이제 절대로 하지 않겠다고 헌법에 내걸게 된 것입니다. 이렇게 전쟁을 포기한 이래 7년째가 됩니다. 그런데 <u>또다 시 "재군비"라는 두려운 사태가 일어나고 있는 것입니다. 이런 일이 있 어서야 되겠습니까? 헌법에도 이제 전쟁은 절대로 하지 않겠다고 내건 일을 잊은 듯이, 아니, 그런 약속은 한 적이 없다는 듯이 예비대를 군대 로 바꾸고, 무기를 만들고 있습니다. 올바른 것을 주장하거나 행동하는 것도 허용되지 않게 되었습니다.</u>
그리고 도쿄 근처에서는 어느새 방공연습마저 시작되는 어처구니없는 상태입니다.
일본이란 나라는 정말로 바보 같은 나라입니다. 인간의 세계에 있으면 서도 인간으로서 살고 있다는 것이 싫어지는 세상입니다. 바보 같은 세상, 나는 이런 세상을 증오해도, 증오해도 끝이 없습니다. 인간이 서로 어울려 어떤 다툼도 없이 즐겁게 살아가는 것은 어려운 것일까요? 불가능한 것은 아닐 것입니다. <u>우리들은 모두가 전쟁에서 죽는 것을 싫어합니다. 전쟁은 사양합니다. 이 세상 모든 사람이 손을 맞잡고 진정으로 마음속으로부터 평화를 외친다면, 전쟁 따위는 결코 일어나지 않을 것입니다.</u> 우리들은 세계 여러 나라의 사람들과 손을 맞잡고, 좀 더 밝은 생활을 만들어 가고 싶은 것입니다.

(深谷日出子, 「世界中に平和の灯」, 밑줄은 필자에 의함)

물론 전쟁이 다시 일어날지 모른다는 우려는 다음에서 보는 것처럼 과거 전쟁에 대한 기억과 결부되면서, 전쟁에 관한 '정치적 선동'에 두 번 다시 속아서는 안 된다는 결심으로 이어지기도 했다.

전쟁이 일본을 위해 일어난 것은 아니라는 것을 알고 있던 사람은 누구라도 그렇게 생각했을 것입니다. 그런데 어떻습니까? 그때의 공기가 또다시 느껴지기 시작했습니다. 예비대, 그것입니다. 외적의 침략을 막는 자위를 위한 것이라는, 언젠가 들은 적이 있는 말입니다. 새로운 시대를 살아가는 아이들에게 또 잘못된 것을 가르치려 하는 것일까요? 우리들은 소학교 시절 잘못된 것만을 배웠습니다. 물론 그때는 잘못되었다고는 생각지 못했습니다.　　　　　(志賀はるみ, 「ある一つのことから」)

뿐만 아니라, 다음에서 보는 것처럼 문집 속에는 '재군비' 현상에서 촉발된 전쟁 재발에 대한 위기의식을 배경으로 전쟁이 일종의 '이익' 보전을 위한 일부 세력의 인위적인 정치적 선택의 결과이며, '정부와 자본가'는 평화를 원치 않기에 반전운동을 억압하고 있다는, 일종의 '분석적'

인 성격의 글도 섞여 있다.

  …전쟁이란 것은 일부 사람의 이익을 위해 일부의 사람이 일으키며, 사회생활은 저하되고 먹고 사는 것도 곤란해지고…그리고 신문과 라디오는 일부의 사람이 생각한 대로이다. 신문, 라디오가 왜 (그들의) 생각대로 되는 것일까? 역시 신문, 라디오에 종사하는 사람도 생활이 곤란해지기 때문에 우리들은 어쩔 수 없이 휘말려, "전쟁은 어쩔 수 없다. 군비를 갖추지 않으면 일본은 다시 불행해진다"라고 말한다.
  이렇게 해서 일어난 전쟁의 어디가 행복한가? 우리들이 형제를, 아이를, 남편을 잃는 것이 슬프다면 다른 나라도 그럴 것이다. 그렇다면 전쟁은 안 된다는 것도 알 터이다. 그래서 우리는 모두 다 같이 생각하고, 생각한 것을 이야기할 것이다. 이야기하면 어떤 것이라도 알 수 있는 것이 사람이니까.   (鈴木久子,「戰争」, 밑줄은 필자에 의함)

  지금의 정부와 대자본가들이 왜 평화를 증오하고, 그것을 위한 운동을 억압하는가를 생각하면 알 수 있을 것이다.
  전쟁에 이기든 지든 엄청난 돈을 벌기 때문이다. 이것은 지난 제2차 세계대전의 결과를 보면 알 수 있고, 또 조선동란을 일본의 자본이 신풍(神風)이라 부르고, 휴전이 이루어지면 시장이 무너질 것이라는 등의 실례를 생각하면 분명하다.
  덧붙여 일미안전보장조약에서 일본이 소위 '극동에 있어서 방공을 위한 방파제'로 간주되고, 그에 따라 재군비가 착착 진행되는 지금의 상황은 그러한 평화를 적으로 하고, 전쟁을 바라는 세력 아래 있는 학교에서는 학교를 평화를 목적으로 하는 집회로는 빌리는 것이 어렵게 되는 것이 당연한 일이다.
  (「なぜ平和の為の運動をおさえつけるのか」, 밑줄은 필자에 의함)

재군비 현상이 '조선동란' 즉 한반도에서 일어난 전쟁 및 미국의 이른바 '세계전략'이라는 맥락 속에서 파악되고 있는 부분은, 비록 일부의 사례이기는 하나 여공들의 평화에 대한 인식이 '전쟁은 싫다'와 같은 '소박한', 그런 의미에서 '맹목적인' 평화론에 머물고 있지 않은 점은 인상적이다.

이런 경향은 또한 사와이가 관여했던 동아방직(東亞紡織) 도마리공장(泊工場)의 조합 내 기록에서도 찾아볼 수 있다. 예를 들어 도마리공장의 노동조합은 한국전쟁 직후 '평화를 위한 작품모집(작문, 시, 일기, 사진 등)'과 같은 사내 이벤트의 실시를 안내하면서 그 배경을 '국제정세'와의 관련 속에서 언급하고 있기도 하다. 즉 "조선전쟁이 끝나도 우리들 주위의 평화"는 요원한데, 그 이유는 "일본에 재군비를 추진하는 움직임이 있고" 그에 따라 "전쟁에 대한 불안"이 있기 때문이며, "일본 각지에는 700여 개 정도의 군사기지가 있고, 다액의 국방비가 지출되고 있"으며 따라서 "미국의 식민지와 같은 상태에서 벗어나 일본은 민족의 독립과 자유를 확립하지 않으면 안 된다"는 주장이다.13) 이렇게 도마리공장의 사례는 여공들 사이에 전쟁과 평화에 대한 강한 문제의식이 존재했으며, 또한 그것이 세계정세와 사회정세에 대한 관심 위에서 표출되고 있었음을 보여준다.

---

13) 泊工場労働組合機関誌,『自由な広場』第9号, 1953. 8. 25. (辻智子,「1950年代日本の社会的文化的状況と生活記録運動」,『神奈川大学心理・教育研究論集』, 2009, 10쪽에서 재인용)

3. 기지로 향하는 지식인들—기지 르포르타주

　1950년대 기록운동의 자장 안에는 서클에 그 뿌리를 두었던 생활기록운동의 흐름만이 있었던 것은 아니다. 예술가들의 이른바 '기록예술운동'도 생활기록운동과 구분되는 이 시기 기록운동의 중요한 한 축을 이루고 있었다. 그들에게 기록으로 담아야 할 의미 있는 현실은 다름 아닌 '기지'였다. 그런 의미에서 기록예술운동은 기록운동과 반전·평화라는 주제가 서로 교섭하는 가운데 창출된 새로운 장르이자 영역이었다고 할 수 있다.

　문학과 미술을 아우르는 아방가르드 예술가의 모임이었던 〈현재의 모임(現在の会)〉은 이 시기 기지 르포르타주의 가장 주목할 만한 생산자였다. 〈현재의 모임〉은 1952년 아베 고보(安部公房), 마나베 구레오(真鍋呉夫), 도세키 다이이치(戸石泰一), 고야마 준이치(小山俊一), 요시오카 다쓰히토(吉岡達一) 등을 발기인으로 결성된, 르포르타주를 지향하는 회합이다.[14] 1952년 6월부터 1955년 9월까지 기관지 『현재』를 14호까지 간행했다. 1957년 6월에 한 번 해산한 후 재결성되었는데, 1957년 5월 19일에 결성된 〈기록예술의 모임〉과 겹치는 멤버가 많은 것도 있어

---

14) 〈현재의 모임〉은 아방가르드 예술가들의 모임이었지만, 『인민문학』과 관계를 맺고 있었던 젊은 작가들과도 다수 참여했다. 참고로 발기인의 한 명인 도다 다이이치는 〈현재의 모임〉의 전신에 해당하는 아방가르드 문학자의 회합인 〈밤의 모임(夜の会)〉의 멤버이자 『인문문학』의 후신인 『문학의 벗(文学の友)』의 편집장을 역임하기도 했다. 오미정, 「1950년대 기록문학운동—〈국민〉에서 〈대중〉으로」, 『일본학연구』 27, 2009, 336쪽.

이후 자연소멸된 듯하다. 〈현재의 모임〉이 남긴 르포르타주로는『우리들의 보고 I 우치나다 - 그 사구에 그려진 새로운 역사』(朝日書房, 1953, 이하『우치나다』) 및 시리즈『일본의 증언』전9권(柏林書房, 1955)이 대표적이다.

　『우치나다』는 6월 15일 우치나다에서 벌어진 반기지데모에 대한 기록물로서 〈현재의 모임〉을 이끌었던 마나베 구레오가 일주일간 우치나다에 머물며 취재한 것을 토대로 작성한 것이다. '6월 15일 오전 8시 4분, 미군이 시험발사 재개를 알리는 첫 포탄을 발사'로 시작되는 '제1신 모래와 포성'은 그로부터 40분 후에 가나자와역에 내린 '나'가 우치나다로 향하면서 발사 지점에서 마을 주민들과 경찰이 대치하는 상황까지를 기술하고 있다. '제2신 아카시아의 그늘 아래서'에서는 정오 무렵 주민들이 내건 항의 현수막의 주변 풍경과 경찰이 가득한 마을의 모습을 묘사하면서 그곳에 머물고 있는 학생들의 이야기가 적혀 있다. '제3신 현민대회'에서는 학생과 노동자들의 대회가 열리고, 거기서 강화·안전보장조약의 파기와 각의결정에 대한 무효선언이 결의되는 모습을 그리고 있다. '제4신 바리케이트 앞에서'에서는 무카이아와가사키(向粟ヶ崎)의 미군 지기를 향하는 데모 대열의 모습이 기록되어 있다. '제5신 바다와 태양'에서는 홋카이도의 민요인 '소란부시(ソーラン節)'를 부르며 돌아온 데모대가 9시 반경 해산하는 모습을 담고 있다. 이어 다음 날 아침 경찰에 항의하는 주민들을 바라보며 '우치나다에 타오른 불은 결코 꺼지지 않을 것이다'라는 '나'의 생각과 함께 투쟁의 기록은 끝을 맺고 있다.『우치나다』의 특징은 우치나다의 모습과 데모대의 움직임을 상세하고 세

부적으로 기록하고 있는 점에서 찾을 수 있다. 「『우리들의 보고』 간행의 말」 속의 '자신들의 눈으로 본 진실을 널리 알린다'는 간행 목적에서 알 수 있듯이, 이러한 기술 태도는 기지의 '진실'로 다가가 그것을 있는 그대로 '기록'한다는 의도를 철저히 반영한 결과로 보인다.[15]

다음으로 『일본의 증언』을 보자. 이 시리즈는 당초 1기(期) 7권 구성으로 기획되었는데, 도중에 일부 내용과 참여하는 화가 명단에 변화가 생기면서 8권으로 간행되었다. 여기에 '르포르타주론'에 관한 것이 1권 추가되면서 최종적으로 9권 구성으로 간행되었다. 시리즈의 구성은 다음과 같다.

권	제목	필자
1	原子力	枢木恭介著 ; 池田龍雄絵
2	にしん 凶漁地帯を行く	安東次男著 ; 安部真知絵
3	米作地帯　土の中に眠ってはいない	斎藤芳郎文 ; 中谷泰絵
4	夜学生	戸石泰一著 ; 園田正写真
5	刑務所	小林勝著 ; 勅使河原宏絵
6	鉄 オモチャの世界	関根弘著 ; 池田竜雄絵
7	せんぶりせんじが笑った!	土野英信著 ; 千田梅ご絵
8	村の選挙	杉浦明平著 ; 池田龍雄絵
9	ルポルタージュとは何か?	安部公房他著

이렇게 『일본의 증언』 시리즈는 소재와 내용의 면에서 다양한 폭을 띠고 있었지만, 시리즈 전체를 통해 '강화(독립)' 이후에도 기지를 통해

---

15) 鳥羽耕史, 『1950年代』, 64–65쪽.

지속되는 미국의 '지배(점령)'을 가시화한다는 의도가 저류를 이루고 있었다. 예를 들어 제4권 『밤학생』에서는 교사 '적색추방'의 문제가 다루어지고 있고, 제1권 『원자력』에서는 미국에 의한 원자력 수출정책이 비판적으로 언급되고 있다. 또 제3권 『미작지대』에서는 댐과 제방의 확장이 왜 필요한가라는 물음에 대해 어느 공산당원이 "재군비다. 즉 미국의 진주군과 보안대에서 사용할 병기를 만들 군수공장의 전력에 사용한다"고 답하는 대목이 보인다. 1951년 무장투쟁을 선언한 공산당의 신강령에 따라 군수공장에 대한 '화염병 투쟁'에 참여해 옥고를 치른 바 있는 고바야시 마사루가 쓴 제5권 『형무소』에는 "우리들은 세계평화와 일본민족의 독립을 원해 선두에 서서 싸웠기 때문에 아메리카 제국주의자와 요시다의 손에 의해 여기에 투옥되어 있다"는, 그의 옥중 강령이 인용되고 있기도 하다.[16]

이 시기 기록해야 할 '투쟁의 현장'은 기지만이 아니었다. 앞서 거론한 『미작지대』 속의 댐 건설을 재군비와 연결시키는 발상에서 보는 것처럼, 댐 건설 반대 운동은 넓은 의미에서 기지반대 운동의 일환으로 간주되었고, 실제로 댐 건설 현장은 예술가들에 의해 르포르타주의 대상이 되기도 했다. 이러한 움직임의 대표적인 사례로 이른바 '미술계의 산촌공작대'의 활동을 들 수 있다. 주지하는 것처럼 1950년 코민포름의 일본공산당 비판을 둘러싸고 공산당이 '소감파'와 '국제파'로 분열할 때, 주류파였던 '소감파'는 무장투쟁노선을 채택하면서 비공식군사조직인 '중핵

---

16) 鳥羽耕史, 『1950年代』, 73-74쪽.

자위대'를 설립한다. 산촌공작대는 이 중핵자위대의 일익을 담당했던 조직을 가리킨다. 공산당이 미술가들을 산촌공작대라는 이름으로 오고우치로 '잠입'시킨 이유는 오고우치댐(小河內ダム)에서 생산된 전기가 인근 요코타 및 다치가와의 미군기지에 공급된다는 사실에 있었다. 전기 공급을 매개로 한 댐과 기지의 관계가 댐 공사 지역을 반기지운동의 또 다른 현장으로 간주하게 만들었다고 할 수 있다.

1952년 6월 야마시타 기쿠지(山下菊二), 가쓰라가와 간(桂川寬) 등 전위미술회 소속 화가들이 도쿄 서부의 오고우치댐 건설현장에 들어갔다. 오고우치댐은 1938년에 착공되었지만 전쟁으로 중단되었다가, 10년 만에 건설이 재개된 곳이었다. 화가들은 일본공산당 도쿄도위원회의 요청으로 오고우치문화공작대원의 일원으로 1개월 정도 머물렀는데, 가쓰라가와에 따르면, 그들에게는 도시생활자와 농민을 연결하는 '노농동맹'을 실현한다는 산촌공작대 일반의 임무에 더해, 산림노동자의 생활투쟁, 댐 공사 노동자의 처우개선 투쟁, 여기에 댐이 미군기지의 동력원이 된다고 상정한 댐 건설 반대투쟁이라는 네 가지의 역할이 기대되었다. 하지만 그들의 '공작 활동'은 별다른 성과를 남기지 못했다. 파업에 응하는 노동자는 없었고, 당일 출동한 경찰에 의해 산촌공작대가 대거 체포되면서 활동은 종결되었다.

오고우치댐 건설을 반대하며 산촌공작대로서 활동했던 이들이 남긴 기록물로 목판 팸플릿 『월간 오고우치(月刊 小河內)』가 있다. 6월부터 시작된 약 한 달간의 '공작 활동'의 경험을 토대로 제작된 이 팸플릿은 실제 운동이 성과를 거두지 못한 것과는 대조적으로 '저항하는 주민'의

〈그림 1〉『월간 오고우치(月刊 小河內)』

모습을 강렬하고 상징적으로 표현하고 있다(〈그림 1〉). 이들이 '투쟁의 현장'에서 수행한 스케치와 체험은 이런 목판 팸플릿만이 아니라 르포르 타주 회화로도 결실을 맺었다. 대표적인 사례로 1953년 2월 제6회 일본 미술전람회에 출품된 가쓰라가와 간의 「속은 사람들(欺された人)」(〈그림 2〉, 후일 「오고우치무라」로 변경)과 「쫓겨난 가족(追われた家族)」, 그리고 비토 유타카(尾藤豊)의 「오고우치 댐(小河內ダム)」 등을 들 수 있다.[17]

〈그림 2〉「속은 사람들(欺された人)」

이렇게 1950년대 기지(혹은 댐) 르포르타주의 주요 생산자가 사회주의 리얼리즘을 계승한 예술가가 아니라, 오히려 쉬르리얼리즘(초현실주의)을 표방한 아방가르드 예술가였다는 점은 특기할 사항이다. 이와 관련해『일본의 증언 제9권』을 집필한 아베 고보는 〈현재의 모임〉이 추구하는 '르포르타주 운동'의 배경을 다음과 같이 언급하고 있다.

> 우리들과 같은 작가 혹은 작가를 중심으로 모인 집단인 '현재의 모임'에서 르포르타주를 운동으로 거론하는 것은 두 가지 의미가 있습니다. 하나는 리얼리즘의 전진을 위한다는 문학상의 요청이고, 또 하나는 급격하게 변동하는, 따라서 포착하기 곤란하게 된 사회의 모습을 올바르게 보고해야 한다는 현실상의 요청 때문입니다.[18]

아베는 당대의 현실을 정체되어 있기보다는 오히려 급격한 변화 속에 놓인 것으로 파악했고, 그렇게 요동치는 현실이 전통적인 리얼리즘과 거리를 두었던 예술가들로 하여금 르포르타주 운동 속으로 이끌었다

17) 鳥羽耕史, 『1950年代―「記録」の時代』, 57쪽.
18) 安部公房, 「ルポルタージュの意義」, 『日本の証言』, 1955(오미정, 「1950년대 기록문학운동―〈국민〉에서 〈대중〉으로」, 337쪽에서 재인용).

고 말하고 있다. 그리고 현실에 대한 파악을 문제 삼는 한, 그것은 리얼리즘을 재고하는 방향으로 나아가지 않을 수 없는데, 아베는 그 문제를 '문학상의 요청'으로 규정한다. 이런 아베의 발언과 관련하여 흥미로운 사실은 당시 기지 르포르타주 운동에 적극적으로 참여했던 예술가들이 '쉬르리얼리즘'을 '서브리얼리즘(Sub Realism)'이라는 개념으로 이해하고 있었다는 점이다.

서브리얼리즘이란 용어도 〈현재의 모임〉을 이끌었던 아베 고보가 제창한 개념이다. 그는 쉬르리얼리즘과 서브리얼리즘을 구분하여 전자가 '현실을 위에서 초월하는 것'이라면, 후자는 '현실의 밑바닥을 통해 빠져나가'는 것이라고 하며 예술의 초점을 '내면의 의식'에서 '외부로' 그리고 '위'에서 '아래로' 옮길 것을 주장했다. 〈현재의 모임〉의 멤버이자 오고우치댐 문화공작대의 일원이기도 했던 가쓰라가와 간은 실제로 자신의 르포르타주가 아베의 서브리얼리즘에 큰 영향을 받았음을 인정했고[19], 세키 신이치는 후일 1950년대를 술회하며 '우리들의 모토는 쉬르리얼리즘 이후의 세대로서 '서브리얼리즘'이고, 사상적으로는 사회적 실존주의였다'고 말하고 있다.[20] 결국 기지라는 현장은 '아래로' 향하는 예술적 주관(의식)이 도달해야 할 가치 있는 '목적지'였다고 할 수 있다.

이 시기 기지 르포르타주는 아방가르드 예술가들의 취재 기록과 미적 형상화만이 아니라 기지 주변을 살아가는 '당사자'의 기록도 포함하고 있었다. 당사자들의 '목소리'를 담고 있는 기지 르포르타주로는 『기지

---

19) 桂川寬, 『廃虚の前衛—回想の戦後美術』, 一葉社, 2004, 110쪽.
20) 瀬木慎一, 『アヴァンギャルド芸術—体験と批判』, 思潮社, 1998, 64쪽.

의 아이들』(1953)[21], 『기지일본』(1953)[22], 『보리는 짓밟혀도―스나가와의 어머니와 아이들의 문집』(1956)[23] 등을 들 수 있다.

우선 시미즈 이쿠타로(清水幾太郎) 등이 편집한 『기지의 아이들』은 1951년에 간행된 『원폭의 아이들(原爆の子)』을 모델로 한 아이들의 문집이다. 기지 주변에서 생활하는 아이들의 모습을 찍은 사진과 아이들이 '직접 쓴' 작문과 시 등으로 구성되어 있다. 참고로 아이들의 작문은 「바람에 흔들리는 아이들(風にゆらぐ子ら)」, 「껌과 어린이들(ガムと子どもたち)」, 「우리는 단짝(仲よしこよし)」, 「미국의 병사(アメリカの兵隊)」, 「찝차는 싫어(ジープはきらい)」, 「후지를 더럽히는 것(富士をけがすもの)」, 「양공주와 병사의 도시(パンパンと兵隊の都市)」, 「적선구역의 마을들(赤線区域の町と村)」, 「불쌍한 혼혈아(かわいそうな混血の子)」, 「땅과 바다를 돌려다오(土地と海をかえして)」, 「탄환에 떠는 마을(弾丸におびえる村)」, 「조국 속의 이국(祖国のなかの異国)」, 「일본 병사의 마을(日本の兵隊の街)」, 「전쟁의 발걸음 소리(戦争のあしおと)」 같은 소주제에 따라 분류되어 있다. 한편 이 문집의 권두에는 중학생의 「어떻게 하면 좋을까(どうしたらいいんだろう)」라는 시가 실려 있다. 학생의 눈을 통해 묘사된 기지 마을의 풍경과 기지와 함께 살아가는 자신의 미래에 대한 불안이 잘 나타나 있다.

---

21) 清水幾太郎·宮原誠一·上田庄三郎, 『基地の子―この事実をどう考えあらよいか』, 光文社, 1953.
22) 猪俣浩三·木村禧太郎·清水幾太郎, 『基地日本―うしなわれいく祖国のすがた』, 光文社, 1953.
23) 全日本婦人団体連合会教育宣伝部, 『麦はふまれても―砂川の母と子らの文集』, 1956.

나는 본다 私は見る

혼잡한 거리의 병사를 街の雑沓に兵隊さんを

길거리의 황갈색 차를 街の通りに黄褐色の車を

나는 현기증을 느낀다 私は目をみはる

도대체 왜 이런 것일까 一体どうしたことだろうか

[…]

나는 알고 있다 私は知っている

전쟁의 공포와 추악함을 戦争の恐ろしさを みにくさを

작은 나는 小さい私は

거리에 街に

기지의 아이로서 基地の子として

도대체 어떻게 하면 좋은가 一体どうしたらいいんだろう

『기지의 아이들』이 학생들의 문집 형식이라면, 『기지일본』은 전국 각지의 기지 주변의 학교에 재직하고 있는 교사들이 작성한 르포르타주를 엮은 것이다. 이런 구성은 편자들이 책의 서문에 밝히고 있는 것처럼 '일본교직원조합'과의 협력 관계에서 비롯된 것이다. 2부 구성의 이 책은 1부에서 「떨고 있는 기지의 표정(おののく基地の表情)」이란 제목 아래 홋카이도의 치토세(千歲)기지에서 오이타의 연습기지에 이르는 전국의 18개 미군기지 지역의 르포르타주를 싣고 있고, 2부에서 편자들이 중심이 된 기지문제에 대한 분석이 배치되어 있다. 1부의 제목에서 알 수 있는 것처럼, '팡팡'과 매춘, 성범죄, 경제적 갈등과 곤란, 교육환경의 악화 등 기지로 인해 생활세계에 퍼진 '불안'과 '공포' 그리고 불투명한 미래가 때로는 비판적이고, 때로는 분노 섞인 톤으로 서술되고 있다.

이상에서 본 것처럼 1950년대 기지를 대상으로 지식인과 지역 주민들의 손에 의해 생산된 르포르타주의 존재는 이 시기에 기지가 기록해야 할 의미 있는 현실로 간주되었음을 보여준다. 여기서 기지의 현실을 '기록'한다는 점에서 기지 르포르타주는 '로컬한 기록'의 의미를 띠고 있었다. 하지만 '기지일본', '일본의 증언'과 같은 말에서 보는 것처럼, 기지로 주름진 현실과 기지에 저항하는 주민을 기록하고 묘사한 개별 기록의 총합은 결국 '일본'이라는 내셔널한 문맥으로 수렴되고 있었다. 달리 말하면 투쟁의 현장이자 기지의 장소인 로컬한 현실을 기록한다는 행위는 일본을 재구성하는 목적에 의해 규제되고 있었다고 할 수 있다. 이렇게 기지 르포르타주는 강화조약 및 안보조약 성립 이후 확산된 '반미 내셔널리즘'을 배경으로 기지를 기록해야 할 의미 있는 현실로 간주하는 인식 위에서 전개된 기록운동이었다고 할 수 있다.

4. '나'의 기록과 '우리'의 평화

생활기록의 논리란 '생활 속에서 보고 듣고 생각한 것을 있는 그대로 적는 것'이라고 할 수 있다. 달리 말하면 나의 일상을 사실적으로 기록하는 것인데, 여기서 생각할 지점은 '나를 기록하는 행위'가 어떻게 '평화'나 '반전'과 같은 '대국적 문제'와 직결될 수 있다는 믿음의 존재이다. 기록이라는 행위는 어떻게 '나'를 '평화'와 연결되고 있는 것일까.

이 문제를 생각할 때, 사와이 요시로가 이끌었던 동아방직주식회사

(東亞紡織株式會社) 내 여공의 생활기록운동을 분석한 나카타니 이즈미의 논의는 유익한 시사점을 제공한다.[24] 여공들의 문집을 대상으로 하고 있는 그의 논의는 주로 '빈곤'과 관련한 담론에 초점을 맞추고 있지만, 기록을 통해 나의 의식이 집단적으로 공유되는 과정을 잘 보여주고 있다. 그에 따르면 당시 직공들의 글은 '나의 의식'이 '기록'을 통해 '모두'와 공유되어 결국 일종의 '거대한 문제'의 해결로 이어진다는 '믿음'에 기초하고 있었다는 것이다. 부연하면 "(작문에는) '자신들의 생활…생활문제(빈곤의 문제 - 필자)'가 '어떻게 해서 일어났는가'라는 '의문에 자연스럽게 부딪치게 되고, 일본, 아니 세계에는 목적을 같이하는 사람들이 굳건히 맺어져 간다'라는 발전이 기대되고 있다"는 것이다. 뿐만 아니라 이렇게 개개인의 '의식'에서 출발해 '모두'와 이야기하고, 또 생각을 나누는 가운데 서로의 '의식'이 변혁되어 그것이 확대되어 가는 것을 통해 '거대한 문제'를 '해결'할 수 있다는 사고방식이 적어도 이 시기 동시대적 현상으로 존재했다고 덧붙이고 있다.[25]

---

24) 中谷いずみ, 「「私」を綴る「ひとびと」―1950年代における「生活綴方運動」をめぐって」, 『日本近代文学』, 2006. 5.

25) 中谷いずみ, 「「私」を綴る「ひとびと」―1950年代における「生活綴方運動」をめぐって」, 230쪽. 예를 들어 다케우치 요시미와 쓰루미 가즈코의 언급이 소개되고 있다.
"전쟁이 초래한 파괴로부터 어떻게 국민경제를 재건할 것인가의 문제가 오늘날 사회과학 분야에서 근본적인 문제가 되고 있다. [중략] 그런데 국민경제의 재건이라는 문제는 단지 제도와 기술의 문제가 아니며, 조금만 깊이 생각하면 결국 의식의 문제에 부딪힌다."(竹内好, 「亡国の歌」, 『世界』, 1951. 6)
"역사에 있어서 사회제도는 그 사회에 있어서 기성의 사고·행동양식을 통해 만들어지며 [중략] 인간의 의식은 기성의 사고·행동양식을 형태 짓는 원류"(鶴見和子, 「プラグマティズムの歴史論理―個人歴史性について―」, 『思想』, 1951. 2)

나카타니의 분석은 앞서 지적한 것처럼 '빈곤'을 주제로 한 작문에 국한되어 있지만, 실제로 이런 경향은 '평화'와 '반전'의 문제를 다룬 여공들의 글에서도 확인할 수 있다. 예컨대 같은 동아방직주식회사 도마리 공장의 조합잡지에는 다음과 같은 글을 찾아볼 수 있다.

> 진정한 평화는 자신들의 생활이 불안이 없어지고 모두가 인간다운 평등하고 자유로운 삶이 있는 사회가 되는 것이라고 생각한다. 우리들은 지금, 평화에 관해서 생각하거나 말하면서 평화를 실현하려고 하는 때, 다만 '전쟁반대', '평화를 지켜라' 등이라고 외치는 것만으로는 무엇도 평화를 위해 일하는 것이 되지 않습니다. 자신들의 생활이 좋아지는 것이 직접 평화라는 것이 되는 이상, 우선 매일 주변의 문제부터 평화에 다가가지 않으면 안 된다고 생각합니다. 자신들은 노동자이기 때문에 생활작문적으로 매일의 작업 속에서 본 대로 들은 대로 생각한 대로 써 보는 것에 의해 무엇이 평화에 이어지고, 무엇이 전쟁에 이어지고 있는가를 알게 되리라 생각합니다.
> 세계의 움직임이 우리들 한 사람 한 사람의 생활에 이어지고 있을 때, <u>생활작문을 통해 매일의 작업 속에서 본 대로 들은 대로 생각한 대로 써 보는 것에 의해 무엇이 평화에 이어지고, 무엇이 전쟁에 이어지고 있는가를 알게 되리라 생각합니다.[중략]그(매일의 노동) 속에서 나온 문제를 생각하고, 해결해 가는 것이 평화를 만들어 가는 구체적인 활동의 하나라고 생각합니다.</u>[26]   (밑줄은 필자에 의함)

즉 쓰는 행위를 통해 현실에 대한 '의식'을 변화시키고, 일상에서 감지한 문제의 해결을 시도하는 것이 궁극적으로 '평화'에 기여한다는 논

---

26) 「8,9月を平和の月刊に」, 泊工場労働組合機関誌『自由な広場』第9号, 1953. 8. 25.

리이다. 평화라는 말을 매개로 하여 일상생활과 세계를 직접적으로 연결시켜 파악하는 감각이 명확하게 존재하고 있다. 따라서 서로 이야기하는 것과 이야기를 나누는 것으로 집단적으로 문제해결을 시도하는 것은 평화를 향한 실천이라고 인식되고 있으며, 직장, 노동조합, 기숙사자치회는 그러한 실천의 장으로 간주되고 있다. 여기서 생활기록에는 '전쟁과 평화'에 대한 강한 문제의식이 존재하고, 또 그것은 세계와 사회정세에 대한 관심만이 아니라, 그 실천으로서 자신의 일상적인 생활과 활동(노조, 자치회, 서클)도 맞닿아 있다는 인식이 있었음을 알 수 있다.[27]

이것을 달리 표현하면, 생활기록에서 '기록'은 '나의 의식'을 가시화하여 타자와 연결시키는 매개로 간주되었다고 할 수 있다. 그리고 기록을 통해 타자와 연결된다는 생각은 나의 문제에 전적으로 공감해 줄 '선의의 타자'를 상정하게 되는데, 빈곤을 수치로 여겨 말하기를 꺼렸던 여공들이 작문(기록)과 이야기를 통해 빈곤이 자신만의 문제가 아니라 '모두'의 문제임을 깨닫고 일종의 '연대감'을 갖게 되었다는 쓰루미 가즈코의 지적이 이를 뒷받침한다. 기록을 통해 나의 문제가 우리의 문제로 전환되면서 나와 타자의 경계가 사라지고, 일종의 투명한 '공감의 공동체'가 출현한다. 예를 들어 '서클'을 문화의 향수와 창작이 동시에 전개되는 '공공권'으로 파악하는 다음과 같은 논의도 서클을 통해 창출되는 이런 공감의 공동체와 관련해서 이해할 수 있다.

---

27) 辻智子, 「1950年代日本の社会的文化的状況と生活記録運動」, 『神奈川大学心理・教育研究論集』, 2009, 11쪽.

시와 연극, 영화, 여기에 음악을 매개로 하는 서클은 같은 직장 내의 집단이어도 각각 활동 내용은 달랐고, 지역에 따라 분위기도 한층 달랐다. 시는 (낭독되는 경우도 있었지만) 문자로 표현되어 남겨졌고, 연극은 공동 작업으로 관객이 필요했다. 연극과 음악은 공유되는 순간에 사라져 버린다. 그러나 서클에서는 모두가 모여 함께 작업하고 그 과정에서 일체성을 추구하며, 감성과 신체성을 통해 논의하는 공간을 공유했다는 점에서 공통된다. 보다 넓은 문맥에서 보면, 서클 운동은 '문화'를 체현하고 '문화'를 만들어냄으로써 '문화'의 변혁을 지향하는 행위이다. 기반이 되는 것은 대면하는 공간이고 공동성을 실감할 수 있는 범위의 멤버이다. 서클 잡지라고 해도 그 대다수는 회람용 갱지 인쇄판이고 『영화 서클』이 1만 부를 발행한 것이 그나마 최대였다. 하지만 <u>연결되고, 관계가 만들어지고, 서로 공감하고, 토론하는 공간과 잡지를 통한 공공권이 실감되고 있었다. 그리고 여기에서의 주체는 읽고, 보고, 듣는 것에 그치지 않고, 각각 쓰고, 연기하고, 노래하고 말하는 행위와 결합해 있었다. 공공권을 만들고, 문화의 향수에 머물지 않는 창작하는 주체에 의해 그 공공권에 참가하는 것이다.</u>[28]　　　　　(밑줄은 필자에 의함)

그렇다면 이와 같은 선의의 타자에 대한 믿음을 가능케 했던 현실적 조건도 생각하지 않을 수 없다. 생활작문과 생활기록의 핵심적 주제가 '빈곤'이었다는 점에서 생각하면, 바로 만연한 빈곤이라는 현실이 나와 타자의 경계를 소멸시키는 역할을 했다고 볼 수 있다. 그런 맥락에서 당시 부정할 수 없는 일상의 한쪽 풍경을 구성했던 '기지'의 존재를 간과할 수 없다. 서두에서도 언급한 것처럼 1950년대에 미군시설은 가는 곳

---

28) 成田龍一, 「「サークル時代」の時代――一九五〇年代·「日本」の文化の場所」, 2005, 258쪽.

마다 있었고, 거리를 활보하는 미군의 모습은 일상적 현실의 자연스런 일부였다.[29] 그렇다면 보편화된 빈곤과 마찬가지로 이렇게 일상에 편재된 기지야말로 '평화'와 '반전'에 관한 공감의 공동체를 가능케 했던 것은 현실적 조건이 아니었을까.

이렇게 누구의 눈에도 보이는 일상적 현실로서의 기지와 미군은 '나의 의식'과 '평화'를 연결하는 생활기록의 논리를 지탱하는 현실적 기반이자, 동시에 1950년대 기지 문제를 다룬 방대한 르포르타주를 낳은 원천이기도 했다. 즉 르포르타주는 '보도'하고 '기록'해야 현실, 달리 말하면 기록을 요청하는 어떤 압도적인 현실을 전제조건으로 했다. 실제로 '예술의 혁명'을 속성으로 하는 아방가르드 운동이 1950년대 일본에서 르포르타주 운동과 결합한 배경에는 창작자의 의식을 구속하는 강력한 현실에 대한 인식이 자리하고 있었다.

> 우리들이 서 있는 지반의 불안정함은 사상이 어떠한가를 불문하고 실은 예술가의 생활과 사상을 지속적으로 위협하여, 결국 그것과 같은 시공간의 문제라는 것이 조금씩 감지되고 있다. [중략] 이렇게 <u>이른바 회화 이전의 문제가 화가의 의식을 강하게 점령한 시대는 일찍이 없었다</u>고 할 수 있다. 게다가 그것이 회화 이후의 세계와 알 수 없는 두려움과 연결되어 있다는 것에 우리들의 시대가 있다.[30]
>
> (밑줄은 필자에 의함)

---

29) 吉見俊哉, 「冷戦体制と「アメリカ」の消費」, 『岩波講座 近代日本の文化史9 冷戦体制と資本の文化』, 岩波書店, 2002.

30) 瀧口修造, 「覚え書」, 『美術批評』, 1952. 12. (西本匡伸, 「リアリズムとアヴァンギャルドの50年代美術」, 42쪽에서 재인용)

공감의 공동체(문화적 공공권), 예술적 감성을 압도하는 현실로서의 기지와 함께 나=개인과 '기지일본'이라는 공동체를 직결시키는 상상력의 가능 조건으로 '비극의 교환 가능성'을 들 수 있다. 여기서 말하는 '비극의 교환 가능성'이란, 이를테면 나에게 닥친 비극을 내가 속한 보다 큰 공동체가 겪고 있는 비극의 한 예로서 간주하는 것을 말하는데, 이런 사고방식에서 나의 비극과 타인의 비극은 공동체의 비극에 대한 사례로서 서로 교환(호환) 가능한 관계에 놓이게 된다. 따라서 교환 가능한 비극이라는 사고에서 나의 비극은 개별적이고 고립된 비극이 아니라 처음부터 '우리의 비극'으로 인식된다. 특히 기지 르포르타주에 이런 경향이 강하게 투영되어 있다. 기지 르포르타주는 앞서도 말했듯이 기본적으로 기지가 입지하고 있는 구체적이고 로컬한 장소가 기록의 대상이 되고 있다.[31]

하지만 기지의 현실을 기록한 개별 르포르타주는 장소의 차이에도 불구하고 그 내용에는 별다른 차이가 없다. 바꿔 말하면 기지로 인해 주름진 삶(현실)이 필자를 바꿔가며 반복적으로 서술되고 있다. 결국 기지 르포르타주가 수록한 기지 주변의 비극, 즉 부조리한 현실은 그 내용의 동일성에서 서로 교환 가능한 위상 속에 놓인다고 할 수 있다. 그런 의미

---

31) 이 시기 르포르타주의 외형을 띠고 출판된 다수의 '성적 수단담'들도 여기에 포함시킬 수 있다. 여기에는 미군이 일본인 여성에게 가하는 성적 학대와 폭력이 적나라하게 묘사되고 있는데, 이런 서사물들은 한결같이 일본여성의 정조 상실을 결국 '일본의 정조 상실'로 확대시키는 논리로 일관하고 있다. 이와 관련한 논의는 조정민, 『만들어진 점령서사—미국에 의한 일본점령을 어떻게 기억할 것인가』, 산지니, 2009를 참조할 것.

에서 '기지일본'은 기지로 인해 발생하는 개별 비극을 포괄하는 총체적 표상의 역할을 하고 있는 것이다.

5. '기록운동'의 종언

1950년대는 기록이 하나의 운동으로 존재했던 시기였다. 그것은 '나의 기록'을 중시했다는 점에서 패전 이후 '주체성의 확립'을 둘러싼 논의의 연장선상에 위치하는 문화운동이었다고 할 수 있다. 이를테면 『사상의 과학』을 통해 이루어진 생활기록(생활작문)에 대한 관심과 재평가가 이를 반증한다. 또한 이 시기의 기록운동은 1950년대 이른바 '반미 내셔널리즘'의 영향 속에서 저항하는 '국민'의 창출을 주창했던 공산당을 중심으로 한 민족주의 담론과도 깊은 연관을 맺고 있었다. '저항 시'라는 장르의 출현, '기지일본'이라는 표상을 창출했던 기지 르포르타주의 존재가 이것을 방증한다. 요컨대 1950년대 기록운동은 개인과 민족으로 표현된 새로운 주체 형성의 문제와 결부되어 전개되었다고 할 수 있다.

특히 개개인의 기록을 평화라는 대국적 이슈와 직결하는 상상력을 생각할 때, '기지'라는 존재는 결정적인 조건이었다. 반복되지만, 나에서 세계로의 '비약', 투명한 공감의 공동체, 비극의 교환 가능성과 같은 1950년대 기록운동이 내포하고 있었던 고유한 상상력은 빈곤과 기지라는 보편적이고 동시에 압도적인 현실 없이는 생각할 수 없다. 그런데 그것은 단순한 '사대적 조건'과 같은 애매한 배경이 아니라 1950년대 기록운동

의 고유한 논리와 심리를 가능케 했던 불가결한 조건을 의미했다는 점
이 중요하다. 물론 여기에 기록이 추구하는 '사실성'의 요소를 덧붙여 본
다면, 기록과 현실은 거울상의 관계를 이루면서 서로가 서로를 정당화
하는 역할을 했다고 할 수 있다. 따라서 1960년 이후 경제성장과 기지의
이전은 기록운동을 지탱했던 근간의 소멸을 의미하지 않을 수 없었다.
사라진 기지는 기록해야 할 현실의 소실이자, 평화를 향해 나와 타자를
공명시켰던 시대적 공동성(共同性)의 상실을 의미했기 때문이다.[32]

---

32) 그런 점에서 1950년대 후반, 즉 평화운동으로서의 기록운동이 쇠퇴의 국면
   을 맞이하던 때 규슈를 거점으로 생활기록운동을 전개했던 다니가와 간의
   존재는 결코 간과할 수 없다. 다니가와 간의 서클 운동에 관해서는 조정민,
   「다니가와 간과 서클운동」, 『일본문화연구』 42, 2012를 참조할 것.

현대일본생활세계총서 **7**

전후 일본의 생활평화주의

〈일본모친대회〉, 각성하는 '모성'과 평화*

이은경

1. 불편한 '모성'

"생명을 낳는 모친은 생명을 키우고 생명을 지키기를 바랍니다(生命を生み出す母親は、生命を育て、生命を守ることを望みます)", "모친이 변하면 사회가 변한다(母親がかわれば社会がかわる)". 이처럼 전후 일본에서 여성운동 혹은 단체의 슬로건으로서 '모친' 혹은 '모성'을 내세우는 것을 어떻게 이해해야 할까? 전후 일본의 여성들이 반전·평화를 주장했던 대표적인 활동이 '모친운동' 혹은 '모친대회'라는 점은 연구자에게 다소 불편하게 다가오는 것이 사실이다. 일단은 좀처럼 냉정하고 객관적으로 규정하기 어려운 '모성' 혹은 '모친'을 대중운동의 주요개

---

* 이 글은 『일본역사연구』 38호(일본사학회, 2013)에 게재된 「전후 일본의 각성하는 '모성'과 평화: 〈일본모친대회〉(1955–)의 태동과 초기활동을 중심으로」를 수정·보완한 것이다.

념으로 내세우다니, 이를 제대로 연구의 주제로 다룰 수 있을지 자신하기 어렵기 때문이다. 당시 이들 운동의 당사자들로부터도 "여자가 하나의 인격으로서 스스로의 요구를 주장하지 못하고 아이에 관한 것이니 … 라는 식으로 자기희생적 요구밖에 못 하는 것은 일본 부인운동의 취약함이 드러난 것"[1]이라며 자성의 목소리가 나왔던 것을 보면, '모성'을 내세우는 것에 불편함을 느끼는 이가 필자만은 아닌 셈이다. 하지만 불편함의 보다 근본적인 원인은 이처럼 '모성'을 앞세운 모친운동이 본격화하기 이전의 역사, 즉 이들 모친운동 당사자들의 역사적 행적 혹은 전쟁기 일본에서 '모성'이 수행했던 역할과 관련이 있다.

'모성'은 근대 일본에서 여성에 관해 이야기할 때 결코 빼놓을 수 없는 주제이기도 하다.[2] 후술하겠지만, 근대 일본에서 여성운동가의 상징적 존재라 할 히라쓰카 라이초(平塚らいてう) 등이 여성의 권익보호를 위한 근거로 '모성'을 내세우며 보호를 요구하는 등, '모성'은 일본 여성들의 생활과 지위를 향상시키기 위한 긍정적이고 희망적인 의미로 사용되었다. 하지만 한편으로는 여성들을 가정 안의 역할로 제한하거나 침략전쟁에 협력하게 하는 이념적 도구로 이용되었던 것도 사실이다. 예를 들어 전전의 '모성'이라면 '군국(軍国)의 어머니'와 같은 용어가 먼저 떠오르면서, 여성의 전쟁책임을 추궁할 때 곧잘 사용되는 이른바 '총후(銃

---

1) 米田佐代子,『母さんに花を—山家和子と母親大会』, ドメス出版, 1981, 76쪽. 줄임은 원문에 따름.
2) 근대 일본 여성사에서 '모성'이 갖는 의미와 역할에 관해서는 이은경,「다이쇼기 일본 여성의 사상과 논쟁」(김용덕 엮음,『일본사의 변혁기를 본다』지식산업사, 2011)을 참조.

後)' 여성이 수행했던 역할에 대해서도 논하지 않을 수 없게 되는 것이다.[3]

근대 일본의 여성사에서 '모성'이 갖는 부정적인 면을 주목하게 된 것이 필자의 선입견 때문만은 아니며, 오히려 일본의 대표적 여성 연구자들의 영향이 크다. 스즈키 유코(鈴木裕子), 하야카와 노리요(早川紀代), 가노 미키요(加納実紀代), 오고에 아이코(大越愛子)와 같은 페미니즘 여성사학자는 물론이고, 그보다는 비교적 온건하다고 여겨지는 가노 마사나오(鹿野政直), 와카쿠와 미도리(若桑みどり), 고야마 시즈코(小山静子)와 같은 연구자도 근대 일본에서 특히 전쟁과 관련하여 '모성'이 수행했던 역할에 매우 비판적인 태도를 보인다.[4]

그런데 쉽게 이해하기 어려운 사실은, 학자들 사이에서는 공공연하

---

3) '일본의 어머니(日本の母)'라고 하면 '총후의 어머니(銃後の母)'를 먼저 연상하게 된다는 사실은, 〈일본모친대회〉가 처음 개최되었던 1955년 당시 이미 지적되었다(「日本母親大会」, 『朝日新聞』(석간), 1955. 6. 8.).

4) 대표적인 연구들만 소개해도 다음과 같다. 鈴木裕子, 『フェミニズム·天皇制·歴史認識』, インパクト出版会, 2006, 『フェミニズムと戦争 : 婦人運動家の戦争協力』, マルジュ社, 1997, 『女と＜戦後50年＞』未来社, 1995 ; 早川紀代, 『近代天皇制国家とジェンダー : 成立期のひとつのロジック』, 青木書店, 1998, 『近代天皇制と国民国家 : 両性関係を軸として』, 青木書店, 2005 ; 加納実紀代, 『戦後史とジェンダー』インパクト出版会, 2005, 『天皇制とジェンダー』, インパクト出版会, 2002, 『女たちの「銃後」』, 増補新版, インパクト出版会, 1995 ; 大越愛子, 『近代日本のジェンダー : 現代日本の思想的課題を問う』, 三一書房, 1997, 『フェミニズムと国家暴力 : トランスナショナルな地平を拓く』, 世界書院, 2004 ; 鹿野政直, 『現代日本女性史 : フェミニズムを軸として』, 有斐閣, 2004, 『婦人·女性·おんな : 女性史の問い』, 岩波書店, 1989 ; 若桑みどり, 『戦争がつくる女性像 : 第二次世界大戦下の日本女性動員の視覚的プロパガンダ』, 筑摩書房, 1995 ; 小山静子, 『家庭の生成と女性の国民化』, 勁草書房, 1999, 『良妻賢母という規範』, 勁草書房, 1991.

게 비판의 대상이 되고 있는 일본 역사 속의 '모성'이 전후 일본 사회에서 여전히 건재하다는 점, 단지 추상적으로 신성시되는 개념으로서만이 아니라 일종의 시민운동으로서도 일정한 사회적 역할을 하고 있다는 점이다. 즉 패전 후 일본이 역사상 최초로 다른 국가의 지배를 받는 쓰라린 경험을 통해 근대의 흔적을 지워가며 새로운 지식과 생활의 체계를 형성해 가던 상황에서도, '모성'은 전전의 행적에 대한 반성과 함께 폐기되기는커녕 여성의 평화운동을 주도하는 중심 개념으로 정착해갔던 것이다. 대표적인 사례가 이 글에서 다루고자 하는 〈일본모친대회〉(日本母親運動, 1955 -) 혹은 '모친운동'이다.

먼저 〈일본모친대회〉란 '아이를 지키는 어머니(子どもを守る母親)'라는 공통점에 의해 모든 계층의 여성들이 모이는 운동단체이자[5] 혹은 그 집회를 지칭한다. 패전으로부터 약 10년 후 개최된 1955년 6월 제1회 일본모친대회는 거의 같은 시기 시작된 〈원수폭금지운동(原水爆禁止運動)〉과 함께 광범한 국민적 운동으로 주목을 받았다. 이후로는 해마다 지역별로 다양한 주제를 가지고 소규모 모임과 대회를 치른 후, 그 성과를 가지고 매년 8월경 대표들이 도쿄 등에 모여 2 - 3일 동안 전국대회를 가진다. 전국대회는 크게 보면 수십 개의 주제별로 모이는 분과회

---

5) 『岩波女性史事典』, 岩波書店, 2002. 이 글에서 '모친대회'는 기본적으로 매년 한 차례 열리는 전국대회인 '일본모친대회'와 이를 전후하여 각 지방 단위로 열리는 '○○모친대회' 등의 행사를 지칭하는 표현이자, 이를 준비하고 그 결과를 발신하는 조직을 지칭하는 표현으로 사용한다. 그리고 이 '모친대회'에서 비롯된 것으로, '모친대회'를 포함하여 '모친'이 주축이 되어 전개하는 여러 활동을 포괄하여 '모친운동'이라고 표현하기로 한다.

(分科会)와 이들 분과회에서 이루어진 토의 내용에 대한 결과보고, 대표연설, 특별공연, 대회선언과 결의 등으로 이루어지는 전체회(全体会) 두 가지 프로그램으로 구성된다. 주요 안건의 선정이나 대회 결의의 내용, 참여단체와 리더십의 성격, 나아가 '모친'을 최우선의 아이덴티티로 하는 여성관에 대한 비판과 문제 제기가 이어지는 가운데에서도 현재까지 계속되어, 2013년 8월 도쿄에서 제59회 일본모친대회가 변함없이 개최되었다.

　　이 글은 본래 전후 일본에서의 평화운동의 실상을 밝히고자 하는 학제적 연구의 일환으로 기획되어, 특히 여성계의 평화를 위한 움직임을 소개하면서 그 안의 쟁점을 밝히는 방식으로 연구를 진행하고자 했다. 그런데 선행연구를 검토하고 관련된 자료를 읽어 나가면서 필자는 전후 일본 여성들의 대표적인 반전평화운동이 왜 하필 전전의 불편한 기억과 연결된 '모성'을 전면에 내세우며 '모친운동'이라는 형태로 전개되었는가라는 의문을 품게 되었고, 이를 논리 전개의 주요한 축으로 삼게 되었다. 전후 일본 여성들의 평화운동의 양태를 소개하는 것과 전전과 전후의 '모성'의 차이를 밝힌다는 서로 다른 두 내용이 교차하는 것처럼 보이는 것은, 이러한 연구의 목적과 과정이 교차한 결과이다.

　　이하에서는 먼저 일본모친대회 시작의 계기로 일컬어지며 히로시마·나가사키에 이은 일본의 '세 번째' 피폭사건으로도 불리는, 1955년 3월 발생한 이른바 '비키니사건'의 경과 및 그에 대한 일본 사회의 반향을 소개한다. 다음으로는 비키니사건 이후 일본 여성들의 결집 양상과 그 결과물로서의 일본모친대회·세계모친대회의 실제에 초점을 맞추되, 이를 '비키니사건'에 의해 우발적으로 촉발된 것이 아니라 패전 직후부터 일관되게 진행되어 왔던 여성들의 평화를 위한 움직임과의 연속성 위에서 다루고자 한다. 셋째로는 전전 일본에서의 '모성'의 의미와 이용의 양태를 살피고, 이것이 전후 모친운동에서의 '모성'의 의미와 어떻게 다른지 혹은 다르고자 했는지를 분석한다. 이상의 과정을 통해 궁극적으로는 전후 일본 여성들에 의해 모친운동이라는 형태로 전개된 새로운 양태의 평화운동, 즉 아이와 생활에 밀착한 여성 평화운동의 실상에 접근하고자 한다.

2. 전후 일본 여성들의 평화운동과 비키니사건

2.1. 비키니사건과 일본사회의 반응

1954년 3월 1일 태평양의 비키니환초(Bikini環礁)[6) 부근에서 조업 중이던 참치어선 다이고후쿠류호(第五福竜丸)의 선원 23명이 미국의 수중 핵실험에 노출되는 이른바 '비키니사건'이 일어났다. 3월 14일 귀국한 선원들이 방사능 물질에 노출되어 이를 체내에 섭취하고 있는 것으로 판명됨에 따라 도쿄의 병원에 입원 조치되었으며, 이들이 포획한 생선도 모두 소각되었다. 이러한 사실은 당시 요미우리(読売)신문 등 일본 언

---

6) 남태평양 군도(南洋群島) 마샬제도 북부에 위치하는 작은 섬. 낮고 평평한 환초. 당시 미국의 원자폭탄·수소폭탄 실험지로 사용되었으며, Eschholtz 환초라고도 한다.

론에 의해 대대적으로 보도되어 국내외에서 크나큰 주목을 받았다. 사태는 여기에서 그치지 않았다. 이후 입항한 또 다른 참치어선에서도 포획된 참치가 방사능에 오염된 것으로 판명되는 등, 이른바 '죽음의 재(死の灰)'에 대한 공포가 일본 내에 확산되었다. 5월에는 일본 각지에 강한 방사선을 머금은 비가 내리니 식수에 주의하라는 경고가 신문에 게재되면서 긴장감이 더해졌으며, 9월 23일에는 비키니사건의 피해자 가운데 가장 상태가 심각했던 구보야마(久保山愛吉)가 사망하면서 "일본은 피폭 히스테리"[7]라고 보도될 정도로 격앙된 분위기에 휩싸였다.

이러한 사태가 발생한 것에 각계의 규탄성명이 잇따르는 가운데, 5월 9일 야스이 가오루(安井郁)가 중심이 되어 〈원수폭금지서명운동 스기나미협의회〉가 결성되었다. 1955년 1월에는 서명자 수가 2,200만을 돌파했고 8월에는 8,800만을 돌파할 정도가 되었다. 이후 원수폭금지에 대한 열기가 고조되어 1955년 8월 6일부터 3일 동안 히로시마에서 일본 외 14개국 대표가 포함된 〈원수폭금지 세계대회〉가 개최되었으며, 이후 〈원수폭금지 일본협의회〉와 〈일본원수폭 피해자단체협의회〉가 결성되어 활동을 지속했다. 일련의 움직임 끝에 1957년 4월부터는 '원수폭탄 피해자 의료 등에 관한 법률(原水爆弾被爆者の医療等に関する法律)'이 시행되기 시작했다.

이러한 일련의 과정에 여성들의 적극적인 참여가 두드러졌는데, 이는 이른바 '죽음의 재'에 의한 건강상의 피해와 차세대에 대한 악영향을

---

7) 「日本は被爆ヒステリー」, 『朝日新聞』 1954년 9월 26일 자에 소개된 영·미 신문의 기사 내용.

염려했기 때문이었음을 짐작하기는 어렵지 않다. 그런데 〈원수폭금지 세계대회〉의 개최와 〈원수폭금지 일본협의회〉의 결성으로 이어지는 반원수폭을 위한 일련의 움직임과 병행하여, 그와는 다른 맥락에서 일군의 여성들에 의한 또 하나의 반전·평화를 위한 움직임이 진행되고 있었다. 중심이 된 것은 주로 전전부터 이른바 '여성해방'을 위해 활동했던 여성 운동가들로, 이하에서는 그에 대해 자세히 살펴보고자 한다.

2.2. 전후 일본 여성들의 평화를 위한 동향

전후 일본에서의 여성들의 반전·평화를 위한 운동이 비키니사건을 계기로 한 반(反)원수폭운동의 형태로 시작되었으리라는 예상과 달리, 1945년 8월 패전 직후부터 일본 여성들은 여성해방과 평화구현을 내걸고 분주히 움직였다. 전전부터 여성해방을 위한 운동을 이끌어왔던 여성운동가들은 전쟁이 끝나자마자 재빨리 〈전후대책부인위원회〉를 조직(1945.8.25.)하고 여성의 참정권 부여 및 기타 여성의 정치적 권리에 관한 의견서를 정부와 GHQ에 제출했다. 이들을 중심으로 〈부인민주클럽(婦人民主クラブ)〉이 결성(1946.3.16.)되었으며, 그 외에도 〈대일본부인회〉의 전국 지부가 새로이 조직되었다. 전시 중 당국의 압력으로 활동이 중지되었던 그리스도교 계통의 여성단체들도 활동을 재개했다. 패전의 충격과 전후의 극심한 빈곤 속에서도 단체를 결성하여 자신들의 목소리를 내려는 여성들의 노력은 멈추지 않았던 셈이다. GHQ에 의해 여성참정권이 부여된 후 처음으로 일본 여성들이 참여했던 1946년 4월 선거에서, 예상을 뒤엎고 자그마치 39명의 여성 당선자가 배출되었던 것은 널리 알려진 바와 같다.

1947년에는 일본에서도 전후 최초로 '국제 부인의 날'(3.8)을 기념하는 행사가 조직되었고, 12월에는 〈민주일본건설대회〉가 개최되었으며, 1948년에는 다수의 여성단체가 참가하는 전국조직인 〈민주부인협의회〉가 결성되었다. 1949년의 국제 부인의 날에는 1만 명 규모의 집회가 열렸으며, 4월 10일에는 40여 개 여성단체가 참가하는 '부인의 날 대회'가 노동성 부인소년국의 주도로 개최되었다. 더 나아가 이들 단체는 연합하여 〈부인단체협의회〉(부단협)를 결성하기도 했다.

이러한 일본 국내 여성들의 움직임이 세계 여성들의 움직임에 눈을 뜨게 되는 계기는 비키니사건이 일어나기 약 2년 전인 1952년에 이미 찾아왔다. 그 첫걸음이 된 것은 라이초의 제안으로 열린 1952년 7월 고라도미(高良とみ)[8]의 귀국보고회였다. 그는 파리에서 열린 유네스코 행사에 참석한 후 당시 일본 당국에 의해 방문이 금지된 소련 모스크바에서 열린 국제경제회의에 참가하고, 돌아오는 길에는 베이징(北京)에서 열린 아시아태평양지역 평화회의 준비회에 참석한 후 귀국한 참이었다. "고라 씨의 여행담(お土産話)은 분명 공산주의에 대한 오해나 의혹, 공포심을 없애줄 것입니다. 그것은 또 재군비론의 어리석음을 깨우고 평

---

8) 1896. 7. 1.-1993. 1. 17. 교육자이자 정치가. 일본여자대학 졸업, 미국 컬럼비아대와 존스홉킨스대에서 철학박사 취득. 일본여자대학 교수. 간디와 타고르, 루쉰 등과 친교가 두터웠으며 평화운동에도 간여. 전시에는 대정익찬회(大政翼贊会)에 참여하여 부인국의 설치를 요구. 전후에는 참의원의원으로 선출됨. 1952년 전후 일본인으로서 최초로 모스크바를 방문했으며, 국회의원인 호아시(帆足計) 등과 함께 중국에 가서 제1차 중일민간무역협정을 체결하기도 했다(『岩波女性学事典』, 岩波書店, 2002).

화의 길에 커다란 희망과 빛을 제시할 것입니다 … 모처럼의 모임을 흩트리지 말고 평화의 조직으로 남기도록 합시다." 이것이 일본 여성이 국제연대로 나아가는 신호탄이 되었다. 공산주의 진영과 민주주의 진영 사이의 골이 깊어지는 냉전시대로의 돌입에 즈음하여, 라이초의 호소에 따라 1953년 4월 "종래의 분파주의(sectionalism)를 버리고 여성 평화세력을 크게 하나로 묶는" 것을 목표로, 30여 개 단체의 연합조직 〈전일본부인단체연합회〉(이후 일본부인단체연합회로 개칭, 이하 〈부단련〉)가 결성되었다. 〈부단련〉의 초대회장은 라이초가 맡았다.[9]

1953년 6월 코펜하겐에서 개최 예정인 〈세계부인대회〉에 대표를 파견해 달라는 〈국제민주부인연합회〉(이하 〈국제민부련〉)의 초대장이 〈부단련〉으로 도착한 것은 그로부터 두 달 후의 일이었다. 그에 따라 같은 해 12월에는 세계부인대회에 파견할 대표를 선출하기 위한 제1회 〈일본부인대회〉가 개최되었다.[10] 당국의 여권 발급 지연과 같은 의도

---

9) 「解説―平和·子ども·権利を軸に」, 『現代日本女性の主体形成』 2, ドメス出版, 1996, 124-125쪽.
10) 이 대회에서는 한국전쟁의 즉시 정지, 원자·수소폭탄 및 세균폭탄 등의 잔혹병기의 제조·사용 금지, 5대국에 의한 평화회담 등을 제안사항으로 결정하고 코펜하겐에 파견할 10명의 대표를 선출했다. 라이초는 이 대회의 의의를 다음과 같이 기술했다. "일본부인대회에는 평화를 향한 열의에 불타는 1,500명의 부인대표가 북으로는 홋카이도(北海道)부터 남으로는 규슈(九州)에 이르기까지 일본 전국에서부터 (후쿠이와 구마모토의 두 현만을 제외하고) 집결했습니다. 그것은 모든 계층을 포함하는 부인으로― 가정의 주부, 어머니, 미망인, 도시 직업부인, 여의사, 농어촌의 부인, 교원, 여학생, 보모, 간호부, 공무원, 점원, 일용직 노동부인, 탄광 아줌마, 문화부인, 종교단체부인 등―일본 부인운동사상 최초로 폭넓은 부인의 집회였습니다."(平塚らいてう, 「一九五四年の婦人運動の方向」, 『平塚らいてう著作集』 7, 大月書店, 1984, 247쪽).

적인 방해로 인해 일본 대표 가운데 한 명만이 늦지 않게 도착할 수 있었던 세계부인대회에는, 67개국 1,198명이 참석하여 '부인의 권리' '아이의 행복', '평화의 수호'라는 세 주제를 중심으로 의견을 교환했다. 비록 대회에 다소 늦게 도착하기는 했지만, 여성들의 국제적 연대의 가치에 눈을 뜬 일본 대표단은 귀국길에 두 팀으로 나뉘어 각각 소련·중국 등 사회주의 국가를 방문하거나 빈에서 열린 세계교원회의에 참석하였다.[11]

비키니사건이 발생하여 일본 사회에 상당한 충격을 주었던 것은, 특히 여성운동가들을 자극하여 이른바 '모친운동'의 움직임에 나서게 한 것은 바로 이상과 같은 여성계의 움직임을 배경으로 했다. 비키니사건의 실상이 언론을 통해 알려지기 시작한 것은 피폭 어선이 귀항(3.14)한 후의 일로, 이는 일본 여성들이 국제 부인의 날을 기념하여 3월 8일 – 4월 16일을 이른바 '부인월간'(婦人月間)으로 지정하고, "모든 부인은 전쟁에 반대하고 평화헌법을 지킵시다"를 슬로건으로 한창 평화행사를 진행하던 시기였다. 비키니사건이 알려지면서 이들도 '원자병기의 제조, 사용, 실험을 중지시킬 것을 결의'하고 이를 위한 서명운동에 돌입했는데, 이는 앞서 소개한 일반 대중들의 원수폭금지를 위한 전국적인 움직임에 공명하는 것이기도 했다.

그러나 이들은 서명운동에 그치지 않고 혹은 원수폭금지를 위한 대중운동에 협력하는 것에 머물지 않고, 이를 평화를 위한 여성들의 국제적인 연대를 이루는 계기로 만들고자 했다. 같은 해 9월 15일 라이초[12]

---

11) 「解説―平和·子ども·権利を軸に」, 125쪽.
12) 당시 라이초는 일본 〈부단련〉의 초대회장이자 〈국제민주부인연맹〉(이하 〈국

등의 연명으로 〈국제민부련〉 집행국회의와 각국 단체 앞으로 "비키니 환초에서 미국의 수폭실험으로 150킬로나 떨어진 공해상에서 평화로이 참치잡이를 하던 어선이 피폭한 진상과 세 번이나 미국의 원폭으로 피해를 입은 일본 부인의 분노와 투쟁을 지지해 주기 바란다"[13]는 내용이 담긴 '원수폭 금지를 위한 일본 부인의 호소(原水爆禁止のための日本婦人の訴え)'를 발송했다. 11월에는 '아이의 행복과 평화를 위해 세계 모친이 연대하는 세계모친대회의 개최'를 제안하여 전폭적인 지원을 약속받았다. 1955년 2월에는 스위스 제네바에서 이를 주된 의제로 하는 〈국제민부련〉 평의원회가 열려, 일본에서는 국제파인 쓰루미 가즈코(鶴見和子), 고라 도미와 평론가인 하니 세쓰코(羽仁説子), 마루오카 히데코(丸岡秀子) 등 5명이 대표로 참석했다. 현장에서는 라이초가 보냈던 호소문이 인쇄되어 배포되는 등 일본 여성들의 호소가 상당한 반향을 일으켰던 듯한데, 이는 대회 후 채택된 호소문에서도 확인할 수 있다.

> … 히로시마, 나가사키, 비키니에서 일어난 일은 세계의 모든 모친들에게 원자폭탄이 향하는 선명한 잔혹함을 강하고 분명하게 드러냈습니다. 우리들은 이러한 무기가 다시는 사용되는 것을 용납할 수 없습니다 … 우리들은 우리 가운데 전쟁을 피할 힘을 가지고 있습니다 … 전쟁을 준비하는 자들은 모친들의 의견을 묻지 않습니다. 그렇기에 우리들은 우리의 목소리를 높이지 않으면 안 됩니다. 우리는 전쟁을 원하지 않습니다.[14]

제민부련〉) 부회장이기도 했다.
13) 木村康子, 『いのちのうた響かせながら 母親大会のがたり』, かもがわ出版, 1999, 10쪽.

사상, 신조, 인종의 차별 없이 원자전쟁의 위협으로부터 아이의 생명을 지키기 위해 세계모친대회를 지지해 주십시오.[15]

여기에서 1955년 7월의 세계모친대회 개최가 확정되었다. 일본 국내에서도 이를 위한 준비위원회가 결성되었으며, 일본 대표 선정 등을 위한 국내대회 즉 일본모친대회의 개최가 결정되어 실행위원회가 꾸려졌다. 여기에는 일교조(日教組), 〈부단련〉, 평화부인신문(平和ふじんしんぶん), 일본어린이수호회(日本子どもを守る会), 〈부인민주클럽〉 등 약 60여 개의 여성단체가 참가했으며, 선전활동과 모금활동, 대회준비와 세계대회 대표 선정 등의 역할을 분담하여 행동에 착수했다. 모금을 위해 라이초의 글씨를 물들인 손수건 13만 장, 부채 1만 개 등의 물품이 제작·판매되었다.[16]

---

14) 国際民主婦人連盟評議会母親大会準備会, 「世界母親大会をひらくためのアピール」, 『現代日本女性の主体形成』 3, ドメス出版, 1996, 152-153쪽. 줄임은 인용자.
15) 木村康子, 『いのちのうた響かせながら』, 10쪽.
16) 日本母親大会十年史編纂委員会, 『母親運動十年のあゆみ』, 日本母親大会連絡会, 1966, 41쪽. 준비위원회에는 대형 조직뿐 아니라, 〈무통분만의 회〉, 〈세타가야 가정회〉와 같은 소규모 지역단체도 포함되어 있었으며, PTA와 교육위원회도 후원했다(永原和子·米田佐代子, 『おんなの昭和史』, 有斐閣選書, 1986, 194쪽). 상설조직과 상근인력을 최소화하고 매회 대회마다 참석 희망 단체들이 준비위를 조직하여 역할을 분담하는 것, 그리고 뜻있는 이들[有志者]이 이러한 물품을 제작·판매하여 자금을 조달하는 방식은 현재까지도 〈일본모친대회〉 개최를 위한 필수과정이 되고 있다. 전후 일본 여성들의 운동방식은 이미 이 시기에 대체적인 원형이 형성되었던 셈이다.

3. 〈일본모친대회〉의 개최와 세계적 발신

3.1. 제1회 〈일본모친대회〉의 개최

제1회 〈일본모친대회〉는 전국에서 2천여 명 이상이 참석한 가운데 1955년 6월 7일 - 9일 도쿄 도시마공회당(豊島公会堂) 등에서 개최되었다. 흥미로운 점은 이 대회부터 그야말로 '극히 보통(ごくあたりまえ)'의 여성 혹은 모친에게 눈높이를 맞추겠다는 지향성이 이전 어느 때보다 강하게 드러나기 시작했다는 점이다. 이러한 경향은 일찍부터 세계모친대회 대표 파견에 대해, "유명인들만이 외국에 대표로 간다는 당시까지의 생각을 뛰어넘어, 일본의 풀뿌리(草の根)와 세계의 풀뿌리가 단단히 연결되도록 하기 위한 밑거름을 만들겠다"는 방침을 세운 것에서 비롯되었던 것으로 보인다.17) 즉 지역 안배를 전제로 하여 "몇 사람이 그룹을 만들어서 두드러지지 않지만 충실한 활동을 하고 있는 사람이나 그로부터 추천받은 사람, 개인으로서의 유명한 부인이 아니라 원칙적으로 모친인 사람. 아이를 키우지는 않더라도 모친의 역할을 하고 있는 혹은 할 수 있는 사람"18)을 선정하기로 공감을 이루었던 것이다.

제1회 〈일본모친대회〉 개최까지 약 3개월의 준비기간 동안, 제네바에서 돌아온 일본 대표들은 각 지역을 돌며 "일본 어머니들의 고통과 기쁨, 매일의 생활 중에 직면하는 문제를 어떻게 '세계모친대회'에 반영

---

17) 鶴見和子, 「「世界母親大会準備会」から帰って」, 『朝日新聞』(석간), 1955. 2. 24.
18) 「集う二千人のお母さん」, 『朝日新聞』(석간), 1955. 6. 6.
19) 이하 모든 사진자료의 출처는 일본모친대회 홈페이지(http://www.hahao yataikai.jp/ 검색일 2013. 4. 30.).

〈그림 1〉 제1회 일본모친대회
(도쿄 도시마공회당, 1955)[19]

시키면 좋을까 … 함께 이야기했다." 그러한 가운데 '전국 각지, 마치(町)와 무라(村) 구석구석까지 고루 다니자, 그리고 유명인이 아닌 극히 보통의 모친대표를 선발하자'[20]는 목표가 설정되었다. '극히 보통의 모친'에 초점을 맞추는 것은 비단 세계대회 파견을 위한 대표 선발만이 아니라 이후 일본모친대회 운영 전반에 걸친 원칙이 되어갔다. 이는 대회사무국장인 가와사키 나쓰(河崎なつ)의 발언에서도 확인된다.

일상생활에서의 느낀 점을 어머니들이 이 대회에서 직접 호소했으면 좋겠다. 구체적으로 서로 이야기하는 것이 문제를 명확하게 할 수 있으며 그로부터 일본 여자의 문제에 관한 해결의 실마리를 발견하게 될 것이라고 생각한다 … 부엌의 일, 아이의 교육, 남편의 일, 지극히 일상의 일을 함께 이야기하고 싶다.[21]

첫날은 개회식과 보고, 그리고 다양한 내용의 소개와 제언의 시간으로 채워졌다. 둘째 날은 '어린이보호분과회(子どもを守る分科会)',

---

20) 「集う二千人のお母さん」.
21) 「集う二千人のお母さん」. 줄임은 인용자.

'부인권리보호분과회(婦人の權利を守る分科会)', '평화수호분과회(平和を守る分科会)'라는 세 개의 대주제하에 수십 개의 분과회가 그 수만큼의 교실을 빌려 개최되었다. 이들 세 개의 대(大)주제는 '부인의 권리'가 종종 '생활의 권리'로 확대되는 일을 제외하면 이후 대회에서도 큰 변화없이 일본모친대회의 중심 주제로서 꾸준히 등장하게 된다. 셋째 날은 전체회로 진행되었는데, 분과별 보고를 마친 후 그에 관한 토론 그리고 대회의 선언과 결의 채택 등으로 이루어졌다. "어찌 되었든 '어머니의 역사'에 새로운 페이지가 열렸다."[22]

극히 보통의 여성 혹은 모친들의 대규모 집회라는 일본 역사상 전례 없는 이 모임이 어떠한 방식으로 선전되고 받아들여졌을까? 훗날 일본모친대회의 중추적 역할을 하게 되는 얀베 가즈코(山家和子)는 PTA의 지인의 권유를 받고 마침 가까운 곳에서 열리는 제1회 일본모친대회에 참석했을 때 받았던 인상을 다음과 같이 회고한다.

> 잘난 사람이 모이는 줄 알고 갔더니 도호쿠 사투리, 규슈 사투리가 섞이고, 농가 아낙이나 일용직 아줌마들이 애를 업은 채 가득 차 있었고 … 대회가 치러지는 3일 동안 한마디도 하지 않고 울면서 사람들이 하는 말을 듣기만 했지만 대단히 알찬 느낌[忠実感]을 받았다 … 오키나와(沖縄)에서의 일도, 미군 병사에게 당한 여성의 이야기 등도 몹시 충격적이었다.[23]

---

22) 丸岡秀子, 「「日本母親大会」の三日間」, 『朝日新聞』(석간), 1955. 6. 10.
23) 얀베 가즈코의 발언(鹿野政直, 『現第日本女性史』, 17-18쪽에서 재인용). 줄임은 가노(鹿野).

사실 대회의 목적 자체가 세계대회 파견 대표 선발에 더하여 "평화나 아이의 행복, 가정생활의 요령(やりくり) 등에 관해 가벼운 마음으로 함께 이야기해 보자는 것"[24]이었던 만큼, 이 모임에 참석한 이들 대개가 PTA나 주변 지인의 권유로 호기심에 따라오는 경우가 많았던 것으로 보인다.[25] 나름 주요한 인물의 입을 통해서도 "우리는 고립된 어머니를 만들지 맙시다. 딸을 치운다(かたづける)는 말을 쓰지 맙시다. 아들을 위해 며느리를 받아온다(嫁をもらう)라는 말을 하지 맙시다. '주인(主人)'이라는 말을 버리고 남편(夫)이라고 합시다."[26]와 같은 수준의, 지극히 생활 속의 실제적인 문제 제기가 이루어졌다.

세계모친대회에 일본 대표의 파견을 요청한 '세계 모친들(世界のお母さんたち)'을 상대로 상정한 〈선언〉(4장 2절 참조)에 이어, 대회 〈결의〉는 실생활에 관련된 보다 구체적인 내용으로 채워졌다. 성공적인 2박 3일의 대회를 통해 주최자나 참석자들이 크게 고무된 것이나 당시 언론으로부터 상당한 주목을 받았던 것에 비하면 〈결의〉의 내용은 너무도 구체적인 나머지 오히려 소박해 보일 정도다.

하나, 사회보장비를 증액해 주시오.
둘, 교육예산 증액을 요구하자.

---

24) 「母親大会始る」, 『朝日新聞』(석간), 1955. 6. 7.
25) 이후로도 상당 기간 매년 일본모친대회 참가들 가운데 '처음'으로 참가하는 경우가 반수 이상을 점했다(米田佐代子, 『母さんに花を─山家和子と母親大会』, 72쪽).
26) 여성 평론가이자 농학자인 마루오카 히데코(丸岡秀子)의 발언(鹿野政直, 『現第日本女性史』, 18쪽에서 재인용).

셋, 아이에게 나쁜 영향을 주는 영화, 만화, 장난감을 추방하자.

넷, 일하는 부인의 모체(母体)를 지키기 위해 생리휴가, 산전산후 휴가를 완전히 실시하게 하자.

다섯, 생명을 빼앗는 교통사고[交通禍]를 없애자. 안전한 조치를 정부에 요구하자.

여섯, 가정의 생활을 위협하는 해고와 실업에 반대하자.

일곱, 인권을 지키기 위해 매춘금지법을 제정하게 하자.

여덟, 부인의 권리를 지키기 위해 가족제도 부활을 반대하자.

아홉, 세금이 올라 마치(町)나 무라(村)의 생활을 파괴하는 재정정비법안, 지방자치법안 개악에 반대하자.

열, 군사기지의 문제를 세계 어머니들에게 호소하여 기지를 없애는 운동을 일으키자.

열하나, 원폭피해자 실정을 세계에 호소하고 피해자를 지키기 위해 힘을 합하자.

열둘, 원자전쟁준비 반대운동을 더욱 확대하고 원수폭금지 세계대회를 성공시키자.

열셋, 일본모친대회의 감격을, 한 사람이 열 사람의 어머니에게 전하여 세계모친대회를 향해 크게 결집하자.

1955년 6월 9일 일본모친대회[27]

　

폐회에 앞서 마지막 날에는 세계대회 대표 파견을 위한 후보 34인을 선정했다.[28] 최종적인 대표의 선정은 대회의 폐회 후에 이루어졌으

---

27) 日本母親大会十年史編纂委員会, 『母親運動十年のあゆみ』, 302~303쪽. 여덟 번째 항목의 '가족제도 부활 반대'란 '이에(家)'와 호주제(戸主制)를 비롯하여 여성을 억압하는 근대적 가족제도로 회귀하려는 보수적 움직임에 대한 반대를 천명한 것으로 보인다.

28) 그중에는 비니키사건의 유일한 피폭사망자 구보야마 아이키치(久保山愛吉)의 부인 스즈(すず)도 포함되었으나, 최종적으로는 원폭피해자인 야마구치

며, 일본의 각 지역과 경험 등을 골고루 안배한 14인으로 결정되었다.[29]

3.2. 제1회 〈세계모친대회〉 대표단 파견

세계모친대회 대표 선정에 발맞추어 여권과 비자를 획득하기 위한 노력도 경주되었다. 초대가 아닌 자비도항을 위해 민간인이 여권을 취득한다는 것은 결코 쉬운 일이 아니었으며, 당국의 방해로 비자 발급이 지연되어 세계부인대회에 때맞춰 참석하지 못했던 전례도 있었다. 대표 파견을 위해서는 1인당 약 80만 엔의 비용이 예상되었는데, 이 비용은 중앙과 대표를 추천한 각 단체와 지역을 중심으로 한 필사적인 모금운동을 통해서 마련되었다.[30]

제1회 〈세계모친대회〉는 1955년 7월 7일 스위스 로잔에서 약 70개국 1200여 명이 참석한 가운데 개최되었다. 의장으로는 프랑스의 여성

미요코(山口みよ子)가 참석하여 세계대회의 의장단에도 포함되었다.

29) 『母親運動十年のあゆみ』, 69~70쪽. 당시의 아사히신문에는 15인 파견 예정에 12인이 일본대표로 참석한 것으로 되어 있다(「手をつないだお母さん 世界母親大会の第一報」, 『朝日新聞』(석간), 1955. 7. 17.).

30) 대표파견 비용 마련을 위한 수입예산으로서, 생명보험협회 100만 엔, 백화점 200만 엔, 시멘트회사 20만 엔, 제당회사 30만 엔, 방적 10만 엔, 건축 30만 엔, 야구계 30만 엔, 파이프회사 30만 엔, 경마와 경륜 각 50만 엔, 주조회사 30만 엔, 레코드회사 10만 엔, 신문협회 20만 엔, 닛케이렌(日経連) 30만 엔 등의 기록이 남아 있다(『母親運動十年のあゆみ』, 71쪽). 『母親運動十年のあゆみ』의 필자는 이것이 당시 모친운동 당사자들이 얼마나 현실성 없는 계획에 입각하여 경비 모금에 나섰는지를 보여주는 사례라고 지적한다. 오히려 이들을 파견하는 지역에서의 자발적 모금운동의 성과가 컸던 듯, 쓰치카와(土川マツエ)를 파견하는 이와테(岩手) 현, 일용직 간바라(菅原絹枝)를 파송하는 가나가와(神奈川) 현에서는 각각 40만 엔, 90만 엔 모금에 성공했다(「母親大会と日本の婦人運動の進展」, 『前衛』 108, 1955. 9., 76쪽).

〈그림 2〉 제1회 세계모친대회
(스위스 로잔, 1955)

사회운동가인 코튼(Eugénie Cotton)이 선출되었으며, 퀴리부인으로 알려진 물리학자 마리 퀴리(Marie Curie), 중국 쑨원의 부인 쑹칭링(宋慶齡), 벨기에의 엘리자베스 여왕 등이 축사를 보내어 지지를 표했다.[31] 여기에서 낭독된 그리스 여류시인의 시 가운데 "생명을 낳는 모친은 생명을 키우고 생명을 지키기를 바랍니다."는 이후 일본모친운동의 슬로건이 된다.

둘째 날의 각국 실정을 보고하는 시간에 일본 대표들은 원폭의 후유증을 보고하면서 원폭 반대를 강조했고, 오키나와(沖繩) 본토의 700여 개 미군기지로 인한 피해, 일본의 재군비정책 등을 고발했다. 그야말로 "No More Hiroshima"를 호소한 것이었다. 셋째 날은 다양한 문제에 관해 토론하는 분과회를 가진 후 본 대회의 결의를 국제연합과 4대국 수뇌회담에 보낼 것, 국제상설모친위원회를 설치할 것 등을 결의하고 해산했다. 일본 대표는 소련과 중국의 초대를 받아 양국을 방문하고 귀국하여, 8월 28일 보고회를 개최함으로써 공식 일정을 마무리했다.

이후 세계모친대회에서 돌아온 대표단은 귀국 후에 전국 각지를 돌

---

31) 「世界母親大会ひらく」, 『朝日新聞』(석간), 1955. 7. 8.

면서 보고회를 개최했다. 자녀를 전쟁으로 잃은 모친이자 부락을 대표해 선발되었던 쓰치카와 마쓰에(土川マツエ)가 총 180여 차례에 걸친 보고회를 통해 1만 5 - 6천 명을 동원하는 등, 대표단은 귀국 후 전국적으로 2,000여 회의 보고회를 통해 70만여 명의 청중을 동원하였다.

그렇지만 세계모친대회에서 다짐한 국제상설모친위원회는 결국 설치되지 않았던 것으로 보이며, 세계모친대회도 제1회를 처음이자 마지막으로 하여 더 이상 이어지지 않았다. 일본이 아닌 다른 나라에서 '모친운동' 혹은 '모친대회'가 있었는지도 확인되지 않지만, 최소한 일본모친대회와 연계를 시도한 흔적도 없다. 결국 세계모친대회는 본래 의도대로 여성들의 세계적인 연대를 구축하지는 못했지만, 전후 일본 여성들의 평화와 연대를 위한 움직임이 비키니사건을 계기로 '모친'을 내세운, 보다 대중적인 풀뿌리운동으로 성격을 변환해 가는 과정에서 중요한 영향을 미친 사건으로 의미를 가진다고 하겠다. 즉 세계모친대회 대표 파견을 위한 고민과 의견 수렴의 과정, 그리고 세계모친대회의 경험이 이후 모친대회의 방향에 중요한 영향을 미쳤다는 것으로, 이에 대해서는 4장 4절에서 다시 다루고자 한다.

3.3. 초기 일본모친대회의 양상과 특징

이후 일본에서는 세계모친대회를 계승하여 매년 일본모친대회 전국대회뿐 아니라, 이를 전후하여 전국 각지에서 활발하게 지방대회를 개최하면서 현재에 이르고 있다. 이 글에서 다루고자 하는 초기 10회 대회의 내용을 개략적으로 정리해 보면 〈표 1〉과 같다.

〈표 1〉 일본모친대회 1-10회 개관

	날짜	장소	관심주제/ 기념강연	참가인원*	특이사항
제1회 1955	6.7 - 6.9	도쿄	세계모친대회 파견 대표선발	2천	눈물과 호소 대회
제2회 1956	8.17 - 8.29	도쿄		4 - 5천	부인조직 적극 참여/ 경찰의 참석자 조사
			원폭의 위협에 관해/坂田昌一		
제3회 1957	8.3 - 8.5	도쿄	PTA	6천	분과회 원형 완성 '모친운동'의 의미 논의
제4회 1958	8.5, 8.23 - 24	도쿄	근평문제	4천/ 1만 5천	근평문제로 일부 후원 중단
			평화를 수호하기 위해/林克也		
* 자민당, 모친대회 관계자들을 빨갱이(アカ)로 비난/ 경비보조 중단 압박					
제5회 1959	8.22 - 8.24	도쿄	안보조약	1만/ 1만 2천	우익의 방해
			전쟁은 중단시킬 수 있는 것일까/ 安井郁		
* 안보투쟁과 실패					
제6회 1960	8.21 - 8.23	도쿄	국민연금/ 고교전입/ 모친운동	1만/ 1만 3천	
			세계의 동향과 모친운동/ 松岡洋子		
* 상설 〈일본모친대회연락회〉 설립					
* 사회당 중심 〈일본부인회의〉, 공산당 중심의 〈신일본부인의 회〉 결성/ 정치색 강화					
제7회 1961	8.20 -	도쿄	소아마비 왁찐 확보/ 정방법(政防法) 반대	1만 4천 3만	
			세계사와 함께 나아가는 일본의 모친들/ 上原専禄		
제8회 1962	8.19 - 20	교토 오사카	교육(고교전입, 학력 테스트)/ 물가	약 2만/ 2만 7천	첫 지방 개최 반핵 결의
			평화와 민주를 살아내는(生きる) 모친의 역할/ 末川博		
제9회 1963	8.21 - 8.22	도쿄	미제 탈지분유 반대	1만 5천 2만 7천	도호쿠 개최 검토 도쿄 경제국 방문
			현대 경제와 모친운동의 역할/ 堀江正規		
제10회 1964	8.23 - 8.24	도쿄		2만 3만	
			헌법문제와 모친운동/ 長谷川正安		

* 참가인원의 첫째 줄은 『朝日新聞』의 기사에서 발췌, 둘째 줄은 〈일본모친대회〉 홈페이지에서 공개한 기록 중 참석자의 연인원에 의거함.

▶ 제1차 일본모친대회

　제1차 일본모친대회는 세계모친대회 파견을 위한 대표 선정과 이를 위한 준비가 주된 목표였으며, 아이의 보호·[부인]생활의 권리 보호·평화의 수호가 세 가지 중심 주제로 선택되어 지금에 이른다는 점은 앞서 소개했던 바와 같다. 전국 각지에서 달려와 처음으로 마이크를 잡고 자신의 이야기를 하게 된 모친들로 인해, 그야말로 '눈물과 호소의 대회(涙と訴えの大会)'[32]로서 비상한 관심을 모았다는 점도 특기할 만하다. 아래의 기사는 당시 대회의 특징과 그를 향한 외부의 시선을 압축적으로 보여준다.

이러한 회합에 익숙하지 않은 모친들은 오로지 자기와 자기 아이 일밖에 관심이 가지 않고 감정적으로 소리를 지르거나 눈물바다(お涙ちょうだい)로 끝나기 쉽다. 처음이니까 어쩔 수 없다고도 할 수 있겠지만 아이를 지키고 평화로운 생활을 이루기 위해서는 모친의 넓은 ○○과 냉정한 판단은 중요하다. 그렇다고는 해도 무엇이든 솔직한 것이 좋다 … 답답하게 이야기하지 말고 마음속을 솔직하게 토로하는 것이 가장 중요하리라. 대표를 선출할 때에도 단

〈그림 3〉 모친대회에서 눈물로 호소하는 광산(炭鑛)의 여성(1955)

---

32) 「地道な学習を続けます　都内であすから母親大会」, 『朝日新聞』, 1959. 8. 21.

지 언변이 뛰어난 모친을 뽑는 것 같은 바보스러운 일을 하지 않기를 바란다.[33]

▶ 제2회 - 제3회 일본모친대회

2회와 3회 대회를 거치면서는 이른바 '모친운동'과 〈일본모친대회〉 개최를 위한 조직과 방향이 확립되어 갔다. 평소에는 고정된 상설조직을 두기보다는 연락위원과 46개 도도부현의 연락회가 대응하며, 대회 개최를 위해서는 참가단체와 각 연락회로 구성되는 대회준비위를 매년 새로이 꾸리기로 했다.[34] 운동의 방침으로서는 ①대회만이 아닌 착실한 지역활동, ②무관심한 사람을 새로이 참여시키는 것이 중요, ③빨갱이라는 중상모략에 대해서도 끈질기게 설득, ④빼어난 사람이 아닌 모두의 책임, ⑤직장을 가진 부인과 가정주부 사이를 연결, ⑥공통의 목표를 향해 행동, ⑦지역 실정에 맞는 방침으로 운동[35] 등이 채택되었다.

제3회 대회에서는 '모친'의 의미에 대한 토의가 이루어져, "어머니(母)라는 이름은 가장 아름답고 그리운, 모든 인간에게 애정을 품게 하는 것으로, 현재의 어머니인 사람은 말할 것도 없고 어머니가 되어야 할 젊은이도 어른도 모두를 대상으로 하자는 것이었다."[36] 이즈음부터 '모친운동'이라는 용어도 사용하기 시작했다. "모친이 변하면 사회가 변한다"라는 표어가 사용되기 시작한 것도 이 대회부터였으며, 다양한 물품판

---

33) 「日本母親大会」. 괄호와 줄임은 인용자.
34) 日本母親大会十年史編纂委員会, 『母親運動十年のあゆみ』, 87쪽.
35) 日本母親大会十年史編纂委員会, 『母親運動十年のあゆみ』, 89쪽.
36) 日本母親大会十年史編纂委員会, 『母親運動十年のあゆみ』, 92쪽.

매를 통해 자주적인 대회운영이 가능함을 입증했다는 점에서도 제3회 대회의 의미를 찾을 수 있다. 전국대회 후의 지역보고 형식으로 진행되던 것을, 각 지역대회를 먼저 가진 후에 그 성과를 모아 전국대회로 개최하는 방식으로 수정하는 식으로 체제를 정비한 것도 이 무렵의 일이었다. 그동안 대회가 주로 '이야기(話し合い)' 중심으로 이루어졌다면 이제 실제적인 '행동'으로 나아가는 길을 모색하는 첫걸음을 내디딘 대회였다고 평가되기도 한다.

한편 제2회 대회부터는 이들이 지속적인 운동을 전개하는 것에 위기감을 느낀 기성세력의 견제가 나타나기 시작했는데, 예를 들면 문부성에 부인과가 신설되고 자민당에서도 '부인대책'을 강화하기 시작한 것 등이었다.[37]

▶ 제4회 - 제6회 일본모친대회

제4회 대회가 있었던 1958년부터 제6회 대회가 있었던 1960년은 전후 일본에서 정치·사회적으로 굵직한 이슈들이 제기되었던 시기였다. 일본모친대회도 이러한 정세의 영향에서 자유롭지 못했을 뿐 아니라, 오히려 적극적으로 의견을 개진하는 것이 존재 의의를 명확히 하는 것이기도 했다. 이른바 '역코스' 정책이 강경하게 추진되기 시작한 이래 전후 일본 사회의 갈등이 심화되어 가는 가운데, 이러한 갈등이 교육현장에서는 이른바 교사의 '근로평정(勤労評定)'[38]을 둘러싼 찬반이라는 형

---

37) 日本母親大会十年史編纂委員会, 『母親運動十年のあゆみ』, 85쪽.
38) 1956년 6월 교육위원회법을 대신해서 제정된 〈지방교육행정의 조직 및 운

태로 나타났다. 정부가 교사에 대한 평가를 통해 승진 여부를 결정한다는 정책이 결국은 교사들의 자유로운 활동을 얽매는 족쇄로 작용할 것이라는 우려가 커졌기 때문이다. 제4회 모친대회 준비를 위한 전국대표자회의는 "근평으로 교육의 중립이 위협받으며 … 아이들이 진실을 존숭하고 지키는 민주적 인간으로 성장하기를 바라는 모친으로서 … 절대반대합니다."라며 만장일치로 반대성명을 채택했다. 이는 언론을 통해 대대적으로 보도되어 모친대회에 대한 비판과 견제가 일층 심해지는 계기가 되었다.[39] 제4회 대회에서는 '근평반대'의 의사를 정식으로 명확히 했으며,[40] 이후로도 한동안 근평문제와 경찰의 직권을 크게 강화한 경직법(경찰관 직무집행법 개정안, 1958.10)을 둘러싼 투쟁은 모친운동의 가장 뜨거운 주제가 되었고, 이는 모친대회에 대한 당국 및 기관의 지원과 협력을 중단시키는 요인이자 모친들이 정치에 각성하는 계기로 작용했다.

영에 관한 법률(地方教育行政の組織及び運営に関する法律)〉에서는 제46조에서 현비(県費)로 부담하는 교직원인 시초손(市町村)의 소·중학교 등의 교직원 근무평정에 관해 "도도부현(都道府県) 위원회의 계획하에 시초손위원회가 담당하는 것으로 한다"고 규정했다. 같은 해 11월 아이치(愛媛) 현 교육위원회는 당시 현 재정의 악화를 이유로 일부 교직원의 정기승급을 연기하고자 했고, 이를 위해 근무평정을 실시할 것이라 밝혔다. 이후 각 도도부현 교직원조합, 일본교직원조합 등의 맹렬한 운동(근평반대투쟁, 1957-59)이 벌어졌지만, 근무평정을 실시하는 현이 점차 증가했고 현재는 전국적으로 정착한 상태다(『日本大百科全書』, 小学館, 1994).

39) 日本母親大会十年史編纂委員会, 『母親運動十年のあゆみ』, 103쪽. 자민당은 이에 대응하기 위해 〈교육부모회의〉라는 단체를 만들어 PTA 등에 영향을 미치려 했고, 교육위원회 등에 의한 모친대회 후원 중단, 교사·모친의 대회 참가 방해 등이 이어졌다.

40) 「『勤評』への母の声を 母親大会全国分科会から」, 『朝日新聞』(석간), 1958. 8. 24.

제5회 대회(1959)와 6회 대회
(1960)는 일본 정국을 휩쓸던 '안보투
쟁'의 영향이 모친운동과 대회를 직격
했다. 모친운동에 대한 당국의 압력과
'빨갱이' 공격이 노골적이 되는 가운
데,41) 대회를 위한 준비모임은 사실상
안보투쟁의 보고회가 되었고 이로 말
미암은 내부갈등도 피할 수 없었다. 외
부의 공격과 압력이 심해지면서42) 모

〈그림 4〉 제5회 일본모친대회 포스터

---

41) 당시 자민당 내에는 다음과 같은 통달(通達)이 내려졌다. "제5회 일본모친대
회 대책에 관한 건 … 이 모친대회의 정치적 편향에 당은 중대한 관심을 가
지고 대처할 방침이다 … 지방자치체 혹은 PTA 등은 부현(府県)대회 및 대
회 출석자에게 그 경비 일부를 지원하는 경우가 많은데 …[자치체나 관련단
체의] 협력을 얻어서 적절한 조치를 강구해야 할 것이다. 셋째로 도도부현
별로 모친대회 실행위원회의 주요구성(특히 중심 멤버)와 그 활동상황을 상
세히 조사하여 각각 대책을 강구할 것이다."

이에 대하여 일본모친대회 측도 다음과 같은 성명을 내고 반박했다. "일본
모친대회 실행위원회의 성명서 … 이번 자민당은 '모친대회는 국제공산주의
와 연결된 반정부운동'이라고 규정하고, 각 현의 지부에 비판운동의 지령을
내렸습니다 … 권력의 자리를 차지한 자가 정부비판을 모두 빨갱이 취급하
고, 중앙과 지방의 실행위원회 구성이나 활동상황을 조사한다는 것은 민주
주의 정신에 위배되며, 헌법에 명기된 사상과 언론, 집회와 결사의 자유를
침해하는 것입니다."(「母親大会に関する自民党通達と日本母親大会の実行委員会
の声明書」, 『日本婦人問題資料集成(二)』, ドメス出版, 1996(1977), 819~821쪽)

42) 특히 모친운동이 본격적으로 안보투쟁에 돌입하던 1959년에는 전국적으로
모친대회를 비방하는 문서가 배포되고, 일본원수폭금지협의회에 대한 공격
과 더불어 모친운동에도 빨갱이 공격(アカ攻撃)이 시작되었다. 그 외에도 모
친대회를 좌익운동이라고 비난하거나, '모친대회 지도자는 빨갱이다(母親大
会の指導者はアカだ)'라는 식의 소문이 양산되었다(日本母親大会十年史編纂

친운동의 주된 방향이라 할 수 있는 새로운 관계로의 확대가 어려워졌고, 한편으로는 노동계층 여성과의 연대를 위한 논의가 시작되었다. 제5회 대회에서는 고교전입(高校全入) 문제와 태풍피해자 및 탄광이직자를 위한 구제활동도 주된 이슈가 되기는 했지만, 이 시기의 모친운동은 "근평(勤評)의 파도로 흔들리고, 특히 안보개정의 큰 파도로 허리와 가슴까지도 잠겼다"고 할 정도였다.[43)]

한 가지 짚어두어야 할 사실은 히라쓰카 라이초를 비롯한 대표적인 여성 지도자들의 제창으로 시작되었던 모친운동이었음에도, 점차 이들 소수 엘리트의 존재감은 점점 희박해지면서 그야말로 '극히 보통의' 참가자들이 전면에 대두하기 시작했다는 것이다. 즉 세계모친대회 파견 대표를 선발할 당시의 기준으로 내세웠던 '극히 보통'에 대한 집착은, 이후 모친운동 전반을 관통하는 중요한 특징이 되었다. 얀베 가즈코를 비롯 연락위의 중심이 되었던 이들은 본격적으로 모친운동에 참여하기 전까지는 극히 평범하거나 문제의식을 가졌어도 PTA나 지역사회 수준에서 활동하던 정도의 인물들로, 모친운동을 지속적으로 수행함으로써 이름을 남겼다고 할 수 있다. 일반 사회에서 혹은 여성계에서 인지도가 높은 운동가 혹은 지식인들은 일본모친대회의 전체회나 분과회의 연사나 옵저버로 나서기는 했지만, 사실상 모친운동의 방향은 자신이 속하는 단체로부터 파견되어 모친운동에서의 활동을 자원하는 이들의 토의와 합의를 통해 결정되어갔다. 이러한 방식으로 모친운동의 리더십은 더

委員会, 『母親運動十年のあゆみ』, 125-128쪽).
43) 日本母親大会十年史編纂委員会, 『母親運動十年のあゆみ』, 157쪽.

〈그림 5〉 제15회 일본모친대회 전체회(도쿄, 1969)

〈그림 6〉 제30회 일본모친대회 후의 가두시위

이상 누군가 뛰어난 개인이 아니라 평범한 다수의 '모친'들에게 이양되어 갔던 것으로 보인다.[44]

　그런데 이상과 같이 10회까지의 주요한 이슈를 정리하고 보면 너무도 당시 일본에서 정치적으로 주요한 쟁점들이 그대로 옮겨진 경우가 많아, 이것이 과연 평범한 다수의 모친들이 주도하면서 '모성'을 전면에 내세워 전개되었던 모친운동의 성격으로서 적합한가라는 의문이 들 수 있다. 그러나 '모성'에 기초한 '모친'들의 운동이라고 해서 그것이 '정치적 이슈'들을 다루지 않는다는 의미는 아니다. 즉 당시 일본에서의 주요한 쟁점들에서 눈을 떼지 않고, 오히려 가장 민감한 문제들을 '모성'을 가진

---

44) 이러한 경향은 『日本母親大会50年のあゆみ』(日本母親大会50年のあゆみ編集委員会, 日本母親大会連絡会, 2009, 217~220쪽)에 실린 「日本母親大会役員」 명부를 통해서도 어느 정도 확인할 수 있다. 중앙의 상설 임원은 매해 2~3인에 불과하며 그 외에는 각 지부의 대표, 혹은 매년의 대회를 위해 참여단체에서 파견된 대표들이 집결한 대회준비위의 형태로 움직였다. 그 안에서는 뛰어난 역량이나 지명도를 가진 개인보다는 각자 소속된 단체에서 파견된 대표로서의 아이덴티티를 가진 보통의 평범한 '모친'들이 주로 활동했던 것으로 보인다.

어머니의 눈으로 파악하고 그에 대해 나름의 판단을 하고자 했다. 가장 '정치적'인 주제들을 가장 '비정치적'인 방식으로 접근하는 것이라고 해야 할까. 이에 대해서는 4장을 통해서 다시 한 번 자세히 다루고자 한다.

4. 전쟁과 평화, 그리고 '모성'

이 글의 초반부에서 비교적 자세히 서술했던 것처럼, 비키니사건이 일본모친대회 성립에 기폭제 역할을 한 것은 사실이지만, 그 기반이 되었던 것은 패전 직후부터 히라쓰카 라이초를 중심으로 시도되고 있던 여성들의 평화를 위한 연대였다. 나아가 비키니사건 후 세계모친대회의 개최가 결정되었던 것이나 일본 여성들의 단결을 촉진했던 것은 라이초의 호소에 힘입은 바 컸다. 1953년까지 '부인대회'라는 표현을 쓰던 행사들이 비키니사건 이후부터 '모친대회'라는 표현을 채용하게 된 것은, 비키니사건을 모멘텀으로 하여 여성에 의한 평화운동의 방향이 새로이 설정되었음을 시사하는 것이다. 운동을 위해 '모친'을 내세웠던 것 역시 라이초의 영향력이 크게 작용한 것이라 여겨진다. 이하에서 설명하겠지만, '모성'은 전전부터 라이초가 가장 중시했던 개념이었으며 '모성' 중시에 대한 공감이 있고서야 비로소 '모친대회'가 가능하기 때문이다. 전후 일본에서 다시 '모성' 혹은 '모친'이 여성운동의 주요개념으로 등장한 의미를 이해하기 위해서는 혹은 전전 '모성'과의 차이를 명확히 하기 위해서는, 전전 일본에서의 '모성'의 의미와 역할을 짚어볼 필요가 있다.

4.1. 전전의 '모성': 국가와 전쟁을 위한 '모성'

'모성'이라는 개념의 사용과 이를 절대시하는 풍토가 매우 오래된 것이리라는 예상과 달리, 일본에서 이른바 '모성'이라는 개념이 본격적으로 등장하고 적극 논의되기 시작한 것은 근대에 들어선 후의 일이었다. 작가이자 평론가인 요사노 아키코(与謝野晶子)가 '모성'에 대해 본격적으로 문제를 제기한 것은 1910년대 중반의 일이었다. '모성 편중(偏重)을 비판한다'라는 제목이 말해주듯, '모성'을 중시하는 풍조를 부정적으로 보고 이를 비판한 것이었다. 임신·분만 등의 시기에 여성은 국가에게 경제상 특수한 보호를 요구해야 한다고 주장하는 유럽 여성계와 이를 추종하는 일부 일본 여성들을 비판한 아키코의 글에 즉시 반박한 것은, 아키코가 사실상 주된 비판의 대상으로 삼았던 라이초였다. 모성보호를 주장하던 스웨덴의 엘렌 케이(Ellen Key, 1849‒1926)의 언설을 라이초가 가장 적극적으로 번역·소개하면서 일본 여성들에게 영향을 미치고 있었기 때문이다. 서로의 의견을 반박하는 문장 가운데 당시 라이초가 가지고 있던 모성보호 인식의 중요한 성격이 드러난다.

아이란 설령 자신이 낳은 자신의 아이라도 자신의 사유물이 아니라 그 사회의 그 국가의 것입니다. 아이의 수나 질은 국가사회의 진보발전 그 장래의 운명과 지대한 관계가 있기 때문에, 아이를 낳고 또 키운다는 어머니의 일은 이미 개인적인 일이 아니라 사회적·국가적 일인 것입니다. 그리고 이 일은 부인에게만 부과된 사회적 의무로, 아이를 낳고 또 키울 뿐 아니라 좋은 아이를 낳아서 잘 키운다는 이중의 의무가 되고 있습니다 … 따라서 국가는 어머니가 이 의무를 다한다는 한 가지만 생각해도, 충분한 보수를 줌으로써 보호할 필요가 있습니다. 게다가 이렇게 모성에 가장 확실한 경제적 안정을 주는 것은 … 자연 아동의 사망률을 낮추고 … 아동의 정신과 육체도 일반적으로 건전한 자로 키우기 때문에 국가의 이익과도 일치합니다 … 모성을 보호할 것인가 말 것인가는, 직접 보호를 받는 어머니나 어머니를 통해 보호되는 아이의 행복뿐 아니라 국가의 이해와 크게 관계가 되는 것이기 때문에 … 결코 자선구제의 사업이 아닙니다. 다음으로 어머니 입장에서도 이것은 어머니의 일이라는 사회적 사업에 따르는 것으로 사회적 의무를 다하는 자의 당연한 권리로서 요구해야 할 것으로, 이것은 부인의 존엄을 손상시키기는커녕 어머니로서 부인의 정당한 사회적 지위를 인정하는 것입니다.[45]

다소 긴 내용을 요약하면 첫째, 아이를 낳아 기르는 일은 결코 사적인 영역이 아닌 사회적·국가적 일이라는 점, 둘째, '모성'에 대한 경제적 안정은 건전한 자녀를 키워내기 때문에 국가의 이익과 일치한다는 점, 셋째, 따라서 '모성' 보호는 자선이 아니라 어머니로서의 당연한 권리라는 것이다. 라이초의 '모성' 보호에 관해 길게 논의하는 것은 이 글의 목적이 아니지만, 기억할 것은 일본이 급속히 군국주의화한 1930년대에 '모성'이 어떠한 방식으로 이용되었는지와 별개로, 일본에서 '모성'론의 태두라 할 수 있는 라이초가 처음 '모성'을 논하면서 '국가'를 끌어들였던 것은 '모성'의 보호가 필요하다고 호소하기 위한 명분이었지 처음부터 '국가'를 위해 '모성'의 희생을 강요한 것은 아니었다는 점이다.[46]

---

45) らいてう, 「母性保護問題に就いて再び与謝野晶子氏に寄す」(1918.6), 『資料 母性保護論争』, ドメス出版, 1988(1984), 109쪽. 줄임은 인용자.
46) 이은경, 「다이쇼기 일본 여성의 사상과 논쟁」, 304-305쪽.

라이초의 의도가 어떠했든 근대 일본에서 정부 당국은 '모친' 혹은 '모성'을 포섭하기 위한 정책들을 잇달아 내놓았는데, 그 가운데서도 1931년 3월 6일은 특별한 의미를 지닌다. 본래 황후의 생일[地久節]에 해당하는 이날을 '어머니의 날(母の日)'로 지정, 이를 전후한 1주일 동안 모성존중·어머니에 대한 보은·감사 등을 주제로 '어머니의 날 주간' 행사를 시행했던 것이다.[47] 이처럼 노골적으로 '모성'을 선전하는 정책뿐 아니라, 이른바 쇼와(昭和)공황을 거치면서 경제적 궁핍, 새로운 사상의 유입으로 인한 가부장제에 대한 도전, 자유연애의 확산과 같이 기존체제를 위협하는 상황이 발생할 때마다 '모성'은 이를 보완하고 또 유지하는 역할을 감당했다.[48]

성화(聖化)한 '모성'의 역할이 극에 달한 것은 1931년 '만주사변'으로 시작되는 아시아 태평양전쟁기의 일이었다. 전쟁기의 '모성'은 일본 여성을 규정하는 기본관념으로 선전되면서 이른바 '군국(軍國)의 어머니'가 만들어졌는데, 이는 대개 다음의 다섯 가지 모습으로 나타났다고 말해진다. 첫째, 출병하는 병사들을 위한 '모심'으로서 발현, 둘째, '총후(銃後)'에서 가정을 지키는 '모성', 셋째, '근로모성의 보호', 넷째, 여성운동에서의 '모성' 강조, 다섯째는 모든 관념 조작을 통한 '어머니의 성화'가 진행되었다는 사실 등인데,[49] 이하에서는 그 가운데 첫째와 넷째 양상에 관해 조금 더 자세히 다루고자 한다.

---

47) 鹿野政直, 『婦人·女性·女』, 101쪽.
48) 鹿野政直, 『婦人·女性·女』, 102~103쪽.
49) 鹿野政直, 『婦人·女性·女』, 104~106쪽.

첫 번째로, 주저하지 말고 기쁘게 자신의 아이를 전장을 향해 보내도록 권장하기 위해 '모심'이 활용된 대표적인 이미지는 아마도 '수병(水兵)의 어머니'50)를 꼽을 수 있겠지만, 당시 중류계층 여성들을 위한 생활·교육 관련 계몽을 하던 그리스도교 여성운동가 하니 모토코(羽仁もと子)의 문장도 빼놓을 수 없다.

나는 … 가족적 국가의 가정이라는 것을 갖는 힘의 위대함을 생각하지 않을 수 없었습니다 … 폐하의 적자(赤子)로서 생(生)을 향유하고, 역대(歷代) 인자하심(御仁慈)으로 길러져 온 일본인은 특별히 잘못된 사상이나 불순한 감정이 심어지지 않는 한, 일본인의 부모를 생각하고 자식을 사랑하는 감정을 자연히 나라를 생각하고 나라를 사랑하는 감정과 연결해 갑니다. 우리 집(家)을 생각하는 마음이 깊어지면 당연히 나라를 생각하기를 멈출 수 없게 됩니다. 아무리 사랑하는 소중한 아이라도 소집에 응하게 될 때는 축하한다고 격려하고, 기쁘게 전장(戰場)에 보내는 것이 되는 것도 그 때문입니다. 가족적 국가의 가정이야말로 이렇게 진정으로 세계 각국의 가정의 모범이 된다고, 감사와 더불어 일본 가정의 중대한 사명과 책임을 통감했습니다.51)

그는 '부모를 생각하고 자식을 사랑하는' 감정이 '나라를 생각하고

---

50) 청일전쟁에 참가했던 오가사와라(小笠原長生)가 적은 『해전일록』(海戰日錄)에 있는, 한 수병(水兵)이 읽고 있던 어머니의 편지에 '목숨을 던져 군은(君恩)에 보답하라'고 적혀 있었다는 내용. '군국의 어머니'의 대표적 사례로서 교과서에 게재되었다(「軍国の母」, 『日本女性史大辞典』, 吉川弘文館, 2008의 내용 참조).
51) 羽仁もと子, 「日本の家族的家庭的使命は今や最高潮に達したり」, 『婦人之友』 37 -2, 1943. 줄임과 밑줄은 인용자.

나라를 사랑하는' 감정과 연결되는 것이 일본인에게는 지극히 자연스러운 것이라고 설명한다. 이를 지탱하는 것은 이른바 '가족국가'라는 이념이었다. 이 때문에 아무리 사랑하는 소중한 아이라도 '기쁘게 전장에 보내는' 것이 당연하다는 것이다. 가족국가 일본의 어머니는 자녀를 사랑하는 그 사랑으로 나라를 사랑하고자, 바로 그 사랑하는 자녀를 전장에 내보내야 하는 것이다. 이는 '모성'이 자신의 소중한 아들을 전장에 내보낼 때의 가장 전형적인 논리였던 것으로 보인다.

'모성'의 넷째 양태와 관련하여, 여성운동가들 스스로가 모성보호를 강력히 주장한 것이 결과적으로 국가에 의한 '모성'의 동원을 지지하는 결과로 이어졌다는 점도 기억해야 할 것이다. 〈부선획득동맹(婦選獲得同盟)〉을 조직하여 줄기차게 여성의 정치참여를 주장해왔던 이치카와 후사에(市川房枝) 등의 여성운동가 스스로가 국가에 의해 '모성'이 강조되는 현실을 이용하여 모성보호의 필요를 강력히 요구했다. 그런데 이는 '모자보호법'[52]과 같은 성과를 얻어내기도 했지만 한편으로는 국가 본위 '모성'으로의 인식 전환을 방조, 심지어는 촉진했다는 점에서 여성 스스로 전쟁협력을 거부할 명분을 차단한 것이라고도 할 수 있는 것

---

52) 생활에 곤궁한 모자(13세 이하의 자녀와 어머니, 혹은 할머니)의 부조를 목적으로 하는 법률로 1937년 3월에 공포, 다음 해 1월 시행되었다. 부조의 내용은 생활, 양육, 생업, 의료이며 모자보호시설의 설립에 관한 규정도 포함되었다. 이전부터 이러한 법률 제정의 필요성이 제기되다가 1929년에 시작된 쇼와공황 하에서 모자의 동반자살[心中]이 빈발해지자, 모자부조법 제정을 위한 움직임이 본격화했다. 전시하 인적 자원확보를 추구하는 인구정책, 건민(健民)정책과 연결되어 법 제정에 이르렀지만, 패전 후인 1946년에 폐지되었다(『岩波女性史事典』, 岩波書店, 2002).

이었다.

　'국가를 위한 모성'이라는 주장이 힘을 얻어가면서 이를 위한 정책도 더욱 노골적이 되어갔다. 모자보호법의 시행과 거의 동시인 1938년 1월 후생성(厚生省)이 설치되었으며, 얼마 후에는 '산아제한 상담소'가 폐쇄되었다. 전선이 확대되어 감에 따라 전쟁을 위한 인적자원의 확보는 절실해졌고, 정부는 국민의 체위 향상과 건강 증진, 임신과 출산의 촉진, 모성보호에 의한 인구증가정책을 추진했다. 이를 위해 우량·다산 가정을 표창하거나 조산을 장려하는 수준을 넘어 '국민우생법'(1940), '결혼십훈(結婚十訓)'(1941)과 같이 '일본국민의 피의 순결과 향상을 목적으로'하는 규정을 잇달아 제정했다. 그야말로 "국방 목적의 달성을 위해서는 인적·물적 자원을 통제·운용"하려 했던 것이다. '낳으라 늘리라 조국을 위해(産めよ増やせよ国のため)', '자보보국(子宝報国)'과 같이 여성의 '모성'을 직접적으로 전쟁에 동원하기 위한 표현이 난무했으며, 1942년에는 처음으로 '임산부 수첩'이 지급되는 등 임산부 보호를 위한 시책이 강화되었다.[53]

　이처럼 전쟁기 일본에서는 본래 개인의 영역이어야 할 결혼·임신·출산을 국가가 통제하는 방식으로 '모성'에 대한 정책이 이루어졌다. 일차적인 목적은 전쟁수행에 필요한 인구증가였지만, 반드시 '증가'에만 국한되지 않고 전쟁에서의 승리를 위해 다양한 방식으로 '모성'이 동원되었다. 심지어 영양부족으로 모유가 나오지 않을 경우에도 "엄마 젖이

---

53) 若桑みどり, 『戦争がつくる女性像』, 74-80쪽.

나오지 않는 게 아니라 … 모성애가 부족한 것이다"[54]라고 질책할 정도였다.

여성들의 전쟁협력이 전쟁에 투입될 장래의 병사를 낳고 키우는 어머니의 역할만으로 이루어진 것은 아니었다. 하지만 전장에 나간 남성들을 대신하여 직장인으로서 사회의 각 영역을 지켰든, 포탄이나 항공기를 만드는 보다 전쟁에 가까운 작업에 참여했든, 혹은 주린 배를 안고 국가총동원정책에 부응하여 극한의 절약과 저축에 열심이었든, 여성들이 전쟁에 협력하게끔 하는 가장 중요한 키워드는 '모성'이었다. 특히 이기적인 '여성'과 희생적인 '모성'을 대조시키는 방식으로, 여성으로서의 욕구와 본능을 억누르고 헌신적으로 전쟁에 협력하도록 독려했던 것도 주지의 사실이다. 전전 일본에서의 '모성'이란 끔찍했던 전쟁의 기억과 이토록 밀접한데도 전후 일본에서 '모성'에 대한 집착이 사라지기는커녕 '모친대회' 혹은 '모친운동'이라는 이름으로 다시 등장하는 것이다. 심지어는 여성들의 대표적인 반전·평화운동을 위한 주요한 동인(動因)으로서 역할을 하게 된다.

4.2. 전후의 '모성': 평화와 생활을 위한 '모성'

일본의 여성사 연구자인 가노 마사나오(鹿野政直)는 전후에도 '모성'이 상처없이 살아남을 수 있었던 이유로 첫째, 국가에게 남자들을 100% '사회인간'으로 만드는 데 '모성'의 효용을 빼놓을 수 없다는 것, 둘

---

54) 若桑みどり, 『戦争がつくる女性像』, 82쪽.

째, 심지어 '모성'의 성화를 강요당했던 여성 측에도 전후 그에 대한 완전한 청산이 이루어지지 않았다는 점을 들었다. 여기에 또 한 명의 저명한 여성사 연구자 가노 미키요는 다음과 같은 사실을 지적한다. "'어머니된 자'에 대한 공동(共同)의 환상이 살아 있을 때, 민중에게 가해책임의 의식이 생겨나는 일은 없다. 있다면 '어머니'의 치유의 손길을 바라는 피해자 의식일 뿐."55)

그렇다면 전후 여성들의 대표적인 평화운동이었던 일본모친대회 개최에 이들 '모성'이 실제로는 어떻게 작용했던 것일까. 먼저 일본모친대회의 〈선언〉의 내용을 검토해 볼 필요가 있다.

전쟁으로 인해 어머니가 된 기쁨과 자부심은 산산조각이 나고 전쟁이 싫다는 이 지극히 당연한 어머니의 마음을 입에 담는 것조차 금지되어 왔습니다. 우리들은 아이들을 싸움에 내보내면서도 이별의 눈물을 흘리는 것조차 허락받지 못하고 이를 악물고 있을 뿐이었습니다. 그리고 전쟁의 슬픔 가운데 많은 나라의 청년도 어머니도 휘말리게 하는 듯한 무서운 결과를 초래했습니다 … 하지만 지금 우리는 단결의 힘을 알았습니다 … 어머니의 힘으로 이 대회는 성공했습니다. 이것은 일본 어머니의 역사에 새로운 페이지를 연 것입니다 … 이 협력에 의해서야말로 원수폭금지에 세계평화에 그리고 전세계 모친 단결의 대열에 함께하는 것이 가능한 것입니다. 이제 우리들은 한명 한명 제각각인 연약한 여자는 아닙니다.56)

---

55) 鹿野政直, 『婦人·女性·女』, 108쪽. 가노 미키요의 주장도 가노 마사나오의 글에서 재인용. 가노 미키요의 말에 덧붙이자면, 사실 치유의 손길이 먼저 필요한 것은 '어머니 자신'들이었던 것처럼 보이며, 제1회 대회가 '눈물과 호소의 대회'였음이 이를 입증한다.

여기에 담긴 내용은 크게 다음 세 가지로 정리할 수 있을 듯하다. 하나는 전쟁기 일본 여성이 침묵을 강요당하면서 자녀를 전장에 내보낼 수밖에 없었던 사실에 대한 회한, 둘째는 같은 잘못을 반복하지 않으려면 모친이 일본 국내뿐 아니라 국경을 넘어 연대해야 한다는 점, 셋째, 이제는 그러한 연대가 가능한 시대가 되었다는 사실이다. 패전 후의 궁핍한 생활 속에 2,000명을 헤아리는 여성들이 대회 참여를 위해 전국 각지에서 모여들었다는 사실, 즉 제1회 일본모친대회를 성공적으로 마칠 수 있었던 배경에는 이와 같은 전쟁기의 쓰라린 경험과 기억이 자리 잡고 있었다.

정부 혹은 권력자와 지식인이 가르치고 요구하는 대로 이를 악물고 '모성'을 발휘하여 아들을 전장에 내보내고 총후에서 사회와 가정을 지켜냈지만, 돌아온 것은 패전국 국민이라는 멍에와 깨어진 가정 그리고 극도의 궁핍뿐이었다. 패전의 충격과 전후의 비참한 10여 년의 시간을 보내면서 이상과 같은 경험을 공유하는 일본의 '모친'들은 같은 잘못을 반복하지 않고자 '연대'라는 방법을 강구했다. 대회의 성공적 개최를 축하하는 문장 가운데 라이초는 모친 연대의 필요성을 다음과 같이 강조했다.

> 모친의 마음(気持ち), 아이의 안전과 행복을 바라는 모친의 순수한 마음이라는 것은 본래 민족이나 종교, 또 국경, 정치의 형태, 계급의 차이 없이 하나의 세계로 연결되어 있는 것이라 생각합니다.

---

56) 「第一回母親大会宣言」, 『日本婦人問題資料集成(二)』, 804쪽. 줄임은 인용자.

설령 아이에 대한 애정이 개인적 형태로 나타난다고 해도, 그 본능의 근원이라는 것은 전 인류의 모태(母胎), 모성이라는 이름 아래 하나로 연결되는 바람을 나타나고 있습니다. 대회에서 어머니들의 발언은 자신이 직접 경험하고 있는 문제, 자신의 시야 안의 것만을 이야기하고 있는 것처럼 보이지만, 그것이 결코 개인의 문제가 아니라 전 일본 어머니들의 문제라는 사실을 깨닫지 않으면 안 됩니다. 아니, 그것을 깨닫게 된 것이 일본모친대회의 커다란 성과였다고 할 수 있습니다.[57]

여기에는 자녀의 안전과 행복을 위한 모친 연대를 주창하는 내용 외에 또 하나의 중요한 내용이 담겨 있는 것처럼 보인다. 그는 이른바 '모친'들이 자녀를 향해 갖는 마음, 즉 '모성'이 결코 개인적인 것이 아니라 민족과 종교 혹은 국경이나 계급을 뛰어넘어 전 세계적으로 '보편적'인 것이라는 사실을 강조하고 있다. 이것이 무엇을 의미하는지는 전전의 일본에서 국가에 의해 '모성'이 통제되고 이용되는 상황이었음을 상기할 때 더욱 명료해진다. 군국주의에 휩싸이거나 국가적 이익에 얽매이지 않고 자신의 자녀를 오로지 보편적 지식과 도덕에 의해 살아갈 수 있게 하고 싶다는 것이 모친대회에 모인 이들의 바람이었다. 앞서도 소개한 바 있는 모친운동의 중심인물 얀베 가즈코의 발언에서 그러한 바람의 실제를 다시 확인할 수 있다.

군국주의의 순수 배양처럼 육성된 연대(年代)인 우리는 패전을 겪고 … 나중에야 뒤늦게 진실을 알게 되었던 것입니다. 바른 것을 바르다고 말

---

57) 平塚らいてう, 「日本母親大会おめでとう」(『たちあがる母のこえ―日本母親大会の記』, 1955. 7. 3.), 『平塚らいてう著作集』 7, 大月書店, 1984, 306쪽.

할 수 있는 아이로 키우고 싶다고, 아이를 지키는 모임을 도시마(豊島)에도 만들어 무엇이든 보고 들으리라고 하던 때였습니다 … 태어나서 처음으로 마이크를 쥐고 패전 10년, 피가 맺히는 듯한 어머니의 고통이 이야기되었습니다.[58]

국가주의 즉 내셔널리즘에 속박된 결과 자신들의 '모성'이 왜곡된 형태로 발휘되어 비극적인 결말로 귀착되었던 경험이 이들 보통의 어머니들에게 모친운동의 길에 참여하는 동기로 작용했음을 엿볼 수 있다. 즉, 국가주의에 사로잡혀 진실을 보지 못했던 자신들과 달리, 보편적인 진실을 추구하는 아이를 만들고 싶다는 바람이, 그들에게 일상을 넘어 무엇인가 행동을 취하지 않을 수 없게 했던 것이다. 모친대회는 그러한 자신의 바람이 틀리지 않은 것임을 확인하는 장이자, 더 적극적인 활동으로 이끄는 동력이 되었을 것이다.

실제 전후 모친운동의 활동 원칙이 전전과 다르다는 점을 확인할 수 있는 사례가 있다. 제6회 대회를 즈음하여 야마구치(山口) 현에서는 현 당국이 보조금 지급에 조건을 걸었다. '좀 더 일상적인 문제로 슬로건을 바꾸는 것이 좋겠다'는 것이었다. 당시 현 대회의 슬로건 가운데 평화 수호, 완전군축 실현, 안보조약 개정 반대 등이 담겨 있었기 때문이다. 모친운동 측은 이러한 제안을 단호히 물리쳤다. "애매하게 대했더니 점점 공격이 심해졌다. 그래서 진실을 아는 게 뭐가 나쁜가라는 태도로 자세를 가다듬고, 바른 것은 반드시 알리자는 태도로 나섰다." "보육원 문

---

58) 얀베 가즈코(山家和子)의 발언(木村康子, 『いのちのうた響かせながら 母親大 会のがたり』, 25쪽에서 재인용). 줄임은 인용자.

제부터 크게는 평화의 문제까지 모두의 요구를 내세우고 이를 쟁취하기 위해 운동을 전개하며, 이러한 운동을 방해하는 것과는 싸워나간다"는 방침을 고수하기로 했다.[59]

야마구치 현의 사례는 전후의 '모성'이 더 이상 전전과 같은 방식으로 당국의 통제대상에 머무르지 않겠다는 의지를 보여주는 하나의 작은 사례다. 모친운동에는 그들이 설정한 확실한 목표가 있었다. 즉 '아이를 지키자, 생활을 지키자, 평화를 지키자'라는 공통의 방향을 설정하고, 각각의 사안은 이러한 원칙과 방향에 비추어 결정하는 것을 기본으로 했다. 당시 모친운동에 관심을 가지고 모친대회 개최에 힘을 보태기도 했던 남성 지식인 후쿠시마 요이치(福島要一)는 이러한 모친운동의 방식을 다음과 같은 비유를 들어 설명한다.

> 운동은 커다란 산과 같은 것입니다. 산기슭(裾野)이 넓어야만 산은 높아지는 법입니다. 그렇기에 넓은 산기슭을 조금씩 조금씩 높여가야지, 갑작스레 백보전진과 같은 일은 있을 수 없습니다. 다만 여기에서 한 가지 중요한 것은 운동에는 방향이 없으면 안 된다는 것입니다. 아무리 흙을 날라봐도 저쪽에 무더기 하나, 이쪽에 무더기 하나와 같은 식이어서는 아무리 시간이 흘러도 높은 산을 만들 수 없습니다.[60]

바로 이러한 원칙이 있었기 때문에 안보조약 개정을 둘러싼 갈등이 벌어지자, 즉시 '평화수호'의 측면에서 당당히 이를 반대하는 입장에 설

---

59) 福島要一, 「母親たちの力は世界をも動かす」, 『日本のお母さんたち』, 淡路書房新社, 1961, 236쪽.
60) 福島要一, 「母親たちの力は世界をも動かす」, 238쪽.

수 있었다는 것이다.

더 나아가 그는 전후 모친운동이 여성들 스스로도 그리고 이를 바라보는 이들도 놀랄 정도로 뜨거웠던 것에는 앞서 언급했던 전쟁의 체험뿐 아니라 전후에야 비로소 주어진 '민주주의'의 역할이 컸다고 설명한다. 그에 따르면 일본의 패전과 민주주의의 실현이 남성들에게는 특권의 상실로 다가온 반면, 전후 10년의 생활 속에서 여성들은 민주주의가 좋다는 것을 진정으로 체감하고, 또 절실하게 '자신들의 것'이라고 느꼈다. 그 때문에 '민주주의는 자신들의 손으로 지키지 않으면 안 된다, 자신이 낳은 아이, 자신이 키운 아이의 행복을 위해 보다 나은 사회를 만들어 다음 시대에 남기지 않으면 안 된다'는 마음이 강해졌다는 것이다.[61] 전후 대중 여성들에 의한 모친운동이 활발했던 이유에 대해 상당히 설득력이 있는 설명이라 생각된다.

아울러 모친운동은 기본적으로 '아이만은 나처럼 되어서는 안 된다 (子どもたちは私のようであってはならない)'는 바람에서 기인하는 것이었는데, 여기에서 '아이'를 강조하는 것은 '나 자신의 혈육'이라는 좁은 의미라기보다는 '아이라는 것은 미래에 살아갈 인간(子どもというのは未来に生きる人間)'이기 때문이라고 강변한다. 표현을 달리하면 '모친'을 운동의 주역으로 내세우는 것도 반드시 '출산'을 경험한 좁은 의미에서의 '모친'이라기보다는, '미래에 살아갈 인간'을 '맡아서 키우는 자'로서의 책임감을 강조한 것이라고 설명하는 것이다. 가즈코의 표현을

---

61) 福島要一,「母親たちの力は世界をも動かす」, 226-229쪽.

빌리자면, 일본모친대회의 성과는 일본 여성들 중에 내재된 '나는 어찌 되든 상관없지만 아이만은(自分はともかく子どもは)'이라는 의식을 사회와 미래변혁의 긍정적 방향으로 끌어낸 것이라는 평가도 가능할 것이다.[62]

4.3. '모친'들의 전쟁책임

지금의 관점에서 볼 때 '흥미로운' 사실은 모친운동에 참여한 여성 대부분이 자신이 전쟁기에 겪었던 비참한 경험에 대해 목소리를 높이면서도, 자신들이 가해자일 수도 있다는 사실에 대해서는 당시까지 일말의 자각도 없었다는 점이다. 1959년 제5회 대회 당시 한 분과회에서 노동운동가이자 시인이기도 한 다니가와 간(谷川雁)이라는 남성이 발언을 신청했다.

> 여러분은 전쟁 중 팥밥을 짓고 국기[日の丸]를 흔들며 우리를 전장으로 보냈습니다. 그 때문에 많은 젊은이들이 전사했습니다. 바로 그 어머니들이 지금 안보조약에 반대한다고 합니다만, 저는 전쟁 중 어머니들이 한 일을 잊지 않았기 때문에 믿을 수 없습니다. 안보에 반대하는 것은 쉬운 일이 아닙니다. 그렇게 간단하게 이야기하지 말아 주십시오![63]

현장을 일순 침묵에 빠뜨린 이 발언은 앞서 제시했던 제1회 대회의

---

62) 米田佐代子, 『母さんに花を―山家和子と母親大会』, 87-89쪽.
63) 牧瀬菊枝, 「母親大会」 朝日ジャーナル編, 『女の戦後史』 II, 朝日新聞社, 1985, 36쪽.

〈선언〉과 함께 읽어볼 때, 그 인식의 차이가 확연히 드러난다.

전쟁으로 인해 어머니가 된 기쁨과 자부심은 산산조각이 나고 전쟁이 싫다는 이 지극히 당연한 어머니의 마음을 입에 담는 것조차 금지되어 왔습니다. 우리들은 아이들을 싸움에 내보내면서도 이별의 눈물을 흘리는 것조차 허락받지 못하고 이를 악물고 있을 뿐이었습니다. 그리고 전쟁의 슬픔 가운데 많은 나라의 청년도 어머니도 휘말리게 하는 듯한 무서운 결과를 초래했습니다.[64]

해당 분과회의 사회자로서 당시 상황을 기록한 마키세가 전하는 바에 따르면, 현장에는 '아들을 전장에 보낸 어머니들이 많다'. "그때까지 모친대회에서는 어머니들은 전쟁이 얼마나 고통스러웠는지라는 피해자 체험만을 이야기하고, 아들 세대로부터 자신의 전쟁책임을 추궁당한 적이 한 번도 없었다 … 그러나 다니가와의 발언은 어머니들을 화나게 했을 뿐으로, 대회의 중심에 있던 이들도 이를 제대로 다루지 않았다."[65] 모친대회 측의 싸늘한 반응에 다니가와는 다른 매체를 통해 다시 한 번 모친대회 측의 전쟁책임에 대한 반성을 촉구했다.

남이 보는 데서[公然と] 울부짖는 것이 다소는 저항의 역할을 했을지도 모르던 시절에는 우는 법조차 알지 못했던 어머니 … 안보개정 반대서명이란 당신이 전쟁을 위해서가 아니라 평화를 위해 아들이 죽어도 후회(悔い)하지 않겠다는 맹세입니다. 그러한 결심이 서지 않았을 때는 묵묵히 벽이나 보고 앉아 있어 주십시오.[66]

---

64) 「第一回母親大会宣言」, 『日本婦人問題資料集成(二)』, 804쪽.
65) 牧瀬菊枝, 「母親大会」, 36쪽.

모친운동에서 여성의 가해자로서의 책임이 논해지기까지는 그로 부터도 다시 10여 년을 기다려야 했다. 모친운동의 시작이 자신의 가해 자로서의 자각 없이 오로지 자신의 겪은 고통만을 기억하며 피해자로서 의 입장만을 내세웠다는 비판을 받는 것은 당연했다. 하지만 이를 지금 의 관점에서 전후 10년 당시의 '모친'들에게만 추궁하는 것이 그다지 의 미 있어 보이지는 않는다. 패전 직후 일본에서 당시까지 일본이 해외에 서 저지른 악행에 대한 정보가 부족했다거나 혹은 천황을 비롯한 전쟁 책임자에 대해 제대로 된 추궁 대신 그 모든 것이 냉전 속에서 유야무야 처리되었던 사정까지 들먹이며 변명할 필요도 없을 것이다. 자신이 저 지른 잘못 즉 죄에 대해 가장 민감해야 할, 그리고 신(神) 앞에서 가장 민 감하게 자신을 반성했어야 할 일본의 '그리스도인들'조차 패전 후 20년 이 지난 후에야 자신들의 전쟁책임을 시인했다는 점만 보아도[67] 당시 일본 국민 대부분의 전쟁책임에 대한 인식의 수준이 어떠한 정도였는지 알 수 있기 때문이다. 새삼 당시 '모친'들의 무감각을 탓하는 것이 무의미 해 보일 정도다.

---

66) 谷川雁, 「母親大会への直言」, 『婦人公論』 1959年10月号(牧瀬菊枝, 「母親大会」, 36쪽에서 재인용). 줄임은 마키세(牧瀬)와 인용자.
67) 1965년 오무라(大村勇) 일본그리스도교단총회의장이 한국 측의 초대로 방한 했을 당시 일어난 소동을 계기로 일본 교회의 전쟁책임에 대한 논의가 본격 화되어 1967년 〈제2차대전하 일본 그리스도교단의 책임에 관한 고백(第二次 大戦下における日本基督教団の責任についての告白)〉을 발표했다(서정민, 『한 일기독교관계사연구』, 대한기독교서회, 2002, 36~45쪽의 내용 참조).

4.4. 일본모친운동과 생활 그리고 평화

이상과 같은 경위를 통해 일본의 여성들은 일본모친대회라는 형태로 전후 평화운동의 대열에 동참했다. 하지만 모친운동의 성격을 '평화운동'이라는 이름으로 규정하는 것이 타당할까? 얀베 가즈코는 1954년 비키니사건을 계기로 하여 모친운동과 거의 같은 시기에 시작된 원수폭금지운동과 비교하면서 다음과 같이 답한다.

> [모친운동과 원수폭금지운동은] 양쪽 모두 '평화'지만, '아이들을'이라는 말이 붙은 것이 원수폭금지운동과 다릅니다 … 원수폭금지운동 쪽은 분명한 '원수폭 반대'이고 모친대회 쪽은 "우리 일본의 모친은 아이들을" 이잖아요 … 원수폭금지운동은 말하자면 오로지 평화平和一本만을 위한 운동으로 [서로 다른 다양한 단체개] '평화'라는 점에서 연결되고 있습니다. '모친' 쪽은 … 반드시도 평화문제만은 아니었다는 요소가 있습니다.[68]

원수폭금지운동이 사실상 '평화'라는 하나의 목표를 향해 나아갔던 반면, 모친운동은 반드시 그렇지만은 않으며 오히려 '아이들'에 대한 관심이 우선한다는 이야기다. 사실 이는 앞에서 확인했던 바이기도 한데, 일본모친대회 전국대회의 경우 약간의 표현상의 차이는 있을지언정, 아이[와 교육], 생활[의 권리], 평화[의 수회]라는 세 가지 커다란 주제로 이루어져 각 주제별로 수십 개의 분과회가 편성되었다. 즉 '평화'라는 주제

---

68) 米田佐代子, 『母さんに花を——山家和子と母親大会』, 87쪽. 줄임은 인용자. ( ) 안은 원문대로임.

는 유일하고 궁극적인 목표라기보다는, 세 가지 주요 주제 중의 하나라는 위치를 점했던 셈이다. 각각의 주제가 갖는 비중이라는 것은 시기에 따라 다르겠지만, 비키니사건 후 오랜 시간이 지나지 않았던 1957년 제3회 대회에서조차 분과회 편성 비율이 어린이 교육 43.2%, 행복한 생활 24.2%에 비해 평화문제는 13.2%에 불과했다는 사실은[69] 모친운동이 분명 '평화'라는 주제에 대한 비중이 여타 교육과 생활에 비해 높지 않았음을 보여준다.

그런데 비키니사건을 계기로 하여 원수폭금지운동과 쌍둥이처럼 태어난 일본모친대회가 이후 반전·평화 자체를 내세우기보다는 '아이'와 '생활' 문제를 더욱 비중 있게 다루게 된 것이나 어찌 보면 무시될 수 있는 어머니들의 개인적이고 일상의 문제를 모아 전국적인 운동으로 발전시킬 수 있었던 것에는 1953년 제1회 세계부인대회 참가 경험이 하나의 계기가 되었던 것으로 보인다.

세계대회에서 아프리카의 부인대표가 '우리의 아이는 먹을 것도 없고 병에 걸려도 진찰을 받을 수 없고 학교에도 갈 수 없다'고 한탄하고 있더랬지요. 그것은 동시에 전후 [일본] 어머니들의 한탄이기도 했던 겁니다. 그러니까 아이를 중심으로 한 생활 전체의 문제라는 것이 세계모친대회의 단계부터 있던 거지요 … 그래서 일본모친대회의 구호는 무엇이든 고민을 가지고 와 주시라는 것이었습니다.[70]

---

69) 日本母親大会十年史編纂委員会, 『母親運動十年のあゆみ』, 93–94쪽. 제3회대회의 경우 평화문제에 관해서는 원수폭 금지, 헌법수호, 기지반대, 세계부인연합, 일본모친운동 발전 등의 주제가 편성되었다.
70) 米田佐代子, 『母さんに花を——山家和子と母親大会』, 87–88쪽. 줄임은 인용자.

이른바 최초의 세계 경험을 통해 '아이를 중심으로 하는 생활 전체의 문제'가 자신만의, 혹은 전후 일본만의 문제가 아닌 세계적 보편성을 갖는 문제임을 확신하게 되었던 것이고, 이 때문에 대회에서는 비키니 사건으로 촉발된 반전·평화의 주장에 집중하기보다는 자신들이 가지고 있는 '고민'을 함께 이야기하는 쪽으로 나아가게 되었다는 것이다.

> 일본모친대회는 평화라는 것이 원점에 있지만 과격할 정도로 평화의 문제를 다루어 오지는 않았습니다. 평화가 없다면 이런 문제도 저런 문제도 우리가 바라는 바대로 되지는 않을 것임을 인식하면서, 요구를 내걸고 일상의 현상에 주목해 왔던 것입니다.[71]

이러한 과정에서 이른바 '평화'문제는 그 자체가 목적이 되기보다는, 오히려 각각의 문제와 고민을 해결하기 위한 전제조건과 같은 위치가 되었다. 전쟁이 발생한다면 육아나 일상의 생활이 제대로 영위될 수 없다. 때문에 일상의 소소한 생활문제를 중심으로 이를 개선하고 수호하는 과정에서 이를 방해하는 외적요인들을 제거하기 위한 방식으로서, 이른바 반전운동·원수폭반대운동과 같은 '평화' 수호활동으로 나타났던 것이다. 다만 여기에서의 '평화'란 '전쟁' 혹은 '혼란'과 같은 구체적인 상황에 대한 반대의 의미, 혹은 이를 억제한 상태를 의미하는 좁은 의미의 평화라는 점은 기억해야 할 것이다. 즉 좁은 의미에서의 '평화'는 모친운동의 일부로서 지속적으로 추구된 것이었지만, 사실 '아이'에게 더 나은 '생활'을 가능하게 하고 싶다는 그들의 소망이 이루어진다면 그 자체

---

71) 米田佐代子, 『母さんに花を―山家和子と母親大会』, 88쪽.

〈그림 7〉 '원발 제로(原発ゼロ)'를 외치는
제57회 대회 모습(2011)

가 넓은 의미에서의 '평화'의 실현이라는 점에서, 모친운동 그 자체를 넓
은 의미에서의 평화를 위한 운동이라 할 수 있지 않을까. 여성학자 다나
카 스미코의 표현을 빌자면 '생활의 평화를 위협하는 것을 주변(身のま
わり)부터 하나하나 제거해가는'[72] 것을 지향하는 것이었다.

5. 평화, '아이'의 더 나은 '생활'을 위해

이 글은 전후 일본에서 전개되었던 평화를 위한 움직임이 어떠했는
지 그 실상에 접근하려는 학제적 공동연구의 일환으로 추진된 것으로,
그 가운데 특히 '여성'들의 움직임에 대해 소개하는 것을 목적으로 하였
다. 여성 평화운동의 대표적인 사례가 바로 '모성' 혹은 '모친'을 전면에
내세운 '일본모친대회' 혹은 '모친운동'이라는 점에서, 논리의 전개를 위
해 머리말에서는 '왜 하필 모성(모친)인가' 혹은 '전전의 모성과 전후의

---

72) 田中寿美子, 「日本における母親運動の歴史と役割」, 『現代日本女性の主体形成』 4,
   ドメス出版, 1996, 250쪽.

그것은 어떻게 다른가'라는 질문을 제기하였다. 그리고 이에 대해 대답을 찾는 방식을 통해 전후 일본 여성들의 평화를 위한 운동을 소개하고 그 성격을 규명해 보고자 했다. 이를 통해 이야기하고자 했던 내용을 정리하면 다음과 같다.

첫째, 전후 일본의 여성평화운동은 '비키니사건'이 발생하기 전부터 즉 패전 직후부터 이미 여성 운동가들에 의해 시작되어, 평화를 위한 여성들의 국제적 연대를 시도하는 단계에 이르렀다. 둘째, 세계모친대회의 경험을 통해 '아이'와 '생활'에 관련된 문제가 전후 일본만이 아니라 전 세계에 공통된 보편적 문제임을 확인하면서, '모친운동'의 필요성에 대한 확신이 강화되었다. 특히 전전 일본에서 국가에 의해 통제되고 이용되었던 '모성'과는 달리, 일본 국내뿐 아니라 국제적으로도 연대하는 보편적 '모성'을 지향하게 되었다. 셋째, 전전의 여성운동이 대부분 엘리트 여성에 의해 주도되었던 것과 달리, 전후의 모친운동은 '지극히 보통'의 '모친'들이 중추가 되었다. 넷째, 전쟁을 반대한다는 의미에서의 '평화'가 '모친운동'의 최우선 순위는 아니었지만, 모친운동의 일부이자 '아이'와 '생활'을 지키기 위한 전제조건이라는 위치를 점하였다. 즉 '아이'와 '생활'을 위협하는 문제는 '평화수호'의 차원에서 단호하게 대응하지만, 평소의 주된 관심은 오히려 소소하고 또 피부에 와 닿는 문제를 해결하기 위한 대화와 실천에 두어지는 경향이 있었던 것이다.

마지막으로 모친운동의 현재 혹은 미래와 관련하여 두 가지 사실을 지적하는 것으로 이 글을 마치고자 한다.

그 하나는 여전히 '모친'이라는 정체성에 대해서는 비판과 해석이 이어지고 있다는 점이다. 즉 이를 일본 여성들의 한계로서 과도기적 단계라고 보는 비판적 관점과 오히려 '모친'의 의미를 생명이나 미래와 같은 가치들과 연결시켜 새로이 재규정하면서 발전시켜가려는 입장이 공존하고 있는 것으로 보인다.[73]

둘째로는 다시 한 번 여성, 특히 '모친'들의 전쟁책임에 대해 언급하지 않을 수 없다. 이 글은 주로 일본모친대회의 초기 즉 제10회 대회까지를 고찰의 대상으로 하였기에, 일본모친대회가 자신들의 전쟁책임 문제를 다루지 않았다는 문제는 당시 일본 사회 전반의 분위기를 고려하여 비교적 간단히 다루었다. 하지만 이것이 여성들의 전쟁책임에 대한 면죄부를 인정하는 것은 결코 아니며, 이에 대해 여성의 전쟁책임 문제에 천착해 온 여성학자 스즈키 유코의 지적을 소개하고자 한다.

전시하 모성이 군국주의나 천황제 파시즘과 연결되어 여성 익찬화(翼贊化)의 상징이 되어가기도 했다. 그러한 역사도 있었던 것인데 … 완전히

---

73) 일본모친대회가 받는 비판 중에 '모친'이라는 용어의 사용 및 그 의미의 불분명함과 관련하여, 이를 '모성'이라는 모호한 용어보다는 '어머니 역할(mothering)', 즉 '모친 역할'이라는 개념을 도입하자는 사라 러딕의 제안을 고려해볼 만하다. 즉 '모친'을 하나의 정체성이나 고정된 생물학적 또는 법적인 관계보다는 '활동'으로 해석하는 것이다. 이에 따르면 모친은 아이의 생명을 보호하고 그들을 지적으로 신체적으로 정서적으로 성장시켜 사회에 적응하도록 훈육시키는 사람들이다. 이는 모친을 굳이 '결혼하여 아이를 낳은 여성'이라는 식으로 규정하지 않고 다양한 삶의 형태를 용인한다. 그에 따르면 모친 역할이 반드시 여성이어야만 할 필요는 없다. "아이들의 요구에 응답하고자 결단하고, 그것을 자신의 삶에 중요한 부분으로 생각하는 사람은 남녀를 불문하고 누구나 어머니인 것이다."(사라 러딕 지음(이혜정 옮김), 『모성적 사유 전쟁과 평화의 정치학』, 철학과 현실사, 1995, 7쪽, 19쪽).

잊히고 있다 … 모성은 평화의 상징이라는 것을 아무런 주저함도 없이 규정하고 있다. 그리고 모성이기 때문에 천황제 파시즘에 가담하게 되었다. 그러한 역사라든가 문제의식이라는 것이 전혀 여기(모친대회)에는 전혀 느껴지지 않는 것이다.[74)]

이제 대회가 환갑을 향해 나아가는 지금까지도 여성들의 전쟁책임, 특히 '모성'이 일본 근대사에서 갖는 불편한 의미에 대해 여전히 인식의 수준이 나아지지 않았다는 점은 비판을 피하기 어렵다. 오랜 시간을 거치면서 아이·생활·평화를 위한 일정한 성과를 축적해가고 있는 것처럼 보이는 지금에도, 여전히 한편으로는 이 글의 머리말에서 제기했던 일본 역사상에서 '모성'이 갖는 '불편함'은 깔끔하게 해소되고 있지 않은 셈이다.

---

74) 鈴木裕子, 『女と＜戦後50年＞』, 98–99쪽. 괄호와 줄임은 인용자.

현대일본생활세계총서 **7**

전후 일본의 생활평화주의

'귀환체험담'과 '반전평화주의'*

박이진

1. 부흥과 평화주의

해마다 경제평화연구소에서는 '세계 평화지수(Global Peace Index)'에 따른 국가별 랭킹을 발표한다. 살인이나 폭행 범죄, 전쟁이나 내전의 유무, 정치정세와 이웃국과의 관계, 테러활동, 무기유통, 치안 등과 같은 다양한 요소를 수치화하여 안심하고 살 수 있는 나라를 평화국가로 선정하여 제시하는 순위이다. 거대한 쓰나미와 지진에 이어 원자력발전소 폭발이라는 희유의 위기 상황을 초래하며 세상을 놀라게 했던 2011년 3월 11일, 동일본대지진은 근래 발생한 대재난으로 기억되며, 일본은 그 이후 '비안전지대'로 회자되었다. 그러나 2012년 6월 발표된 세계 평화지

---

* 이 글은 한국일본사상사학회 편,『일본사상』제25호(2013)에 게재된 「귀환체험담의 '비극' 재현 담론 속 '반전평화주의': 1970년대 전환기의 귀환체험담 담론 비평」을 수정·보완한 것이다.

수에서 일본은 '안전 신화'의 나라답게 5위에 올랐다.[1] 2012년 전 세계에서 가장 평화로운 나라는 아이슬란드로 2년 연속 1위를 차지했고, 2위는 뉴질랜드, 3위는 덴마크, 4위는 캐나다이다. 아시아 국가에서는 유일하게 일본이 상위권에 선정되며 5위에 위치하는데, 이는 2010년, 2011년에 비하며 2단계 하락한 수준이다. 한국은 42위에 선정되었다. 북한과의 대치(휴전상태)라는 특수 상황이 큰 영향을 미치고 있음은 두말 할 필요도 없을 것이다. 그렇다고는 해도 2011년에 발생한 3·11 '대진재'라는 위기 상황에도 불구하고 일본이 부동의 상위권에 있음은 짐짓 놀라울 수밖에 없었다.

3·11 이후 지진, 쓰나미와 같은 자연재해가 일본의 사회구조에 내재해 있는 폐해를 가시화하게 되면서 그 피해가 몇 배로 파급되고 있는 것은 주지의 사실이다. 이에 복합적인 재해의 원인에 접근하여 근본적인 변혁을 꾀하고자 하는 사람들의 운동이 다양한 형태로 전개되고 있다. 각지에서 궐기했던 반원전 데모를 비롯해 핵으로 인한 재해의 피해자들이 도쿄전력간부나 정부 책임자를 상대로 집단소송을 벌이기도 했다.

한편, 간사이전력 오이(大飯) 원전이 재가동되고, 2012년 12월에 펼쳐진 총선거에서는 원전문제가 쟁점화되지 못한 채, 결과적으로는 원전 추진에 적극적인 입장의 정당이 많은 지지를 받기도 했다. 여전히 동일

---

1) Institute for Economics and Peace(IEP). 영국의 비영리기구로써 세계 162개 국을 대상으로 사회경제, 정치, 군사적 지표 등 12개 분야에 걸쳐 조사를 통해 세계평화지수(GPI)를 산정하고 있다.

본대지진은 모습을 달리하여 현재의 일본에서 지속되고 있는 느낌이며, 그 복원과 재부흥을 위한 노력들이 무색해진 듯도 하다. 그러나 순조로울 것 같은 부흥정책에 브레이크를 걸며 비평화적인 상황을 조성하고 있는 제반의 대립들은 당장에는 일본의 평화지수를 떨어뜨릴 요인이 될 수는 있겠지만, 오히려 일본 시민들이 재건에 따른 진정한 평화주의를 모색해 가는 과정이 될 수 있지 않을까, 외부인으로서 긍정적 평가를 해 보기도 한다.

과거 일본 사회는 패전 이후 이른바 '폐허'의 전후일본을 재건해내는 데 성공한 전력이 있다. 그것도 20여 년 만에 제로에서 경제대국을 이루어낸 초고속 부흥신화이다. 3·11 대진재가 초래한 참상을 보며, 다시금 재기되는 신일본건설의 부흥론과 함께 고취되고 있는 민족의식을 보며, 문득 '부흥'이라는 슬로건이 전제로 하는 일본의 전후체제에 관해 회의하게 된다. 더구나 반핵운동을 이뤄내기 위해 진행되고 있는 '국민 평화 대행진', '평화 마라톤', '평화를 염원하는 전시회' 등, 탈원전·평화주의가 지금에 와서 범국민적인 지지를 얻고 있는 것을 보면서, 1960년 이후 '핵시대'로의 도입과 함께 간접적 핵보유국이자 원전대국으로서의 길을 걷던 전후체제 동안 일본재건의 상징처럼 붙어 다니던 '평화주의'는 무엇이었는지 새삼 되묻게 되는 것이다.

주지의 사실대로, 전후일본의 부흥기에서 국민재통합과 국민국가 재건의 신화는 신헌법 정신에 기초한 '평화와 민주주의' 이념에 의해 지지되었다. 그리고 그것은 전후일본을 '정서적 동맹체'로 여기게 되는 일종의 암묵적인 합의에 의해 전개되었으며, 히로시마의 원폭 피해담이나 귀환자들의 전쟁체험기는 전후일본이 달성해야 할 평화국가의 상을 뒷받침해주는 거울로서, '비평화적 상황'의 원점처럼 기능해 왔다. 특히 2차 세계대전 이후 식민지 등지에서 일본 본토로 송환된 귀환자들이 기록해 놓고 있는 전쟁체험기는 패전으로 인한 고난의 일본 민족사라는 맥락 속에서 소련군의 폭행, 전염병의 발병, 관동군의 배반과 같은 몇 가지 정형화된 '수난담'을 공통의 요소로 한다.[2] 이러한 요소들이 전후일본의 제국의식과 민족내셔널리즘의 양상을 비판하는 표적이 되어왔음은 물론이다. 또한 귀환자들은 대부분 각 개인의 참담함을 기록하여 이후 세대들에게 전쟁이 없는 평화로운 세상을 남겨주어야 한다는 범인류적인 평화를 기원하며 수난담으로서의 귀환체험기를 완성하고 있다. 전후일본 사회의 반전·평화주의로 수렴되는 공적 기억(기록)의 전형화를 보여주는 대표적인 예이다.

따라서 지금까지 '귀환'은 일본인의 민족적 수난사라는 이름으로 미화되어 전후일본의 내셔널리즘 형성을 강화시키는 토대로 지적되어 왔다.[3] 그리고 최근 1945년이라는 역사기를 중심으로 제국의 붕괴와 일본인의 이주에 관한 연구 성과들이 나오면서 당시 식민지에서 생활하던

---

2) 山田昭次, 『近代民衆の記録 6』, 新人物往来社, 1978, 49쪽.
3) '귀환체험기'를 바탕으로 한 전쟁체험에 관한 대표적인 담론은 아래 논문을 참고. 成田龍一, 「引揚げに関する序章」, 『思想』, 2003, 「引揚げと'抑留'」, 『岩波講座 アジア·太平洋戦争4 : 帝国の戦争体験』, 岩波書店, 2006, 「「戦争経験」の戦後史 − 語られた体験 / 証言 / 記憶』, 岩波書店, 2010 ; 浅野豊美, 「折りたたまれた帝国 − 戦後日本における「引揚」の記憶と戦後の価値」, 『記憶としてのパールハーバー』, ミネルヴァ書房, 2004 ; 김경남, 「재조선 일본인들의 귀환과 전후의 한국 인식」, 『동북아역사논총』, 2008, 305-359쪽.

일본인들의 실체가 역사적으로 재조명되고 있다.[4] 한국에서도 재조일
본인들의 귀환 과정과 그들의 과거 식민지에 대한 회고를 통해 식민지
지배를 둘러싼 인식을 분석하거나 패전 후 한반도 거주 일본인들의 귀
환과 정착 과정을 살펴, 가해 집단이자 소외 계층이라는 그들을 향한 애
매한 인식 구조를 밝히는 일련의 작업들이 시도되어 왔다.[5]

　한편, 그들의 평화 염원을 뒷받침하고 있는 수난담이 일정의 정형
화된 담론으로 성립되는 데에는 '선택된 기억의 유포'라는 공정과정이
전제되어 있었다는 것 역시 염두에 두지 않으면 안 된다. 후지와라 데이
(藤原てい)의『흐르는 별은 살아 있다(流れる星は生きている)』[6]의 영
향 아래 일정 부분 패턴화되어 왔다고 생각되는 이후의 귀환체험기 속

---

4) 加藤聖文,「台湾引揚と戦後日本人の台湾観」,『台湾の近代と日本』, 台湾研究部
　会編, 2003,「引揚げという歴史の問い方」(上・下),『彦根論叢』348-349, 2004,
　『「大日本帝国」崩壊-東アジアの1945年-』, 中公新書, 2009 ; 蘭信三編,『日本帝
　国をめぐる人口移動の国際社会学』, 勉誠出版, 2011 ; 高崎宗司,『植民地朝鮮の
　日本人』, 岩波新書, 2002.
5) 최영호,『일본인 세화회-식민지조선 일본인의 전후』, 논형, 2013 ; 이연식,
　「해방 후 한반도 거주 일본인 귀환에 관한 연구」, 서울시립대학교박사학위
　논문, 2009 ;『조선을 떠나며』, 역사비평사, 2012 ; 박광현 외,『월경의 기록』,
　어문학사, 2013.
6) 후지와라 데이의『흐르는 별은 살아 있다』는 1949년 히비야출판사(日比谷出
　版社)에서 출간된 이후 동년에 영화화되는 등 공전의 베스트셀러가 된다.
　1971년에는 세이슌출판사, 1976년에는 중앙공론사가 출판, 현재까지 스테
　디셀러 위치를 차지하고 있다. 1982년에는 TBS에서 드라마로도 제작되는
　등, 이른바 전쟁으로 인한 민족 수난사를 둘러싼 문화적 아이콘으로 기능하
　고 있다고 해도 과언이 아니다. 또한,『흐르는 별은 살아 있다』는 패전 이후
　발간된 거의 최초의 귀환체험기라는 점에서, 그리고 이후 대부분의 귀환체
　험기가 그녀가 구사하고 있는 패턴에 따라 전개되고 있다는 점에서 귀환체
　험기의 원전 격에 위치해 있다.

에 작용하고 있는 선택과 배제의 '역학'을 생각해야 하는 것으로, 존 다우어가 지적하듯이, 공공의 기억(public memory)과 신화 만들기(myth-making)라는 맥락이 귀환체험담 언설 속에 작용하고 있음이다. 귀환자들의 수난담이 소위 '적군'이라는 소련군의 만행을 폭로하며 철저한 반공의식을 고취하는 반면, 과거 전쟁의 비극을 소환하여 반전사상을 역설하는 것은 '공공의 기억'과 '신화 만들기'의 좋은 예일 것이다. 그리고 이러한 신화는 극한 상황 속에서 살아남은 생존자들의 생생한 증언이라는 성격상 범인류적인 세계평화를 위한 감동적 메시지로도 기능하고 있다.

그러나 귀환체험담은 귀환 과정을 둘러싼 다층적인 경험은 물론 귀환 이후 일본에서 각 개인이 영위해 온 복잡다단한 '전후적' 상황과 삶이 연동되면서 그 의미 영역 또한 변주되어 왔다고 볼 수 있다. 특히 필자가 주목하고자 하는 1970년대에 자생하는 귀환체험담의 변주는 귀환체험담이 더 이상 '전쟁사'라는 카테고리 안에서 민족 수난사로서의 역할에 머물지 않음을 시사한다. 이는 나아가 일본에 위기 상황이 도래할 때마다 '재개'되는 귀환체험담의 '비극' 재현이 갖는 수사학도 관련이 있다.

따라서 이하 글의 전개를 위해 귀환자들의 전쟁체험기가 양적으로나 질적으로 변화되기 시작하는 시기라고 분류되는 1970년대에 발행된 수많은 수기 중, 일반의 소시민에 의한 자발적 참여로 이루어진 『동토로부터의 소리(凍土からの声)』라는 체험기에 주목해 보고자 한다.[7] 그리

---

7) 1976년 겐코샤(謙光社)에서 간행된 외지귀환자 실제체험기로 소규모의 귀환자들이 한정판 비매품용으로 출간하였다.

고 1970년대에 위와 같은 전쟁체험기가 대폭 증가하는 이유를 당시 대중적 의식 층위를 포함하여 일본의 국내적 상황 속에서 이해해 보겠다. 일본 내적인 요인으로서 당시 전쟁체험을 재현해낼 만 한 '위기' 의식이 귀환체험기의 자발적 출현을 종용한 점은 없었는가와 함께 비극적인 수난사를 통해 그들이 감내 또는 재기에의 희망을 부여하고자 한 의도 여부를 타진해 보기 위해서이다.

2. 1970년대 시대적 '자극'과 귀환체험기

전후일본 역사 속에서 고도경제 성장기를 거쳐 그 결실로서의 '진정한 풍요'를 만끽하고 있던 1970년대는 '복지원년'이라는 말이 상징하듯이 평화와 안정이 실현된 시대였다. 따라서 '1억 총중류'라고도 불리며 풍요 속에서 가난한 시대를 잊은 시기에 귀환자들이 과거의 전쟁체험을 환기시킴은 여러 의미에서 생각해 볼 수 있을 것이다.

사회, 역사적으로 전후일본은 몇 가지의 특징으로 분절되어 설명된다. 1945년에서 1951년은 미국의 점령 시대, 1952년(강화조약)에서 1960년(안보투쟁)은 평화, 민주주의를 둘러싼 정치투쟁의 시대였다. 1961년에서 1965년에는 경제 제일의 시대라 하여 부(富)를 풍요롭게 한다는 국가목표가 대두된 이래, 1966년에서 1972년에는 경제성장이 결실을 맺으면서 '일본인은 진정으로 풍요로워졌다'는 자신감 회복의 시대로 접어들게 된다. 사회구조나 국민들의 생활이나 의식도 변화되어 "패전으로 인한 상실감, 슬픔"을 극복해낸 일본은 진정 위대한 국가라는 국민들의 자신감이 확산된 것이다. 이를 뒷받침하는 요소로 신칸센의 개시와 도쿄 올림픽과 만국박람회의 개최, 그리고 오키나와 반환이 지적된다. 특히 1972년, 다나카 내각이 들어서면서 제기된 일본열도개조론은 지역개발의 추진에 따른 국민적 기대감을 증폭시키면서 '복지원년(1973년)'이라는 말을 낳았다. 이는 전쟁에 승리한 국가가 빈곤하게 되어가는 상황에서 패전국 일본이 세계에서 가장 돈이 많은 나라가 된 기적과도 같은 일로 기억되고도 있다. 한편, 경제적 여유에서 기인한 대학분쟁(70년 안보투쟁)의 확대와 같은 내부적 소란에 대한 반감도 이 시기의 특징으로 거론되고 있다.[8]

그리고 1973년에서 1982년은 일상생활상의 가치관을 재구축하는 시대로 분류된다.[9] 장기간에 걸친 베트남전쟁이 종결되기도 한 이 시기는, 앞서 설명했듯이 국제적으로 화해의 무드가 조성되던 때로, 대학분쟁에 대한 반감처럼 경제적 여유에서 오는 가치체제의 재고가 이루어지는 때라고도 볼 수 있다. 당시 센세이션을 일으키며 등장했던 소설『한없이 투명에 가까운 블루(限りなく透明に近いブルー)』는 감각과 감성을 잃어가고 끝내 자기 자신마저 소실해 가면서 자신으로부터 괴리되어 버린 황폐한 젊은 남녀를 묘사하며 아쿠타가와상을 수상하였다.[10] 이 소

---

8) 나카무라 마사노리(유재연·이종욱 옮김), 『일본 전후사 1945-2005』, 논형, 2006.
9) 나카무라 마사노리(유재연·이종욱 옮김), 『일본 전후사 1945-2005』, 547-552쪽.
10)『한없이 투명에 가까운 블루』는 충격적인 내용(섹스, 폭력)을 제재로 하면서도 문체의 '청결'함이 높이 평가받았다. 그러나 소설의 무대가 도쿄의 기

설을 두고 저자 무라카미 류(村上龍)는 "근대화의 달성이라는 목표를 이루고 난 후 남는 상실감"을 주제로 삼았다고 한다. 그러나 무엇보다 이 시기에 이러한 주제에 대중들이 몰입할 수 있던 이유는 당시 일본의 풍요와 안정을 위협하는 '자극'이 요인이었다고 볼 수 있다. 그러한 자극제로서 일미 경제마찰로 인한 달러 쇼크나 오일 쇼크로도 불리는 중동사태를 떠올리는 것은 어렵지 않다. 자원부족 국가인 일본에서 화장실 휴지와 세제, 설탕, 소금, 간장과 같은 아주 기초적인 일상 생활용품이 부족해짐은 자발적으로 일본 대중을 '인내'하게 하면서 이전까지의 성장 일도의 생활을 반성하고, 보다 '안정적'인 성장 궤도로 삶의 방향을 전환시킨 것이다.

그러나 반이스라엘 측에 서 있지 않다는 일본의 대외적 포지션이 석유파동을 초래하며 전력의 제한적 공급과 생활용품의 생산 부족이라는 여파로 일본인들을 '불편'하게 했다는 직접적이고 어떻게 보면 단순한 요인은, 실제 일본인들에게 좀 더 히스테릭한 트라우마를 자극하지 않았나 생각해 본다. 『한없이 투명에 가까운 블루』가 이시하라 신타로(石原慎太郎)의 『태양의 계절(太陽の季節)』이라는 1955년에 간행되어 히트를 했던 작품과 비견되는 한편, 1970년대의 시대소설로서 문제작이라고 할 수 있는 이쓰키 히로유키(五木寛之)의 소설 『청춘의 문(青春の門)』은 20년이라는 시간의 차를 거슬러 올라가 역시 1955년 전후의 시기

지마을 훗사(福生)이고, '하우스'에서 마약, 섹스, 폭력, 병사(흑인)와의 난교를 벌이는 남녀집단들을 다루는 등, 소설에서 직접적으로 묘사되고 있는 배경과 사건 등을 고려할 때, 일본 내의 미군기지 문제를 화두로 하고 있다. 이러한 점에서 역시나 1950년대를 소환하고 있는 작품이라고 지적할 수 있다.

를 소환해내고 있다.[11] 이는 1950년대라는 격변의 시기를 일종의 트라우마로 간직하고 있는 듯한 일본 사회의 대중적 심리를 대변한다고 볼 수 있다. 패전과 점령기 이후, 긴박한 냉전시대가 전개되면서 한마디로 '전쟁의 후유증'을 심하게 앓던 시기가 바로 1950년대이다. 1950년대의 시대적 가치라고 할 수 있는 '평화와 민주'는 그러한 전후적 현상으로서의 '전쟁의 후유증'을 극복해 내기 위한 슬로건이기도 했다.

이상, 이러한 1970년대의 시대적 증후가 대중적 층위에서 어떠한 '자발적' 행동을 필요로 하는 자극처럼 작용했음을 염두에 두지 않을 수 없다. 귀환체험기의 '전환'도 이러한 흐름 속에서 진행된다고 볼 수 있기 때문이다. 먼저, 고찰의 대상이 되는 귀환체험기가 발행된 경위와 특징을 소개해 보겠다. 『동토로부터의 소리』는 1976년 9월에 발행된 체험기이다. 이 체험기가 무수한 여타의 귀환체험담을 엮어 놓은 책들과 비교해 특징적이라고 할 수 있는 것은, 일반 소시민들로 구성된 소규모의 귀환자들이 자발적으로 참여하여 발간했다는 점이다.

일반의 평범한 가정주부인 아사미 도시코(浅見淑子)가 1975년 8월 18일 자 『아사히신문』 「고에(声)」란을 통해 "꼭 남기고 싶은 귀환의 기록(ぜひ残したい引揚げ記録)"을 보내달라는 내용을 투고하게 된다. 어느

---

11) 작품에서는 신스케가 "시대는 움직인다"고 생각하는 사건들이 열거된다. 신스케는 "미타카(三鷹) 사건을 최고재판소에서 피고에게 사형 판결했고, 후지산 기슭에 로켓원자포 어니스트 존 중대가 배치된다는 뉴스가 있었다. 제1회 원수폭 금지 세계대회가 히로시마에서 열리기도 했다"고 하여 1955년 전후기의 일본사회를 묘사하고 있다. 특히나 사회와의 연대감, 공동체 내 소속감에 집착하는 신스케의 모습은 패전 이후 일본 내로 귀환되어 온 '귀환자(히키아게샤, 引揚者)'들의 '전후상'을 투영하고 있다고 할 수 있다.

날 아이가 학교에서 배우는 교과서를 보다가 "전후에 발행된 일본사 서적이나 교과서를 읽어봐도 공습이나 원폭에 관한 기록은 있는데, 만주에서의 일은 기록되어 있지 않기에" 신문투고를 통해 만주에서의 기록을 모아 아이들에게 알려주고 싶었다고 한다. 그런데 의외로 투고 3일 만에 전국 각지에서 뜻을 같이하겠다는 내용의 편지들이 도착하는 것을 보고, 아사미 씨는 지인 둘에게 도움을 요청하여 자신들의 귀환체험담을 책으로 간행할 것을 계획하였다.[12] 출판 비용은 우선 셋이 받은 귀환보상금으로 연락 비용을 대고, 수기를 응모한 사람들에게 자유롭게 1천 엔 안팎으로 지원금을 받았다.[13] 또한 상업용이 아닌 비매품으로 출판하여 수기 응모자나 신청자에게만 배포할 목적으로 1천 부 정도를 한정판으로 기획했던 터라 문장 정리나 지명 확인 등을 셋이서 직접 교정하였고, 대신 서문은 후지와라 데이에게 부탁하였다.

사회적 영향력이라고 거창하게는 말할 수 없을지 몰라도 이 체험기에 호응하여 나타난 파급효과라면, 이 책을 원작으로 해서 이듬해 1977

---

12) 1976년 1월 말까지 400자 원고지 15매 정도로 '기억에 확실히 남아 있는 내용'으로 원고를 보내달라는 투고요령을 만들어 배포하였다. 1차적으로 『아사히신문』을 보고 편지를 보내왔던 신청자들과 〈중일우호연계모임〉(日中友好手をつなぐ会, 특정비영리활동법인으로 중국 잔류고아 지원 단체. 중국 잔류고아의 아버지로 불리는 만주개척단출신 야마모토 지쇼(山本慈昭)가 주축이 되어 1972년에 결성)을 대상으로 배포하였고, 이후 1976년 4월 1일자 『아사히신문』「声」란을 통해 2차 모집을 하였다. "귀환체험 남성도 기고를(引揚げ体験 男性も寄稿を)"이라는 내용이었는데, 이는 1차 모집에서 대부분의 체험기가 여성들(120통)의 이야기들이라 남성의 시야로 넓은 안목에서 쓰인 체험담을 증보하기 위해서였다고 한다.
13) 거금의 기부는 거절하였고, 17만 1천 2백 엔이 모금되어 이를 모두 출판 비용으로 사용하였다.

년에 「칸타타 동토로부터의 소리(カンタータ凍土からの声)」[14]라는 성악 공연이 우에노극장(上野劇場)에서 열리고, 1979년에 LP레코드로 발매되었다.[15] 무나카타 가즈(宗像和) 작곡에 치노 세이지(千野誠治)가 기획, 제작을 한 것으로, 치노 세이지 역시 15세 때에 만몽개척 청소년의용군으로 만주로 갔다가 패전 후 3년간 시베리아에서 억류생활 끝에 1948년에 귀국한 귀환자였다. 이 레코드는 2010년에 CD로 복각되어 현재 구매가 가능한데, 비매품의 원작이 전하고자 했던 출판 의도를 이 성악곡이 현재 전승하고 있는 형태라 하겠다.[16]

『동토로부터의 소리』에 실린 체험기들 역시 정형화된 귀환체험담의 요소를 크게 벗어나고 있지는 않다. 대부분의 기록이 1945년 8월 9일, 소련군의 침공을 계기로 비극이 시작되었다고 서술되고 있으며, 중국인이나 조선인 '폭민'의 약탈, 소련병사의 부녀자 폭행이 공포의 핵심으로 등장한다.

---

14) 부제는 "외지귀환자 실체험 일기 '동토로부터의 소리'-우리들의 전쟁은 총을 들지 않았다(外地引揚者実体験日記 「凍土からの声」より-私たちの戦争は銃を持たなかった)"이다.

15) 레코드 구성은 『동토로부터의 소리』에 실린 실체험기 내용을 각색하여 각 장에 제목을 붙여놓고 있다. 총 8장으로 〈서장: 희망, 제1장: 신천지, 제2장 전/후반: 도피행, 제3장전/후반: 알았습니다(ハラショー), 제4장: 부인을 내놓아라!(マダム・ダワイ), 제5장: 동포여, 너도인가!(同胞よお前もか), 제6장: 망향, 종장: 조국이여〉이다. 필자가 확인해 본 결과 제5장에 원작 수기에는 없는 내용을 싣고 있는데, 전반부에는 중국에서 일본인이 겪었던 참상, 즉 공산주의와의 전쟁에 휘말려 떼죽음을 당했다는 내용이 전개되고 뒤이어서 "그런데 아무에게도 알려지지 않았던 사건이 있다"며 일본도 중국에서 그러한 만행을 저질렀다며 구체적으로 만주사변 전후의 사건을 소개하고 있다.

16) 「『凍土からの声』CDで復刻」, 『読売新聞』, 2010. 8. 16.

수난의 일본인. (중략) 8월 19일 정오, 노도(怒濤)와 같이 소련군이 밀려들어 왔다. 평화주둔이라고는 하지만 강간, 폭행, 약탈. 한마디로 이 부대는 무엇을 해도 용인이 되는 죄수부대라는 것. 부인은 남장을 하고 머리를 빡빡 밀었다. 일본병도 이런 짓을 다른 국민에게 했을까? 내 동생이나 조카도 광폭한 귀신같은 짓을 했던 걸까. 어느 날, 요괴 같은 소련 병사가 마구 몰려왔다.[17)]

"수난의 일본인"이라는 말로부터 시작하는 이 수기는 소련의 침공으로 시작된 피난의 과정과 소련군의 강간, 폭행을 비롯해 중국인이나 조선인에 의해 약탈당하는 일본인의 상황을 여과 없이 표현하고 있다. 또한 가장 신뢰하고 있던 관동군의 배반이 국책에 대한 비판으로 이어지면서 국가로부터 버림받았다는 의식이 귀환자들에게 이중삼중의 박탈감으로 작용하고 있기도 하다. 일본 정부의 기민정책으로 인한 피해의식은 상대적으로 자신에게 조금이라도 도움을 준 타민족에 대한 호의를 더 부각시키고 있는 양상과도 연결되는데, 특히 중국인, 그리고 국경지대의 러시아인들이나 조선인과 같은 타민족이 "국가도 버린 나"에게 온정을 베풀어 줬다는 감동 어린 기록들이 일본인들 간의 배신, 고발, 강도 행위 등과 대조적인 인상으로 서술되고 있다. 여기서 중국인들에 대한 묘사가 두드러지는 이유는 이 수기가 발간된 시기가 중국과 일본 간의 국교정상화 이후로, 중국잔류일본인(고아, 부인) 문제를 해결하고 유해의 수습과 유족문제 해결 등이 가시화되면서 일본 정부의 보다 적극적인 원호활동과 호의적인 대중국책을 희망하는 염원에서라고 추측해

---

17) 島崎徳恵, 「侵略者に加担すまい」, 『凍土からの声』, 謙光社, 1976, 172쪽.

볼 수 있다.

그리고 귀환체험기 속에 나타나 있는 공통된 특징을 하나 더 추가해 본다면 각 회고담의 최종 메시지로서 '전쟁은 나쁘다', '진정한 평화를 위해'라는 반전·평화 기원의 내용이 포함될 수 있다. 『동토로부터의 소리』역시 다음 세대에게 전하는 유산으로서 "그 당시의 고통을 다시금 되풀이하지 않기 위해 우리들이, 그때의 비극에서 살아남은 자들이, 전쟁을 모르는 세대에게 전해주지 않으면 안 된다"[18]라는 반전사상을 담은 체험기로서의 성격을 보여주고 있다. 이렇게 "전쟁을 모르는 세대에게 전쟁을 가르친다", "비극을 가르친다", "두 번 다시 전쟁은 없어야 한다", "전쟁은 나쁘다, 전쟁에 반대한다"고 하는 이른바 '비극을 통해 전쟁을 가르친다'는 의도는 너무나도 자연스럽게 반전사상에 기반을 둔 평화주의로 환원되기 마련이다. 나아가 비극적 상황, 즉 피해 상황이 부각되면서 '전쟁의 최대 피해자' 일본인이라는 '희생자의식 민족주의'와 공명하고 있는 모습도 보인다. 그렇다면 이들 체험기에서 양산해내고 있는 '평화주의'는 구체적으로 무엇인지, 그 내용을 생각해 보지 않을 수 없다.

3. '비극' 재현을 통한 '평화' 염원

당시 아사미 도시코의 투고 한 줄이 『동토로부터의 소리』라는 결실

---

18) 藤原てい, 「序文」, 『凍土からの声』, 6–7쪽.

로 나타날 수 있었던 요인은 몇 가지로 유추해 볼 수 있다. 우선, 1957년 12월 17일 미귀환자에 관한 특별조치법이 제정되면서 더 이상 생사를 확인할 수 없는 미귀환자들이 모두 법적으로 사망자로 처리되게 되었다. 그러나 여러 반대의견에 부딪혀 바로 시행되지 못하다가 1961년 10월에 이 법이 시행되면서 미귀환자들의 존재는 '공식적'으로 완전히 망각된다. 이로 인해 귀환자 가족들도 체념의 세월을 보낼 수밖에 없게 되었는데, 1972년 중일공동성명으로 국면이 전환된다. 양국의 국교가 정상화되면서 이후 중국잔류고아의 신원조사 의뢰가 폭주함은 물론, 중국잔류고아나 잔류부인들이 일본으로의 귀국의사를 표명하고 나섰다. 일본 정부 역시 더 이상 방치해 둘 수 없다는 판단 아래 귀국희망자들에 대한 원호를 결정하고(1973년), 74년부터 항공편 왕래가 이루어짐에 따라 본격적인 지원책을 마련하게 된다. 전사자 처리되었던 미귀환자들에 대한 공개조사 개시(1975년, 후생성)가 그것으로, 1981년부터 방일을 허가하고 미귀환자들의 '육친 찾기'가 시작되어 1995년까지 26차례에 걸쳐 진행되었다. 따라서 『동토로부터의 소리』는 중일 양국의 국교정상화 이후 다시 제기되기 시작한 미귀환자문제가 사회적 사안으로 등장한 절정기였던 75년, 76년에 그 시대적 영향 아래 기획되고 발간되었다고 볼 수 있다.

그뿐만 아니라, 1976년 8월 15일 NHK 제1라디오에서 '여성들의 여로(女たちの旅路)'라는 종전기념일 특집 방송을 하였는데, 전후 30년이 지난 시점에서 귀환자 여성들은 어떻게 살고 있는지, 그녀들의 생생한 육성을 통해 귀환체험담을 재구성해 전달하고 있다.[19] 다시 말해 전후

30년을 회고하는 분위기 속에서 그간 묵인할 수밖에 없던 중국잔류 일본인들의 존재가 부상되면서, 특히 귀환자들의 전쟁의 기억이 사회적으로 공론화된 추세와도 무관하지 않다고 할 수 있다.

　일반의 일본인들을 주체로 하는 귀환체험기에서 다뤄지는 '비극'은 수기라는 성격상 보통 '나의 비극'이다. 이러한 점이 구식민지 체류 일본인들에게 식민지주의에 대한 인식 여부를 비판할 때 표적이 됨은 어쩔 수 없다. 식민지에서의 비극적 상황을 상정할 때 '내가 당한 비극'과 함께 '내가 저지른 비극'도 숙고가 되어야 함에도 불구하고 내가 당한 비극에만 초점이 맞춰져 있기 때문이다. 그렇다고 해서 귀환체험기 속에 '내가 저지른 비극' 상황이 존재하지 않는 것은 아니다. 다만 '내가 저지른 비극'으로서 남의 땅에 들어와 남의 것을 빼앗고 남에게 고통을 주었다는 죄상은 모두 국가와 위정자(정치가, 권력가)의 잘못으로 환원되고 있다.

　국책을 위해 만세의 소리와 함께 송출되었던 개척단, 의용대원, 여성보국대의 딸들. 패전으로 의지하고 있던 관동군에게 버려지고 자기 힘껏 살아남아 일본으로 돌아와도 국가는 손바닥 뒤집기였다. 존경해 마지 않을 희생자의 영령에 보답하지 않는 일본! 쇼와역사의 오점으로서 특

---

19) 『동토로부터의 소리』 후기 부분에 보면 이 책을 자신의 아이들에게 읽히고 싶다는 내용의 엽서들을 실어놓고 있는데, 그 내용 중에 NHK 라디오 방송 이야기가 있어 필자가 NHK 제1라디오방송에 직접 의뢰해 확인한 결과이다. 방송 내용은 대략 NHK에서 보내준 다음의 전문과 같다. "특집 여성들의 여로: 전쟁으로 가혹한 운명을 겪었던 여성들을 방문하여 전후 30년이 된 현재 시점까지 그녀들이 어떠한 삶을 영위해 왔는지 들어본다. 또한 노년에 들어선 그녀들의 인생에 그림자를 드리우고 있는 전쟁의 흔적을 생각해 본다."(내용확인 협조: NHKふれあいセンター放送)

기될 일이다.20)

우리는 만철사원과 그 가족과 철도를 지키고 그 지역을 지키며 싸움은 하지 않을 것이다. 중국인에게 협력하고, 그것이 우리의 생각이었다. 여기서 우려할 바는 국책이라는 미명에 휘둘려 침략자의 일원이 되어 있다는 것이었다. 따라서 종전 시에 중국인들이 '빈 몸으로 온 자는 빈 몸으로 돌아가라'고 한 말은 부정할 수 없는 사실이라고 본다.21)

이상의 내용 외에도 "국책에, 위정자에게 속았다"22), "반강제적으로 보내지고 짐승처럼 버려졌다"23)라고 하는 인식이 체험기에서 두드러지게 나타나고 있는 것을 볼 수 있다. 이는 내가 휘두른 비극은 본의가 아니었다는 구도로서 제국주의나 전쟁에 대한 책임의식을 '국가'에게 전가하고 있는 모습이라 하겠다. 그뿐만 아니라, 아이를 중국인에게 맡기며 나중에 찾으러 오겠다고 약속했으나 생사파악도 못 하고 있다며, 자식을 버린 어머니로서, 자식을 잃은 부모로서 자책 속에 살고 있다는 한 귀환자는 당시 자신이 저지른 비극이 전황(戰況)상 어쩔 수 없는 것이었다고 한다. 다시 말해서 가족분열의 원인보다 이후 가족분열의 결과만을 자책과 회한 속에서 떠안고 있는 모습이다.

이렇게 내가 저지른 비극을 일체 국책과 위정자들에게 전가하는 식의 '타자화된 죄의식'은 "국책 때문에 식량증산 때문에 만주로 가서 개척

20) 塩田誠, 「女子供と年寄りだけに」, 『凍土からの声』, 86쪽.
21) 島崎徳恵, 「侵略者に加担すまい」, 『凍土からの声』, 175쪽.
22) 山村文子, 「将校の訓示」に関東軍を見た」, 『凍土からの声』, 98쪽.
23) 山村文子, 「将校の訓示」に関東軍を見た」, 105쪽.

사업에 생명을 걸고 노력했던 개척단에게 일본 정부가 보답한 것은 도대체 무엇인가?"[24]라는 '내가 당한 비극'으로 수렴되어 나타나게 된다. 나의 비극 이야기는 정당하고 불가피했다는 순수(pure)한 비극으로 인지되고 묘사되면서 더욱더 희생자(scapegoat)의식이 커지는 양상인 것이다. 따라서 정부는 책임소재를 명확히 밝히고, 후생성 관계자들이 대책 마련을 위해 더 노력해야 한다는 강한 질책을 담고 있는 내용도 눈에 띈다.

> 여러 방면에서 듣자 하니 4월 무렵부터 패전을 예상했던 군부의 사람들은 몰래 자신들만 대책을 강구한 모양이다. 지금부터도 늦지 않다. 사정과 책임 소재를 밝히길 바란다. 이것은 전기(戰記)와 함께 특필되어야 할 부분이다. 아직도 중국에 잔류하고 있는 일본인, 부득이하게 남겨지게 된 아이들을 생각하면 가슴이 아프다. 전범으로 몰렸던 사람들도 상당액의 연금을 지급받고 있다고 하던데 개척단 사람들이야 원통해도 만주 땅에서 죽은 개척단과 의용군, 그 유족대책은 어떻게 되고 있는가? 타지에 남겨진 일본인 고아와 중국인 부인이 된 사람들의 귀국에 관해서는 후생성이나 관계자들의 노력을 기대한다. [중략] 전쟁 때문에 죽어간 많은 사람들의 명복과 영원한 평화를 기원하면서 펜을 놓는다.[25]

이렇게 타자화된 죄의식 속에서 전쟁이라는 것을 정의할 경우 상정해낼 수 있는 평화는 내가 당한 비극의 반대급부로서의 형태로 설명할 수 있다. 약탈과 폭행이 없는 상황, 버림받지 않고 국가의 보호 속에서 안

---

24) 田沢志な子, 「この責任を明かせ」, 『凍土からの声』, 151쪽.
25) 田沢志な子, 「この責任を明かせ」, 150쪽.

전하게 지내는 상황, 이와 함께 내가 잃은 것에 대해서 국가, 정부가 확실한 책임을 지고 전쟁보상은 물론 대책(유족대책을 포함해 잔류일본인 문제까지)을 마련해 주는 상황처럼 말이다.

또한 '나의 비극'에 초점이 맞추어지면서 피해 상황은 전쟁이라는 정세보다는 실제적인 약탈, 폭행을 감행하는 '소련병사, 폭민'이 악행의 주범이자 가해의 주체로 한정되는 양상은 주의할 만하다. 이로 인해 귀환체험담은 반소주의, 반공주의의 기제로도 그 역할을 수행하게 되는데, 더구나 미군은 조국 일본의 강력한 조력자로서 귀환선을 제공해주는 평화적 주체로만 언급되면서 냉전의 기제로도 전용되게 된다.

> 패전으로 많은 일본인이 괴롭고 슬픈 생각을 했습니다. 때와 장소를 가리지 않고 일본여성을 습격하는 소련병사, 나무토막을 들고 달려들어 패는 폭민 등, 그때 본 공포가 당시 4세였던 딸의 눈에, 그리고 마음에 지금도 전쟁의 상처로 남아 있다고 합니다.[26]

소련병사의 폭행, 폭민들의 약탈이 "전쟁의 상처"로 남아 있다는 말처럼 귀환체험기는 반공주의에 입각한 자유민주주의, 반전·평화주의적 성격을 띠며 상황에 따라 이데올로기적으로도 충분히 기능할 수 있는 것이다. 그리고 이러한 경향은, 이 논문에서는 다루지 못했지만, 특히 1970년대에 시베리아 억류에 대한 체험기가 확산되면서 미귀환자들에 대한 회한이 귀환자들의 반전·평화사상을 고취하게 된 상황과도 관계

---

26) 福沢タキセ, 「物売りも石炭拾いも」, 『凍土からの声』, 124-125쪽.

가 있다.

　이상, 귀환체험기에서 살펴볼 수 있는 반전·평화주의가 현실적으로 어떠한 평화상으로 수렴될 수 있는지, 그들이 전달하고자 하는 비극의 연출상을 살펴보았다. 이러한 평화주의의 도식은 앞서 예로 든 『동토로부터의 소리』에만 국한되지 않고 전반적인 귀환체험기에서 도출해낼 수 있는, 일정 부분 정형성을 띤 양태라고 할 수 있다. 더구나 귀환자 2세들이 그들만의 공동 기억의 향유 속에서 고도성장기에 출간한 대량의 귀환체험기가 "전쟁의 최대 피해자"라는 의식의 확산을 주도하게 되면서[27] 귀환체험기=반전·평화주의라는 인식이 일본 내에서 점차 일반화되어 온 추이를 지적하지 않을 수 없다. 일본의 침략전쟁이 '성전'에서 '전쟁범죄'로, 그리고 다시 '전쟁 희생자'로 인식이 변함에 따라[28] 귀환자들을 일상에서 비일상의 비극으로 내몰았던 전쟁은 주체가 없는 전쟁으로 기억되어 버리는 것이다.

　그러나 귀환체험기를 정형화된 이념 속에서만 재단하기에는 그들이 놓여 있던 장소, 상황, 성별, 연령, 지위, 또 귀환과정에서 발생하는 복잡다단한 사건, 사고의 개입 등이 실로 다양한 스펙트럼을 형성하고 있어, 쉽게 분류하고 단정하기 힘든 것 역시 사실이다. 전쟁의 책임이 국가(일본)에게 있고 그 발생 원인이 비인도적이고 불합리했던 제국정책에서 기인하고 있음을 온건히 비판하고 있는 체험기들도 있는 것이다.

---

27) 김경남, 「재조선 일본인들의 귀환과 전후의 한국 인식」, 『동북아역사논총』 21호, 2008, 309~353쪽.
28) 김경남, 「재조선 일본인들의 귀환과 전후의 한국 인식」, 352쪽.

지금 우리가 기록으로 전하고 호소할 것은 당했던 비참한 사실은 물론이겠지만, 그것 이상으로 타민족에게 일본인이 가했던 극악무도한 죄업과 과거 일본인의 정치적 우민(愚民)의 체질의 실태일 것이다. 가해자로서의 역사적 사실을 명확히 하고 반성과 비판 속에서 자기변혁의 의식을 갖고 솔직하게 고백해야 할 것이다. [중략] 일본이 저지른 과년의 죄업을 반성해야 하고 그러한 셀 수 없는 불합리한 가해자적 행위의 막다른 길이 대동아전쟁을 일으키고, 그 결과로서 비참한 귀환이 되었다. 일본제국의 침략주의 70여 년의 행보는 교육의 국가통제에 의해 황실을 신격화하고, 그것을 군산정(軍産政)복합체가 둘러싸고 대다수 국민의 사대주의 무비판 무저항의 맹종이 그것을 지지해왔음을 우선 반성, 젊은이들 앞에 겸허하게 보고하지 않으면 젊은이들과의 단절을 해결하는 것은 곤란할 것이다. 끝으로 여러 사람들이 모아 낸 기록이 가해자 일본인으로서의 반성과 자기변혁 작업과 정치나 사회정세를 바르게 간파할 수 있는 눈을 위해 커다란 비료가 되고 저항과 비판의 에너지가 되어, 진정한 민주주의의 발전과 평화일본 재건을 위해 도움이 되어 다시금 전쟁을 일으키지 않는 일본의 행로를 찾는 방법의 하나가 되길 기대한다.[29]

전쟁의 주체였던 일본을 비판하며 여러 사람들의 뜻을 모으게 된 귀환체험 기록이 앞으로 일본이 다시는 전쟁을 일으키지 않도록 반성하고 제재할 수 있는 역할을 해야 한다고 끝맺고 있다. 이러한 기록은 귀환 후 사회 정착과 학습을 통해 자신의 체험을 상대적으로 인지하는 가운데 점차 수정되어 온 기억의 재편으로, 제국 일본에 대한 경험을 논점화하며 제국과 식민지의 관계가 창출되는 인식의 변화[30]에 따른 등장이라

29) 高橋信雄, 「加害者として反省こそ」, 『凍土からの声』, 299-300쪽.
30) 成田龍一, 『「戦争経験」の戦後史 — 語られた体験 / 証言 / 記憶』, 岩波書店, 2010.

할 수 있다. 그러나 여기서 주의를 환기할 것은 이러한 기록이 비상 상황 내에서의 생존, 즉 비일상 속에서 일상을 회복하는 과정에서 귀환자들이 느끼게 된 평화상과 연동되고 있다는 점이다.

> 우리는 전에 회사에 있던 중국인의 후원으로 공동으로 쌀집과 잡곡상, 밥집과 과자점을 시작했다. 그 무렵 일본 부인으로 중국인과 결혼한 사람이 꽤 있었다. 패전 후 약 3개월 후의 변화였다.[31]

> 만주에 와서 2년 6개월간의 고생을 되돌아보면 나도 많은 사람들로부터 따뜻한 정을 받았고, 나도 많은 사람을 도와서 함께 살아왔다. 그것은 일본인들 사이에서는 당연한 의무이겠지만, 종전 후, 우리 일본인에게 많은 온정과 무수한 원조를 해 준 것은 중국 사람들이었다. 나는 중국인이야말로 세계 제일의 국민으로, 깊은 경의를 표하고 싶다.[32]

국가도 버린 나에게 먹을 것을 나눠주고 숙소를 제공해 주고 돈을 벌어 귀환선을 탈 수 있게 해준, 즉 살아갈 수 있는 기회를 갖게 해준 중국인에 관한 기록이다. 이렇게 "많은 온정과 무수한 원조"를 받은 귀환자들은 기본적인 생계를 연명하고 무사히 귀환을 하게 되면서 새로운 인생을 살 수 있었다며 그들의 친절(인정)에 감사하고 있다. 특히 중국인들의 도움으로 민중재판에서 사형을 면하게 된 귀환자들의 기록이 여러 곳에서 눈에 띄는데, "국가가 바뀌면 언어도 바뀐다. 그러나 인정과 마음은 변하지 않는다."[33]라며 가장 직접적인 생사의 위기에서 구해준 중국

---

31) 蛭田仙吉, 「姿消した関東軍とその家族」, 『凍土からの声』, 139쪽.
32) 續清次, 「中国人に変装して脱走」, 『凍土からの声』, 217–219쪽.
33) 佐藤行明, 「密告者」, 『凍土からの声』, 159쪽.

인들의 이야기를 기록하고 있다.

수용소 생활 중에 강제노동에 동원되었던 어느 한 부인은 공포의 대상으로만 알았던 소련 병사가 노역 후에 정당한 임금을 지급하고 후에 "모스크바로 오라."[34]라며 살뜰하게 대해 주어 그 돈을 모아 귀환선을 탈 수 있었다고도 한다. 이러한 기록들은 귀환체험기 내에서 다수에 해당하진 않지만 수용소 생활과 전쟁통(戰火)이라는 비일상적 상황을 비극의 재생을 통한 평화가 아니라 일상성을 회복할 수 있게 된 과정에 초점을 맞추면서 되찾게 된 평화상을 통해 형상화하고 있다.

그뿐만 아니라, 어린 소년이 친구도 없고 낯설기만 한 일본으로 가는 것이 싫어서 혼자 몰래 중국에 남을 방법을 고민하지만, 이동 과정에서 점차 굶주림으로 인해 생존의 위협을 느끼면서 어른들을 따라 결국 귀환선을 타게 된다. 이때 배 안에서 펼쳐지는 선원들의 향연과 물보라이는 바다를 바라보며 왠지 모를 풍요로움과 안도를 느끼며 기뻤다는 귀환의 낭만적인 체험을 기록하고 있는 것도 볼 수 있다.[35]

또한 아주 특이한 체험으로, 1945년 6월에 나가사키 고향에서 반대로 만주로 도항하게 되면서 나가사키원폭에서 살아남은 기록도 있다. 당시 전황상, 도만하는 것을 주위에서 모두 만류하였지만 만주 일본인들의 귀환을 돕겠다는 신념으로 밀항하여 봉천으로 돌아갔다고 한다. 그러나 구체적인 성과 없이 홀로 아이를 낳고 숨어 살고 있던 처자식만 찾아 귀환하게 된다. 돌아와 보니 자신이 부재한 사이 친가 일가가 원폭

---

34) 村上厚夫, 「機械の解体撤去」, 『凍土からの声』, 203쪽.
35) 今城士郎, 「ヒマシ油でテンプラ」, 『凍土からの声』, 115-118쪽.

사했음을 확인하고 폐허의 나가사키를 방문해 하염없이 회한의 눈물을 흘리는 것으로 체험기는 마무리된다.

자신이 자라온 고향과 친구를 모두 잃는 것이 괴로웠으나, 전황에서 벗어나 일상성을 회복하는 주변을 보며 낭만적 기분에 젖어드는 소년의 체험이나 어떠한 사명감에 무리하게 만주로 돌아가게 된 것이 원폭을 피하고 생존하여 삶을 연명할 수 있게 해줬다는 체험 등, 이러한 기록 역시 전쟁이라는 비일상 속에서 일상을 영위할 수 있게 되면서 형상화되는 평화상과 다름없다.

이들의 평화주의는 반소주의, 나아가 반전사상 고취의 역할을 하기도 했으나, 실제 귀환자들의 현 생활과 밀착된 형태의 평화상을 담아내고 있다. 이는 전후일본이 귀환자의 실태보다는 체험기, 즉 수난의 민족사이자 수난의 일본인이라는 내셔널리즘에 기초한 전쟁인식 담론의 재편으로 '비극'의 재현을 통한 평화주의 속에 묻혀 있던 '일상에서의 평화주의'이기도 하다.

나리타 류이치(成田龍一)는 귀환자들의 전쟁체험기를 3기로 구분하여 그 특징을 설명해놓고 있다. 먼저 제1기를 1950년을 전후해서 발간되었던 귀환체험담들, 예를 들어 후지와라 데이나 우시지마 하루코(牛島春子), 모치즈키 유리코(望月百合子)가 펴낸 귀환기록은 전후일본에서 경제력을 갖고 안정적으로 정착한 케이스로, 이로 인해 피난민이나 억류의 기억이 제국 가해자 의식을 봉인하고 있다고 정리하고 있다. 제2기는 1970년을 전후해서 발간되고 있는 기록들이 대상으로, 이때에 와서야 특히 식민 2세들의 체험담이 등장하면서 일본제국의 경험을 논점화하는 경향이 보이기 시작한다고 지적한다. 제3기는 1990년 이후(실제로는 80년 이후의 특징) 체험기의 특징으로, 이 시기부터 이전까지의 전후 질서에 상응하던 담론체계를 벗어나서 일본제국의 패전으로 붕괴된 경계(警戒)적 현상을 다루게 되면서 제국에 대한 비판적 시점이 형성되고 있다고 지적한다.[36] 그리고 이러한 전후사적 흐름을 1950년을 전후한 전쟁 '체험의 시대', 1970년대를 중심으로 한 '증언의 시대', 1990년 이후의 '기억의 시대'로 특징짓고 있다. 여기서 나리타는 특히 1960년대 중엽부터 1970년대에 걸쳐 전후의 시간이 분절됨에 주목하며 전쟁을 알지 못하는 세대가 등장하는 한편, 베트남전쟁이 그들의 전쟁관이나 전쟁상에 영향을 미치게 되었다고 한다. 이로 인해 피해자 의식과 함께 가해자로서의 전쟁인식이 등장하게 되면서 다시금 과거의 전쟁 상황이 상기되며 아시아 태평양전쟁에 관해 이야기하게 된 것이 '증언의 시대'를 둘러싼 귀환체험기의 질적 양적 변화를 일으키고 있다[37]고 1970년대를 전환

---

36) 成田龍一, 『「戦争経験」の戦後史-語られた体験 / 証言 / 記憶』. 그러나 필자의 생각으로는, 실제 일반의 체험기는 1950년 전후 출간된 경험, 즉 피난민과 억류의 수난담에서 크게 벗어나지 못하고 있는 듯하다. 1970년 전후로 식민 2세들의 체험담이 등장한 것과 1990년대 이후 개인을 주체화하는 경향으로 전쟁보상금 요청과 같은 국가소송이 다발적으로 눈에 띄는 정도라 할 수 있다. 그 예로 1988년부터 일본 총무성(総務省)소관 독립행정법인단체 평화기념사업특별기금(独立行政法人平和祈念事業特別基金)에서 전쟁체험 수기를 모아 간행한 '평화의 초석(平和の礎)'이라는 간행물을 참고하지 않을 수 없다. 기록된 내용들은 '적군으로 소련군 묘사', '중국인, 조선인의 일본인 박해'처럼 역시나 정형화된 패턴을 보이고 있음은 물론이고, '일본인이 무슨 죄가 있기에!'라며 패전 이전 생활의 평화로움을 극대화하고 있는 모습도 나타나 있다.
37) 成田龍一, 『「戦争経験」の戦後史-語られた体験 / 証言 / 記憶』, 岩波書店, 2000, 152-153쪽.

기로 특정하고 있다.

　이러한 특징은『동토로부터의 소리』에서도 잘 드러나고 있다. 한일 국교정상화와 중일공동성명, 중일평화우호조약, 그리고 베트남전쟁의 종결이라는 외적인 정세의 변동이 중국을 친근하게 묘사하며 우호적인 관계 형성을 염원하는 귀환체험담의 질적 변화에 영향을 미치고 있는 것이다. 따라서 화해 무드라는 국제적 평화 무드가 1970년대를 관통하는 분위기로 떠오르면서 자연스럽게 과거 식민지주의에 대한 비판적 인식도 가능해졌으리라 본다. 그러나 이러한 외적 요인이 다시금 소환되고 있는 전쟁의 비극을 모두 설명해 내지는 못한다. 오히려 나리타의 논점은 '위선적 평화주의'[38]로 비판되는 일본의 독특한 평화주의 형성에 더욱 힘을 실어주고 있다고도 할 수 있다.

4. '혼란과 불안'에 대한 트라우마

　나리타 류이치의 분석은 베트남전쟁의 종결을 포함해 그 밖의 국제적인 화해 무드가 일견 진정한 평화로운 시대의 도래로 실감되는 가운데 과거에 대한 성찰의 시간을 갖게 된 상황이 '전쟁은 나쁘고, 일본 역시 그러한 전쟁을 일으킨 적이 있었다'는 증언들로 이어졌다는 말로 이해할 수 있다.

---

38) 김준섭, 「전후 일본의 평화주의에 관한 고찰」, 『국제정치논총』 40집 4호, 2000, 참조.

해가 지날수록 평화로운 생활에 익숙해지는 것은 흔한 일상사입니다. 저도 이 수기를 쓰면서 미처 잊고 있던 것들이 생각난 참입니다. 반성합니다. 살아남은 우리 전쟁체험자들은 다음 세대에게, 전쟁을 모르는 사람들에게 반전의 의식을 아로새길 수 있도록 끊임없이 전달하는 '화자'가 되어 행동하는 것이 반전을 위한 책무라고 믿습니다.[39)]

나리타의 말처럼, 이러한 배경에서 양산된 귀환체험담들이 전쟁을 모르는 세대에게 전쟁의 악행을 전달하고 평화의 소중함을 일깨운다는 긍정적 의도를 안고 있음에도 불구하고 '수난사'로서의 내셔널리즘이나 '위선적 평화주의'라는 담론 내에서 이야기되는 이유는 무엇일까? 바로 '비극'의 재현이 체험담의 주된 요소이기 때문일 것이다. 그러한 '증언의 시대'를 증언하는 듯이 기획되고 간행된 『동토로부터의 소리』도 제국 일본의 식민지주의나 가해의식이 포함되어 있다고는 해도 주된 모티브는 목숨을 위협받는 '피난 이야기'다. 그러나 여기서 왜 자신의 인생에서 가장 힘들었다고 하는 비극의 시절을 증언하고 있는지, 그 의식에 대한 의미를 내부적으로 한 단계 더 들어가서 생각해 본다면, 대중들의 위기의식을 자극하는 '비평화적' 요소를 생각해 보지 않을 수 없다.

그것은 나리타 류이치의 지적대로 아시아 태평양전쟁이 상기되는 것이 직접적 자극이었을 것이다. 더구나 미국의 석유 보급 중단이 초래한 '전쟁'이다. 그리고 그러한 전쟁 상황에 대한 트라우마는 지금 누리고 있는 풍요를 잃게 되면 어쩌나 하는 불안감보다 좀 더 히스테릭한 심리, 즉 '전쟁의 후유증'을 되살렸다고 본다. 이렇게 전쟁 후유증을 소환하여

---

39) 平井重子, 「あの子らはいま何処に?」, 『あの星の下に』, 第三文明社, 1981, 67쪽.

일상의 위기의식을 나타내게 된 이유는 3차대전에 비유되는 중동사태로 인한 오일쇼크와 같은 여파가 태평양전쟁의 발발을 연상시킴은 물론, 생활필수품 공급의 제한이라는 현실적인 일상에의 위협으로 다가왔음을 생각할 수 있다. 이러한 내부적 요인들이 1970년대에 귀환체험담이 대폭적으로 양산되는 데에 영향을 미쳤다고 볼 수 있다. 즉 이들 귀환체험담에서 묘사되고 있는 전쟁 상황은 풍요와 일상의 안정을 위협하는 비평화적 요소를 상징하는 비극의 재현이라는 문맥을 포함하고 있는 것이다.

존 다우어의 『패배를 껴안고』는 '패자의 눈을 통해 세상 보기'라는 점에서 전후일본에서 전개된 승자의 역사를 비판하면서 주목을 받았다. 이때 다우어는 "외부인의 시각에서 본다면 패전과 점령을 일본인의 경험으로 다룬다는 것은 쉽지 않은 일이었다"고 회상한다.[40] 이 말에서 외부인으로서, 더구나 미국인이 점령기의 일본 역사를 파헤침에서 오는 부담감을 읽어내는 것은 어렵지 않다. 역시나 외부인의 입장에서, 그리고 제국 일본의 식민사를 '껴안고' 있는 입장에서 일본 귀환자들의 전쟁체험기를 다룰 때 가장 큰 어려움은 당시 '외지' 일본인들의 대부분이 (무)의식적으로 식민정책의 '실행자'였다는, 지배와 피지배 역사에서 기원된 민족담론이다. 이는 여전히 그리고 누구나 지적할 수 있듯이, 침략전쟁에 대한 반성과 가해 책임에 대한 사과와 보상, 올바른 교육을 통한 역사 인식이 일본에서 지금껏 제대로 이루어지지 못한 상태에서 자신들

---

40) ジョン・ダウー(三浦陽一・高杉忠明 訳), 『敗北を抱きしめて』 上, 岩波書店, 2001, 8쪽.

만의 '부'를 위한 부흥책을 써왔다는 결론으로 귀결될 수밖에 없다.

이러한 전후 일본의 '일국평화주의'를 절대적 평화주의와 실리적 평화주의로 명명하며 비평하고 있는 논의를 보면 많은 논자들이 "아시아에 대한 가해책임에 대한 인식을 결여하고, 자신만의 평화와 번영을 추구하면서, 일본인들은 스스로 '평화주의를 견지하고 있다'고 자부하며 세계를 향하여 평화를 외쳤던 것이다."[41]라며, 역사 인식결여로 인한 일본 평화주의의 허구성을 지적하고 있다. 그리고 가해인식의 역사적 반성이 결여된 상태에서 형성된 피해자 의식을 가장 전형적으로 보여주는 것이 히로시마 문제이며, 히로시마의 참상만을 강조하며 세계 평화를 호소하는 행동을 들어 '평화주의의 위선성'이라고 말한다. 귀환자들의 전쟁체험기에서 마지막에 염원되고 있는 '전쟁은 나쁘다. 세계 평화를 위하여'라는 평화를 향한 기원도 그저 '전쟁통(戰火)'에서 겨우 살아날 수 있었다는 피해의 참상이 지배적으로 이야기되고 있다. 그리고 이러한 체험기는 위선적 평화주의라는 비난 외에도 전쟁 책임과 식민지배에 관한 사과와 보상 문제, 넓게는 전후일본의 일그러지고 은폐된 국민국가상의 상징처럼 문제시되어 왔음은 이 글에서 살펴본 비극을 통해 평화를 염원하는 부분에서도 확인할 수 있다.

그러나 재현되는 '비극'의 이야기가 개개인의 '증언'의 성격을 갖게 되면서 전쟁을 기억한다는 문제가 오히려 반드시 나리타 류이치의 분석

41) 김준섭, 「전후 일본의 평화주의에 관한 고찰」, 177-178쪽. 여기서 저자는 전후일본의 '허구의 평화주의'를 비판하며, 피해자 의식에 근거한 절대적 평화주의와 헌법을 편의에 따라 이용한 실리적 평화주의가 현실적으로 일본 내에서 실행되어 온 평화주의라고 지적한다.

대로 국가 간의 평화만을 의미하지 않게 된다. 일상의 위협과 일상의 상실이라는 지극히 현실적인 차원에서의 비일상적 상황을 전쟁 상황이라는 극단을 통해 역설하고 있기 때문이다. 다시 말해서 귀환자들의 전쟁 체험기가 1970년대에 변화되는 이유가, 그들 스스로가 전쟁의 기억을 전승해야 할 필요를 내적(자발적) 요인에서 찾고 있음을 말하는 것이다. 그리고 이러한 개인 대중의 평화, 안정을 위협하는 요소들이 다시금 등장하면서 체험기는 다른 의미에서의 평화주의를 함의하게 되었다고 볼 수 있다. 이러한 의미에서야말로 1970년대가 귀환체험담들의 '전환기'라고 해석할 수 있을 것이다.

패전 이후 일본에서는 전쟁의 비참함을 호소하면서 전쟁을 부정하고 평화를 존중하는 국민적 감정이 커다란 공감대를 형성했다. 전쟁이 없는 상태를 만들고 유지하는 것, 그리고 이를 위해 일본은 외국과의 교전권을 포기하고 더구나 군대를 갖지 않겠다는 일본국 신헌법 제9조로 상징되는 평화 개념에 국민들도 수긍하였다. 전쟁이 없는 상태로서의 평화가 패전 후 일본의 새로운 이정표가 되었고, '헤이와(平和)'가 전후 최대의 유행어가 된 것이다.[42] 그러나 이후 천황과 일반 국민의 전쟁책임을 묻지 않는 도쿄재판을 계기로 일본인들의 전쟁관이 뒤틀리게 된다. 이는 전쟁의 대치 개념으로서의 평화에 대한 의식도 변함을 뜻한다. 이러한 일본인들의 전쟁에 대한 기억이 갖는 특성은, 일본 국민이 전쟁의 희생자이자 피해자라는 의식을 기반으로 한 독특한 평화의식으로 변

---

42) 서민교, 「일본의 전쟁기억과 평화기념관」, 동북아역사재단 편, 『일본의 전쟁 기억과 평화기념관 I』, 2009, 17쪽.

주되기도 한다. 그리고 전쟁책임은 군인을 중심으로 한 국가 지도자에게 있고 자신들은 국가 지도자들의 잘못된 정책의 희생자라는 의식이 광범위하게 형성되는 것이다.[43] 『동토로부터의 소리』에서 '내가 저지른 비극'에 관한 죄상이 모두 국가와 위정자의 잘못으로 환원되고 있는 '타자화된 죄의식'의 양상은 이를 잘 보여준다. 뿐만 아니라 소련병사나 중국인의 원조로 자신의 생존과 생계를 연명할 수 있었다는 이야기처럼, 개인의 일상 속으로 직결되고 있는 귀환자들의 평화상에서 파악할 수 있는 비극은 '개인의 일상성을 저해하는 폭력'으로 이해할 수 있다. 즉 인간의 잠재적 능력이 표출되는 것을 막는 폭력의 대치 개념으로서의 평화상이다.[44] 이러한 평화 개념을 함의하고 있는 귀환체험담들이 『동토로부터의 소리』를 포함한 1970년대 이후 양산된 귀환체험기들의 특징이라 할 수 있다. 나아가 3·11 이후 귀환자 문제를 제기하는 다음의 글에서 현재 일본에서 거듭되고 있는 귀환자들의 서사가 일본 국민에게 미치고 있는 심리적 기제를 짐작할 수 있다.

> 헤이세이 23년(2011) 3월 11일 동일본대지진은 '전후 최대의 국난'이라 하여, 영상으로 본 피해지의 풍경은 전후 일본 곳곳에 펼쳐져 있던 폐허를 방불케 했다. 그러나 한편으로, 일본에 돌아온 귀환자와 복원병이

---

43) 서민교, 「일본의 전쟁기억과 평화기념관」, 11쪽.
44) 안자이 이쿠로(安齋育郎)는 현대의 평화학에서 평화가 전쟁의 대치 개념이 아닌 폭력의 대치 개념으로 확산되고 있다고 설명하고 있다. 여기서 폭력이란 인간 능력의 전면 개화를 막는 원인을 의미하며, 전쟁은 물론 거친 폭력이지만 기아, 빈곤, 차별, 인권 억압, 사회적 불공정, 환경 파괴, 교육이나 의료 지체 등 자기실현을 방해하는 원인들이 포함된다.(안자이 이쿠로, 「평화를 위한 박물관'의 조건」, 『일본의 전쟁기억과 평화기념관』, 92쪽.)

660만 명 이상이나 되고, 일본인 '해외 전몰자 수'는 230만 명을 웃돈다 (후생노동성 '해외전몰자 유골 미귀환상황' 헤이세이23년 3월 1일 자 현재, 참조)는 점도 잊지 말았으면 한다. 전후 66년이 지나며 '전중과 전후의 기억'이 심각하게 풍화되고 있다. 평화롭고 안전한 사회가 쉽게 주어지는 것이 아니라는 것과 말할 수 있는 기회조차 빼앗겨 버리고 죽은 사람들이 수도 없이 많다는 기억을 조금이라도 남기기 위해, 이번 녹취에 응했다.[45]

이렇듯 2011년 동일본대지진 이후 다시금 등장되기 시작한 귀환자들의 체험담은 많은 것을 시사한다. 우리들의 '전후는 끝나지 않았다'며 3·11을 계기로 귀환자들의 전쟁에 관한 기억을 증언해 놓은 내용들이 SNS나 인터넷상에서 떠돌고 있다. 전후 최대의 재해(국난)라는 '자극' 요인이 일본 국민의, 특히 귀환자들의 트라우마를 재현시키는 양상이라 할 수 있다. 이러한 구도를 일본의 전후 역사에서 끄집어내는 것은 어렵지 않다. 1972년에 오키나와의 반환으로 '종결'되었다던 전후[46]는 이미 1956년에도 종결된 바 있다(もはや戦後ではない). 이렇듯 시대에 따라 되풀이하듯이 등장하는 귀환체험기의 '귀환'은 그들을 위협했던 비극 상황이 전쟁이라는 역사 축이 아니라 '일상의 저해요소'로서의 폭력이라는 인식 속에서 계승되고 있는 것을 보여준다.

---

45) 河野愰, 「『満洲』から福岡へ」, 『日本に引揚げた人々』, 図書出版のぶ工房, 2011, 99쪽.

46) 半藤一利, 『昭和史 戦後篇1945-1989』, 平凡社, 2009, 536쪽. 한도 카즈토시는 사토 내각이 등장하면서 오키나와 반환을 정치적 대명제로 내세운 상황과 1965년 이후 일본 전체에 안정된 '겐로쿠시대(元禄時代)'와 같은 태평의식이 만연해 있었음을 지적하며, 1972년에 오키나와 반환이 이루어지면서 일본의 전후는 '종결'되었다고 봐도 좋다고 하고 있다.

제2부

국민의 심성과
평화의 의례화

IV 박진우

'8·15'를 통해서 본 전쟁관과 평화인식

V 이경분

〈팩스 뮤지카 콘서트〉와 소비되는 평화

현대일본생활세계총서 7

전후 일본의 생활평화주의

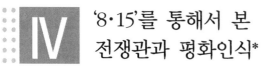

IV　'8·15'를 통해서 본
전쟁관과 평화인식*

박진우

1. 전후 역사인식의 원점으로서의 '8·15'

한일 간의 역사인식 문제는 2000년대 야스쿠니신사 참배 문제로 물의를 일으킨 고이즈미 준이치로(小泉純一郎) 퇴진 이후 진정 국면으로 접어든 것처럼 보였다. 그러나 2013년 아베 신조(安倍晋三)가 수상으로 복귀한 이후 역사인식 문제가 또다시 재연되고 있다. 급기야 아베는 2013년 12월 26일 수상 재임 후 처음으로 야스쿠니신사에 참배하여 내외에 커다란 논란을 불러일으켰다. 현직 수상으로서는 고이즈미 전 수상이 2006년 8월 15일 야스쿠니신사에 참배한 이래 7년 4개월 만의 일이었다.

아베가 야스쿠니신사 참배와 동시에 발표한 '항구(恒久) 평화에 대

＊ 이 글은『일본학보』98집(2014. 2)에 게재된 「8·15'를 통해서 본 일본의 전쟁
관과 평화인식」을 수정한 것이다.

한 맹세'라는 담화[1]의 요지는 크게 세 가지로 정리할 수가 있다. 즉 첫째로 오늘날 일본의 평화와 번영은 야스쿠니 '영령'의 덕분이라는 점, 둘째로 다시는 전쟁을 일으켜서는 안 된다는 과거에 대한 통절한 반성 위에 '영령' 앞에서 '부전(不戰)의 맹세'를 했다는 점, 셋째로 아시아 및 세계 우방들과 함께 세계 평화와 안정, 그리고 번영을 위해 노력하겠다는 점이다. 이는 곧 야스쿠니신사가 침략전쟁과 불가분의 관계에 있다는 사실을 부정하고 그것을 일본의 평화와 번영, 나아가 세계평화를 위해 '부전의 맹세'를 하는 상징적인 장으로 바꾸려는 의도를 드러낸 것이라 하지 않을 수 없다.

아베가 말하는 '평화'와 '부전의 맹세'에서 진정성과 설득력을 느낄 수 없는 것은 전후 일본 정부가 늘 그래왔듯, 그의 맹세가 행동을 수반하지 않는 것이었으며, 그 배후에 있는 정치성이 의심되기 때문이다. 그렇다면 일본 국민들은 이러한 정치성을 배경으로 한 '평화'와 '부전의 맹세'를 어떻게 인식하고 있으며 그것은 또한 어떤 내실을 가지는 것일까. 이를 구체적으로 이해하기 위해서는 전후 일본의 역사인식의 원점이라고 할 수 있는 '8·15'를 중심으로 일본이 과거의 전쟁을 어떻게 기억해 오고 또한 이를 어떻게 전해 왔는지, 그리고 그러한 전쟁관을 바탕으로 평화를 희구하는 열망과 노력이 어떤 내실을 가지고 축적되어 왔으며 또한 그 속에서 어떤 희망적인 가능성을 발견할 수 있는지를 그것이 안고 있는 문제점과 동시에 면밀하게 재조명할 필요가 있을 것이다.

---

1) 『産経新聞』, 2013. 12. 26.

이 글에서는 이러한 문제를 일본의 『마이니치신문(每日新聞)』, 『아사히신문(朝日新聞)』, 『요미우리신문(読売新聞)』의 8월 기사 가운데 주로 사설과 독자 투고란을 중심으로 검토해 보고자 한다. 매년 8월이 되면 일본의 언론 3사에서 가장 비중을 두고 다루는 기사의 키워드는 '전쟁'과 '평화'이다. 매년 되풀이되는 8월 6일의 '히로시마 원폭기념일', 8월 9일의 '나가사키 원폭기념일', 그리고 8월 15일의 '종전기념일'은 과거의 전쟁에 대한 기억을 되돌아보고 이를 바탕으로 평화에 대한 다짐을 되새기는 소중한 기회가 되기 때문이다. 실제로 매년 8월 히로시마와 나가사키에서는 평화기념 행사가 거행되고 있으며, 1952년부터 매년 8월 15일에 거행되는 〈전국전몰자추도식〉 행사에서는 '평화에 대한 맹세'가 되풀이해서 강조되어 왔다. 그러나 진정한 '평화에 대한 맹세'는 과거의 전쟁에 대한 철저한 반성 위에 비로소 확립될 수 있는 것이다. 따라서 일본이 매년 되돌아오는 8월마다 다짐하는 '평화에 대한 맹세'의 내실을 구체적으로 이해하기 위해서는 무엇보다도 먼저 과거의 전쟁에 대한 인식과의 관계 속에서 검토할 필요가 있을 것이다.

이제까지 일본의 전쟁관에 관한 연구는 베트남 반전운동 과정에서 피해자임과 동시에 가해자가 되는 일본인을 자각한 오다 마고토(小田實)의 문제제기 이래 많은 연구[2]가 축적되어 왔지만, '8·15'를 중심으로

---

2) 小田實, 「平和の倫理と論理」, 『展望』, 1966. 8 ; 岩松繁俊, 『反核と戦争責任』, 三一書房, 1982 ; 家永三郎, 『戦争責任』, 岩波書店, 1985 ; 田中利幸, 『知られざる戦争犯罪』, 大月書店, 1993, ; 吉田裕, 『日本人の戦争観』, 岩波書店, 1995 ; 荒井信一, 『戦争責任論』, 岩波書店, 1995 ; 吉田裕, 『現代歴史学と戦争責任』, 青木書店, 1997 ; 兵頭晶子, 「加害者であり被害者であること」, 『季刊日本思想史』 71

한 일본인의 전쟁과 평화에 관한 역사인식의 문제점에 관해서는 여전히 충분한 연구가 이루어지지 않고 있다. 한편, 신문의 '8·15' 사설과 지면에 대한 분석은 주로 미디어 연구에서 주목되어 왔지만, '8·15'를 중심으로 한 전쟁의 기억이 일본인의 평화인식과 어떤 상관성을 가지면서 변화해 왔는가에 대해서는 충분한 검토가 이루어지지 않고 있는 것으로 보인다.3) 따라서 이 글에서는 일본의 전쟁책임과 가해책임에 대한 인식이 전후 어떻게 변화되어 왔으며, 그러한 인식 속에서 평화에 대한 인식이 어떤 내실을 가지는지를 주로 언론 3사의 사설과 독자투고란을 중심으로 검토해 보고자 한다.

号, 2007 등.

3) 신문의 '8·15' 사설을 분석한 선행연구로는 山田敬男, 「『サンケイ』新聞8·15報道の歴史的変遷」, 『歴史評論』 340号, 1978 ; 門奈直樹, 「戦後史のなかの8·15社説」, 『マスコミ市民』, 1989. 11-1990. 1 ; 朝日新聞論説委員室編, 『天声人語にみる戦後50年』 上·下, 朝日文庫, 1995 ; 有山輝雄, 「戦後日本における歴史·記憶·メディア」, 『メディア史研究』 14号, 2003 ; 中野正志, 「戦後60年 朝毎読三紙にみる8月15日社説の検証」, 『朝日総研リポート』 183号, 2005 ; 佐藤卓己, 『8月15日の神話』, 筑摩新書, 2005 ; 佐藤卓己·孫安石, 『東アジアの終戦記念日』, 筑摩新書, 2007 ; 根津朝彦, 「戦後八月十五日社説における加害責任の論説分析」 上·下, 『季刊戦争責任研究』 59, 60号, 2008 등 참조. 특히 8·15를 중심으로 한 신문 사설의 내용에 관한 분석으로는 네즈 도모히코(根津朝彦)의 연구에서 많은 시사를 얻었다. 다만 네즈의 연구는 주로 언론 3사의 가해책임에 관한 논설을 중심으로 분석하고 있으며 가해책임, 전쟁책임과 평화인식의 관계에 관해서는 검토하지 않고 있다.

2. '8·15'에 관한 사설 논조의 추이

2.1. 침략전쟁·가해책임의 망각: 1960년대까지의 '8·15'

1952년까지 일본의 언론은 GHQ의 엄격한 검열 통제하에 있었다. 그런 점에서 1955년은 주권회복 이후 자발적으로 '전후 10년'을 되돌아 볼 수 있는 분기점이 되었다. 사토 다쿠미(佐藤卓己)가 8월 15일을 전후 해서 전쟁과 관련된 보도를 기획하는 이른바 '8월 저널리즘'이 1955년을 계기로 확립되었다고 했듯이 '종전 10년'을 맞이하여 주요 언론사뿐만 아니라 전국의 지방지들도 대대적인 '종전특집'을 기획했다.[4] 그러나 이 단계에서는 전쟁의 비참함과 평화의 중요성을 강조하면서도 침략전쟁 의 가해책임에 대한 인식은 거의 보이지 않고 있었다. 오히려 1950년대 에는 전기물(戰記物) 출판이 붐을 일으키고 있었으며 1956년에는 과거 최고의 간행수를 기록[5]했다는 사실은 그만큼 전쟁책임이나 가해책임 에 대한 자각적인 반성이 결여되어 있었다는 것을 말해주고 있다. 또한 같은 해 중국 전범관리소에 수용되었다가 돌아온 귀환자들에 대한 위화 감에서도 알 수 있듯이 사회적으로도 가해책임을 수용할 만한 여유는 없었다.[6]

---

4) 佐藤卓己, 『8月15日の神話』, 19쪽.
5) 1945년부터 1956년까지 발행된 251점의 '전기물' 가운데 1956년 한 해에만 60점이 간행되었다. 요시다 유다카는 이러한 '전기물' 출판 붐의 배경에 패 전에 의한 대미콤플렉스로부터의 탈각이라는 잠재적 원망을 엿볼 수 있다 는 점을 지적하고 있다. 吉田裕, 『日本人の戰爭観』, 85쪽.
6) 根津朝彦, 「戰後八月十五日社説における加害責任の論説分析」 上, 71쪽.

다만 1950년대 후반부터 논단을 중심으로 전쟁책임에 관한 논의가 모습을 보이기 시작했으며 언론 3사도 전쟁책임 문제에 관해서 조금씩 언급하기 시작하고 있었다. 『중앙공론(中央公論)』에서는 1956년부터 1957년에 걸쳐서 전쟁책임에 관한 기획을 다루었으며[7] 『요미우리신문』에서도 전쟁책임 문제를 언급하고 있었다. 이러한 움직임은 1956년 7월 경제백서에서 '태평양전쟁' 후 일본의 경제부흥이 종료했다는 의미로 '이미 전후가 아니다'라고 선언한 것에 대한 반발적인 대응으로 보인다.

이후 1960년대에 들어와서는 1963년 8월 15일의 〈전국전몰자추도식〉이 중요한 분기점이 된다. 〈전국전몰자추도식〉은 일본이 주권을 회복한 직후인 1952년 5월 2일 정부 주최로 신주쿠교엔(新宿御苑)에서 최초로 거행되었으며 이듬해에는 3월 28일 지도리가후치(千鳥ヶ淵) 전몰자묘원 준공식과 함께 거행되었다. 그러나 8월 15일에 거행된 것은 1963년 히비야(日比谷)공회당에서 열린 것이 처음이었다. '8·15'의 추도식과 동시에 '정오의 묵도'가 시작된 것도 이때가 처음이었다. 그 이듬해 '8·15' 추도식은 야스쿠니신사에서 거행되었으며 1965년부터 현재까지 추도식은 매년 8월 15일 니혼부도칸(日本武道館)에서 거행되어 오고 있다.

1963년부터 〈전국전몰자추도식〉이 8월 15일로 정착하면서 언론 3사도 8월 15일의 사설에서 '8·15'에 관한 내용을 본격적으로 다루기 시작

---

7) 『中央公論』이 기획한 전쟁책임에 관한 논설은 다음과 같다. 鶴見俊輔, 「知識人の戦争責任」, 1956. 1 ; 大熊信行, 「未決の戦争責任」, 1956. 3 ; 大宅壮一司会 ほか, 「戦中派は訴える」, 1956. 3 ; 村上兵衛, 「戦中派はこう考える」, 1956. 4 ; 同, 「天皇の戦争責任」, 1956. 6 ; 大岡昇平司会ほか, 「戦犯からみた中国・ソ連」, 1956. 11 ; 丸山邦男, 「ジャーナリストと戦争責任」, 1957. 2 등.

했다. 1964년『아사히신문』은 전시 중의 국가주의를 비판하면서도 국가라는 의식이 희박한 점을 한탄했으며[8]『마이니치신문』은 '침략적 애국심의 부활'을 부정하면서도 "현재 일본은 사랑하기에 충분하지 못하기 때문에 애국심 따위는 싫다는 사상은 위험한 생각"이라고 지적하면서 "애국심도 없는 자에게 인류애와 세계국가의 이상을 이야기할 자격은 없다"고 했다.[9]『요미우리신문』에서도 "피점령의 예속의 상흔에서 벗어나 새로운 모습의 일본을 만들어 갈 것을 생각하자"고 제안했다.[10] 즉, 언론 3사가 '전후 20년'이 지난 시점의 '8·15' 사설에서 고도성장에 대한 자신감을 배경으로 '건전한 애국심'의 고양을 강조하는 데 공통적인 특징이 있었다.

1960년대 '8·15' 사설에서 또 한 가지 주목되는 것은 '전후 20년'이 경과하면서 비로소 '사자(死者)에 대한 애도'의 문제를 다루기 시작했다는 점이다. 그 배경에는 현실적으로 전쟁에 대한 기억이 망각되어 가고 있는 현상이 항간에 엿보이고 있었기 때문이기도 하다.『아사히신문』이 '정오의 묵도' 현장을 취재하여 '전쟁을 모르는 세대, 긴부라족(銀ブラ族)은 무관심파'[11], '묵도 보이지 않아. 모르는 체하는 얼굴, 얼굴들'[12], 등과 같이 보도하고 있듯이 8월 15일 '정오의 묵도'에서 젊은 세대는 거의 무관심한 반응을 보이고 있었다. 이러한 현상을 우려하면서 '사자에

---

8)「八月十五日に思う」,『朝日新聞』, 1964. 8. 15.
9)「戦後二十年の反省」,『毎日新聞』, 1965. 8. 15.
10)「編集手帳・戦後二十年の民主主義」,『読売新聞』, 1964. 8. 15.
11)『朝日新聞』(석간), 1966. 8. 15.
12)『朝日新聞』(석간), 1968. 8. 15.

대한 애도'를 사설에서 맨 처음 다룬 것은 『마이니치신문』이었다. 『마이니치신문』은 1964년 8월 15일 사설에서 "수백만의 전몰자들은 전쟁의 승패와 관계없이 적어도 '국가를 위해서'라고 믿고 산화되었을 터이다. …… 우리는 두 번 다시 전쟁의 과오를 되풀이하지 않을 것을 새삼 맹세하자"고 했다.13) 『아사히신문』에서는 1969년 사설에서 "310만이라는 희생자를 낸 역사의 교훈이 자칫 간단하게 망각되어가는 느낌이다. …… 역사는 되풀이된다고 한다. 그러나 전쟁의 역사는 결코 되풀이되어서는 안 된다"14)고 하여 과거의 전쟁에 대한 기억과 교훈을 잊어서는 안 된다는 것을 강조했다. 그러나 이와 같이 '사자에 대한 애도'를 강조하는 논조는 '310만 명'이라는 자국민의 피해자 의식에 입각한 것이지 근린아시아의 피해자들을 의식한 것은 아니었다.

다만 아직 미미하기는 하지만 전쟁책임, 가해책임에 대한 인식이 조금씩 모습을 보이기 시작하고 있었다. 예를 들면 『아사히신문』은 1962년 히로시마 원폭기념일에 관한 기사에서 "일본인이 받은 피해만을 크게 느끼고 타국에 준 고통에 둔감하다면 세계가 일본을 비웃을 것이다"15)라고 지적했으며, 『마이니치신문』은 1965년 8월 6일 사회면에서 "타국과 국민에 대한 국가의 가해책임은 기억의 망각으로 지울 수는 없다"고 했다. 『요미우리신문』은 1966년 8월 25일의 「편집수첩」에서 8월 15일에 "그 해의 전쟁범죄인을 고발하여 '비전(非戰)국민재판'"을 열자

---

13) 「戰没者をとむらう心」, 『每日新聞』, 1964. 8. 15.
14) 「終戰記念日に思う」, 『朝日新聞』, 1969. 8. 15.
15) 「きのう / きょう・原爆記念日に」, 『朝日新聞』, 1962. 8. 7.

고 제안했다. 또한『朝日新聞』은 1969년 '8·15' 사설에서도 "전후 열심히 일해온 대다수 국민은 전쟁은 지긋지긋하다고 생각하고 평화야말로 지금의 생활을 지키는 것이라고 믿고 있다. 그러나 해외 각국, 특히 일본도 그 일원인 아시아 국가들의 민중은 일본을 그렇게 보지 않는다"고 하여 일본과 근린아시아와의 사이에 평화에 대한 인식에 갭이 있다는 점을 지적하고 있었다.16)

이 밖에도 '종전'이라는 용어와 대비하여 의식적으로 '패전'이라는 용어를 사용하고 있는 점도 주목되는 부분이다. 1960년대까지 '8·15' 사설의 제목에 한해서 '패전'이라는 용어를 사용한 것은『요미우리신문』이 두 번이며『아사히신문』이 한 번, 그리고『마이니치신문』은 한 차례도 없었다.17)『요미우리신문』은 사설 외의 지면에서도 "항복, 패전, 점령군을 종전(終戰), 진주군(進駐軍)이라고 하는 것은 말을 바꿔치기하는 것"18)이라고 하거나 '패전기념일'을 가지는 것은 "두 번 다시 얻기 어려운 민족 반성의 날이기도 하다"19)고 하여 의식적으로 '패전'이라는 용어를 사용하고 있었다.『아사히신문』에서는 소설가 아가와 히로유키(阿川弘之)가 1957년 '종전'이라는 "말을 의식적으로 이용하는 측에 대해서 말하면 교활하고, 받아들이는 측에 대해서 말하면 정신적 태도로서 약하다"20)고 지적한 글을 싣고 있다. 물론 '패전'이라는 용어를 고집한다고

---

16) 「終戰記念日に思う」,『朝日新聞』, 1969. 8. 15.
17)『読売新聞』의「敗戦三年」, 1948. 8. 15., 「敗戦11 年の反省」, 1956. 8. 15., 「敗戦後九年」,『朝日新聞』, 1954. 8. 15. 다만『毎日新聞』의 1965년 8월 15일 독자투고란에 "명확하게 패전기념일이라고 하자"는 투고가 실렸다.
18)『読売新聞』, 「編集手帳」, 1950. 8. 15.
19)『読売新聞』, 「編集手帳」, 1954. 8. 15.

해서 그것이 곧 전쟁책임, 가해책임에 대한 반성을 의미하는 것은 아니라는 점에도 주의가 필요할 것이다.

1960년대까지 '8·15'와 관련한 언론 3사의 사설을 중심으로 내용을 정리하자면 전쟁책임, 가해책임에 대한 언급이 간혹 모습을 보이기는 하지만 전반적으로는 전쟁의 비참한 체험을 바탕으로 전후 민주주의와 평화의 소중함을 강조하고 되새기는 데 주안을 두고 있었다. 즉 '310만 희생자'라는 자국민의 틀 안에서 피해자로서 전쟁에 대한 기억이 재생되면서 가해자 의식은 망각의 상태에 머물고 있었으며 그만큼 평화에 대한 인식의 내실도 자국민의 희생을 전제로 한 '일국평화주의'의 상태에 머물고 있었다. 언론 3사가 일본의 전쟁책임, 가해책임에 관한 문제를 보다 명확하고 구체적으로 언급하기 시작하는 것은 '전후 30년'을 맞이하는 1970년대 이후의 일이었다.

2.2. 침략전쟁·가해책임의 자각: 1970-1980년대의 '8·15'

'8·15' 사설에서 침략전쟁, 가해책임을 가장 먼저 언급한 것은 1970년 『아사히신문』이었다. 1970년에 들어오면 일본은 지속적인 고도경제성장으로 자신감을 회복하고 있었으며 그것이 한편으로는 과거의 전쟁을 반성하지 않고 오만한 대국 내셔널리즘에 빠지는 경향을 보이기 시작하고 있었다. 이러한 시점에서 『아사히신문』은 "침략전쟁을 개시한 정치적 책임자가 아직도 정치의 일선에서 활동하고 있다는 것은 우리나

---

20) 『朝日新聞』, 「敗戦記念日に思う」, 1957. 8. 15.

라 외에는 없을 것"이라고 하면서 애매하게 청산된 전쟁책임과 지도자 책임을 언급하고 "타국을 배려하지 않는 대국 내셔널리즘의 편협성에 빠질 위험성"[21]을 경계했다.

'전후 30년'을 지나면서『마이니치신문』의 '8·15' 사설에서는 언론 3 사 가운데 처음으로 침략전쟁의 피해자에게도 '깊은 애도의 뜻'을 표명 했으며[22]『요미우리신문』은 1978년 '8·15' 사설에서 일본군이 중국 대륙 과 아시아 각국에서 자행한 일과 "전쟁책임 등, 전쟁에 관한 꺼림칙한 기 억을 깨끗하게 잊어버린 것 같다"고 하여 명확하게 '전쟁책임'과 '패전'이 라는 용어를 사용하면서 가해책임을 지적하고 있었다.[23] 이와 같이 1970년대 언론 3사가 공통적으로 전쟁책임과 가해자 책임을 의식하기 시작한 배경에는『아사히신문』이 "일본이 경제 대국이라고 불릴 정도의 실력을 축적해 온 것과 비례하여 일본을 군국주의의 부활, 군사대국으 로의 길이라고 비판하고 경계하는 해외 각국의 목소리가 조금씩 고조되 고 있다"[24]고 지적했듯이 경제 대국으로 성장한 일본에 대한 아시아 각 국의 경계심이 있었다.

이와 같이 1970년대 언론 3사의 '8·15' 사설에서 주목되는 것은 아시 아를 비롯한 타자의 존재를 의식하고 침략전쟁, 가해책임에 대한 인식 을 구체적으로 보이기 시작했다는 점이다.『아사히신문』은 1971년과 1972년의 '8·15' 사설에서도 "일본군의 침략을 받은 경험을 가지는 여러

---

21) 「戦後二十五年」, 『朝日新聞』, 1970. 8. 15.
22) 「三十一年目の終戦の日に思う」, 『毎日新聞』, 1976. 8. 15.
23) 「忘却の谷間にさまよう敗戦の日」, 『読売新聞』, 1978. 8. 15.
24) 「戦後二十五年」, 『朝日新聞』, 1970. 8. 15.

국민에 대하여 일본 측이 아무리 말로만 '군국주의'의 존재를 부정해도 설득력이 없다"[25]거나 "과거의 대동아공영권사상이나 군사 점령의 고된 체험이 겹쳐서 군국주의라는 경계심을 이들 국가가 가지는 것은 분명한 사실이다. 이 경계심을 완화하고 평화를 위한 설계도를 가져야 한다"[26]고 하여 일본의 침략전쟁에 대한 가해자로서의 입장을 분명히 밝히면서 평화를 위한 구체적인 실천을 강구할 것을 제안했다.

이 밖에도 식민지 지배에 대한 언급,[27] 원폭피해자 수의 10%를 넘는 조선인 피폭자에 대한 언급[28]을 비롯하여 식민지 출신자에 대한 배상문제, 사할린 잔류 조선인 문제, 오키나와의 '집단자결'을 비롯한 전쟁의 참상, 일본군위안부 문제 등 1990년대 이후 역사인식을 둘러싸고 논란의 쟁점이 되는 중요한 문제들이 이때부터 모습을 보이기 시작했다는 점은 주목할 만한 부분이다.

1977년 전국 발행부수 1위가 된 『요미우리신문』은 1978년 '8·15' 사설에서도 '패전'이라는 용어를 의식적으로 사용하여 "패전을 종전으로 바꿔치기하는 정신구조 속에서는 어떤 큰 문제도 철저하게 추궁당하는 일 없이 충격도 어느새 흐지부지 흡수되어버린다. 패배를 패배로 느끼지 않으면서 진정한 패전의식과 반전(反戰) 정신이 자랄 리가 없다"고 하

25) 「8·15の求めるビジョン」, 『朝日新聞』, 1971. 8. 15.
26) 「8·15に思う」, 『朝日新聞』, 1972. 8. 15.
27) 「8·15に思う」, 『朝日新聞』, 1972. 8. 15.
28) 『毎日新聞』, 1970. 8. 6, 『読売新聞』, 1972. 8. 6 사설. 『朝日新聞』은 석간 〈文化〉란에서 1974년 8월 5일부터 8월 15일에 걸쳐 「30年目の戦後·断絶と連続」을 10회 연재하고 그 1회에서는 "조선인 피폭자를 망각한 '평화'라는 내용의 글을 실었다.

면서 "패전의 자각을 철저히 하고 패전기념일을 신생 일본의 건국기념일로 하자는 목소리가 더욱 많아도 좋을 것인데 그것이 여론의 주류가 되지 못하고 있는 까닭"은 "잊어서는 안 되는 것을 적당하게 잊거나 혹은 잊은 척하는 위험한 건망증의 징후" 때문이라고 신랄하게 비판했다.[29]

1980년대에 들어오면 이러한 전쟁책임, 가해책임에 관한 문제를 사설에서 본격적으로 다루기 시작했다. 예를 들면 언론 3사가 '8·15' 사설에서 모두 가해책임을 언급한 것은 1982년과 1985년이었다.[30] 또한 복수의 언론사가 가해책임을 언급한 것은 1984년, 1986년, 1988년이었다.[31] 이와 같이 언론이 전에 비해 전쟁책임, 가해책임 문제를 사설에서 동시에 비중을 두고 다루게 된 배경에는 일본의 식민지 지배와 침략전쟁의 내용을 축소시키려 한 문부성의 검정 방침이 외교문제로 비화한 역사교과서 문제와 야스쿠니신사 참배 문제를 둘러싸고 아시아 각국에서 비판이 분출되고 있었기 때문이다. 후지오 마사유키(藤尾正行) 문부상의 식민지 지배 정당화 발언이나 오쿠노 세이스케(奧野誠亮) 국토청 장관의 침략전쟁 부정 발언이 물의를 일으킨 것은 이러한 아시아에서의

---

29) 「忘却の谷間をさ迷う敗戦の日」, 『読売新聞』, 1978. 8. 15. 부제는 「8·15を建国記念日に」.

30) 1982년은 「国を愛するとは何か」, 『朝日新聞』, 「8·15とは何であったか—原点に立って平和戦略を持とう」, 『毎日新聞』, 「アジアの心を理解しよう」, 『読売新聞』. 1985년은 「過去を直視し未来にいかそう」, 『朝日新聞』, 「40回目の8·15と国の座標」, 『毎日新聞』, 「この平和と繁栄を保つため」, 『読売新聞』.

31) 1984년은 「八月十五日の今日的意味」, 『朝日新聞』, 「軍国主義を捨てた日本の歩み」, 『読売新聞』. 1986년은 「国際社会のなかの八月十五日」, 『朝日新聞』, 「平和と繁栄の国是を大切に」, 『毎日新聞』. 1988년은 「なぜ戦うのか考えてみる」, 『朝日新聞』, 「世代を超えてどう語り継ぐか」, 『毎日新聞』.

비판에 대한 반발이 표면적으로 분출된 것이었지만 당시 언론 3사는 이 문제에 대하여 나름대로 진지하게 대응하고 있었다.

역사교과서 문제와 관련해서는『요미우리신문』이 1982년 사설에서 교과서 검정문제에 대하여 "수상은 하루속히 역사철학을 분명히 밝히고 전쟁책임을 명확하게 인식해야 한다"고 지적하면서 '아시아 태평양전쟁'에서의 침략행위와 가해책임을 명확하게 인정하고 아시아 각국과 역사교과서를 공동 연구해야 한다고 주장했다.32) 1980년대 초까지도『요미우리신문』은 저널리즘의 비판정신을 관철하고 있었던 것이다.

『마이니치신문』도 역사교과서 문제와 관련하여 1982년 사설에서 식민지지배를 언급하고 있으며 1989년 사설에서는 문부성의 교육정책을 비판했다.33)『마이니치신문』은 이러한 인식의 연장선상에서 '전후 50'년을 맞이하는 1995년에는 아시아 각국에 의한 교과서의 공동연구와 제작을 제안하고,34) '아시아에 관하여 가르치는 과목'을 신설할 것을 제창했다.35)

『아사히신문』에서도 '전후 40년'을 맞이한 1985년의 '8·15' 사설에서 "일본의 과거, 현재의 행동에 관하여 상대측의 생각을 이해하고 바른 비판은 수용하는 겸허함이 먼저 필요하다"고 하면서 수상과 각료의 야스쿠니신사 공식참배를 비판했다.36) 또한 이듬해 '8·15' 사설에서는 "태평

---

32)『読売新聞』,「アジアの心を理解しよう」, 1982. 8. 15.
33)『毎日新聞』,「新しい世代を育てる『平和』」, 1989. 8. 15.
34)『毎日新聞』의「冷戦後の8·15に際して―平和思想をどう深めるか」, 1990. 8. 15, 「過ちをどう克服するか『無自覚の日本』返上の時」, 1992. 8. 15.「『侵略戦争の反省』の実質化を それは教育と補償の徹底」, 1993. 8. 15.
35)『毎日新聞』,「近隣外交 アジアのための日本へ」, 1995. 8. 13.

양전쟁에 대한 반성이 종래에는 자칫하면 피해자의 입장에서 인식하는 경향이 강하고 가해자로서의 그것이 경시되지는 않았을까. 괴로운 일이지만 우리도 과거로부터 도피할 수는 없다"[37]라고 하여 가해책임에 대한 자성을 촉구했다.

1980년대의 사설에서 또 한 가지 주목되는 것은 『마이니치신문』이 최초로 천황의 전쟁책임을 언급했다는 점이다. 『마이니치신문』은 1989년 쇼와천황 사후 첫 '8·15' 사설에서 "전전의 천황제는 전쟁과 불가분이었다. 태평양전쟁은 쇼와천황의 이름으로 선전포고되었다. 천황의 이름으로 전쟁을 수행했다는 사실은 솔직하게 가르치지 않으면 안 된다"[38]고 주장했다. 1988년 9월 쇼와천황의 와병부터 1989년 1월의 사거(死去), 그리고 2월의 장례식에 이르기까지 비정상적일 정도의 과잉 자숙과 자주적인 보도 규제, 그리고 쇼와천황에게 전쟁책임이 있다고 발언한 나가사키 시장이 우익들의 협박에 시달리는 분위기 속에서 『마이니치신문』이 '8·15' 사설에서 천황의 전쟁책임을 처음으로 지적했다는 사실은 나름대로 용기 있는 행동으로 평가할 수 있을 것이다. 그러나 『아사히신문』과 『요미우리신문』은 1990년대까지도 천황의 전쟁책임 문제에 침묵하고 있었다. 『아사히신문』은 2001년의 '8·15' 사설[39]에서 처음으로 쇼와천황의 전쟁책임을 언급했으나, 『요미우리신문』은 오히려 2000년대에 들어와 의도적으로 쇼와천황의 전쟁책임을 봉인하는 작업을 주도하고

---

36) 「過去を直視し 未来へ生かそう」, 『朝日新聞』, 1985. 8. 15.
37) 「国際社会のなかの八月十五日」, 『朝日新聞』, 1986. 8. 15.
38) 「新しい世代を育てる『平和』」, 『毎日新聞』, 1989. 8. 15.
39) 「終戦記念日　歴史に対する責任とは」, 『朝日新聞』, 2001. 8. 15.

있다.[40)]

이상과 같이 1980년대 '8·15'의 신문사설을 중심으로 볼 때 과거의 전쟁책임, 가해책임에 대한 인식이 정착되기 시작했다는 것은 역사인식의 커다란 진전이었다. 그러나 그것은 한편으로는 '전후 40년'이 지나도록 '과거의 전쟁'에 대한 진지한 반성이나 가해책임의 자각이 충분히 이루어지지 않고 있었다는 것을 의미하는 것이기도 하다. 또한 언론에서 '과거의 전쟁', '저 전쟁'이라고 할 때 그것은 대부분의 경우 1937년의 중일전쟁부터 패전, 길어야 1931년의 만주사변부터 패전까지의 '15년 전쟁기'를 전제로 하는 한계를 안고 있었다. 근대 일본의 대만과 조선 식민지화의 역사가 상대적으로 경시되고 있는 것이다.

더구나 『요미우리신문』은 1980년대 중반부터 사설의 논조가 180도 변하게 된다. 예를 들면 "일본의 일부 매스컴과 좌익 정치가 가운데는 일미안보체제에 이의를 제기하고 군국주의 부활의 위험성을 퍼트리는 경향이 있지만 그 대부분은 반미친소의 주장"[41)]이라고 비난하면서 천황의 '옥음방송'을 '영단(英斷)'으로 평가하고 폐허에도 굴하지 않고 열심히 일한 국민의 근면성을 칭찬하면서 경제대국이 된 시점에서 수동적인 평화에서 탈피해야 한다고 주장하거나[42)] "이 43년간 우리나라의 평화는 미국과의 깊은 인연 없이는 말할 수 없다"[43)]고 하는 등 대미종속적인 미일안보의 중요성을 강조하고 미일안보체제를 축으로 하는 국익과 평화

---

40) 박진우, 『천황의 전쟁책임』, 제이앤씨, 2013, 111-114쪽.
41) 「この平和と繁栄を保つため」, 『読売新聞』, 1985. 8. 15.
42) 「風化させるな戦争の記憶」, 『読売新聞』, 1987. 8. 15.
43) 「平和の夏に歴史の節目を思う」, 『読売新聞』, 1988. 8. 15.

를 중시하는 주장이 두드러지게 된다. 『요미우리신문』은 1960년대 후반의 사설에서 미국에 추종하는 정부의 외교자세를 비판한 사실을 까마득히 망각하고 있는 것이다.[44]

2.3. 침략전쟁·가해책임의 심화와 반발의 상호작용
： 1990년대-2000년대의 '8·15'

1980년대부터 '8·15'를 중심으로 한 역사인식 문제가 주로 역사교과서와 야스쿠니를 둘러싸고 전개되었다면, 1990년대에 들어와서는 이에 더하여 일본군위안부 문제가 역사인식을 둘러싼 중요한 쟁점으로 부각되었다. 물론 그 배경에는 1991년부터 일본군위안부 피해자와 강제징용 피해자들이 일본 정부를 상대로 사죄와 보상을 요구하는 움직임이 확산되고 있었다. 이때부터 일본에서는 중국, 한국과의 역사인식을 둘러싼 마찰뿐만 아니라 국내에서도 금후 일본이 나아갈 방향성과 관련하여 역사인식의 대립이 격화되기 시작했다.[45]

1990년대 언론 3사의 전쟁책임과 가해책임에 대한 논의는 이러한 움직임을 배경으로 『요미우리신문』이 이탈하면서 『아사히신문』과 『마이니치신문』을 중심으로 구체적인 가해 사실이나 보상 문제에 대한 논

---

44) 「戦後23年の世界と日本」, 1968. 8. 15, 「戦争記念日を迎えて」, 『読売新聞』, 1969. 8. 15. 『読売新聞』의 논조가 변화한 배경에는 당시 나카소네 수상과 친교가 있던 와타나베 츠네오(渡辺恒雄)가 1985년 6월 26일부터 주필이 된 점이 중요한 요인으로 지적되고 있다. 根津朝彦, 「戦後八月十五日社説における加害責任の論説分析」 下, 69쪽.
45) 1990년대 이후 일본의 역사인식 논쟁에 관해서는 高橋哲哉編, 『〈歴史認識〉論争』, 作品社, 2002 참조.

의가 심화되어 갔다.『마이니치신문』은 1991년 '8·15' 사설에서 개인에 대한 전후보상 문제에 정면에서 대응할 것을 주장[46]했으며 1992년 '8·15' 사설에서는 부제(副題)를 「'가해'도 이야기하는 8·15」로 하고 이례적으로 사진('종군위안부'의 도착을 알리는 전단지)을 삽입했다.[47] 또한 1993년의 '8·15' 사설에서는 침략전쟁의 반성에 대한 구체적인 실천을 강조했으며[48] 1994년에는 8월 15일 이외의 사설에서도 적극적으로 전쟁책임, 가해책임의 반성을 촉구하고 구체적인 방안을 제시했다.[49]『마이니치신문』의 논조는 '전후 50년'을 맞이한 1995년 8월에도 일관하고 있었다.[50]

『아사히신문』은 1995년 '전후 50년'을 맞이해서 특기할 만한 사설을 게재했다. 그 배경에는 중의원 외무위원회에서 다카이치 사나에(高市早苗) 의원이 구리야마 다카카즈(栗山尚一) 주미일본대사가 워싱턴에서의 기자회견에서 "일본국민은 반성을 분명하게 계속해야 한다"고 한 담화를 공격하여 "적어도 나 자신은 당사자가 아닌 세대이기 때문에 반성 따위는 하고 있지 않습니다"라고 발언한 사실이 있었다.『아사히신문』

---

46)「平和の創造者としての道は」,『毎日新聞』, 1991. 8. 15.
47)「過ちをどう克服するか『無自覚の日本』返上の時」,『毎日新聞』, 1992. 8. 15.
48)「侵略戦争の反省の実質化を/それは補償と教育の徹底」,『毎日新聞』, 1993. 8. 15.
49)『毎日新聞』의「8·15 民主主義は築くもの 風化阻止へ不断の検証を－戦後50年」, 1994. 8. 14,「国会が歴史認識示す時だ 謝罪不戦の決議急げ」, 1994. 8. 16,「外交 アジアの心に触れてほしい」, 1994. 8. 22,「戦後補償 なぜ日本は尊敬されないか」, 1994. 8. 25.
50)『毎日新聞』의「近隣外交 アジアのため日本へ」, 1995. 8. 13,「8·15をどう語り継ぐか」, 1995. 8. 15,「戦後処理 肉付けが必要な首相談話」, 1995. 8. 16,「戦後50年日本はどこへ 産業の高度化 一国繁栄主義を超えて」, 1995. 8. 20.

은 이 문제와 관련해서 "전후 일본은 가해자 의식이 극히 희박한 인간을 양산해 온 것이 아닌가. …… 근대국가의 제도가 존재하는 한 일본이라는 국가와 국민이라는 집합체의 대외적 책임의 연속성은 단절할 수 없다. 아무리 '나 자신은 무관'하다고 버텨도 일본인 집단의 한 사람인 이상, 또한 이 국제사회에서 살아가는 이상 그런 주장은 통용되지 않는다."[51]라고 하여 일본국민으로서 가해책임을 계승해야 할 의무가 있다는 점을 강조했다.

또한 1990년대 이후에는 학계에서의 연구 성과를 배경으로 '전후보상' 문제도 본격적으로 다루기 시작했다. 『아사히신문』은 1990년 '8·15' 사설에서 자국민만을 위한 〈전국전몰자추도식〉을 비판하면서 아시아에 대한 가해책임에 대응할 것을 주장하고 구체적으로는 일본계 미국인(日系人) 강제 수용자에 대한 보상과 소련, 동독의 사죄를 언급하면서 법학자 오누마 야스아키(大沼保昭)가 주장하는 '전후책임'의 개념을 소개했다.[52] 또한 1992년 4월 29일에는 독일과 일본의 전후보상 총액을 구체적인 수치로 비교하여 일본이 얼마나 소액의 지불에 그치고 있는지를 부각시켰다. 『마이니치신문』도 1993년 사설에서 독일의 나치 피해자에 대한 배상금과 일본계 미국인에 대한 보상을 소개하면서 '확실한 전후보상'은 여러 외국의 사람들과 참된 우호를 심화하기 위해 "피해 갈 수 없는

---

51) 『朝日新聞』, 「さあ自分の足で立とう」, 1995. 이 밖에도 『朝日新聞』의 1995년 8월의 역사인식 관련 사설로는 「鎮魂、検証…世界でも　広島原爆記念日」(8. 7), 「内からの開国をいしげ 戦後50年　明日を求めて」(8. 10), 「インドネシアの独立50年　消えぬ過去」(8. 12), 「シンガポール紙も非難　島村文相の戦争観発言」(8. 13), 「日本の責任、節目に問う　8·15各紙社説」(8. 16) 등이 있다.
52) 「若い君と8·15を考える」, 『朝日新聞』, 1990. 8. 15.

문제'라고 강조했다.[53]

이 밖에도 1990년대 이후 『마이니치신문』과 『아사히신문』의 8월 사설에서는 재일조선인, 남경대학살, 일본군위안부, 강제연행, 창씨개명, 731부대 등과 같이 전쟁책임, 가해책임에 관한 다양한 사례를 구체적으로 다루고 있었다. 또한 '8·15' 사설에 한정하지 않고 8월의 기사 전체를 살펴보더라도 아시아라는 타자의 존재를 시야에 두고 전쟁책임, 가해책임에 대한 언급이 급격하게 증가하고 있었으며 그 내용도 1980년대까지의 그것에 비하면 분명하게 진전을 보이고 있었다. 한편, 후지오카 노부카쓰(藤岡信勝)의 〈자유주의사관연구회〉와 그 연장선상에서 1997년 〈새로운 역사교과서를 만드는 모임〉이 설립되고 1998년 고바야시 요시노리(小林よしのり)의 『전쟁론』이 발매된 것은 이러한 움직임에 대한 반작용이기도 했다. 더구나 1998년 8월에는 북한이 탄도미사일을 실험발사하면서 국가주의적인 우경화가 가속화되고 좌우의 분열과 대립 속에서 1999년 8월 '국기·국가법'이 성립되었다. 2000년 5월에는 모리 요시로(森喜朗) 수상이 '신국(神國)' 발언으로 물의를 일으켰으며 12월 '여성전범국제법정'에서 쇼와천황의 유죄를 판결한 것에 대한 NHK의 다큐멘터리 방송(2005년 1월)이 당시 관방장관이었던 아베 신조를 비롯한 정치권의 개입으로 물의를 일으켰다. 또한 2001년에는 8월 13일 고이즈미 준이치로 수상이 야스쿠니신사 참배를 강행하면서 역사인식 문제가 일본 내외에서 최대의 갈등 요인으로 분출되었다. 일본의 전쟁책임,

---

53) 「『侵略戦争の反省』の実質化を それは補償と教育の徹底」, 『毎日新聞』, 1993. 8. 15.

가해책임에 대한 자각과 반성이 심화되면 될수록 이에 대한 반작용으로 과거의 역사를 정당화하는 역사수정주의가 표면적으로 돌출되는 상황은 90년대 후반부터 두드러진 현상으로 지금까지 이어지고 있는 것이다.

1990년대 중반 이후의 우경화 동향과 역사수정주의의 등장이 언론 3사의 전쟁책임, 가해책임에 대한 논조에 어떤 영향을 미쳤는지는 구체적인 검토가 필요한 문제이겠지만 표면적으로도 1995년을 절정으로 언론 3사의 '8·15' 사설에서 역사인식 문제에 대한 언급이 약간 정체하는 기미를 보이기 시작했다. 예를 들어 1980년부터 1995년까지의 '8·15' 사설만을 살펴보면 1987년을 제외하고는 적어도 3사 가운데 1사는 가해책임을 언급하고 있었다. 그러나 1996년과 1997년 2년 연속해서 3사 모두 이 문제를 다루지 않았으며 1999년에도 다루지 않았다.『요미우리신문』은 1995년부터 2000년까지 한 차례도 언급하지 않았다.

이러한 가운데 2000년대에는『아사히신문』이 역사인식의 문제를 더욱 주도하는 형세가 되었다.『아사히신문』은 2001년 8월 14일 사설에서 야스쿠니신사 참배는 근린국가의 사람들에게 "악몽을 다시 부르는 것과 같은 것"이라고 하여 고이즈미의 야스쿠니신사 참배 강행을 비판[54]했으며 8월 15일에는 전후 일본 정부가 28개국에 지불한 배상금의 합계(약 1조 엔)와 일본인 구군인, 군속과 그 유족에게 지불한 은급 등의 누계(약 41조 엔)의 격차를 지적하고 〈전국전몰자추도식〉의 내향적인

---

54)『朝日新聞』은 8월 이전부터 고이즈미의 참배 중지를 촉구하는 사설을 거듭 실었다. 「靖国参拝·総理、憲法を読んで下さい」, 2001. 7. 5., 「靖国参拝·やはり、やめるべきだ」, 「靖国·『気持ち』が国を傾ける」, 2001. 8. 4., 「慰霊·平和の礎と靖国の距離」, 2001. 8. 9, 「信頼回復の道はあるか」, 2001. 8. 16.

'자국민중심주의'를 비판했다.[55]

이후 『아사히신문』의 '8·15' 사설은 일본의 전쟁책임, 가해책임에 대한 구체적인 언급보다도 한중일의 내셔널리즘 충돌의 극복을 중시하는 점이 주목된다. 2002년부터 2004년까지의 '8·15' 사설에서는 2001년의 9.11 동시다발테러 이후 강화되는 미일군사동맹에 대하여 우려와 경계를 표명하고 "과거 일본의 군국주의가 아시아에 가져다준 고통과 일본 자신에게 초래한 비참한 결말을 결코 잊어서는 안 된다"는 점을 강조하면서 평화 연대의 중요성을 강조했다.[56] '전후 60년'을 맞이한 2005년 8월에도 '테러와의 전쟁'을 선언한 미국에 호응하여 자위대를 파견하는 현상을 우려하면서 "수상의 야스쿠니 참배, 새로운 역사교과서의 움직임, 그리고 자위대를 군대로 바꾸려는 개헌론 등이 근린국의 불안을 부추기고 있다"고 비판했다.

그러나 여기서 특히 주의를 끄는 부분은 "가해의 역사를 반세기 이상이나 질타당해 오고, 수상이 되풀이해서 사과해 왔다. 그런데도 중국뿐만 아니라 북한까지도 핵과 미사일 개발로 주위를 위협한다. '가해자 취급은 이제 정도껏 하라'는 피해자 의식이 확산되고 있는 시점에서 북

---

55) 『朝日新聞』, 「終戰記念日·歷史に対する責任とは」, 2001. 8. 15. 이 밖에 2001년 8월 『朝日新聞』의 역사인식 관련 사설을 보면 「靖国·「気持」が国を傾ける」(8. 4), 「慰霊·平和の礎と靖国の距離」(8.9), 「信頼回復の道はあるか」(8. 16), 「教科書問題·歷史観を深める一歩に」(8. 17)와 같이 거의 야스쿠니 문제에 집중되고 있었다.

56) 『朝日新聞』의 「平和な世紀を創る工夫を─終戰記念日に考える」, 2002. 8. 15, 「58回目の8·15 ─ 新たな戦争の時代に」, 2003. 8. 15, 「59年目の8·15 ─ 遠い日の戦争、遠い国の戦争」, 2004. 8. 15.

한의 납치 문제로 이제 정말 피해자가 되었다"고 하여 고이즈미의 야스쿠니신사 참배와 일본의 우경화에도 이유가 있다는 식의 논조를 전개하고 있는 점이다.

2006년에는 고이즈미가 수상 재임 중으로서는 마지막으로 '8·15' 참배를 선언함으로써 야스쿠니 문제에 다시 불을 붙이고 결국은 쇼와천황이 'A급 전범' 합사에 대한 불쾌감을 나타냈다는 '도미타(富田)메모'가 공개되었지만 고이즈미의 발길을 막지는 못했다. 『아사히신문』은 이때에도 기본적으로 고이즈미의 야스쿠니신사 참배를 비판하는 논조를 견지했지만, 한국과 중국에서의 비판에 대해서는 "역사인식을 둘러싼 불일치이며 감정의 엇갈림"[57]이라고 하면서 역사인식의 충돌에는 한중일 모두가 공동의 노력으로 극복해야 한다는 식의 논지를 전개하고 있었다. 2008년 사설에서도 중일전쟁에서의 가해행위에 관하여 언급하고 있지만, 주된 논지는 "인식이 어디서 어긋나고 있는지를 살피고 유연한 마음으로 쌍방의 '차이'에 마주 대한다. 먼 길을 돌아가는 것 같지만 그것이 결국 신뢰와 우정의 손을 잡기 위한 왕도일 것이다"라고 하여 중국과 일본의 젊은 세대가 서로에 대한 '혐오(嫌惡)' 감정을 극복하기 위해 노력해야 한다는 점을 강조하고 있었다.[58] 2000년대 이후 『아사히신문』의 논조는 전쟁책임, 가해책임을 자명한 전제로 하면서도 화해를 이야기하고

---

57) 「ナショナリズムを考える―静寂を取り戻すために」, 『朝日新聞』, 2006. 8. 15. 이 밖에 2006년 8월 『朝日新聞』의 역사인식 관련 사설은 「靖国参拝・嘆かわしい首相の論法」(8. 4), 「親子で戦争を考える・『侵略』と『責任』を見据えて」(8. 13), 「靖国参拝・耳をふさぎ、目を閉ざし」(8. 16), 「戦争とメディア・競って責任を問うた夏」(8. 20) 등이 있다.

58) 「終戦から63年目の夏―「『嫌日』と嫌中』を越えて」, 『朝日新聞』, 2008. 8. 15.

전쟁의 기억을 후세대에 어떻게 전해내려 갈 것인가에 중심이 이동하고 있는 것으로 보인다.[59]

한편『요미우리신문』은 명백하게 역사인식의 후퇴를 주도하고 있었다. 1996년부터 2000년까지의 '8·15' 사설에서 가해책임에 대한 언급은 전혀 없었으며 오히려 손을 뒤집듯이 1970 - 80년대 중반까지의 논조와는 상반되는 주장을 전개했다. 예를 들면 현행 헌법과 전후 개혁에 대하여 점령군의 강요에 의한 것이라고 하면서 GHQ의 점령정책을 비판[60]한 것은 헌법 개정을 주장하기 위한 포석으로 보인다. 2001년에는 명백하게 노선전환을 드러내고 있으며 여기에 불을 붙인 것이 고이즈미 수상의 야스쿠니신사 참배였다.

『요미우리신문』은 2001년 고이즈미의 야스쿠니신사 참배 문제가 분출되었을 때 지도자의 전몰자 추도는 국내문제이며 타국의 간섭을 받을 필요가 없다고 하여 중국의 간섭을 비판[61]했으며, 2002년 사설에서는 역사교과서 문제에 대한 근린국의 '외압'을 '내정간섭'이라고 비판했다.[62] 또한 2002년, 2003년, 2005년에는 "도쿄재판은 전승국의 일방적인 재판"이라고 비판하면서 도쿄재판의 판결에 이의를 제기한 '펄 판결서'를 호의적으로 언급했다.[63] 특히 2002년 사설에서는 "전시근로동원이

---

59)「あの戦争の記憶ー世代を越え、橋を架け」,『朝日新聞』, 2009. 8. 15.
60)「憲法公布50年　国民主権下で論じ直そう」,『読売新聞』, 1996. 8. 15,「失われた90年代にするな」, 1998. 8. 15.
61)「靖国問題　前倒し参拝は適切な政治判断だ」,『読売新聞』, 2001.8. 14.
62)「教科書問題　『外圧採択』を許しては成らない」,『読売新聞』, 2002. 8. 2.
63)『読売新聞』의「終戦の日　歴史をすなおに見直したい」, 2002. 8. 15,「A級戦犯とは何なのか」, 2003. 8. 15,「戦争責任を再点検したい」, 2005. 8. 15.

었던 여자정신대를 '위안부 사냥'을 위한 제도"와 같이 "역사를 날조한 일부 신문의 캠페인 등은 자학사관의 극치"이며 "도쿄재판 중에는 영, 불, 란에 의한 아시아 재침략도 '동시진행 중'이었다"라거나, "일본은 아시아 각국을 침략한 것이 아니다. 당시 동아시아에서는 중국과 타이 외에는 미, 영, 불, 란 등의 식민지밖에 없으며 일중전쟁을 제외하면 일본은 '서구열강의 영토'에 침공한 전쟁이다"라고 하여 '새로운 역사교과서'와 같은 역사수정주의적인 논지를 전개했다. 2003년에는 도쿄재판의 판사석, 검사석에 "도쿄재판 중에도 국제법을 공공연히 무시하고 일본인 포로를 시베리아에서 노예 노동에 혹사하고 있던" 소련이 앉아 있었다는 점 등을 근거로 재판의 부당성을 주장하고 "다만 도쿄재판을 어떻게 평가하더라도 국내법적으로는 이른바 'A급 전범'들은 이미 명예 회복되었다… 'A급 전범'이 각료가 된 것에 관해서 여러 외국에서도 특별한 이의는 없었다. 'A급 전범' 문제는 이미 끝난 것이다"[64]라고 강변하면서 1982년까지 전개했던 자사의 논지조차도 부정하고 있었다. 이듬해 2004년에는 "'BC급 전범'도 잊어서는 안 될 것"이라고 하면서도 조선인, 대만인의 'BC급 전범'에 대해서는 외면하고 있었다.[65] 심지어 2005년 6월 4일의 사설에서는 고이즈미 수상이 중의원 예산위원회에서 'A급 전범'에 관한 질문에 대하여 "전쟁 범죄인이라고 인식하고 있다"고 답변한 것에 대하여 "고이즈미 수상은 도대체 지금까지 어떤 역사인식, 역사관에 의거하여 야스쿠니신사에 참배한 것일까" 하고 비난했다.[66]

---

64) 「A級戰犯とは何なのか」, 『読売新聞』, 2003. 8. 15.
65) 「BC級戰犯をわすれまい」, 『読売新聞』, 2004. 8. 15.

2000년대 이후 『요미우리신문』의 논조는 명백하게 전쟁책임, 가해책임에 대한 인식의 심화에 제동을 걸고 있다. 그것은 현재도 진행 중에 있다고 보아야 할 것이다. 금후 『아사히신문』과 『마이니치신문』이 『요미우리신문』과의 대립구도 속에서 전쟁책임과 가해책임을 둘러싼 역사인식을 어떻게 미래지향적으로 발전시켜 갈 것인지는 계속해서 지켜보아야 할 대목이라 하겠다.

3. '8·15' 독자투고를 통해서 본 전쟁관과 평화인식

독자 투고는 『아사히신문』의 「고에(声)」, 『마이니치신문』의 「모두의 광장(みんなの広場)」, 『요미우리신문』의 「기류(気流)」란에 각각 실려 있다. 여기서는 주로 1980년대부터 2000년대까지 3사의 독자란에 실린 '8·15' 관련 투고를 살펴보았는데, 전쟁을 직접 체험한 기성세대에서 중학교 학생에 이르기까지 실로 폭넓은 연령층이 참여하고 있으며 그 내용도 매우 다양하다. 특히 전쟁체험 세대의 투고 내용을 보면 출정(赤紙), 전쟁지옥(수라장), 군의 횡포, 군대에서의 체벌, 전쟁터에서의 만행에 대한 반성, 공습과 방공호, 소개체험, 학교에서의 체벌, 자살(자폭), 피폭 체험, '옥음방송'의 기억, 시베리아 억류, 소련병사의 만행, 만주·조선에서의 귀환, 죽은 전우의 위령, 혈육의 죽음, 전몰자 유골 수집, 진주

---

66) 「国立追悼施設の建立を急げ」, 『読売新聞』, 2005. 8. 15.

군(進駐軍), 상이군인, 오키나와, 전쟁고아, 식량난, 공복(굶주림) 등과 같이 그야말로 전쟁에 의해 수반되는 비극과 고통의 기억을 생생하게 전해주고 있으며 대부분 이러한 고난의 체험을 바탕으로 오늘의 '평화'를 소중하게 생각하고 지켜가야 한다는 강한 결의를 보이고 있다.

그러나 그 내용을 구체적으로 살펴보면 전쟁에 대한 혐오와 평화에 대한 애착과의 사이에 전쟁책임과 가해책임에 관한 인식이 모순을 보이는 경우도 적지 않다. 예를 들면 평화를 강조하면서도 과거의 전쟁은 결코 침략전쟁이 아니었다거나 또는 전쟁에서 죽은 희생자들의 죽음은 결코 '개죽음'이 아니었다고 하여 야스쿠니의 '영령'이 있었기에 오늘의 평화를 누릴 수 있다고 하는 식이다. 여기서는 이러한 다양한 독자들의 의견 가운데 가장 많은 비중을 차지하는 주제들을 중심으로 어떤 부분에서 전쟁과 평화에 대한 인식이 모순을 보이는지, 그리고 어떤 부분에서 가해책임에 대한 자각과 평화에 대한 구체적인 노력과 의지가 보이는지를 살펴보기로 한다.

3.1. 전쟁 체험을 어떻게 전해 갈 것인가

매년 8월의 독자 투고란에서 일관해서 가장 많은 비중을 차지하는 내용은 비참한 전쟁 체험을 바탕으로 전쟁을 모르는 차세대에 어떻게 전해 갈 것인가 하는 문제이다. 그것은 곧 전쟁의 비극을 직시함으로써 다시는 전쟁이 일어나서는 안 된다는 굳은 결의와 동시에 평화의 소중함을 되새기고 이를 자손들에게 물려주어야 한다는 의지의 표현이기도 하다. 이와 같이 전쟁의 비극을 차세대에 전승하자는 목소리는 전쟁체험 세대가 점차 줄어들고 전쟁의 비극을 모르는 전후 세대가 증가하는 1970년대부터 두드러지게 나타나고 있었다.

또한 전쟁 체험의 전승을 강조하는 주장의 배경에는 전쟁을 정당화하는 움직임에 대한 우려도 있었다. 특히 1970년대에는 일본의 고도성장에 따른 자신감을 배경으로 일본의 근대화를 '성공'으로 예찬하고 과거의 전쟁을 정당화하는 '회고 무드'가 고개를 들고 있었다. 이러한 분위기에 대하여 우려를 표명하면서 평화로운 지금이기 때문에 더욱더 전쟁의 비극을 잊어서는 안 된다는 점을 강조하고 차세대에 이를 전승하는 것이 전쟁 체험 세대의 책무라는 내용의 투고가 다수 실리기 시작했다.[67]

물론 전쟁의 비극을 전해가는 것이 전쟁 체험 세대의 몫으로만 인식된 것은 아니었다. 1971년 8월 『마이니치신문』에는 젊은 세대의 3편의 투고가 실렸다. 20세의 청년은 전쟁의 비극을 전해가는 힘을 키워야 한다고 주장했고, 19세의 청년은 전쟁터에서 죽은 젊은 전사자들을 생각하고 부전의 맹세를 다져야 한다고 주장했으며, 18세의 고교생은 '종전기념일'을 '평화의 날'로 바꾸어야 한다고 주장했다.[68] 『아사히신문』에도 18세의 고교생이 "연중행사가 되어버린 8월의 전쟁 체험 무드에 그칠 것이 아니라 연중을 통해서 전쟁의 비극을 교육하기 바란다"는 글을 실었다.[69]

---

67) 「戦争を美化するな・回顧ムードの危険な傾向」, 『読売新聞』, 1971. 8. 15, 「戦争懐古より悲劇の伝承を」, 1979. 8. 15.
68) 『毎日新聞』의 「戦争の悲惨さ語り継ぐ力を」, 「若き戦死者思い不戦の誓い」, 「終戦記念日を平和の日に」, 1971. 8. 15.

또한 앞서 신문 사설에서도 보았듯이 '전후 50년'을 맞이하는 1995
년을 전후해서는 일본 국내에서도 역사인식을 둘러싼 논쟁이 격화되고
있었다. 이러한 분위기에 대응하여 독자 투고에는 많은 전후 세대들이
전쟁의 전승과 평화의 소중함을 강조하는 글을 싣고 있었다. 『아사히신
문』에 투고한 42세의 기독교인은 '전후 50년'이 지나면서 전쟁 체험 세대
가 점차 사라지고 있다고 하면서 전후 세대도 전쟁의 비극을 전해가야
한다고 강조했다.[70] 또한 30세의 일본어 강사는 일본군위안부 문제에
접하면서 여성으로서 조금이라도 이 문제를 전해가는 것이 전후 세대의
전쟁책임이라고 했다.[71] 『요미우리신문』에는 18세의 고교생이 "50년 전
사람들은 폐허가 된 일본의 부흥에 전력을 기울여 지금의 평화와 풍요
를 가져왔다. 이제는 우리가 전쟁이라는 과오를 되풀이하지 않기 위해
노력해야 한다. 그것이 평화로운 시대를 살아온 자의 책무"라고 했다.[72]

　　1970년대 이후 전쟁 체험에 관한 화두는 지금까지도 매년 3사의 8
월 투고란에 빠짐없이 등장하고 있다.[73] 이와 같이 전쟁의 비극을 전승
하여 평화의 소중함을 되새기자는 주장 속에는 존엄한 희생자들의 죽음
을 헛되이 해서는 안 된다는 결의가 배경에 있지만, 한편으로는 육친의
죽음, 전우의 죽음을 '개죽음'으로 해서는 안 된다는 인식이 전몰자를 '영

69) 「戦争知らぬですむか」, 『朝日新聞』, 1973. 8. 15.
70) 「戦後生まれも戦争伝えたい」, 『朝日新聞』, 1995. 8. 15.
71) 「伝えることが私の戦争責任」, 『朝日新聞』, 1995. 8. 15, 大阪版.
72) 「平和な時代を生まれた責任」, 『読売新聞』, 1995. 8. 15.
73) 『朝日新聞』은 2005년 '전후 60년'을 맞이하여 기억의 역사 시리즈를 기획하
　　고 장기간 독자들의 투고를 게재했으며 2013년에는 독자들의 투고를 엮어
　　『戦争体験·朝日新聞への手紙』라는 제목으로 출간했다.

령'으로 미화하고 그것이 전쟁책임, 가해책임을 외면하는 피해자 의식
으로 이어질 가능성도 있었다.

3.2. '일국평화주의'와 피해자 의식

매년 '8·15'마다 상기되는 전쟁 체험의 기억이 주변 피해국에 대한
가해책임을 외면한 채 자국의 희생자만을 기억하고 그들의 희생 위에
오늘의 평화가 있다는 식의 '일국평화주의'의 한계를 보이는 경우가 적
지 않다. 그것은 특히 1980년대에 들어와 두드러지게 되는데, 그 배경에
는 경제대국 일본의 풍요와 번영, 그리고 평화는 전몰자들의 희생이 있
었기에 비로소 누릴 수 있는 것이라는 인식이 있었다. 패전 당시 중국 동
북부 요녕성에서 불안한 나날 속에 남아를 출산하고 간신히 귀국한 67세
의 여성은 "평화로운 일본에 사는 자신을 발견할 때 이 맑은 하늘의 저편
에 아직도 망향의 생각으로 눈물 흘리는 사람이 있다는 것을 생각하지
않을 수 없다. 오로지 동양 평화를 믿고 소중한 목숨을 바친 영령에게 감
사한 마음을 담고 지금의 일본의 영원한 평화를 기원하고 싶다."[74]고 하
여 전쟁에서 희생한 '영령'은 '동양 평화'를 위해 목숨을 바쳤다는 인식을
보였다.

경제대국 일본의 풍요와 번영을 바탕으로 한 '일국평화주의'적인
인식은 전쟁에서 죽은 육친과 전우에 대한 위령 의식 속에서도 나타나
고 있다. 태평양의 고도(孤島)에서 '종전'을 맞이한 66세의 남성은 주변

---

74) 「每日消えていった幼い命」, 『每日新聞』, 1987. 8. 15.

의 전우들이 대부분 '옥쇄'한 가운데 "운 좋게 살아남았지만 폭격과 식량 부족으로 많은 전우들이 죽어간 비참한 광경을 잊을 수 없다"고 하면서 "냉정하게 과거를 되돌아보고 평화로운 지구 창조에 노력하여 전쟁이 없는 역사를 만들어야 한다"고 했다.75) 또한 타이베이의 산중에서 '패전'을 전하는 방송을 들은 70세의 남성은 "지금 일본은 경제대국으로 성장했다. 이 번영과 평화가 우리들의 부모, 형제, 친구들의 귀중한 희생 위에 성립되었다는 것을 결코 잊어서는 안 된다"76)고 했으며, 필리핀의 루손 섬 북부에서 굶주림과 영양실조의 극한 상황에서 살아남은 70세의 남성은 "전후 43년, 경제대국이 된 일본은 세계평화에 도움이 되는 것이 태평양전쟁 310만 희생자에 대한 공양이라고 생각한다. 영령을 개죽음으로 만들어서는 안 된다"77)고 했다.

그러나 경제대국 일본의 위상이 크게 흔들리는 1990년대 이후에는 일본의 현실에 대한 회의적인 비판의식도 보인다. 1995년 『아사히신문』의 '전후 50년' 특집에 82세의 남성은 "지난 전쟁에 '진 것이 다행이다.' 이겼다면 아시아 제 국민의 피해는 극에 달했을 것이며 일본인도 군벌 군인의 노예가 되었을 것이다"라고 하면서 "전후 50년 일본인의 삶도 좋은 것은 아니다. 필사적으로 돈만 밝히고 추구해 온 50년. 경제대국은 인간 사이의 소중한 마음을 상실한 사상누각이다. 그 결말로 버블경제, 정치부패, 옴진리교의 불특정 무차별 살인, 산더미 같은 쓰레기 문제, 출구가

---

75) 「過去を教訓に平和な世界を」, 『毎日新聞』, 1987. 8. 15.
76) 「'平和ボケ'の日本人へ警鐘」, 『毎日新聞』, 1988. 8. 19.
77) 「平和への貢献が英霊供養に」, 『毎日新聞』, 1988. 8. 19.

보이지 않는 경제 불황의 파국은 이미 눈앞에 당도했다"[78]고 하는 회의적인 글을 실었다.

한편, 가해책임이 결여된 피해의식은 때로는 무차별 폭격과 원폭을 투하한 미국에 대한 반감으로 이어지는 경우도 적지 않다. 예를 들면 1979년 『요미우리신문』에는 전후 34년 일본의 평화는 수많은 사람들의 존엄한 희생 위에 성립되었다고 하면서 미국의 "오키나와, 히로시마, 나가사키, 도쿄에 대한 무차별 폭격으로 입은 상흔은 아직도 치유되지 않고 있다"고 하는 피해자 의식을 바탕으로 전쟁의 비극과 무서움을 전후 세대에 전승하자는 투고가 실렸다.[79]

또한 1995년 『아사히신문』의 '전후 50년' 특집에는 미국의 퇴역군인회가 원폭 투하를 정당화하는 발언을 되풀이하는 데 대하여 반발하는 글이 실렸다. 전쟁체험 세대인 71세의 여성은 "미국은 진주만만 기억하지만 일본은 도쿄대공습을 비롯하여 전국의 주요 도시의 대부분이 무차별 폭격을 받았으며 히로시마, 나가사키 이후에도 8월 14일 심야까지 도시 폭격이 계속되었다"고 하면서 일본 정부는 미국의 퇴역군인회에 대하여 전쟁인식의 오류를 분명히 지적해야 한다고 주장했다.[80] 『마이니치신문』에도 "전승국에 의한 일방적인 군사재판이 열리고 BC급 전범은 변명의 기회도 주어지지 않은 채 처형되었다. … 죄를 지으면 법의 처벌을 받는 것은 당연하다"[81]고 하면서 미국의 본토 대공습, 히로시마와

---

78) 「素朴で剛毅な自由人めざせ」, 『朝日新聞』, 1995. 8. 12.
79) 「平和の尊厳な犠牲を忘れては」, 『読売新聞』, 1979. 8. 15.
80) 「正直で率直な国際関係望む」, 『朝日新聞』, 1995. 8. 13.
81) 「戦勝国の犯罪も問われるべきでは」, 『毎日新聞』, 1995. 8. 15.

나가사키의 원폭투하 실행자와 책임자, 그리고 다수의 일본군 병사를 시베리아로 연행하여 노예 노동으로 혹사한 소련을 비난하는 65세 남성의 글이 실렸다.

2000년대에 들어와서 『아사히신문』은 '전쟁체험·독자가 만드는 기억의 역사시리즈'를 다년간 기획하여 독자들의 전쟁 체험을 연재하고 있는데, 여기서도 이러한 편향된 피해자 의식을 발견하는 것은 어렵지 않다. 전쟁 당시 사이판에서 복무하다가 기적적으로 살아남은 81세의 남성은 "1944년 6월 미군에 의한 사이판 공략은 평화로운 낙토를 지옥의 섬으로 바꾸어 버렸다. …… 당시 섬에는 2만 수천 명의 일본인[邦人]이 살고 있었지만 전투에 휘말린 그들의 비참함은 이루 말로 표현할 수 없다"고 하여 수천 명의 여성들이 '만세절벽'에서 뛰어내린 사실을 회상하면서 피해자 의식을 보이고 있다.[82] 이러한 피해자 의식은 전쟁에서 죽은 희생자들을 위령하는 의식으로 이어지고, 그것은 궁극적으로 야스쿠니신사의 '영령'에 대한 애도로 이어지는 문제가 된다.

3.3. 야스쿠니 문제

야스쿠니에 관한 투고는 1980년대 이후 수상을 비롯한 정치인들의 야스쿠니신사 참배를 둘러싼 문제가 내외의 쟁점이 되면서 다수 등장하게 된다. 그 논의의 대부분은 'A급 전범'의 합사와 수상을 비롯한 정치인의 참배에 반대하는 입장이지만, 그것이 곧 야스쿠니신사 자체나 거기

---

82) 「サイパン島の女性らの悲劇」, 『朝日新聞』, 2002. 9. 22.

에 합사된 '영령'까지도 부정하는 것이 아니라는 점에 유의할 필요가 있다. 예를 들면 1989년 60세의 남성은 "범죄인으로서 사형당한 군인이 대장이라는 이유로 야스쿠니에 합사되는 것은 용납할 수 없다. 전범으로서 사형당한 대장은 속히 야스쿠니의 제단에서 끌어내려야 한다. 그렇게 되면 생각이 있는 국민도 수상 등도 참배할 것이며 또한 중국 따위에서 간섭하지 않을 것"[83]이라고 했다. 이른바 'A급 전범' 분사론이다.

1995년 8월 『요미우리신문』에는 전쟁터에서 많은 전우들을 잃은 74세의 남성이 각료와 의원들의 참배에 반대하는 글을 실었다. 그 이유는 "전전(戰前)의 육해군 군기(軍旗)를 앞세우고 야스쿠니신사에 집단 참배하는 시위행진을 반복하는 것이기 때문"이라고 하면서도 오늘의 평화는 '영령'의 덕분이라고 감사하면서 야스쿠니신사에 대신하는 종교색이 없는 영령탑을 건설하자고 제안하고 있다.[84] 1997년 8월에는 야스쿠니 '영령'의 유족인 81세의 여성도 "중국의 야스쿠니 알레르기는 'A급 전범'의 합사에 의한 것"이라고 하면서 "최소한 영령을 야스쿠니신사에 모시는 것으로 위안을 삼는 유족을 위해서라도 'A급 전범' 합사를 취하하고 종교색 없이 누구라도 참배할 수 있는 초혼사가 되기를 바란다고 했다.[85]

한편, 야스쿠니신사의 'A급 전범' 합사를 반대하는 데 대한 반발도 보인다. 육친을 전쟁으로 잃고 자신도 중국 대륙에서 극한 체험을 한 78

---

83) 「靖国神社は戦犯の大将を祀るな」, 『毎日新聞』, 1989. 8. 18.
84) 「靖国に代わる英霊塔建設を」, 『読売新聞』, 1995. 8. 15.
85) 「A級戦犯の合祀、取り除けないか」, 『毎日新聞』, 1997. 8. 15.

세의 남성은 야스쿠니에서 전범을 분사하라는 의견에 반대하면서 "전범이란 도쿄재판이 일방적으로 결정한 일이다. …… B급 전범에 대해서는 아무 죄도 없이 처형된 자의 수를 헤아릴 수 없을 정도다. 인도(人道)에 대한 죄라면 한 발의 원폭으로 이십몇만 명의 부녀자를 태워 죽인 자야말로 제일 먼저 처벌되어야 하지 않는가"[86]라고 반문하여 마치 1990년대 이후 역사수정주의에서 주장하는 '도쿄재판사관'과 같은 논리를 전개했다.

그러나 역시 대세는 야스쿠니신사의 'A급 전범' 합사에 반대하는 입장이었다. 그리고 1980년대 후반부터는 가해자의 입장에서 피해자를 배려하면서 야스쿠니신사 참배를 반대하는 논의도 모습을 보이기 시작했다. 1989년 8월 74세의 남성은 'A급 전범'은 '태평양전쟁 최고의 전범자'로서 증오의 대상이라고 하면서 "전범에게 품는 기분은 우리 일본인만이 아니라 중국과 한국 등의 분들에게도 마찬가지일 것"[87]이라고 했다. '전후 50년'을 맞이하는 1995년 8월에는 74세의 남성이 과거의 전쟁은 명백히 침략이라는 인식에서 "그 실태가 44년이 지난 지금 적나라하게 드러나고 있다. 야스쿠니 신사는 진혼위령만이 아니라 전사자를 신으로 모시는 곳이다. 거기에는 전범도 합사되어 있다. 침략전쟁의 대한 반성과 타국에 대한 이해가 있다면 숭경해서는 안 된다"[88]고 하면서 정치인들의 야스쿠니신사 참배를 비판했다.

---

86) 「戦犯はずぜ'おかしいのでは」, 『毎日新聞』, 1989. 8. 24.
87) 「A級戦犯の靖国合祀やめよ」, 『毎日新聞』, 1989. 8. 25.
88) 「ひとりよがりの靖国参拝」, 『毎日新聞』, 1995. 8. 19.

2001년에는 고이즈미 수상이 8월 15일에 야스쿠니신사에 참배하겠다고 공언하여 국내외에 커다란 파문을 불러일으키고 결국은 이틀 앞당겨 8월 13일 참배를 강행했다. 이러한 움직임을 배경으로 수상의 참배에 반대하는 투고가 다수 실렸다. 74세의 여성은 고이즈미와 대화하는 형태로 "국가를 위해 순수하게 목숨을 바친 사람이라고 생각하는 사람들도 상대국의 사람들과 싸운 병사들입니다. 상대국 사람들에게는 잃어버린 부모, 형제, 자식, 혹은 자신들을 괴롭힌 일본병사인 것입니다. …… 당신이 부전(不戰)의 맹세를 위해 참배한다고 하지만 그것은 전혀 일방적인 논리입니다."[89]라고 하여 상대편의 입장에서 숙고할 것을 호소했다. 또한 17세의 고교생은 참배를 정당화하는 고이즈미의 논리를 지나치게 감정적이라고 지적하고 "과거 일본인은 가해자였다. …… 수상이하려는 것은 피해자의 눈앞에서 가해자를 긍정하는 행위"라고 하면서 야스쿠니신사 참배를 하지 말고 중국과 한국을 방문하여 우호관계를 더욱 돈독히 할 것을 제안했다.[90] 이 밖에도 65세의 여성은 야스쿠니신사는 전쟁책임을 애매하게 하고 솔선해서 전쟁터에 가는 것을 찬미하는 시설이라고 지적하고 서민을 '영령'으로 치켜세워 속이는 정치가에게 분노를 느낀다고 했다.[91]

이와 같이 야스쿠니 문제를 피해자의 입장에서 생각해야 한다는 주장은 1980년대 이후부터 일본의 침략과 가해의 사실을 직시하고 피해자

---

89) 「靖国参拝　対戦国から見れば」, 『毎日新聞』, 2001. 8. 10.
90) 「首相は靖国ではなく中韓両国へ」, 『毎日新聞』, 2001. 8. 12.
91) 「英霊とおだて本質ごまかすな」, 『毎日新聞』, 1995. 8. 12.

에 대한 구체적인 보상 문제를 언급하는 언론 3사의 논조와도 통하는 부분이다. 그러나 정치인들이 야스쿠니신사에 참배하는 것을 비판하고 'A급 전범' 합사를 반대하는 입장도 대부분의 경우 야스쿠니의 '영령' 덕분에 오늘날 일본의 평화가 있다고 인식하는 한계를 안고 있었다. 더구나 야스쿠니신사 자체가 가지는 침략전쟁에서의 가해책임에 대해서는 자각하지 못하거나 이를 외면하고 있었다.

3.4. 타자의 시선과 가해책임의 자각

근린아시아에 대한 가해책임을 구체적으로 언급하면서 전쟁의 전승과 평화의 소중함을 강조하는 투고는 1980년대 이후부터 증가하는 경향을 보이는데, 그것이 전후 세대에서 더욱 두드러지게 나타나고 있는 점이 주목된다. 1980년 『마이니치신문』에는 "세계에서 유일한 피폭국 일본이 'no more 히로시마, no more 나가사키'를 전 세계에 호소하는 것은 당연한 일"이지만 일본도 전시 중에 중국과 조선반도 등에서 끔찍한 짓을 했다고 하면서 "자국의 죄를 반성하고 참된 평화란 무엇인가를 진지하게 생각하고 싶다"[92]고 하는 16세 고등학생의 글이 실렸다.

또한 25세의 청년은 나치의 유태인 학살과 마찬가지로 일본군도 중국대륙 등에서 많은 만행을 저질렀다는 점, 유럽에서는 유태인 강제수용소 터가 박물관으로 보존되고 있다는 점, 서독에서는 유태인 박해 장면의 사진을 교과서에 수록하고 초등학생에게도 나치의 만행을 가르친

---

92) 「真の平和とは何かを考えよう」, 『毎日新聞』, 1980. 8. 12.

다는 점을 일일이 거론하면서 이와 대비해서 일본은 어떤가를 되묻고 '전쟁가해자로서의 일본인'을 잊어서는 안 된다는 점을 강조했다.[93]

1989년 2월에는 다케시타 노보루(竹下登) 수상이 "지난 대전이 침략전쟁인지는 후세의 역사가가 평가할 것"이라고 발언하여 물의를 일으켰는데, 이에 대하여 19세의 학생이 "전쟁 중 아시아 각지에서의 일본군의 행위가 침략전쟁이 아니고 무엇인가"라고 반문하고 쇼와천황의 죽음을 계기로 재차 과거의 전쟁을 긍정하려는 움직임이 있는 것을 지적하면서 수상의 발언 철회와 건전한 '역사윤리'의 확립을 요구했다.[94]

일본의 피해자 의식에 대한 전후 세대의 비판은 '전후 50년'을 맞이하는 1995년 8월의 투고에서도 적지 않게 보인다. 『마이니치신문』이 기획한 '50년째의 8·15·젊은이는 말한다'에서 19세의 대학생은 "신문이나 텔레비전이 특집을 기획하고 있지만 피해자로서의 의식이 너무 강해서 무언가 부족하다. 50년 기념으로서 무엇을 하는지 기대하고 보았지만 이제까지의 8월과 다름없었다. 가해자의 측면도 추구하는 등 전체를 조망할 수 있는 기획이기를 원했다"[95]고 하여 일본의 피해자 의식이 가지는 편향적인 문제점을 지적했다.

『아사히신문』이 기획한 '전후 50년 나의 총괄'에서는 40세 남성이 국회에서의 애매한 '전후 50년 결의'가 많은 아시아인들로부터 빈축을 샀다는 점을 지적하고 "일본만 나쁜 것이 아니라 서구열강도 마찬가지

---

93) 「加害者意識に欠ける日本」, 『每日新聞』, 1988. 8. 20.
94) 「侵略戦争否定発言の撤回を」, 『読売新聞』, 1990. 2. 23.
95) 「強すぎる被害者意識」, 『每日新聞』, 1995. 8. 16.

라는 의도적인 작문은 일본이 과거의 문제를 자국의 책임으로 인식하지 않는다는 것을 새삼 분명히 했다"고 하면서 전쟁 체험 세대와 이야기할 때 슬프게 생각하는 것은 모두 하나같이 "두 번 다시 전쟁은 싫다"고 하면서도 "부정한 전쟁으로 타국의 사람들에게 폐를 끼쳤다고는 생각하지 않는다는 점"이라고 정곡을 찌르는 글을 실었다.[96]

가해자 의식이 결여된 일본의 역사인식에 대한 비판은 타자의 시선을 통해서 볼 때 더욱 선명하게 나타나고 있었다. 1995년 파푸아뉴기니에 해외협력단으로 참가한 35세의 남성은 현지인에게서 "나의 숙부는 일본군에게 살해되었다"는 이야기를 듣고 충격을 받았다고 하면서 국가가 침략전쟁의 책임을 명확히 해야 한다고 주장했다.[97] 또한 영국에 거주하는 28세의 일본인 주부는 포로 출신의 영국인이 "일본인은 과거 전쟁에서 있었던 일을 자손에게 가르치려 하지 않는다. 이것은 슬프고 불행한 일이자 동시에 무서운 일이다"고 한 말을 소개하면서 "독일은 가해자의 과거를 철저하게 교육하고 사죄와 보상을 명확히 하며 현재도 보상을 계속하고 있다(7조 엔 이상). 일본은 정부 간 해결을 보았다고 하는 보상금도 경제원조까지 포함하여 약 1조 엔 정도에 지나지 않는다. 가해자로서의 역사를 가르치지 않고, 사죄하지 않고, 개인 레벨의 보상도 하지 않는다면 세계에서 고립을 면할 수 없다"고 지적했다.[98] 『요미우리신문』에도 미국에 거주하는 31세의 대학 강사가 1995

---

96) 「責任回避せぬ'個'の確立を」, 『朝日新聞』, 1995. 8. 13.
97) 「戦争の責任は国家が明確に」, 『朝日新聞』, 1995. 4. 5.
98) 「過去を知らな過ぎる日本人　世界から孤立免れない」, 『朝日新聞』, 1995. 8·15, 석간 「らうんじ」.

년 '전후 50년을 넘어서'라는 특집에 "세계에 통용되는 '사죄'가 필요하다"는 글을 투고했다.[99]

침략전쟁에서의 가해책임에 대한 반성을 정치와 교육의 문제와 연결해서 생각하는 경우도 보인다. 1993년 자민당 장기집권이 무너지고 연립내각을 수립한 호소가와 모리히로(細川護熙) 수상은 첫 기자회견에서 과거의 전쟁에 관하여 묻는 기자의 질문에 대하여 '침략전쟁'이라고 명언하여 보수 우파들의 반발을 불러일으켰다. 이와 관련하여 59세의 주부는 "전쟁에 참가하는 것이 국가를 위해, 천황폐하를 위해, 그것이 국민의 의무이며, 좋은 국민이며, 전쟁을 거부하고 비판하는 것은 비국민이라고 교육받아왔다"고 하면서 정치와 교육이 얼마나 소중한지, 그것을 관장하는 정치가를 뽑은 자신들의 책임이 얼마나 큰지를 통감한다고 했다.[100] 또한 '전후 50년'에는 29세의 남성이 전후 일본이 근현대사 교육을 경시했기 때문에 과거 침략전쟁이나 식민지 지배에서 많은 사람들의 생명을 앗아간 사실조차 모르는 세대가 증가하는 현실을 지적하고, 전쟁의 본질과 일본이 범한 과오를 직시하게 만드는 교육을 통해서 "고통 받은 국가의 사람들과 참된 화해와 '평화'를 매개로 한 연대가 생기는 것"이라고 했다.[101]

이상과 같이 타자에 대한 가해책임을 자각하고 일본의 전쟁책임을 진지하게 반성하는 투고는 '전후 40년'과 '전후 50년'을 맞이하는 1980년

---

99) 「世界に通じる謝罪は必要」, 『讀売新聞』, 1995. 8. 15.
100) 「侵略で考える教育の大切さ」, 『朝日新聞』, 1993. 8. 23.
101) 「日本の過ちを子供に教えねば」, 『毎日新聞』, 1995. 8. 17.

대부터 1990년대에 걸쳐 집중적으로 나타나고 있었다. 특히 이러한 인식이 전쟁을 체험하지 않은 전후 세대에게서 두드러지게 나타나고 있다는 사실은 진정한 사죄와 반성을 통하여 가해자와 피해자가 미래지향적인 역사인식을 공유할 수 있는 가능성과 희망적인 시사점을 제공해 주는 것이라 하겠다.

3.5. 평화헌법과 평화인식

'8·15'가 평화의 소중함을 되새기는 기회가 되는 만큼 8월의 투고에는 평화헌법에 대한 내용도 많은 비중을 차지하고 있다. 특히 '헌법 9조'에 관한 투고는 1970년대부터 일본의 재군비에 대한 우려가 높아지는 가운데 나타나기 시작했다. 1971년 23세의 대학생은 '개헌-9조의 폐지-전력(戰力)의 공인-극동 미군의 대역(代役)'이라는 시나리오를 예상하면 등골이 오싹해진다고 하면서 "어떤 전쟁도 부정한다는 것은 수백만의 희생으로 얻은 결론이 아닌가. 우리는 그 원점에서 절대 평화에 대한 결의를 다져야 한다"고 했다.102)

1980년대에 들어오면 군비증강에 반대하는 목소리가 더욱 높아진다. 1980년 『마이니치신문』의 특집 투고란103)에서 59세의 남성은 "최근 국제정세의 변화로 일본의 군비방위론이 공공연히 보도되는 시대가 되었다. 그것은 35년간의 역사적인 평화론이 풍화되고 있는 것은 아니라

---

102) 「貫こう平和憲法」, 『朝日新聞』, 1971. 10. 3.
103) 「真の平和を自らただせ」, 「防衛論に乗じ政策誤るな」, 「軍備や愛国心とは何か」, 『毎日新聞』, 1980. 8. 15.

하더라도 불쾌한 위화감을 느낀다"고 하면서 '참된 평화'란 무엇인가를 되묻고 싶다고 했으며, 57세의 남성은 방위청의 '산군(産軍)협력' 강화 발표에 대하여 우려를 표명했다. 또한 전쟁체험 세대인 67세의 남성은 특정한 국가를 적국으로 가상하고 군비증강을 주장하는 목소리에 대하여 "사랑하는 국가가 무기의 갑옷을 입어서는 안 된다. 일본이라는 나라는 세계에서 사랑받는 나라가 되어야 하며 8월 15일은 군국주의가 붕괴한 기념할만한 날"이라고 하여 반대의 입장을 표명했다.[104]

이러한 가운데 평화유지를 위한 봉사활동을 적극적으로 전개할 것을 제안하는 이색적인 의견도 보인다. 34세의 교원 남성은 "전쟁 체험에서 굶주림의 고통에 대한 교훈을 통해서 음식물과 자원의 낭비를 일상생활 속에서 없애는 행동으로, 혹은 지금 현재 기아나 재해로 고통 받는 사람들에 대한 원조 협력이라는 행동으로 결부시켜 가고 싶다"고 하여 일상에서의 노력으로 평화에 보탬이 될 수 있는 방안을 제시했다.[105]

평화헌법에 대한 논의는 특히 헌법개정론이 표면적으로 대두하는 1990년대부터 증가하고 있으며 그 대부분은 평화헌법을 지켜야 한다는 주장이었다. 특히 1990년 걸프전쟁을 둘러싼 중동정세와 관련하여 임시국회에서 유엔평화협력법안이 폐안이 된 배경에는 일본 정부의 대미 추종 자세를 비판하고 자위대의 해외파병에 반대하는 여론이 대세를 이루고 있었기 때문이었다.[106]

---

104) 「我が愛する国、愛される国に」, 『毎日新聞』, 1984. 8. 15. 이 밖에도 「悲劇を忘れた為政者の言動」, 1988. 8. 20, 「どうして防衛費増えていくのか」, 1989. 8. 5.의 투고 참조.
105) 「平和維持のボランティア活動を」, 『毎日新聞』, 1989. 8. 25.

이러한 가운데 드물게 일본의 재무장을 주장하는 의견도 모습을 보인다. 57세의 남성은 평화를 외치기만 하면 국가는 안전하다는 발상에 반대하면서 "국가의 안전과 평화는 아무런 대가도 없이 얻어지는 것이 아니라 국민이 노력하여 쟁취하는 것"이라 하고 경제대국 일본에 걸맞은 정치력과 군사력을 가지는 것이 일본의 안전과 평화를 지킬 뿐만 아니라 국제정세의 안정을 위해서도 매우 중요한 일이라고 주장했다.[107]

한편, 1995년의 '전후 50년' 특집에서 경제대국, 군사대국 일본의 인권문제를 지적한 투고도 주목된다. 63세의 남성은 일본이 유엔의 고문금지조약에 비준하지 않고 있는 점, 사형집행을 계속하고 있는 점, 히노마루·기미가요의 강제로 학생과 교원의 사상·양심의 자유를 침해하고 있는 점, 원자력 발전소가 인간의 생존권을 위협하고 있는 점, 재일외국인, 피차별부락민, 장애인, 고령자의 인권 문제를 거론하면서 "전후 일본은 약한 입장에 있는 사람들의 인권을 희생해서 경제를 번영시켜왔다. 금후의 50년은 경제력, 군사력이 아니라 인권의 확립을 위해 매진해야할 것이며 나아가 평화헌법이 내세운 '평화적 생존권'이라는 선진적인 인권을 실현하는 것이 중요하다"고 했다.[108]

2000년대에 들어오면 헌법 개정 논의가 더욱 활발해지고, 특히 2005년 자민당의 신헌법 초안에 '자위군'의 창설을 명기한 것에 대하여

---

106) 「平和が何にも代え難い幸せ」, 『朝日新聞』, 1998. 8. 15.
107) 「平和は努力で勝ち取るもの」, 『読売新聞』, 1997. 8. 15.
108) 「経済優先から人権を優先へ」, 『朝日新聞』, 1995. 8. 15. 이튿날에도 「実利優先主義見直す時では」와 「基本的人権守る努力必要」라는 비슷한 취지의 투고가 실렸다.

미군과의 일체적인 체제하에서 "집단적 자위권 행사로 이어지는 상황이 발생하려 한다"고 비판하거나 "자위대를 해체하고 재난구조대를 창설하여 군사력에 의거하지 않는 평화국가 건설이야말로 현실적이다"는 등의 의견이 활발하게 제기되었다.[109]

2006년에는 『아사히신문』이 기획 연재한 헌법 시리즈에 대한 투고에서 전쟁을 하지 않는 일본에 긍지를 가지고 평화를 수출하는 국가를 지향해야 한다는 입장이 다수였다. 그리고 집단적 자위권을 인정하면 미군과 일체가 되어 무력행사로 진행할 가능성이 있다는 입론이 많았다.[110] 『아사히신문』은 2007년에도 '헌법 60세'의 특집을 기획했으며 투고의 대부분은 9조에 관한 것이었다. 여기서 평생 세계대전을 두 번 경험한 100세의 최고령 여성은 "세계의 긍지, 보물인 평화헌법을 고수하기 바란다"는 투고를 보내왔다.[111]

그러나 평화헌법을 지키자는 주장에서도 앞서 '일국평화주의'적인 피해자 의식에서 지적했듯이 평화인식의 한계를 보이고 있다. 평화헌법 개정을 반대하고 평화국가를 유지해야 한다는 주장의 배경에는 전쟁과 '패전'의 비참한 체험이 연결되어 있으며 그것이 피해자 의식을 넘어서 가해책임과 전쟁책임에 대한 반성으로 이어지는 경우는 드물었다. 헌법 개정 문제와 평화헌법 고수에 대한 논의는 현재도 진행 중이다. 이는 결코 일본 국내 상황만으로 좌우될 문제가 아니다. 미일관계, 중국과 북한

---

109) 「声·今月の投書から」, 『朝日新聞』, 2005. 11. 30.
110) 「声·今月の投書から」, 『朝日新聞』, 2006. 5. 31.
111) 「声·今月の投書から」, 『朝日新聞』, 2007. 5. 30.

을 비롯한 동아시아 정세의 변화, 영토분쟁 문제의 동향 등과 관련지어 지속적으로 주목해야 할 부분이라 하겠다.

4. 전쟁관과 평화인식의 추이와 전망

1950년대 중반부터 2000년대까지 일본의 전쟁책임, 가해책임과 평화에 관한 인식의 추이를 언론 3사의 '8·15' 사설을 비롯한 관련 기사를 중심으로 정리하자면 1960년대까지는 피해자 의식을 배경으로 '일국평화주의'적인 평화를 강조하는 경향이 강하며 전쟁책임, 가해책임에 관한 자각이나 반성은 극히 희박한 수준에 머물고 있었다. 1970년대 이후에는 전쟁책임, 가해책임에 관한 인식이 조금씩 모습을 나타내기 시작하지만 구체적인 사례에 대해서는 여전히 불충분한 상태에 있었다. 이후 '전후 40년'부터 '전후 50년'을 맞이하는 1985년부터 1995년을 전후해서 나타나는 전쟁책임, 가해책임에 관한 인식은 오늘날의 상황에 비추어 보더라도 다시 되새길 가치가 있을 만한 논지가 적지 않았다.

그러나 1990년대 후반부터 일본을 둘러싼 내외의 정세변화와 더불어 역사인식은 다시 후퇴하는 기미를 보이기 시작했다. 특히 『요미우리신문』은 1980년대 초반까지의 전쟁책임, 가해책임에 대한 자사의 논지를 완전히 포기하고 역사수정주의적인 주장을 전면에 드러내기 시작했다. 『마이니치신문』도 1980년대의 '전성기'에 비하면 퇴색되어버린 느낌을 지울 수 없으며, 『아사히신문』도 논조가 가해책임의 추궁에서 상호

이해와 화해로 이동하고 있는 것으로 보인다. 이와 같이 1990년대 후반 이후 언론 3사의 전반적인 논조의 후퇴나 변화가 냉전체제 붕괴 이후 국내의 정치와 경제, 사회의 변화, 그리고 동아시아를 비롯한 세계정세의 변화 등과 어떻게 맞물리면서 전개되고 있는지에 대해서는 앞으로 더욱 면밀하게 검토되어야 할 부분이라고 하겠다.

한편, 독자들의 8월 투고는 '8·15' 사설과는 비교할 수 없을 정도로 전쟁 체험과 평화와 관련된 다양한 내용을 다루고 있지만, 그 핵심적인 키워드는 역시 '전쟁'과 '평화'가 중심이었다. 그 가운데 가장 많은 비중을 차지하는 것은 비참한 전쟁 체험을 바탕으로 평화의 소중함을 차세대에 어떻게 전승해 갈 것인가 하는 문제였다. 이와 같이 전쟁의 비극과 평화를 중시하는 논의 속에는 '일국평화주의'적인 평화인식과 자국 중심적인 피해자 의식이라는 한계가 엿보이기도 하지만, 또 다른 한편으로는 일본의 침략전쟁과 가해책임을 직시하고 사죄와 반성을 촉구하는 의견도 적지 않았다. 특히 그것이 전후세대에서 두드러지게 나타나고 있다는 사실은 금후 동아시아의 역사인식을 둘러싼 갈등이 미래지향적으로 해결될 수도 있다는 가능성을 보여주는 부분이라 하겠다. 물론 이러한 전쟁책임과 가해책임에 대한 자각과 반성을 대다수 일본국민이 공유할 수 있도록 하기 위해서는 앞으로 더욱 많은 방법론적 고민과 궁리가 필요할 것이다.

또한 독자 투고에서 보이는 상반된 견해나 인식은 '8·15' 사설에서 본 논조의 변화나 심화와 같은 차원에서 이해할 수 있는 문제가 아니라는 점에도 유의할 필요가 있을 것이다. 즉 '8·15' 사설에서는 침략전쟁과 가해의식에 대한 논조의 추이가 각 언론사의 입장과 함께 비교적 명확하게 나타나고 있지만, 독자 투고의 경우 남녀노소의 폭넓은 연령층과 다양한 직업, 그리고 개인적 체험이 제각기 다른 사람들이 부지기수로 참가하고 있기 때문에 특정한 입장에서 논조가 체계적으로 전개되는 것을 기대하는 것은 애초부터 불가능한 일이다. 그런 점에서 독자 투고의 내용은 역사인식의 변화, 또는 심화라는 차원에서 이해할 것이 아니라 침략전쟁, 가해책임에 대한 자각(반성)과 무자각(무반성)이라는 이항대립적인 차원을 넘어서 전쟁의 반성과 정당화, 또는 피해자 의식과 가해자 의식의 혼재와 같이 복잡하게 뒤얽힌 중층적인 역사인식으로 이해할 필요가 있을 것이다. 물론 동시에 국내외의 정치, 사회정세의 변화라는 시대 상황의 추이가 독자들의 역사인식에 영향을 미치는 점을 고려해야 할 것은 두말할 나위도 없다.

이 밖에도 '8·15'를 둘러싼 역사인식과 관련하여 검토되어야 할 문제로서는 8월의 역사인식 관련 기사에서 어떤 사진들이 다루어지고 있는지를 분석하는 신문지면의 표상연구, 8월 6일의 히로시마, 8월 9일의 나가사키 원폭기념일, 8월 15일의 '종전기념일'과 관련한 특집, 시리즈 연재물 등의 내용을 분석하는 작업, 언론뿐만 아니라 NHK를 비롯한 텔레비전 방송국에서 '8·15'와 관련하여 어떤 다큐멘터리나 특집을 기획했는지를 검토하는 작업 등을 통해서 매스컴이 전후 일본인의 전쟁관과 평화인식에 미친 영향과 그 의미의 내실을 더욱 구체적으로 이해할 수 있을 것이다.

현대일본생활세계총서 7

전후 일본의 생활평화주의

V 〈팩스 뮤지카 콘서트〉와 소비되는 평화*

이경분

1. 음악과 평화

제2차 아베 내각이 출범한 뒤, 이른바 '적극적 평화주의'를 둘러싼 논쟁과 함께 한중일 삼국의 정세에 불안과 긴장이 고조되었다. 그런 가운데 전쟁이 없는 '소극적인 평화'[1]나마 지속되려면, 동아시아적 차원의 평화운동기획과 초국가적 연대가 절실하다. 특히 문화는 정치외교에서 막혔을 때, 다른 차원에서의 교류를 열 수 있는 소통 방법이다. 그중에서 감흥과 감성의 매체인 음악은 전쟁을 위해서도 자주 이용되었지만, 평

---

* 이 글은 『음악과 문화』 제 30호에 게재된 「조용필, 알란 탐, 다니무라 신지의 Pax Musica: 음악으로 동아시아에 평화를」을 조용필과의 인터뷰(2014. 4. 3) 후 수정·보완한 것이다. 인터뷰를 허락해주신 마에스트로 조용필, 도움을 주신 와카미야 요시부미 주필, 송호근 교수께 감사드린다.

1) 요한 갈퉁(Johan Galtung)의 개념에 따르면, 서로 무기로 공격하는 '전쟁이 없는 상태'가 '소극적인 평화'를 의미한다 요한 갈퉁(강종일 외 옮김), 『평화적 수단에 의한 평화[Peace by peaceful Means]』, 들녘, 2000, 9쪽.

화를 위해서도 다양하게 기여할 수 있다.[2]

　대중음악 뮤지션이 개최한 평화음악제의 대표적 예로서 1969년 미국의 〈우드스톡 페스티벌(Three Days for Peace and Music)〉이 있다. 세계적 명성을 누리는 클래식 음악의 평화운동으로는 피아니스트이자 지휘자인 다니엘 바렌보임(Daniel Barenboim)과 사회학자 에드워드 사이드(Edward Said)가 주축이 되어 1999년에 창설한 〈동서 디반 오케스트라(West‐Eastern Divan Orchestra)〉가 대표적 사례일 것이다. 이스라엘과 아랍권의 젊은 연주자들로 구성된 이 오케스트라는 이스라엘과 팔레스타인(아랍)의 분쟁을 평화적으로 해결하는 데 기여하고자 왕성한 음악 활동을 하고 있다.[3] 중동지역만큼이나 긴장관계에 있는 21세기 한반도에서도 다양한 DMZ 평화 콘서트가 임진각 평화누리공원에서 개최되고 있다.[4] 특히 대중 속을 깊이 파고드는 인기 가요의 위력 때문에 콘서트에는 유명 가수들이 대거 출연한다. 광복 60주년이었던 2005년, 〈필&피스 전국투어〉의 피날레로 개최된 슈퍼스타 조용필의 평양 공연도 매스컴의 주목을 받으며 강한 평화 통일의 메시지를 발신한 경우였다.[5]

---

2) 일본도 평화음악제와 평화콘서트가 많이 개최되는 나라이다. 대표적인 것으로 히로시마 평화음악제(1974-1993), 나가사키 평화콘서트, 오키나와의 니시하라초(西原町) 평화음악제를 들 수 있다.
3) 藤田明史,「平和のモデルとしての音楽」,『芸術と平和』, 早稲田大学出版部, 2004, 98쪽 참고.
4) 이철주,「정전협정 60주년 맞아 열린 철원 평화음악회」,『민족 21』 148호, 2012, 130-133쪽 참고.
5) 조용필은 평양 공연에서 〈꿈의 아리랑〉을 불러 감동의 물결을 일으켰고, '재청'으로 〈홀로 아리랑〉을 불러 화답했다. 분단의 장벽을 음악의 힘으로 넘을 수 있는 가능성을 보여주었다.

이런 맥락에서 이 글은 1984년 한중일의 슈퍼스타가 기획한 〈팩스 뮤지카 콘서트〉에 주목한다. 30여 년 전에 동아시아 차원의 평화를 음악으로 실천하고자 일본의 다니무라 신지(谷村新司), 한국의 조용필, 홍콩의 알란 탐이 한자리에 모인 것이다. 아이디어를 처음 제시한 사람은 일본의 흥행사 교도도쿄사(キョードー東京)[6]의 우치노 지로(内野二郎) 사장이었다. 평화의 의미를 가진 'Pax'와 음악 'Musica'를 합친 평화음악 콘서트는 '아시아인, 우리는 하나(Asian, We Are One)'라는 모토하에 국경과 언어와 문화의 벽을 넘고자 하는 기획이었다. 1984년부터 1994년까지 진행되었다가 10년의 휴지기를 가진 후, 다시 2004년부터 2009년까지[7] 개최된 이 콘서트는 동아시아의 '주류 뮤지션'이 시도했다는 점에서 이색적이다.

이 글에서 지금까지 학계의 조명을 받지 못한 〈팩스 뮤지카〉[8]를 연구대상으로 삼고자 하는 이유는 대중가요계의 스타들이 국가적 차원이나 공적 단체가 주최하는 평화행사에 일회적인 게스트로서가 아니라, 스스로 주축이 되어 이 행사를 10여 년 이상을 지속시켰다는 점 때문이다. 여기서 중요한 것은 이 행사가 대중음악이라는 일상의 삶과 밀접한 영역에서 자발적으로 추구되었다는 점이다. 일상 속에서 얻게 되는 시

---

6) 1962년 도쿄에 설립된 일본 엔터테인먼트 기획사(協同企画社)로 1966년 비틀즈의 일본공연을 성공시켜 매스컴의 주목을 받았다. 한국가수 보아를 일본으로 초청한 기획사이기도 하다.
7) 2010년 다니무라 신지의 단독 공연 "Nature Live"에 "Pax Musica Next 2010"라는 타이틀을 병기했으나, 이전의 팩스 뮤지카로 보기 힘들다.
8) 이 글에서 '평화음악 콘서트'로 번역하지 않고 외래어를 사용하는 것은 그 고유한 의미를 강조하려는 의도 때문이다.

민들의 평화에 대한 인식이 견고할수록 국가 간의 긴장이 고조될 때 큰 위력을 발휘할 수 있다고 사료되기 때문이다.[9] 특히, 동아시아에 평화의 메시지를 발신하고자 하는 기획의 중심에 다니무라 신지,[10] 조용필, 알란 탐[11]과 같은 슈퍼스타들이 있었다는 것. 또한 30여 년 전, 아직 일본의 대중음악문화가 서구나 유럽만을 바라보던 때, 동아시아를 향해 평화의 메시지를 발신하고자 했다는 신선함도 특기할 만하다.

이 글은 당시로써는 획기적인 동아시아 차원의 평화음악 기획의 배경과 역사를 밝히고 1990년대 초반 중단하게 된 이유를 분석하고자 한다. 하지만 이에 대한 기존 연구가 전무한 상태이고, 자료발굴과 수집도 쉽지 않은 상황이므로, 이 글에서는 팩스 뮤지카에 대한 일차적 사실들을 객관적으로 서술하여 앞으로 심도 있는 연구를 위한 기초를 제공하고자 한다. 먼저 신문, 잡지, 비평문 등 매체에 흩어져 있는 콘서트에 대한 보도와 영상자료를 수집 분석하여 1984년 도쿄에서 시작된 다니무

---

9) 다니무라 신지는 정치 외교적 어려움이 있을수록 문화는 "최후의 보루"라고 강조한다. (「日中友好最後の砦は『文化』」, 『朝日新聞』, 2012. 9. 21.).

10) 현재 60세가 넘어서도 활동을 하고 있는 다니무라는 "스바루(昴)"라는 히트곡으로 유명한 일본대중음악의 대부이다. 〈아리스(アリス)〉 밴드 시절부터 아시아 각지에서 공연한 경험이 있고, 1981년 북경공연 이래 30년간 지속적으로 중국과 교류해왔다. 2004년부터 상해음악원 교수로 일하고 있다. 谷村新司, 『夢創力: 人間「谷村新司」から何を学ぶのか』, 東京: 創英社, 2010 참조.

11) 중국 측 대표 알란 탐은 1973년 홍콩의 록그룹 〈위너스〉('아시아의 비틀즈'로 불림)의 리더싱어로 데뷔하는데, 1978년 위너스가 해체된 이후, 솔로로 활동하고 있다. 첫 앨범 "선샤인 러버"가 대히트를 기록하면서 유명해졌고, 1984년 홍콩 관객동원 1위의 톱가수로 유명세를 떨쳤다. 9번째 앨범 "사랑의 함정"(1985) 40만 장 판매, 1980년 타이완의 대표영화상 금마장(金馬奬)에서 주연남우상을 획득하였다. 鈴木明, 「팩스 뮤지카 響け、アジアのサウンド鼓動や!」(1) [三人のスーパースター出会い], 『VOICE』, 1984. 10, 130쪽.

라 신지, 조용필, 알란 탐의 의도와 음악가들이 추구하는 평화의 개념을 살펴본 다음, 첫 10년간의 콘서트의 역사를 재구성한다. 그리고 1994년 콘서트의 역사가 중단되는 이유를 문화적 맥락에서 분석 서술하고자 한다. 따라서 글의 비중은 콘서트의 첫 10년에 놓이게 될 것이다. 2004년 이후 다시 부활한 팩스 뮤지카의 역사와 의미는 다른 기회에 논하고자 한다.

2. 〈팩스 뮤지카〉라는 평화콘서트 기획

'평화'가 '전쟁'과 짝을 이루는 개념이라면, 1980년대 전쟁상태가 아니었던 동아시아에서 '평화음악'을 내세울 때, 음악인들이 전제했던 '비평화적' 상황은 무엇인가? 일본, 한국, 홍콩의 슈퍼스타들이 국경과 언어를 넘어 한 무대에 서서 발신하고자 했던 평화는 어떤 것이었는가?

동아시아에서 한반도의 '냉전' 상황이 '평화'를 말할 수 있는 전제 조건이 되었다면, 이런 관점에서 북한과 전쟁이 끝나지 않은 정전협정 상황의 한국이야말로 '평화'라는 단어가 힘을 발휘할 수 있는 나라이다. 하지만 한국 뮤지션이 아니라, 오히려 1980년대에 '안전지대'에 있었던 일본 뮤지션과 기획자가 평화음악 콘서트를 앞장서서 추진한 것은 특기할 만하다. 교도도쿄사의 우치노 지로[12]가 팩스 뮤지카의 아이디어를 제안

---

12) 2004년 팩스 뮤지카의 부활을 제안한 것도 우치노 지로였으나 2004년 5월 병사했다(한현우, 「'그 시절' 아시아 가요스타. 10년만의 외출: 조용필 알란

하게 된 동기는 무엇이었는가?

조용필이 일본에서 데뷔하는 데 중요한 역할을 했던 우치노 지로는 조용필이 "양아버지"[13]로 모실 정도로 각별하게 대했던 인물이다. 우치노는 "아시아가 단순히 엑소틱한 세계가 아니라, 다른 가치관을 가진 훌륭한 음악풍토가 있는 곳"이라는 믿음으로 언젠가는 "아시아는 하나다"라는 기분을 집약하는 이벤트[14]를 꿈꾸어왔다고 한다. 〈라이브 에이드 (Live Aid)〉[15]라는 세계적 빅 스타들의 메가 자선 공연이 1985년에 개최되었고, 2010년대에 한류, 화류의 인기로 한중일 음악인들의 초국가적 활동이 대세가 된 것을 감안하면, 우치노 지로가 얼마나 뛰어난 시대적 감각을 가지고 앞서갔는지 알 수 있다. 우치노의 서포트를 받은 스타들이 언론 매체에 표출하는 평화의 언설과 콘서트 프로그램 및 공연을 관람한 비평가의 글을 참고로 먼저 팩스 뮤지카가 발신하는 평화의 의미와 콘서트의 추진과정을 살펴보자.

2.1. 'Asian, We Are One'이 발신하는 평화의 메시지

1984년 7월 16일 도쿄의 고라쿠엔(後樂園) 야구장에서 개최되었던

탐 다니무라 신지」, 『조선일보』, 2004. 10. 13.)
13) 홍제성, 「아시아 대표 가수들. 80~90년대 영광재현」, 『연합뉴스』, 2004. 10. 14.
14) 「歌でスクラム〜アジアの人気歌手」, 『朝日新聞』, 1984. 5. 28, 11면.
15) 이 콘서트는 아일랜드 가수 밥 겔도프(Bob Geldof)가 이디오피아 난민을 위한 자선모금을 모으기 위해 기획한 대규모 자선 콘서트였는데(平泉金弥, 「平和研究における音楽の可能性」, 『芸術と平和』, 早稲田大学出版部, 2004, 108쪽 참고), 영국과 미국에서 동시에 콘서트가 진행되었고 전 세계 100개국, 10억 이상의 시청자에게 보급되었다. 신현준 교수의 조언에 감사드린다.

제1회 팩스 뮤지카 콘서트의 프로그램 첫 페이지의 문구를 보면 다음과 같다.

> 이것은 콘서트도 아니고, 음악제도 아니고, 다니무라 신지, 조용필, 알 란 탐 3인과 3인을 둘러싼 우리 스태프의 '열정'을 표현하기 위해 창출된 이야기와 장소라고 일컫는 것이 좋을지도 모른다. 일본, 한국, 홍콩이라는 아시아 여러 나라에서 슈퍼스타 3인을 함께 만나보면 어떨까라는 솔직한 생각에서 시작한 이번 기회가 팩스 뮤지카라는 '열정'으로까지 발전하였는데, 이것은 역시 세 사람의 우정과 노래의 만남이 있었기에 가능했다[16]

이 콘서트의 프로그램에서 키워드는 '평화'라기보다 '열정'과 '우정,' '만남'이라 할 수 있다. 이 콘서트가 내세우는 슬로건 'Asian, We Are One'에서도 잘 나타나는데, 세 나라의 뮤지션이 한 마음, 하나가 되는 것이 무엇보다 중요했다. 평화를 실현하기 위해 경계를 무너뜨리는 일이 급선무로 여겨졌던 것일까? 다니무라는 한국, 일본, 홍콩의 차이점에도 불구하고 '음악'이라는 '공통점'을 강조한다.

> '세 사람이 함께 스테이지를 하는 것은 좋은 일이다,' 바로 이것이 전체의 발단이었다. 각각 탄생한 나라나 성장해 온 환경이 달라도 거기에는 음악이라는 공통점이 있다.[17]

16) 鈴木明, 「PAX MUSICA 響け、アジアのサウンド鼓動や!」(1), 129쪽.
17) 鈴木明, 「PAX MUSICA 響け、アジアのサウンド鼓動や!」(1), 134쪽.

V. 〈팩스 뮤지카 콘서트〉와 소비되는 평화 213

표현은 다르지만, 조용필도 음악이라는 공통분모에서 가능성을 보았는데, 음악자체의 힘에 대한 강한 신뢰가 그 누구보다 두드러진다. 그러기에 조용필의 말은 매우 추상적이다.

> 음악은 생명입니다. 노래가 울려 퍼지는 곳에는 국경도 문화의 벽도 존재하지 않습니다 (…) 음악은 평화이고, 사랑이고, 꿈입니다. 음악은 혼의 시(詩)이고, 그 안에서 함께 호흡하고 이야기를 주고받으면 행복하리라 생각합니다.[18]

반면 알란 탐은 아시아인들이 "같은 필링"을 가지고 있어서 공감하는 것이 가능하다[19]고 전제한다. 세 명의 뮤지션 중 가장 젊었고, 영화배우로서도 큰 인기가 있었던 알란 탐이 아마도 당시 동남아시아에서는 세 사람 중 가장 유명한 스타였으리라 사료된다.

세 스타가 상상하는 평화음악 콘서트의 이미지는 음악을 통한 '공감'이고 '우정'이며, '따로'가 아니라 '함께'라는 것으로 축약될 수 있다. 특히 조용필의 말에서 표출되었듯이, 뮤지션들은 음악이라는 매체 자체가 평화를 내재하고 있고, 같이 무대에 서는 것만으로도 평화의 메시지를 보낼 수 있다고 믿었던 것 같다. 따라서 슈퍼스타들이 의미하는 평화는 '우정과 만남을 통한 아시아의 평화'라는 정도로서 요약 가능한데, 요즘 글로벌한 상황과 달리 당시 음악가들의 초국가적 교류가 전혀 없던 냉

---

18) 「歌でスクラム〜アジアの人気歌手」, 『朝日新聞』1984. 5. 28. ; 鈴木明, 「PAX MUSICA 響け、アジアのサウンド鼓動や!」(1), 134쪽.
19) 鈴木明, 「PAX MUSICA 響け、アジアのサウンド鼓動や!」(1), 134쪽.

전 시기에는 특별한 의미가 있었다. 하지만 일반적으로 생각하는 '전쟁'이나 '싸움'과 반대되는 개념으로서의 '평화'와는 거리가 있어 보인다. 자세한 분석은 아래에서 다룰 것이다.

2.2. 국경을 넘는 우정과 만남

동아시아 대중음악사에서 새로운 사건이었던 이 콘서트 기획은 우연히 이루어진 사적 모임에서 시작되었다.[20] 조용필과 알란 탐, 그리고 다니무라 신지는 각자 자기 나라에서 대스타였으나, 교류가 없었으므로, 서로 어느 정도 대단한지 알지 못한 상태였다.[21] 다니무라에 의하면, 1984년 1월 조용필이 일본 공연을 위해 도쿄에 왔을 때, 알란 탐도 마침 일본에 있었으므로 세 사람의 만남이 가능했다. 이에 시모키타자와(下北沢)의 다니무라 집에서 세 사람이 술로 의형제를 맺고, "아시아의 열정과 힘을 보여주자"[22]라고 의기투합하게 되었다는 것이다. 신문과 잡지 기사에 따르면, "세 사람의 합일점은 바로 음악회," "우정을 스테이지에서" 보여주고자 하는 소박한 생각이었다고 한다.[23] 제1회 프로그램의 내

---

20) 조용필과 다니무라 신지는 조용필이 1982년 '아시아포럼'에 초청되어 일본에 왔을 때부터 알게 되었다. 알란 탐과 다니무라는 1983년 다니무라의 홍콩 콘서트 때 알게 되었다. 조용필은 1984년초 일본에서 〈돌아와요 부산항에〉로 100만 장의 음반을 판매해서 일본에서는 엔카 가수로 알려졌고(水野浩二, 「ヨンピル日本版? 韓国でレコード発売」, 『週刊アエラ』, 1988. 12. 28. 7쪽), 알란 탐은 팩스 뮤지카를 통해 일본에 데뷔하게 된다(「谷村新司vs譚詠麟. Pax Musica」, 『新民晚報』, 2004. 11. 4).
21) 村上雅子, 「谷村新司(有名人の告白)」, 『現代』 35/8, 1999, 5쪽.
22) 「歌でスクラム~アジアの人気歌手」, 『朝日新聞』, 1984. 5. 28.
23) 「歌でスクラム~アジアの人気歌手」, 『朝日新聞』, 1984. 5. 28.

용과 다르지 않다.

하지만, 처음 팩스 뮤지카 콘서트를 기획했을 때 슈퍼스타들이었음에도 스폰서가 없었으므로, 상업적으로는 이해타산이 맞지 않았다. 다니무라 신지에 따르면, 음향시설, 조명시설 등은 모두 자비로 마련했고, 스타들은 '전원 노 개런티'는 물론이고, 여기에다 매회 콘서트에 1천만엔의 손실을 감수해야 했다.[24] 티켓 가격은 일반인이 가능한 한 많이 참석할 수 있도록 거의 무료에 가까운 200엔이었다.[25] 누구 한 명이라도 '아이디어는 좋지만 비현실적'이라고 냉정하게 말했다면 이 콘서트는 쉽게 포기되었을 터이다.[26]

그런데 왜 한국, 일본, 홍콩이었는가 하는 문제가 있다. 특히 다니무라 신지 못지않게 유명했던 타이완의 여자 가수 테레자 텐(鄧麗君)이 빠진 것에 대해 남성 위주의 컨셉, 또는 중국을 의식한 타이완 제외 등의 의문을 제기할 수 있다. 테레자 텐은 1989년 일본 TBS 동경음악제에서 7개국 가수를 초청하여 개최한 〈아시아대회〉에서 조용필과 나란히 게스트로 초청되었던 슈퍼스타였다.[27] 다른 한편, 테레자 텐은 타이완에서 중국 대륙으로 24시간 내보내는 선전방송의 톱스타로 활약하여 타이완 정부로부터 훈장도 받았다.[28] 그녀가 한 번도 이 평화 콘서트에 참여하지 않았던 것에 대해 조용필은 필자와의 인터뷰(2014. 4. 3)에서 테레자 텐

24) 村上雅子, 「谷村新司(有名人の告白)」, 5쪽.
25) 村上雅子, 「谷村新司(有名人の告白)」, 6쪽.
26) 村上雅子, 「谷村新司(有名人の告白)」, 6쪽.
27) 「アジアの広さと狭さ共に」, 『週刊 アエラ』, 1989. 6. 1.
28) 鈴木明, 「PAX MUSICA 響け、アジアのサウンド鼓動や!」 (4) [さまよえる香港人の歌声」, 『VOICE』, 1985/1, 265쪽.

의 음악이 "콘서트의 컨셉에 맞지 않았기" 때문이라고 말한다.

어쨌든, 다니무라의 추진력이 아니었다면 팩스 뮤지카 콘서트는 일회적 이벤트로 끝나버렸을지도 모른다. 왜 그는 경제적 손실에도 불구하고 일본 뮤지션과 다른 아시아 뮤지션과의 소통을 중요하게 여겼는가?

2.3. 일본 밖에서 본 일본과 아시아: '일본은 아시아가 아니다'

1984년 7월 11일 팩스 뮤지카 공연이 끝난 후, 대중음악 방송 프로듀서였던 스즈키 아키라(鈴木明)[29)는 기획의 중심에 서 있던 다니무라를 인터뷰하면서, 그가 언제부터 홍콩에 관심을 가지게 되었는지 물었다.

처음에는 이유 같은 것은 없었어요. 홍콩에 대해서도 전연 몰랐죠. 기껏해야 마약밀수 루트의 기지라든가 (…) 홍콩에 대해 막연한 인상밖에 없었습니다. 그런데 돌연, 홍콩에서 나의 〈스바루(昴)〉가 레코드 대상을 받았으니 오라는 통지를 받게 되었죠. 1981년. 그러니까 3년 전이네요. 가서 보고 놀랐어요. 나의 노래를 홍콩인이 부르고 있었습니다. 그것도 광둥어 가사로 자신들의 노래처럼 부르고 있었지요. 내가 알지 못하는 곳에서 내 노래가 그들의 마음의 노래로 불리는 것에 감동해버렸습니다. 그래서 동남아시아 투어를 해보자고 생각했습니다.[30)

---

29) 1980년 10월 일본방송 TBS에서 "메이지 다이쇼 쇼와 3대의 가요곡 베스트텐"을 음반판매 자료가 아니라 여론조사 방식으로 추진하여 획기적인 결과를 이끌어낸 프로듀서이다. 古茂田信男(編), 『日本流行歌史』 (下), 社会思想社, 1997, 78쪽.
30) 鈴木明, 「PAX MUSICA　響け、アジアのサウンド鼓動や!」 (1), 143쪽.

하지만 다니무라 신지가 홍콩을 비롯한 동아시아에 관심을 가지게
된 결정적 계기는 무엇보다도 일본 바깥에서, 즉 동아시아인들이 일본
인을 어떻게 바라보는지 인식하게 된 것과 관련 있어 보인다.

> 홍콩에 갔을 때, 나는 이런 소리를 들었습니다. '일본은 아시아에 있으
> 면서도 항상 미국만을 바라보고, 우리들에게는 엉덩이밖에 보여주지
> 않는다. 하지만 당신 그거 알아? 미국에서 보면 아시아는 모두 하나로
> 보인다는 것을. 일본인은 (…) 우리만은 아시아가 아니라는 얼굴을 하
> 고 있으니 이상하지. 일본은 돈뭉치는 가지고 있겠지만 아시아의 고아
> 가 된 꼴이야'라고.31)

다니무라의 말 속에는 일종의 충격이라 느껴지는 '깨달음'이 들어
있다.32) 일본 내에 있을 때는 전혀 느끼지 못한 것을 일본 밖으로 나가서
(일본인에 대한) 자각을 하게 되는 것은 다니무라 만의 경험은 아닐 것이
다. 방송 프로듀서 스즈키 아키라도 홍콩에서 이소룡이 주인공으로 나
오는 홍콩 영화를 보고 일본인이 '악인'이나 '적'의 상징이 되고 있음을 보

---

31) 다니무라의 말은 이어진다: "돈키호테적일지도 모르지만 어쨌든 나는 아시
아 투어를 해 보았습니다 (…) 그 순간부터 나의 음악이 다시 시작한 것입니
다"(鈴木明, 「PAX MUSICA 響け、アジアのサウンド鼓動や!」 (1), 143쪽).
32) 2006년 『朝刊 都』에서 밝힌 다니무라의 말은 조금 다르다. 그가 1984년부터
"아시아를 자신의 lifework로 삼아" 본격적 활동을 하게 된 계기는 1981년의
중국 경험이었다. 당시 중국인 통역학생으로부터 '일본은 어째서 대륙에 등
을 돌리고 있는가?'라는 질문을 받았는데, 그는 일본이 아시아와 구분되는
인식이 있음을 느꼈지만, "같은 아시아인이 아닐까요"라고 답했다. 그 순간
"눈에 비늘이 벗겨지는" 느낌을 받았다는 것이다. 두 가지 버전은 표현이 다
르지만, 내용은 같다(「(団塊はいま)60歳は人生の折り返し 音楽家・谷村新司さ
んに聞く」, 『朝刊 都』, 2006. 1. 27. 34쪽).

고 일본 밖의 일본 이미지에 충격을 받았다고 한다.33) 이런 현상은 전후 일본의 문화정책과 밀접한 관련이 있다고 하겠다.

1980년대에 유행한 '일본인론'이 말해주듯이, 전후 일본의 문화정책은 일본인과 일본의 국가적 정체성을 아시아와 구별되는 배타적이고 특수한 것으로 구축하려는 시도로 일관되었다 해도 과언이 아니다. '일본은 아시아가 아니다'라는 말이 일본 내에서 당연시 되고 있었다. "서구는 일본이 본받아야 할 근대적 타자였지만, 아시아는 일본이 덮어버려야 할 과거"와 같았기 때문이다.34) 1980년대까지도 일본에서 '아시아'는 빈곤하고, 열등한 이미지로 경멸되었다. 일본은 스스로 희생자로만 여기면서 전쟁 이전과의 역사적 단절을 강조해왔다. 이런 맥락에서 일본과 아시아는 단절된 이미지로 이해되고 있었던 것이다. 위의 시니컬한 인용문에서 다니무라가 접하는 일본 밖의 일본 이미지는 이러한 일본과 (구별되는) '아시아'의 관계가 홍콩인들에게도 잘 인식되고 있었음을 보여준다.

하지만 1990년대에 들어서면서 이제 '경멸 받던' 아시아 지역의 급속한 경제성장으로 일본은 오랫동안 외면했던 불편한 아시아적 정체성을 다시 강조하기 시작하는데, 여기서 특기할 것은 다니무라의 경험이 이런 변화가 일어나기 훨씬 이전의 것이었다는 점이다. 다시 말하면, 일본의 '아시아 회귀', 즉, '일본의 아시아주의 언설'35)이 본격화되기 훨씬

---

33) 鈴木明, 「PAX MUSICA 響け、アジアのサウンド鼓動や!」 (1), 144-145쪽.
34) 이와부치 고이치(히라타 유키에・전오경 옮김), 『아시아를 잇는 대중문화. 일본, 그 초국가적 욕망』, 또 하나의 문화, 2004, 23쪽.
35) 이와부치 고이치(히라타 유키에・전오경 옮김), 『아시아를 잇는 대중문화. 일

이전 (10여년전)에 다니무라가 자신의 경험을 바탕으로 단절된 일본과 아시아의 관계에 변화를 시도했던 것은 특기할 만하다.

당시 "[일본]가수들에게 중국이나 동남아시아는 전혀 돈이 되지 않았다"[36]고 다니무라는 덧붙인다. "타이완에서 수백만 부 일본 레코드가 프린트되어도 작곡가에게나 일본가수에게 돈은 1엔도 들어오지 않았"는데,[37] 적자를 내면서까지 그는 아시아를 알기 위해서 1981년부터 매년 홍콩, 방콕, 싱가포르에 갔다. 1984년에 시작한 팩스 뮤지카도 이런 콘텍스트에서 이해될 수 있다.

2.4. 〈팩스 뮤지카〉에서 '평화'의 의미

이러한 자선 성격의 콘서트 기획 동기는 그동안 동아시아 대중음악 문화에서의 불균형과 불균등, 즉 일본인에게 유리했던 구조에 대한 나름대로의 비판적 성찰에 기인한 것이라 할 수 있을 것이다. 이런 배경이라면 팩스 뮤지카가 주창하고 싶은 평화의 의미는 평화의 긍정적인 정의, 즉 "공존이나 평등의 상태"[38]에 가깝다고 할 수 있다. 평화학자 요한 갈퉁의 정의에 따르자면, 이것은 "적극적 평화"[39]라고 말할 수 있는데, 전쟁이라는 직접적인 폭력이 없는 상태("소극적 평화")를 넘어서서 구조적인 폭력, '문화적 폭력'[40]과 같은 일상에 영향을 주는 폭력까지 극복하

본, 그 초국가적 욕망』, 28쪽.

36) 鈴木明, 「PAX MUSICA　響け、アジアのサウンド鼓動や!」(1), 143쪽.

37) 鈴木明, 「PAX MUSICA　響け、アジアのサウンド鼓動や!」(1), 143쪽.

38) 요한 갈퉁(강종일 외 옮김), 『평화적 수단에 의한 평화』, 48쪽.

39) 요한 갈퉁(강종일 외 옮김), 『평화적 수단에 의한 평화』, 19쪽.

40) 藤田明史, 「平和のモデルとしての音楽」, 92–93쪽.

려는 것을 의미한다. 국가를 초월하는 만남과 교류를 통해서 음악가들의 우정과 연대감이 두터워지고, 이를 바탕으로 동아시아의 각 나라가 음악을 통해 친구와 같이 대등한 관계를 경험해 보는 것이 스타들이 상상하는 평화의 의미라 할 수 있을 것이다.

이것이 국가적, 산업적 프로파간다로서가 아니라 일차적으로 다니무라 개인의 인식에서 나온 것임은 의심의 여지가 없다. 그에게 중국과 동남아시아와의 소통은 경제적 이득으로도 바꿀 수 없는 중요한 아티스트로서의 존재 의미였고, 그의 음악이 새로 출발할 수 있는 무한한 가능성이었다.[41] 경제적 목적보다 더 중요한 것을 인식한 깨달음이 그를 일본 음반산업이나 다른 일본가수와 달리 일찍부터 동아시아로 눈길을 돌리게 한 것으로 사료된다.

하지만 일본문화가 국경을 넘어 아시아에 일방적으로 쉽게 침투하는 원인에 대해서, 그리고 아시아인들을 '제국의 신민'으로 동화하려던 역사에 대한 비판적 인식은 평화를 내세우는 스타들의 인터뷰나 신문잡지 등에서 한 번도 언급되지 않았다. 일본음악인이 '우리는 하나'라고 했을 때, 한국과 중국 청중이 느꼈을 위화감은 고려되지 않았는가?

하지만 이 질문은 슈퍼스타들에게 중요하지 않았을 것으로 사료된다. 그 이유는 애초부터 음악으로 '아시아의 평화'라는 메시지를 발신할 때, 팩스 뮤지카 콘서트는 자선의 성격을 가짐에도 불구하고 소비를 목적으로 하는 하나의 '상품'으로 기획되었기 때문이다. 여기서 의미하는

---

41) 鈴木明, 「PAX MUSICA 響け、アジアのサウンド鼓動や!」 (1), 143쪽.

상품의 목적은 티켓과 음반을 비싸게, 많이 팔고자 하는 것이 아니라, 슈퍼스타들이 무대 위에서 우정을 연출해 보여주고, 국경을 넘는 교류를 통해 평화의 메시지를 효과적으로 전하는 것에 있었다.

"음악으로 세계가 평화로우면 좋겠다"[42]라는 즉흥적이고 추상적인 생각으로 시작했지만, 평소 '무대에 서는 것이 곧 비즈니스'인 스타들에게 평화를 위한 음악기획은 그리 순탄치 않았다. 조용필은 한 인터뷰에서 팩스 뮤지카에 참여하게 된 것은 개런티의 유무도, 청중의 많고 적음도 아니라, "의미가 있는" 음악행위였기 때문이라고 고백한다.[43] 그러면, 스타들의 평등과 우정의 아이디어가 실제 콘서트에서는 어떤 식으로 실현되었는가?

3. 〈팩스 뮤지카〉의 역사

언론 방송 매체에 여기 저기 흩어져 있는 정보를 재구성하여 보면 팩스 뮤지카 공연의 역사는 다음과 같다.

---

42) 「Interview Box」, 『週刊明星』, 集英社, 1988. 11., 80쪽.
43) 〈谷村新司 Show time〉, NHK, 2011, http://www.youtube.com/watch?v=Zla8n daGtBA (검색일 2013. 10. 19.)

타이틀	일시	장소	출연 가수
제1회 Pax Musica'84 "Asian, We Are One"	1984. 7. 11.	도쿄/고라쿠엔야구장 (後樂園球場)	다니무라 신지, 조용필, 알란 탐
제2회 Pax Musica'85	1985. 8. 31.	도쿄/니혼부도칸 (日本武道館)	다니무라 신지, 조용필, 알란 탐, 프레디 아길라, 기시다 사토시
제3회 Pax Musica'85	1985. 9. 1.	도쿄/니혼부도칸 (日本武道館)	다니무라 신지, 조용필, 알란 탐, 프레디 아길라, 스기타 지로, 구라하시 루이코
제4회 Pax Musica'85	1985. 11. 8 - 10.	홍콩/홍콩 콜로세움	다니무라 신지, 조용필, 알란 탐, 잭키 찬
제5회 Pax Musica'87 "友"	1987. 8. 18.	서울/한국88체육관	다니무라 신지, 조용필, 알란 탐, 후세 아키라, 기미 유코, 김완선, 루 보나뷔
제6회 Pax Musica'88 in Singapore/Asian Music Scene'88 in singapore	1988. 11. 26 - 27.	싱가포르/칼랑시어터	다니무라 신지, 조용필, 마린, 쟈산타, 다니 찬
제7회 Pax Musica'89 in Okinawa/Asia Music Pageant in Okinawa	1989. 3. 11.	오키나와 /오키나와 콘벤션 시어터	다니무라 신지, 조용필, 유엔 비아오, 완 제, 나쟈, 캰 마리
제8회 Pax Musica'90 in Nagasaki	1990. 8. 18.	나가사키 /이나사야마(稻佐山) 공원 이벤트 스테이지	다니무라 신지, 조용필, 프레디 아길라, 캰 마리, 리 돈왕, 마린, 王虹, 사이조 히데키
제9회 Pax Musica'91 in Fukuoka	1991. 9. 28.	후쿠오카 /후쿠오카 국제 센터	다니무라 신지, 조용필, 마린, 로만 탐, 오유나, 알렉 알렉산더 그라스키, 구도 유키
제10회 Pax Musica'94 in Osaka/Campur Asia Pacific Music Festival Pax Musica "花"	1994. 4. 14.	오사카/ATC 홀	다니무라 신지, 마린, 오유나, 걸 프렌드, 네네즈, 헤티 쿠스 엔단, 얀얀, 서태지와아이들, 치바 미카

자료: 사업보고서 "Osaka Asian Beat 2007 – 大阪アジア音楽祭 事業構想"와 신문·잡지 자료(『朝日新聞』, 『週刊アエラ』 및 『조선일보』, 『포토뮤직』, 『주간경향』 등) 및 영상 자료(KBS 1984, NHK, 2011)를 참고로 재구성한 것이다.

지면상, 위의 공연 역사를 간단하게 불규칙한 공연주기, 콘서트의 부제(副題), 캐스팅, 공연 개최지 그리고 청중의 5가지 측면에서 분석하고자 한다.

불규칙한 공연 주기

먼저, 공연의 주기가 불규칙한 점이다. 85년에는 세 번(2 - 4회)[44] 개최되는가 하면 86년에는 한 번도 개최되지 않는다. 이는 공연 비용 및 기업 스폰서와 관련 있다. 여기서 특기할 것은 1984년 제1회 콘서트부터 1987년(5회)까지는 매년 적자를 내면서 아티스트들이 자비로 콘서트를 했고, 1988년(후반부)부터는 미쓰비시전기와 마이니치방송사가 전적으로 스폰서로 나선다는 점이다. 다니무라는 1988년 스폰서를 받고 개최하는 싱가포르 콘서트를 위한 기자회견에서 기업의 후원을 긍정적으로 평가한다.

> 스폰서가 만들어지고, 기업협찬 공연(冠公演)이 된 것에 우리들은 전혀 저항하지 않습니다. 가능하면 스스로의 힘으로 하고 싶었지만, 비용이 엄청나게 많이 들고, 그러면 티켓도 비싸지고, 매년 하는 것이 불가능해서, 금전적 여유가 있을 때밖에 할 수 없게 되지요. 이제 스폰서를 얻어 그런 걱정이 없어졌습니다. 무엇보다도 우리의 생각에 찬동해주는 기업이 있다는 것이 보다 효과적이고, 개런티를 받을 수 있어서 여러 아티스트와 함께 스테이지에 설 수 있어요.[45]

일본기업이 스폰서가 된다는 것은 스타들의 평화콘서트에 대한 원래 의도가 어느 정도 기업의 의도에 의해 영향을 받을 수 있음을 의미한

---

44) 85년 8월과 9월의 도쿄공연은 각 1회로 한 반면, 85년 11월에 있었던 홍콩공연은 3일 연속을 합쳐서 1회로 처리되었는데, 이 횟수 계산은 사업보고서 『Osaka Asian Beat 2007 - 大阪アジア音楽祭 事業構想』에 따른 것이다.
45) 「Interview Box」, 『週刊明星』, 1988. 11., 80쪽.

다. 즉, 일본기업의 아시아 시장에 대한 관심을 염두에 둔다면, '일본이 주도'하는 아시아 뮤지션의 평화콘서트로 강조될 가능성이 커 보인다. 다니무라 신지는 팩스 뮤지카의 의미를 "음악에 의한 세계평화"[46] 음악 활동으로 규정하고 아시아전역에 걸쳐 1984년부터 2007년까지 200명을 초월하는 아티스트와 뮤지션이 참가했음을 자신의 업적으로 보고한 다.[47]

콘서트는 기업의 스폰서가 있는 88년부터는 매년 1회 규칙적으로 4번 진행된다. 하지만 그 후 다시 불규칙한 공연이 되는데, 92년, 93년을 건너뛰고, 94년 오사카 공연을 끝으로 콘서트 역사가 일단락된다. 이는 무엇보다도 1990년대 일본의 경제 불황으로[48] 기업의 후원을 받지 못한 것에서 비롯되었다(자세한 것은 5장 참고).

부제가 있는 콘서트

콘서트의 역사를 보면 여러 가지 부제가 있다. 87년 서울 공연에서는 '친구(友)', 94년 오사카 공연은 '꽃(花)'이라는 부제가 달려 있고, 한편으로 88년 싱가포르 공연과 89년 오키나와 공연에는 합작공연의 타이틀 'Asian Music Scene'과 'Asia Music Pageant'가 붙어 있다.

싱가포르 공연에 붙은 부제 'Asian Music Scene'은 "팩스 뮤지카의 정신을 이어받은"[49] 것으로서 1988년 싱가포르 콘서트를 기점으로 팩스

---

46) 「20年前 Pax Musica」, 『東方早報』, 2004. 10. 12.
47) 다니무라 신지는 'Asia Music Scene'도 합쳐서 계산한 듯하다(『Osaka Asian Beat 2007 - 大阪アジア音楽祭 事業構想』 참고).
48) 「20年前 Pax Musica」, 2004. 10. 12.

뮤지카와 병행되어 개최되었다. 1989년 방콕, 1990년 쿠알라룸푸르, 1991년 홍콩, 1992년 자카르타, 1993년 싱가포르, 1994년 상해, 1995년 호찌민, 1996년 마닐라, 1997년 다시 쿠알라룸푸르로 이어진다. 그러나 팩스 뮤지카와 달리 매년 정기적(10년 10회)으로 개최되었다. 이것은 스타 멤버로는 다니무라 신지 혼자 주축이 된 것이었는데, 1990년대 현지에 가서 뮤지션을 발굴하고자 하는 일본 음반 산업의 의도와 맞물려 진행된 콘서트로 보인다.50) 팩스 뮤지카가 동북아시아를 중심으로 한 것이라면, Asian Music Scene은 동남아시아를 중심으로 한, 훨씬 상업적인 기획이었다.

또 오키나와공연에는 'Asia Music Pageant'라는 타이틀이 병기되어 있다. 이것은 아시아와 일본의 중간에 위치한 오키나와가 "음악교류의 창구로서 기여"하고자 추진한 음악대회였다.51) 이 음악제도 1989년 팩스 뮤지카와의 합작공연을 기점으로 독자적인 음악제로 발족되었는데, 1990년 제2회 공연에서는 한국 가수 윤복희가 출연했다.52)

다른 한편, 94년 오사카 공연53)의 부제 '꽃(花)'은 오키나와를 상징

---

49) 富澤一誠, 「第108回 Pax Musica アジアでの連帯感」, 2006.
50) 1980년대 말부터 일본음반산업은 일본 내 가수 고갈로 인해 아시아 가수발굴에 눈을 돌린다(「アジアの広さと狭さ共に」, 1989. 6. 1.).
51) 「沖縄の特性生かした交流ーアジア・ミュージック・ページェント」, 『週刊アエラ』, 1990. 3. 1.
52) 「沖縄の特性生かした交流ーアジア・ミュージック・ページェント」, 1990. 3. 1.
53) 다니무라가 전체 프로듀서하고 일본의 '오딧세이' 기획사가 주최한 이 공연은 10개국 11개 팀의 참여로 1984년 팩스 뮤지카 공연에서 가장 다양한 나라의 가수들이 참여하였다(「94 팩스 뮤지카 성공리에 마치고 돌아온 서태지와 아이들」, 『Music life』, 1994, 5월호).

하는 노래 〈하나(花)〉를 테마로 하는 기획이었다. 마지막에 테마곡 〈하나〉를 다 함께 부른 후, 스타들이 무대에서 내려와 관객들에게 꽃을 나눠주고 일일이 악수하면서 막을 내렸다고 한다.[54] 유명한 오키나와 전통 음악 그룹인 '네네스'도 참여하여 멋진 무대를 펼쳤다. 이 그룹은 가수 지나 사다오(知名 定男)가 1990년 결성하였으므로, 89년 오키나와 공연이 아니라 94년 오사카 공연에 합류할 수 있었다.

87년 서울공연 '친구(友)'는 조용필의 노래 〈친구여〉를 테마로 '우정'을 캐치프레이즈로 내세우고 있다. 하지만 서울 공연에서는 '순수한' 음악적 우정이 정치적 조건에 의해 통제된 경우이다. 당시 한국에 일본 문화가 공식적으로 개방되기 전이었으므로, 콘서트에서 일본어로 노래하는 것은 문제가 되었다. 콘서트 마지막을 장식하는 노래 〈친구여〉를 알란 탐은 중국어로 불렀지만, 일본인 다니무라 신지와 후세 아키라(布施 明)는 일본어가 아닌 (가사메모를 보면서) 한국어로 불러야 했다.[55] 도쿄에서 개최되었던 콘서트에서는 다니무라가 일본어로 〈친구여(友よ)〉를 불러 한중일 언어를 다 들을 수 있었던 것과는 대조적이다. 국경을 넘고, 언어를 넘고자 했던 스타들의 우정이 한국에서는 정치적 한계에 부딪혔음을 보여주는 예라 할 수 있다. 조용필은 후에 이 서울공연기획이 무척 힘들었다고 말한다.[56]

---

54) 「94 팩스 뮤지카 성공리에 마치고 돌아온 서태지와 아이들」.
55) 〈팩스 뮤지카〉, KBS, 1987, http://www.youtube.com/watch?v=WT0IAWqmnog (검색일 2013. 10. 19.)
56) 「Interview Box」, 『週刊明星』, 1988. 11., 80쪽.

캐스팅

캐스팅을 보면, 알란 탐은 1987년 공연을 끝으로 더 이상 참가하지 않는다. 따라서 1988년부터는 다니무라와 조용필 두 사람이 팩스 뮤지카의 주축이 된다. 1990년 나가사키 공연 보도에서는 알란 탐의 이름은 제외되고, "다니무라 신지가 조용필과 함께 6년 전부터 시작한 팩스 뮤지카"로 기술되어 있다.[57] 필리핀, 몽고, 인도네시아 등 다양한 아시아 가수 외에도 러시아 가수, 오스트레일리아 출신의 여성그룹(Girlfriend)도 참가한다. 주축이 된 스타 3명 외에 가장 많이 무대에 선 가수는 필리핀 가수 마린(4회)과 프레디 아길라(3회)이다. 특히 마린은 일본에서 활동하고 있는 재즈가수로서 유명한데, 거의 일본가수라고 해도 좋을 것이다.[58] 이것은 몽고 울란바토르에서 온 싱어송라이터 오유나(Oyunaa)[59]도 비슷하다.

홍콩에서는 우리에게 성룡으로 잘 알려져 있는 국제적 스타 잭키 찬과 유엔 비아오(Yuen Biao), 88년에는 싱어송라이터 다니 찬이 참가한다. 이에 비해 한국 쪽에서는 87년 김완선[60]과 94년 서태지와 아이들이

---

57) 「長崎発、全アジア! 〈PAX MUCIA〉」, 『週刊時事』 32호, 1990. 9. 8., 8쪽. 조용필은 알란 탐이 미국으로 이민갔기 때문이라 말한다.(인터뷰 2014. 4. 3.).
58) 본명은 Marlene Pena Lim(1960~). 1981년 조용필처럼 CBS 소니와 계약을 맺었고, 4번째 앨범 〈데쟈뷰〉의 대히트로 주목을 받았으며, 지금도 활동 중이다. 공식사이트 http://www.marlenejazz.com/(검색일 2014. 3. 21.).
59) 나고야음대에서 피아노 전공한 가수, 1975년 일본 데뷔 후, 계속 일본에서 활동하고 있다. 1994년 오사카 공연에서 직접 피아노를 치며 노래했다고 한다(Music life, 1994).
60) 김완선은 〈리듬 속의 그 춤을〉을 부르며 열정적인 춤을 선보였다(〈팩스 뮤지카〉, KBS, 1987).

각각 1회 참가하는 정도이다. 서태지와 아이들이 한국대표로 참석한 마지막 10회 공연에는 조용필도 참가하지 않았기 때문에,[61] 처음부터 끝까지 참여한 가수는 다니무라 신지뿐이다. 또한 일본을 주 무대로 활동 중인 마린과 오유나를 제외하고도 기시다 사토시(岸田智史), 스기타 지로(杉田二郎), 구라하시 루이코(倉橋ルイ子), 후세 아키라(布施明), 기미 유코(君夕子), 사이조 히데키(西城秀樹), 구도 유키(工藤夕貴), 치바 미카(千葉美加) 등 일본가수의 수가 압도적이다. 여기에 일본과 전혀 다른 문화와 역사를 가지지만 일본어로 노래하는 오키나와 음악 그룹 '네네즈'도 포함되므로 더욱 그렇다.

공연개최지

콘서트는 매년 일본, 한국, 홍콩을 돌아가면서 개최하기로 했지만, 실제 공연이 가장 많이 이루어진 곳은 일본이다. 홍콩, 서울, 싱가포르를 제외하고 7회가 일본에서 이루어졌다. 그중 평화와 관련해서 흥미로운 장소는 오키나와(제7회)와 나가사키(제8회)이다. 두 장소 모두 제2차 대전으로 인해 수많은 인명 피해가 있었던 곳으로서 반전과 평화를 상징하는 도시이다. 하지만 이 장소가 반전 평화의 이미지가 있다고 해서 특별히 선정된 것은 아닌 듯하다.[62] 예를 들면, 나가사키에서 공연하기로 결정된 배경은 나가사키에서 개최되는 다른 행사의 일환으로 성사되었

---

61) 대신 조용필은 1994년 9월 22일 상해에서 다니무라 신지와 함께 'Asia Music Scene'에 출연한다(『Osaka Asian Beat 2007 - 大阪アジア音楽祭 事業構想』).
62) 오키나와에서의 콘서트 장소는 오키나와 콘벤션시어터로서 '이벤트'의 인상이 강하다.

던 것이다. 즉, 1990년 8월부터 나가사키에서 "다비(旅)"라는 테마의 전람회가 있었는데, 이를 위해 나가사키 시 이나사야마(稲佐山) 공원에 일만 명을 수용할 수 있는 야외 스테이지를 세웠다.[63] 하지만 8월에 나가사키에서 일만 명의 청중을 동원하는 것이 힘들다는 판단에서 뭔가 의미 있는 공연을 유치하지 않으면 안 되는 상황이었다. 이에 팩스 뮤지카 콘서트를 여러 번 관람한 경험이 있는 기자 도미사와 잇세이(富澤一誠)가 1989년 다니무라 신지와 우치노에게 제안하여 1990년 공연장소로 나가사키가 결정되었다.[64] 또한 오키나와가 공연지로 선택된 것도 앞서 언급되었듯이 'Asia Music Pageant'와의 합작공연과 관련이 있었다. 반면, '반전평화의 대명사'라고 할 수 있는 히로시마는 제외되었다. 이를 종합해 볼 때, 콘서트 개최지의 상징적 의미보다 가수들이 함께 무대에 설 수 있는 기회가 더 우선적으로 고려되었음을 짐작할 수 있다.

청중

팩스 뮤지카 공연에서 가장 많이 동원된 청중은 일본인이었으리라 추정된다. 그 이유는 공연 개최지가 주로 일본에 치중되었고, 일본가수의 비율도 월등하게 높았기 때문이다. 요즘은 J‑Pop, K‑Pop 콘서트 때문에 한국 팬들이 일본으로 원정관람을 가거나 일본 팬들이 한국으로 원정 오는 경우가 흔하지만, 1980년대 이런 현상은 거의 찾아 볼 수 없었다 해도 과언이 아니다. 다시 말하면, 일본에서 7회 공연되었다는 것은

---

63) 富澤一誠, 「第154回 長崎でPax Musica」, 2007.
64) 富澤一誠, 「第155回 谷村新司に長崎でのPax Musicaを依頼」, 2007.

일본 공연의 청중은 거의 일본에 거주하는 사람이라 결론 내려도 틀리지 않을 것이다. 도쿄의 제1회 공연 관람객은 3 - 4만 명으로 추정된다.[65] 4회 홍콩공연은 3일 이어졌고 매번 1만 명의 청중이 모였으므로 최대 3만여 명의 홍콩인이 관람했다.[66] 이에 비해 5회 서울공연은 3천 명, 싱가포르 공연 최대 4천여 명[67]에 불과하여 한국 청중과 싱가포르 청중 수는 열세했다. 물론 일본 공연이라도(제1회 관람객의 증언에 따르면), 재일조선인과[68] 중국인들도 꽤 모습을 드러냈다고 한다. 이런 이유에서 팩스 뮤지카가 젊은이들의 콘서트이지만 관객의 연령이 보통보다 약간 높았던 인상을 주었으리라 해석할 수 있다.[69] 하지만 도쿄 니혼부도칸에서 (2회와 3회 합쳐) 2만여 명, 오키나와 공연 5천여 명, 나가사키 공연 1만여 명,[70] 후쿠오카 1만여 명, 오사카 2,500여 명[71] 관람객을 합하면 일본청중의 수가 압도적인 것은 확실하다. 또한 공연이 NHK에서 방송되었으므로[72] 공연장을 찾지 못한 불특정다수 일본인들이 시청했으리라

---

65) 제1회 공연 청중 수에 대한 통계는 조금 차이가 있다. 조용필은 3만 5천 명(〈KBS 100분쇼-조용필특집〉), 스즈키 아키라는 2만 명으로 추정한다. 鈴木明,「PAX MUSICA 響け、アジアのサウンド鼓動や!」(1), 134쪽.
66) 谷村新司,「Pax Musica 香港」,『週刊平凡』27(46), 1985, 129쪽.
67) 싱가포르의 칼랑시어터(Kallang theatre) 홀의 최대 수용인원은 1,680명으로, 공연은 이틀 진행되었다.
68) 한국의 톱 스타인 조용필의 노래를 직접 듣기 위해 재일조선인들이 많이 참석했다고 한다.
69) 鈴木明,「PAX MUSICA 響け、アジアのサウンド鼓動や!」(1), 134쪽.
70) 富澤一誠,「第155回 谷村新司に長崎でのPax Musicaを依頼」, 2007.
71) 재일조선인이 많이 살고 있는 오사카의 공연에서도 나이 든 어른의 수가 꽤 되었다고 한다(「94 팩스 뮤지카 성공리에 마치고 돌아온 서태지와 아이들」).
72) 1985년 당시 일본유학생이었던 한영혜 교수도 NHK방송을 통해 조용필의 팩스 뮤지카 공연을 보았다고 한다(2013. 12. 11.).

추측되는데, 이것만으로도 평화메시지의 수혜자는 압도적으로 일본인이었다고 할 수 있겠다.

다른 한편, 일본청중 중에서도 여성이 다수를 차지했으리라 추측되는데, 그 이유는 출연한 스타 가수들이 대체로 남자라는 점 때문이다. 조용필의 인터뷰에 따르면, 제1회 공연에서 무대 위 스타가 모두 남자여서 여성청중이 압도적이었다고 한다.[73] 가수들의 성별을 분석해 보면, 특히 청중이 많이 동원되었던 1회, 2회, 4회는 100% 남성 가수가 출연했고,[74] 10회 오사카 공연을 제외한 모든 공연에서 남성 가수의 비율이 높음을 볼 수 있다. 요약해보면, 일본인 가수의 출연 빈도수와 남성가수의 빈도수가 압도적으로 높고, 공연장도 일본지역이 가장 많았으므로, 평화메시지를 가장 많이 소비한 청중은 일본인이고, 일본인 중에서도 여성 청중이었으리라 사료된다.

4. 〈팍스 뮤지카〉 정신을 대변하는 노래: '아시아의 불꽃'

평화음악의 메시지는 동아시아의 각 나라가 음악을 통해 '친구와 같은 평등한 관계'가 되는 것이라고 요약할 수 있다. 이런 메시지의 전달

---

73) 〈KBS 100분쇼-조용필특집〉, http://dvdprime.donga.com/bbs/view.asp?bbslist_id=1661540&master_id=40 (검색일 2013. 10. 19.)

74) 4회 홍콩공연에서도 홍콩 여성팬의 비율이 높았으리라 추측된다. 남자가수 4인, 여자가수 3인이 출연하는 5회 서울 콘서트의 영상자료를 보면, 청중석에는 여성팬들, 소위 '오빠부대'가 다수를 차지하고 있다. http://www.youtube.com/watch?v=G1eC9vOsKsA(검색일 2014. 3. 3.).

을 위해, 스타들의 노래와 진행방식, 무대연출 등에서 일반 콘서트와 다르게 구성했다면 다른 점은 무엇인가? 그리고 팩스 뮤지카의 정신을 대변하는 상징적인 노래가 탄생했는가?

가장 중요한 1984년 콘서트를 중심으로 살펴보고자 하는데, 이 콘서트에 대해서는 홍보도 많이 되어, 뉴스 및 매체에 자료들이 상대적으로 많이 남아 있다. 특히 콘서트가 있고 난 3일 후, 7월 14일 KBS 100분쇼에서 부분적으로 중계하였고, DVD로 발매되어 대략의 공연 분위기를 알 수 있다. 또 일본에서는 동년 12월에 이 콘서트의 CD가 발매되었다. CD의 첫 곡으로 다니무라 신지의 〈구룡에서 있었던 일(九龍の出来事)〉, 알란 탐 3곡, 다니무라 신지 5곡, 조용필 5곡이 선정되어 있고, 마지막에 함께 불렀던 조용필의 〈친구여〉가 수록되어 있다.[75]

제1회 도쿄 공연이 진행되는 형식을 보면, 다니무라가 먼저 스타들

---

75)   〈표2〉 1984. 12. 일본에서 발매된 팩스 뮤지카 음반 목록

곡목	노래
九龍の出来事	谷村新司
夏の寒風 (Summer Breeze)	アラン・タム
酒干尚賞無 (ジューカンタンウェーモー)	アラン・タム
愛到称発狂 喜気洋洋(My Sharona Full of Happiness)	アラン・タム
窓の外の女	チョー・ヨンピル
釜山港へ帰れ	チョー・ヨンピル
恨500年	チョー・ヨンピル
赤とんぼ	チョー・ヨンピル
生命	チョー・ヨンピル
朝日を求めて	谷村新司
22歳	谷村新司
いい日旅立ち	谷村新司
陽はまた昇る	谷村新司
昴	谷村新司
友よ	3人

자료: http://www.ne.jp/asahi/database/st/base/video/pax-v.html (검색일 2014. 3. 21.)

을 소개한 후, 알란 탐이 35분, 조용필이 60분, 다니무라 신지가 45분 동안 각각 자신의 곡을 불렀다고 한다.[76] 마지막 무대를 장식하는 노래 〈스바루〉와 〈친구여〉는 다니무라 신지가 먼저 일본어로, 이어서 알란 탐이 광둥어로, 마지막에 조용필이 한국어로 부른 후, 다 같이 합창하면서 막을 내린다. 조용필의 〈친구여〉는 적어도 일본 청중에게는 아시아 가수들의 '우정'을 상징하는 것으로, 팩스 뮤지카의 '간판음악'이 되었다.[77] 10년간의 휴지를 깨고 다시 시작하는 2004년 상해 콘서트에서도 〈친구여〉를 오프닝 곡으로 선택하는데, 다니무라는 "이 노래 속에 세 명의 아름다운 추억이 있기 때문"[78]이라고 밝힌다.

물론 〈친구여〉뿐 아니라, 다니무라 신지의 〈스바루(昴)〉와 오키나와 노래 〈하나(花)〉도 아시아의 화합을 감정적으로 경험하는 곡이 되었다. 1990년 나가사키에서 개최된 콘서트의 일본인 참석자에 의하면, "출연자 전원이 〈하나〉를 청중과 함께 합창하는 것을 보면, 국경도 민족도 (뭐도) 없고, 세계는 음악이라는 것에 의해 하나가 됨을 가슴 절절히 알게 되었다"고 회고한다.[79] 바로 국경을 넘는 일체감과 우정의 메시지를

---

76) 당시 콘서트에 참석한 음악평론가 스즈키 아키라는 조용필이 '17곡을 뛰어난 박력으로 노래했다'고 기록하고 있다 (鈴木明, 「PAX MUSICA 響け、アジアのサウンド鼓動や!」 (1), 140쪽). 조용필의 노래시간이 긴 것은, 〈아시아의 불꽃〉(5분 45초)처럼 그의 곡이 대체로 길기 때문이다(〈KBS 100분쇼-조용필특집〉).

77) 조용필은 팩스 뮤지카 콘서트에서 항상 〈친구여〉를 불렀다고 기억한다. 또 홍콩에서는 이 곡이 알란 탐의 곡으로 히트쳤다고 한다.(인터뷰 2014. 4. 3.) 2013년 11월 7일 도쿄에서 있었던 조용필의 15년만의 콘서트에서도 객석에 있던 다니무라 신지를 소개하면서 함께 〈친구여〉를 불렀다 (와카미야 요시부미, "도쿄에서 생각하는 조용필의 의의", 『동아일보』, 2013. 11. 21).

78) 「20年前 Pax Musica」, 2004. 10. 12.

발신하는 것, 이것이 바로 팩스 뮤지카가 의도한 점일 것이다.

팩스 뮤지카가 일반 콘서트와 다른 점을 요약해본다면 무엇보다 우정과 화합을 상징하는 무대연출을 들 수 있을 것이다. 예를 들면, 세 슈퍼스타가 경쟁자가 아니라 친구처럼 어깨동무를 하는 등 연대감을 표현하는 것이 인상적이다. 서로의 노래를 한국어, 중국어, 일어로 부르고, 바꿔서 부름으로 언어의 장벽을 넘어서는 우정을 보여주고자 했다. 레퍼토리도 중요한데, 〈친구여〉나 〈스바루〉, 〈하나〉 등의 '모든 이의 마음', '함께 한다'는 내용의 노래를 통해 우정과 연대감의 메시지를 발신하였다.

그뿐만 아니라, 제1회 공연에서 팩스 뮤지카의 정신에 맞게 새로 작곡된 곡도 있었는데, 조용필의 〈아시아의 불꽃〉(1984)이다. 이 점에서 조용필도 다니무라 신지에 못지않게 '아시아의 평화'의 정신을 구현하고자 심혈을 기울인 가수라 할 수 있다.

〈아시아의 불꽃〉에서 한중일의 평화를 음악적으로 담아내려고 한 조용필의 음악적 고민이 흥미롭다. 이를 세 가지로 서술해 보면, 첫째, 가사를 통한 시도이다.

> 아시아의 젊은이여(×2)/영원한 사랑을 위하여 같이 가리라 여기 모여서
> /우리의 노래를 부르리라/사랑도 하나 마음도 하나 우리의 숨결도 하나
> /여기 모여서 같이 가리라 우리의 노래를 부르리라/FIRE CRACKER OF
> ASIA(×2)/ 나는 너를 사랑하고 너도 나를 사랑할 때/우리들은 모두가

---

79) 富澤一誠, 「第155回　谷村新司に長崎でのPax Musicaを依頼」, 2007.

하나하나/저기 보이는 곳에 저기 숨 쉬는 곳에/우리들의 평화가 사랑
/FIRE CRACKER OF ASIA(반복)

추상적이긴 하지만, 가사에서 '사랑, 젊은이, 평화, 노래'가 중요한
키워드로 연결된다. 이것을 전부 아우르는 것은 "모두가 하나하나"라는
가사다. 하나가 될 때 평화가 되고 사랑이 된다는 것이다.

둘째, 가사뿐 아니라 멜로디적으로 한중일을 표현하고자 시도했
다. 노래 사이 간주에 중국의 유명한 민요 〈茉莉花(재스민)〉, 일본의 창
가 〈茶摘(차쓰미)〉, 한국 민요 〈아리랑〉의 멜로디 첫 부분을 '몽타주'하
여 삽입했다.[80]

셋째, 노래의 스타일을 록음악으로 한 것은 한중일 젊은이들의 음
악적 공통분모를 반영한 것이다. 각국의 '고유한' 사운드로 여겨지는 옛
민요 멜로디가 한중일의 다름을 잠시 암시하지만, 록음악 속에서 언어
나 국경을 넘어 3국의 젊은이들이 함께 소통할 수 있음을 의미한다.

결론적으로 〈아시아의 불꽃〉은 국적을 넘어 하나가 되는 아시아인
들의 우정과 평화를 음악적으로 잘 표현한 곡으로 평가될 수 있다. 한 곳
에 안주하지 않고 늘 새로운 음악적 실험을 시도하는 조용필의 독창성
을 엿보게 하는 곡이다. 하지만 이 곡은 팩스 뮤지카의 '간판음악'으로 채
택되지는 못하였다. 또한, 〈표2〉에서 보듯이 팩스 뮤지카 CD에서도 제
외되었다. 그 대신 CD에는 일본에서 잘 알려져 있는 조용필의 히트곡

---

80) 한중일 멜로디가 1절 후 간주에서 소개될 때, 조용필은 재일조선인 뮤지션
밴드를 한 명씩 소개한다(〈KBS 100분쇼-조용필특집〉, 1984).

〈돌아와요 부산항〉, 〈한오백년〉, 〈고추잠자리〉가 들어 있다. CD 프로덕션에서 상업적 마인드가 더 우선시되고 있음을 상상할 수 있는 대목이다.

물론 평화의 메시지를 전달하면서 상업적인 논리가 끼어들었다고 반드시 부정적으로 보아야 할 이유는 없을 것이다. 중요한 것은 상업적이냐 아니냐가 아니라, 청중이 어느 정도로 평화의 메시지에 감동하여 받아들이느냐이기 때문이다. 1988년 싱가포르의 팩스 뮤지카 콘서트에 참가한 일본인 관람자는 "콘서트 시작하기 전, 많은 타이 사람들 가운데 혼자 앉아 강한 고독감에 힘들었다. 사람들의 몸에서 나는 냄새에 숨이 막힐 정도였다. 하지만 공연 2시간 후, 고독감도 없어지고, 나는 말할 수 없는 연대감 속에 빠져들었다. 마음은 행복했다. 마음이 행복하게 되는 것, 이것이 팩스 뮤지카가 아닐까라고 생각했다"[81]고 한다. 팩스 뮤지카를 통해 경험하는 다른 나라 사람과의 연대감이 어떠했는지 상상할 수 있는 대목이다. 조용필과 다니무라 신지가 처음부터 굳게 믿고 있었듯이, 음악이라는 매체는 반전평화의 구호를 외치지 않아도 사람의 마음을 열어 일체감을 느끼게 하는 마력이 있음을 재확인하게 해준다.

---

81) 富澤一誠, 「第108回 Pax Musica アジアでの連帯感」, 2006.

5. 1990년대 초반 〈팩스 뮤지카〉의 중단과 그 문화적 배경

이런 일체감을 주는 콘서트가 1990년대 들어서면서 흐지부지하게 되고 결국 1994년에 중단하게 되는데(제1차 중단), 그 이유는 무엇인가? 물론 2004년 우치노 지로의 유언 같은 부탁으로 팩스 뮤지카가 다시 부활했지만, 6년 후 또다시 흐지부지하게 된다(제2차 중단).

이미 잠시 언급되었듯이 1990년대 초반의 제1차 중단은 일본의 경제위기와 밀접한 관련이 있다. 1991년 2월 이후 일본의 거품경제(소위 "버블경제")가 붕괴되어 일본은 장기적인 불황의 시기에 접어들게 된다. 이로 인한 일본기업의 경제적 불황은 1988년부터 기업스폰서에 의존하던 콘서트 기획에도 영향을 미친다.

하지만 기업의 후원이 없더라도 자비를 대며 이루어냈던 초기의 열정이 남아 있었다면 공연을 이어가지 못할 이유도 없었을 것이다. 경제 불황이 외적인 요소라면, 더 큰 문제는 스타들을 한자리에 모을 수 있는 내적 열정과 의미가 퇴색되어 버린 것이 아니었을까?

이런 의문을 제기할 수 있는 것은 일본대중문화가 1990년대 초에 겪는 큰 변화와도 관련이 있어 보이기 때문이다.[82] 즉, 1980년대에 독보

---

82) 여기서 홍콩이나 한국의 콘텍스트가 아니라 일본의 콘텍스트에서 분석하는 이유는 알란 탐이 1987년을 마지막으로 이후 불참하였고, 85년과 87년에 국한된 홍콩(약 3만 명 동원)과 서울(3천 명 동원) 공연의 파급효과도 미미했다. 반면, 아이디어나 추진하는 주체, 청중, 스폰서 등 모두 일본이 주도하다시피 하였으므로 일본대중문화의 배경에서 팩스 뮤지카를 평가하는 것이 유의미하다고 사료되기 때문이다.

적이었던 팩스 뮤지카의 '순수한' 정신이 1990년대 초에 접어들면서 일본대중문화의 '아시아 회귀'라는 큰 변화로 인해 전혀 다른 맥락에 처하게 된다는 것이다.

먼저, 팩스 뮤지카가 내세운 '아시아는 하나'라는 모토가 1990년대 초 보수정치인 이시하라 신타로(石原慎太郎)가 말하는 '아시아는 하나'라는 언설과 혼동이 될 수 있다는 점이다. 서로 전혀 다른 배경을 가지고 있었음에도 이 둘의 모토가 외견상 같은 선상에 있는 것으로 오해될 수 있었을 것이다. 이시하라는 동남아시아 어디를 가나 음악 속에 들어 있는 일본이 만든 "독특한 8비트"의 리듬을 들으며, 또 동아시아를 휩쓸고 있는 일본대중문화의 영향을 보며 '아시아인에게 똑같은 피가 흐르고 있는 것이 아닐까'[83]라고 (서구에 대한 차이로서) '아시아주의'를 말한다. 그 동안 아시아를 "뭔가 결여되고, 일본과 관련이 없는 후진국"[84]으로 간주하고 '우수한' 일본과 '열등한' 아시아를 구분하던 태도에서 일변한 것이다.[85] 이러한 변화는 일본이 장기 경기침체를 맞게 되는 반면, 아시아 지역의 급속한 경제성장으로 인해 아시아는 더 이상 착취의 대상이 아니라 일본 산업이 이윤을 취할 수 있는 거대한 시장이 되었다는 것과 관

---

83) 石原慎太郎, 『「NO」と言えるアジア』, 光文社, 1994, 128쪽.
84) 이와부치 고이치(히라타 유키에·전오경 옮김), 『아시아를 잇는 대중문화. 일본, 그 초국가적 욕망』, 27쪽.
85) 이 시기 이시하라는 "일본은 한 번도 역사상 단일민족인 적이 없었고, 아시아의 많은 인종이 섞여 있기 때문에 아시아와 자연스럽게 연결되어 있다"고 주장했다.(石原慎太郎, 「NO」と言える日本』, 151쪽 ; Ching Leo, "Globalizing the Regional, Regionalizing the Global: Mass Culture and Asianism in the Age of Late Capital", *Public Culture* 12/1, Duke University Press 2000, pp. 233-257.

련이 있다.[86] 즉, 일본이 그동안 음지에 가두어 놓았던 '아시아적 정체성'을 다시 강조하지 않으면 안 되는 상황을 반영한다.[87]

이제 매체에서 너도 나도 '아시아와의 교류'를 강조하고, 일본 음반 산업은 아시아 음악가의 발굴을 위해 현지에 가서 오디션을 개최하는 상황이 되었다. 이런 배경에서 냉전 시기의 신선했던 팩스 뮤지카의 고유한 정신은 빛을 잃게 되었다. 또한 처음부터 의도한 것은 아니지만, 10년의 역사가 흐르는 동안 결과적으로 팩스 뮤지카는 '일본청중'에게 다른 아시아 뮤지션에 대한 관심을 불러일으켜 그동안 일방적이었던 흐름을 바꿔보고자 한 것이 되어버렸다.

실제로 조용필과 알란 탐이 일본에 소개된 정도에 비하면, 다니무라 신지가 1987년 서울 팩스 뮤지카 콘서트로 인해 한국 청중에게 소개된 정도는 미미했다.[88] 반일감정이 강했던 한국에서의 콘서트는 그나마 대스타 조용필의 이름이 있었기에 가능했지만, 그럼에도 1회로 끝난 것은 조용필로서도 극복하기 힘든 점들이 많았음[89]을 암시한다. 또 홍콩 가수 알란 탐은 초반에 탈락하므로, 한국 청중과 홍콩 청중이 팩스 뮤지카의 의미를 폭넓게 수용할 기회는 일본 청중에 비해 크지 않았다. 콘서트의 기획에서부터 실행까지, 그리고 수용자의 측면에서 보아도 일본

---

86) 「アジアから演歌がやって来た(リポート·音楽)」, 『週刊アエラ』 1988. 7. 5.
87) 한정선, 「대중문화의 표상과 일본 보수주의 - 만화 시마 과장과 현대 일본의 샐러리맨 보수주의」, 장인성, 『전후 일본의 보수와 표상』, 서울대 출판문화원, 2006, 179쪽.
88) 87' 팩스 뮤지카 서울 공연의 KBS 영상에는 3인의 슈퍼스타 중 일본 대표가수를 다니무라 신지가 아닌 후세 아키라로 잘못 소개하고 있다.
89) 「Interview Box」, 『週刊明星』, 1988. 11., 80쪽.

측이 주도한 평화기획이 되어버렸다. 개최 장소와 일본가수들의 높은 참여율, 일본기업의 후원 등을 고려해 볼 때, 결과적으로 '아시아는 하나'라는 발상은 여전히 일본에서 아시아로 발신하는 메시지였다.[90] 스스로 주머니를 털어 일본과 다른 아시아 간의 문화적 불균형을 해소해보고자 초국가적 평화콘서트를 시도했지만, 은연중에 아시아의 평화와 우정을 쌓아감에 일본인이 주도적 역할을 한다는 일본 중심의 메시지가 들어갈 수밖에 없었다. 음악 저널리스트 가와카미 히데오(川上英雄)가 파리가 월드뮤직의 거점이 된 것처럼 일본이 "아시아 대중음악 융합의 중심"[91]이 되리라고 강조했던 것과 묘하게 겹쳐져 보이는 것이 사실이다. 결국 팩스 뮤지카의 원래 의도가 일본대중문화의 변화에 의해 추월당한 셈이 되어 버렸다.

결론적으로, 1991년 이후 팩스 뮤지카가 거의 중단되다시피 하다가 1994년부터 휴지기에 들어간 것은 외적으로는 일본기업의 불황이 원인이기도 했지만, 내적으로는 이 콘서트가 내세웠던 아시아 음악인과의 우정과 교류를 통한 '평화'는 더 이상 의미를 가지지 못하게 되어버린 상황 때문이라고 할 수 있다. 1994년의 공연은 사실상 팩스 뮤지카를 끝맺는 행사였다.

이런 맥락에서 2004년, 일본인과 한국인 그리고 중국인이 서로 자

---

90) 1990년대 일본의 TV 프로그램 〈아시아 N 비트〉와의 중요한 차이는 아시아 뮤지션 속에 일본뮤지션이 제외되었지만, 팩스 뮤지카 콘서트는 처음부터 아시아의 카테고리에 일본이 들어있다는 사실이다.

91) NHK는 〈21세기 비틀즈는 아시아에서〉(1997)라는 프로그램을 방영했다(이와부치 고이치(히라타 유키에·전오경 옮김), 『아시아를 잇는 대중문화. 일본, 그 초국가적 욕망』, 230쪽).

유롭게 왕래하고, 한중일 대중문화도 다(多)방향으로 흐르고 있는 시기에 팩스 뮤지카가 다시 부활한 것은 애초에 의미가 없었으리라. '비',[92] '신승훈'[93] 등 K‑Pop의 톱가수들이 출연하여 관중의 열광적인 호응을 얻었지만, 왜 '팩스 뮤지카'라는 타이틀을 취해야 하는지는 분명하지 않았다.[94] 제2차 중단에 대한 자세한 분석은 다른 기회에 서술하고자 한다.

6. 〈팩스 뮤지카〉의 의미와 한계

팩스 뮤지카 공연은 상업적 측면에도 불구하고 다니무라를 비롯한 슈퍼스타들이 1980년대 초반 냉전시기, 아시아와 일본 간의 거대한 문화적 불균형, 즉 일본의 문화적 폭력을 개인적인 차원이지만 완화해보고자 하는 나름대로의 깊은 통찰에서 추진한 평화음악기획이라 할 수 있다. 이러한 긍정적인 의미에도 불구하고, 여러 가지 한계점도 두드러진다.

한편으로, 10년간의 콘서트 역사는 한중일 뮤지션 교류를 위한 준비가 되어 있지 않았던 당시 한국과 중국의 소극적인 참여로 결국 일본 중심의, 일본 청중을 위한 평화콘서트가 되어버렸다.[95] 삼국에서 동등

---

92) 탁진현, 「김정훈‑비‑이완, 한국대표로 아시아 톱스타들과 한자리에」, 『스포츠조선』, 2006. 9. 13.
93) 「신승훈 '2009 팍스 뮤지카' 韓대표로 참가」, 『해럴드경제』 2009. 11. 6.
94) 팩스 뮤지카 상해 공연 관람기 (http://blog.daum.net/corrymagic/1088410 검색일 2014. 3. 3.)
95) 스타들에게 이득이 된 것이 있다면 다음과 같은 것이다. 알란 탐은 일본에서

한 비중으로 개최되지 못한 10년의 역사를 전체적으로 볼 때, 대등함을 보여주는 것에는 한계가 있었다고 할 수 있다.

다른 한편, 음악으로 어떻게 평화의 메시지를 전달할 수 있는지에 대해 〈아시아의 불꽃〉이라는 훌륭한 음악적 본보기가 탄생했지만, 새롭고 낯선 것보다 대중에게 쉽고 친숙한 것이 우선적으로 선호되는 대중문화의 상업성에 묻히고 말았다.

또한 1990년대 일본음반산업의 방향 전환으로 아시아 음악인의 교류가 대세가 되었고,[96] 동아시아의 대중문화의 불균형이 상대적으로 완화되었다고 해서 이 상황을 팩스 뮤지카의 기여라고 보기도 힘들다. 이러한 변화는 오히려 1990년대 다른 아시아지역의 눈부신 경제성장과 일본의 경기 불황이라는 경제적 요인이 그 주된 배경이었기 때문이다. 더욱이 이전에 아시아를 경멸하던 보수 정치 세력이 아시아와의 일체감을 주장하게 됨으로써 원래 팩스 뮤지카의 신선하고 진취적이었던 발언에 착종현상이 일어나고, 진부한 것이 되어버렸다. 따라서 대중음악의 메인스트림과 차별화하는 것이 어려워진 상태에서 평화 콘서트의 중단은 자연스러운 것이라 할 수 있다.

하지만 이러한 여러 가지 한계에도 불구하고, 최근 악화일로에 있는 한일관계, 중일관계를 감안하면, 슈퍼스타들이 자발적으로 추구한 평화음악의 '실험정신'이 다시 소중하게 여겨지는 시점이라 하겠다.

데뷔하는 계기로 삼았고, 조용필은 "상해, 홍콩, 일본에서 다채로운 음악을 경험"하게 되어 자신의 음악생활에 "바탕"이 되었다고 강조한다(〈谷村新司 Show time〉).

96) 일본에서 1989년과 1990년 싱가포르 뮤지션 딕 리가 일본에서 큰 성공을 거두면서 세련된 아시아 뮤지션의 인기가 높아지게 되었다.

제3부

인민/주민/시민의 생활과 평화

VI 박정진

〈원수폭금지운동〉과 일조인민연대

VII 진필수

'자생적 생활운동'으로서의 이와쿠니 반기지운동

VIII 남기정

반원전운동과 '생활평화주의'의 전개

현대일본생활세계총서 **7**

전후 일본의 생활평화주의

Ⅵ 〈원수폭금지운동〉과 일조인민연대

박정진

1. 생활 속의 '평화공존'과 국제 '인민연대'

1955년 10월, 좌우로 분열되어 있던 사회당이 재통일되었고 뒤이어 11월, 자유당과 민주당의 보수합동에 의해 자민당이 창당되었다. 잘 알려진 대로 전후 일본정치사의 상징어인 이른바 '55년 체제'의 등장이다. 그동안 충분히 주목받지 못했는데, 이러한 변화를 계기로 당시 일본 공산주의운동, 재일조선인운동, 노동운동에서도 새로운 전기가 마련되었다. 7월의 일본공산당은 제6회 전국협의회에서 무장투쟁의 방침을 포기함과 동시에 재일조선인과의 조직적 이중성을 해소하고 '일본인'만의 정당이 되었고, 의회정치에 초점을 둔 의회정당으로서 다시 태어난다. 그리고 일본공산당의 지도하에서 격렬한 '조국방위'투쟁을 전개했던 재일조선인운동은 일본 국내정치에 대한 내정불간섭을 선언하고, 일본공산당과의 관계청산 및 북한의 '재외공민'으로서 자기규정을 해 간다. 1955

년 7월에 열린 〈총평(일본노동조합총평의회)〉 제6회 대회에서는 '호헌'의 기치하에 사회당·총평 블록이 확립되었다. 미치바(道場親信)의 표현을 들자면, '사회운동의 55년 체제'라고도 할 수 있다.[1]

이즈음 일본 평화운동의 각의 분야에서도 국민운동을 목표로 한 조직들이 연이어 발족했다는 점도 흥미롭다. 1955년 1월에 〈헌법옹호국민연합〉, 8월에 〈원수폭금지 일본협의회(일본원수협)〉의 발족, 그리고 6월에 〈전국군사기지반대연합회〉의 결성이 이루어졌다. 적어도 이 시기 전개된 평화운동은 보수와 혁신을 불문하는 대중적 확산력을 가지고 있었다. 이 점에서 그전 시기(1945-54) 일본공산당 계열이 주도하던 평화옹호운동과는 결을 달리한다. 그 대표적인 사례가 기지반대운동, 일중무역촉진운동, 그리고 〈원수폭금지운동〉이다. 현재 〈원수폭금지운동〉은 혁신계열의 분파적인 운동으로서의 이미지가 강하게 남아 있지만, 적어도 1955년을 전후로 한 초기 〈원수폭금지운동〉은 초당파적 운동이었으며, 지역주민의 생활과 안전과 연동된 주민운동이었다.[2] 그리고 이들 전 국민적 차원의 평화운동은 공통적으로 '평화공존'의 원칙을 기본방침으로 삼고 있었다.

당시 평화공존론은 사회운동에서만이 아니라, 국가 간의 관계를 규정짓는 이데올로기이기도 했다. 1955년이 국제냉전의 휴지기로 불리는 이유도 여기에 있다. 평화공존의 시대는 한국전쟁 휴전 이후 1953년 제네바 정치회담이 있은 후 시작되었다. 1년 후인 1954년 7월에는 제네바

---

1) 道場親信, 『占領と平和 <戦後>という経験』, 青土社, 2005, 315쪽.
2) 今堀誠二, 『原水爆時代 上』, 三一新書, 1960, 140쪽.

에서 인도차이나 문제에 관한 휴정협정이 체결되고, 그 사이 중국과 인도는 영토주권의 상호존중, 상호불가침, 상호내정불간섭, 평등호혜, 평화공존이라는 5개 항목의 '평화5원칙'에 합의했다. 평화5원칙에는 미·소에 의한 동서 양진영에 더해 제3세계의 등장, 그리고 자주적인 '공존'의 요구가 담겨 있기도 하다. 이 요구는 1955년 4월의 인도네시아 반둥에서 열린 '아시아 아프리카 회의(반둥회의)'의 개최로 이어졌다. 이러한 평화공존의 흐름을 주도한 것은 소련을 필두로 한 사회주의 진영이었다. 스탈린 사후 본격화된 국제공산주의 운동의 노선전환은 동아시아 지역에서 중소양국의 대일공동선언(1954. 9. 12)으로 구체화되었다. 1956년 일소국교정상화의 실현은 그 절정에 해당한다.

이 글은 일본에서 '생활평화주의'가 본격적으로 대두되기 이전 시기 '평화'의 문제를 운동사적 측면에서 재평가하고자 하는 시론적 논의이다.[3] 상술한 바와 같이 일본의 평화운동의 발생과 진화과정에서 재일조선인 운동은 중요한 축을 형성해 왔다. 이 과정에서 재일조선인들의 '생활옹호 투쟁'은 사실상 국가 간 진영론적 평화공존의 논리 속에서 크게 후퇴하게 된다. 평화이데올로기가 생활을 밀어낸 셈이다. 이 글은 이를 확인하기 위한 구체적인 논의에 앞서 초기 평화공존론의 양면성, 즉 실천과 이데올로기로서의 평화문제를 보여주는 대표적인 사례로서 〈원수폭금지운동〉에 초점을 맞추어 분석하고자 하며, 이를 한반도와의 관

---

3) 이와 관련해 전후 일본의 평화문제를 사상적인 측면에서 고찰한 남기정, 「일본 전후 평화주의의 원류-전후적 의의와 태생적 한계」, 『일본연구』 2집, 2008 과 '생활평화주의'의 기원을 다룬 이 책 8장 남기정의 글을 참조하기 바람.

계, 그중 북한의 대일 인민외교의 전개와 통일전선운동의 연장이라는 관점에서 재구성을 시도하고자 한다. 논의 시기는 〈원수폭금지운동〉의 발생과 쇠퇴, 그리고 북한의 대일접근의 개시와 좌절의 주기가 이루어지던 1955년부터 65년까지로 한정한다.

2. 원수금운동의 태동과 일조인민연대의 부상

2.1. 원수금세계대회와 일조인민연대

1955년을 전후로 한 평화공존의 시대는 사실 '위협의 시대'이기도 했다. 미국의 핵개발 성공(1945)은 소련의 핵개발 성공(1949)으로 이어지고, 미국의 수소폭탄 실험의 성공(1952) 또한 소련의 수소폭탄 실험과 성공(1953)을 수반했다. 일본의 〈원수폭금지운동〉은 이러한 국가수준의 평화공존과 핵 경쟁의 양면성을 정면에서 다룬 대표적인 평화운동이었다. 그 발단은 미국의 수소폭탄 실험에 의해 발생한 '죽음의 재'였다. 1954년 3월 1일 일본인 어부들이 이 죽음의 재의 피해자가 되면서 일본 국민들도 핵에 의한 생존의 위협을 실감하게 된다. 이는 곧 즉각적인 실천으로 나타났다. 스기나미 어필(1954. 5. 9), 원수폭 히로시마 시민대회(1954. 5. 15) 등에 뒤이어 전개된 원수폭금지 서명운동의 서명자 수는 약 7개월 후에 이미 1,000만을 돌파했고, 54년 말에는 2,000만을 크게 상회했다. 그리고 1955년 8월에는 3,000만 이상의 사람들이 서명에 나섰다.[4]

서명운동의 리더는 호세이대학 교수였던 야스이 가오루(安井郁)였다. 그는 서명운동에서 〈일본원수협〉이 분열하기까지 약 10년 간 〈원수폭금지운동〉의 상징적인 인물이 된다.[5] 그는 서명운동 당시 '원수폭금지'로의 싱글 이슈화를 도모했었다. 혁신진영의 구호처럼 사용되던 '평화'라는 용어를 의도적으로 배제하고, 범국민운동을 지향했던 것이다.[6] 유일 피폭국의 반핵 평화의 정서와 여론이 단기간에 분출되자 곧 세계 평화운동 세력의 주목을 받았다. 이에 따라 서명운동은 1955년 8월 6일 히로시마에서 열린 제1회 〈원수폭금지 세계대회〉에서 총괄되기에 이른다. 이 대회는 사실상 일본의 "민중운동이, 전후 처음으로 개최한 국제집회"였다.[7] 대회에는 세계 각지에서 5,000명이 넘는 인파가 몰려들었다. 그 여파를 몰아 서명운동을 추진했던 〈원수폭금지 서명운동 전국회의회〉와 〈세계평화대회 일본준비위원회〉가 발전적으로 병합되고, 9월 19일 〈일본원수협〉이 결성되었다.[8]

하지만 제1회 〈원수폭금지 세계대회〉 준비과정에서, 보수층을 적

---

4) 전국 각지의 원수협 조직 중에는 보수당의 낙선의원이 차기선거 준비를 위해 적극적으로 조직화한 예가 빈번해지는 현상까지 나타났다(今堀誠二, 『原水爆禁止運動』, 三一新書, 1974, 83쪽).
5) 야스이는 태평양전쟁 중에 대동아공영권을 법적으로 뒷받침하는 연구를 했었던 인물이기도 했다(道場親信, 『占領と平和 <戦後>という経験』, 346쪽).
6) 藤原修, 『原水爆禁止運動の成立 戦後日本平和運動の原像』, 明治学院国際平和研究所, 1991, 30-33쪽.
7) 吉川勇一, 『コメンタール戦後50年第4巻 反戦平和の思想と運動』, 社会評論社, 1995, 74쪽.
8) 사실 당초 운동지도부들은 세계대회를 서명운동의 종결식으로서 생각하고 있었다. 원수협과 같은 항시적인 거대조직화는 예상치 않았던 것이다(藤原修, 『原水爆禁止運動の成立 戦後日本平和運動の原像』, 63쪽.

극적으로 포섭하는 초당파 범국민운동이라는 방침은 서서히 흔들리고 있었다. 세계대회의 구상이 실현단계로 접어들자 종래 국제적인 네트워크를 가지고 있던 일본공산당과 혁신진영의 〈일본평화회의〉의 지원이 결정적인 요소로 부상했기 때문이다. 결과적으로 야스이는 세계대회를 준비해가면서 〈일본평화회의〉와의 관계를 심화시켰고, 혁신진영의 운동노선에 수렴되어 갔다.9) 그리고 세계대회에서는 〈세계평화평의회〉의 조직력이 작동해 유럽, 아시아, 미 대륙 등 14개 국가 대표가 참여하는 성황을 보였다. 당초 원수금운동은 일본 정부를 직접적으로 비판의 대상으로 삼지 않고 있었기 때문에 이들의 출입국은 자유로운 편이었다. 그런데 유일하게 일본 정부의 비자발행이 이루어지지 않아 입국이 거부된 대표단이 있었다. 바로 북한 대표단이었다.

북한은 제1회 〈원수폭금지 세계대회〉에 〈일본평화회의〉의 카운터파트너이자 〈세계평화평의회〉 가맹단체인 〈조선평화옹호전국민족위원회〉 의장 한설야 대표의 파견을 추진하고 있었다. 이와 더불어 1955년 7월에 〈재일본조선인총연합회(조총련)〉 앞으로 재일조선인대표 5명분의 '8·15기념식전으로의 초대장'을 발송했다. 북한의 8·15 해방10주년 기념식과 제1회 〈원수폭금지 세계대회〉는 같은 시기에 개최가 예정되고 있었던 것이다. 일본 국내에서 이 기획의 추진은 일본혁신계의 친북조직인 〈일조협회〉에 의해 이루어졌다. 〈조총련〉의 결성과 〈일조협회〉의 전국조직화는 1955년 남일성명과 더불어 이루어졌고, 이는 일본과의

---

9) 道場親信, 『占領と平和 ＜戦後＞という経験』, 349쪽.

국교정상화를 목표로 한 북한의 대일 인민외교의 일환이었다.

〈조총련〉은 연대의 폭을 사상과 입장을 불문한 모든 일본인민으로 확대할 것을 기본방침으로 하고 있었고, 〈일조협회〉의 활동은 북한과의 연대를 염두에 둔 독자적인 일조 우호운동을 목표로 하고 있었다. 여기서 8월에 북한과 일본에서 예정된 8·15 10주년 기념식과 제1회 〈원수폭금지 세계대회〉의 상호 교차 파견은 새롭게 전개될 재일조선인운동과 일조 우호운동의 시금석이었던 것이다. 일단 일본 정부는 제1차 재일조선인 조국방문단(대표 림광철) 일행에 '출국증명'을 발급했다. 하지만 '출국증명'이라는 것은 '재입국을 조건으로 하지 않는' 출국허가였다. 그리고 한설야 대표의 일본입국도 원천적으로 거부되었다.[10) 한국정부의 반발을 고려하지 않을 수 없었기 때문이다. 하지만 일본의 원수폭 금지운동의 개시로 북한이 의도하던 '일조인민연대'의 움직임은 이미 시작되고 있었다.

2.2. 원수금운동와 일조 우호운동의 교차와 상승

〈원수폭금지운동〉이 국제적인 규모로 확대되자, 조직 내부에서는 상시 활동을 유지할 직업 활동가나 유력대중단체의 존재가 불가피해지고 있었다. 1956년 나가사키에서 열린 제2회 세계대회부터 군축 문제가 추가적인 아젠다로 제기되기 시작한 것은 이 때문이었다. 그리고 〈원수폭금지운동〉이 강한 대중적 어필을 획득함에 따라 조직적 기반을 가진

---

10) 「중앙위원회 보고와 금후 방침」, 在日朝鮮人總連合會中央委員會, 『제三차 전체대회 보고 및 결정집』, 1957, 619쪽.

대규모 노조나 정당이 운동의 주도권을 쥐는 데 유리한 환경이 조성되어 갔다.[11] 〈원수폭금지운동〉의 정치적 이용가치가 높아짐에 따라 각 정치세력의 주도권 쟁탈전의 전조가 나타나고 있었던 것이다.[12] 이러한 전조는 점차 평화공존을 주창하던 소련이나 중국의 권위를 빌려 자파에 유리하게 논쟁을 이끌고자 하는 움직임으로 점차 확대되어가고 있었다.[13]

〈원수폭금지운동〉의 대규모화가 진행되는 동안, 북한에서는 일조우호운동의 창구로서 〈조선 대외문화 연락협회〉가 새롭게 창설되었다 (1956. 4. 14.). 그 후 북한의 대일접근은 빠른 속도로 성과를 쌓아갔다. 제1야당인 사회당을 주축으로 한 일본 국회의원 대표단(단장 후루야 사다오[古屋貞雄]과 북한 최고인민회의 상임위원회(대표 김응기) 간에 북일 국교정상화 및 제 현안의 타결을 내용으로 하는 공동 코뮤니케(후루야 - 김 코뮤니케, 1955.10.20)가 발표되었고,[14] 정부수준에서는 1956년 2월 평양에서 북한 잔류 일본인의 인양 및 재일조선인의 북한 귀국문제를 둘러싼 북일 양국 간의 공식 교섭이 성사되었다. 북일 평양회담의 성사를 계기로 〈일조협회〉의 조직력은 급성장했고, 일본인들의 방북과 사회, 문화교류 그리고 교역도 비약적인 확대를 보였다. 특히 무역부문에서는 일본에 〈일조무역회〉가 새롭게 발족해(1956. 3. 6.), 북일 간 최초로

11) 道場親信, 『占領と平和 ＜戦後＞という経験』, 354-355쪽.
12) 藤原修, 『原水爆禁止運動の成立 戦後日本平和運動の原像』, 65쪽.
13) 吉川勇一, 『コメンタール戦後50年第4巻 反戦平和の思想と運動』, 25쪽.
14) 「조선민주주의 인민공화국 최고인민회의 상임위원회 김응기 부위원장과 조선민주주의 인민공화국 방문 제1차 일본국회의원단 후루야 사다오 단장 간의 공동 꼼뮤니께(1955. 10. 20.)」, 『로동신문』, 1955. 10. 21.

민간무역협정(1957. 9. 7.)이 체결되기도 했다.[15] 이러한 성과를 배경으로 북한은 일본 〈원수폭금지운동〉과의 연계를 적극적으로 모색해갔다.

일본인의 방북활동이 러시를 이루고 있던 1957년 5월, 〈도쿄 평화회의〉에 북한으로부터 1통의 서한이 도착했다. 서한의 내용은 8월에 예정된 제3회 〈원수폭금지 세계대회〉에 북한의 〈조선평화옹호전국민족위원회〉 소속 대표(3인)를 파견할 것임을 공식적으로 통보하는 한편, 그들의 일본입국을 도와달라는 내용이었다.[16] 〈원수폭금지 세계대회〉의 추진이 〈세계평화평의회〉와 연계를 가지고 있던 〈일본평화회의〉의 네트워크를 활용하고 있었다는 점을 고려한 것이다. 이와 보조를 맞춰, 5월에는 〈조총련〉 제3회 전국대회가 개최되고 있었다. 이 대회에서는 "공화국 적십자 대표와 8.6 〈원수폭금지 세계대회〉에 조국 평화대표의 입국실현"을 당면한 과제로서 제시했다.[17] 북일 적십자 대표 간의 접촉은 이미 전술한 평양회담 이후 국가 간 교섭의 창구로 기능하고 있었다. 여기에 더해, 북한과 일본 사회 간 접촉의 돌파구로서 〈원수폭금지 세계대회〉로의 진출이 모색되고 있었던 것이다.

---

15) 「조선 국제무역 촉진 위원회 대표들과 일본 경제사절단간 공동 꼼뮤니께(1957. 9. 8.)」, 『로동신문』, 1957. 9. 7. ; 「経済使節団, 朝鮮を訪問」, 『日本と朝鮮』, 1957. 9. 20.

16) 북한과 〈일본평화회의〉 간의 교류는 〈도쿄 평화회의〉가 1956년 11월 미우라 하치로(三浦八郎)를 대표로 한 14명의 방문단을 북한에 파견해, 평양에서 조선평화옹호전국민족위원회와 공동코뮤니케를 조인했던 것에 대한 후속작업이었다.(「朝鮮から都平に便り, 8·6に三名をおくる」, 『日本と朝鮮』, 1957. 6. 5.

17) 在日朝鮮人総連合会中央委員会, 「중앙위원회 보고와 금후 방침」, 『제三차 전체대회 보고 및 결정집』, 1957, 15쪽.

3. 원수금운동의 굴절과 일조인민연대의 고양

3.1. 원수금운동의 정치화와 일조 우호운동의 갱신

〈조총련〉은 다음 해인 1958년 1월 20일 제12회 중앙위원회에서는 "조국의 평화적 통일을 세계평화를 위한 투쟁"으로를 구호로 동월 29일 부터 원수폭 금지와 주한미군철수를 요구하는 서명운동을 추진하는 한 편, 원수폭 금지운동을 중심으로 전개되던 평화운동진영에 본격적으로 접근하기 시작했다. 〈일조협회〉 또한 1958년 5월 31일 제2회 전국이사 회를 소집해, "제4회 〈원수폭금지 세계대회〉를 정점으로 해서 일련의 평 화운동이 고양될 7, 8월을 기해, 일조 직접무역실현, 평화우호촉진 월간 운동"을 추진하기로 결정했다.[18] 1958년 들어 〈조총련〉과 〈일조협회〉 가 이처럼 〈원수폭금지운동〉에 보다 적극적으로 임하게 된 데에는 이유 가 있었다. 1958년에 제4차 한일회담이 긴 공백을 깨고 재개된 것이다. 이에 대해 북한은 당시까지의 일조 우호운동의 성과에 근거해 평화공세 를 강화하는 한편, 평화운동과의 연관 속에서 한일회담 반대투쟁이 일 본국내 제 세력과의 연대투쟁으로 이루어지도록 한 것이다.

〈조총련〉과 일본혁신진영의 연대투쟁의 조직적 결실은 〈일한문제 대책연락회의〉로 외화되었다. 연대의 거점은 한일 간의 쟁점이었던 오 무라(大村) 수용소였고, 투쟁은 수용소 내 북한 귀국희망자 문제를 중 심으로 전개되었다. 하지만 수용자들의 한국으로의 강제송환이 일단락

---

18) 「全国で地方大会開催へ」, 『日本と朝鮮』, 1958. 8. 5.

되어가자, 오무라 수용소의 전략적 의미는 점차 사라져가고 있었다. 무엇보다 한일회담 재개 움직임과 더불어 북한과 일본 사이의 각 분야별 교류도 후퇴할 기미를 보이기 시작했다. 그 정도는 1955년 이래 국교정상화를 목표로 쌓아왔던 대일정책의 성과들이 단번에 역전될 수 있는 상황으로까지 확대되고 있었다.[19] 북한으로서는 국면전환을 위한 보다 근본적인 조치가 요구되던 상황이었다. 북한의 대응은 곧이어 대일 인민외교의 과잉추진으로 나타났다. 오무라 수용소의 틀을 넘어, 일반 재일조선인들의 대규모 귀국사업을 전국적으로 개시한 것이다.

이는 1958년 8월 11일 재일조선인들의 '집단적 귀국결의'로 나타났다.[20] 이 결의는 다음 날 8월 12일부터 20일까지 개최된 제4회 〈원수폭금지 세계대회〉에 이계백 부위원장 등 북한 위임대표로서 참가한 〈조총련〉의 간부들을 통해 대회에 참여한 각 단체들에게 알려지게 된다.[21] 하지만 당시 대회장은 재일조선인들의 문제제기를 중심 의제로 수용할 만한 분위기가 아니었다. 당시 일본 국내에서 진행 중이던 근로기준평가 반대투쟁을 원수폭금지대회에서도 슬로건으로 내걸어야 한다는 의견이 돌출되었고, 이것이 계기가 되어 〈원수폭금지운동〉의 자기위상을 둘

---

19) 「日朝協会第四回的全国大会決定特集」, 『日本と朝鮮』, 1958. 12. 15. 한일회담 재개 움직임이 가시화된 1958년 1월부터 〈일조협회〉 전국대회가 개최된 11월까지 방북자의 총수는 114명으로, 1957년 246명의 절반에 불과했다. 이조차 북한의 집중적인 초청외교의 산물이었다. 이는 일본인의 방북활동이 시작 단계에 있었던 1956년의 197명보다 적은 수치였다.
20) 『조선민보』, 1958. 8. 14.
21) 「東北アジア軍事同盟反対」, 『朝鮮総連』, 1958. 8. 21. ; 「第四回原水爆禁止世界大会, 日朝国交正常化を決議」, 『日本と朝鮮』, 1958. 9. 20.

러싼 논쟁국면이 전개되고 있었다. 여전히 원수폭 반대 고유의 운동을 전개해야 한다는 의견이 다수였지만, 일본공산당 계열을 중심으로 한 과거 평화옹호운동 진영 내부에서는 이 문제를 계기로 원수협 반대운동의 폭을 확대해야 한다는 의견이 확산되고 있었던 것이다.[22]

당시의 논쟁은 평화논리와 혁명논리, 국제적 보편성과 일본적 독자성, 평화운동과 독립운동 등의 논리가 중첩되어 갔다.[23] 이 과정은 원수폭운동이 혁신계의 특정 당파적 논리로 정치화되어 가고 있음을 보여준다. 이런 분위기에서 전달된 일반 재일조선인들의 대규모 집단적 귀국결의는 〈일한문제 대책 연락회의〉에 결집해 있던 혁신계 각 단체들의 입장에서 보면 갑작스러운 상황전개였을 것이다. 혁신계의 의구심에 대해 북한은 가능한 한 직접적인 대면을 통해 설명하고자 했다. 이를 위해 집단적 귀국결의 이후 북한의 혁신계에 대한 초청외교가 집중적으로 개시되었다. 북한을 방문한 혁신계 대표단들에게, 북한은 대일 인민외교의 담당자들을 전면에 내세워 재일조선인의 귀국운동이 가지는 의미에 대한 직접적인 설득작업에 나섰다.[24]

그리고 혁신계 방북활동이 일단락되던 시점인 1958년 11월 재일조

---

22) 제4회 대회부터 원수협 내부에 운동의 '폭(幅)인가 깊이(筋)인가'라는 논쟁이 촉발된다. (池山重朗, 『危機からの脱出 : 平和運動入門』, 合同新書, 1963, 215쪽).
23) 道場親信, 『占領と平和 ＜戦後＞という経験』, 422쪽.
24) 각 방북단의 활동결과, 평양에서는 일본인민사절단과 대문협을 포함한 관련 5개 단체 간에 '재일조선인의 귀국촉진, 한일회담반대 공동성명(1958. 9. 17.)'이 총평대표단과 조선직업총동맹 간에는 '국교정상화와 재일조선인귀국문제에 관한 공동성명(1958. 10. 23.)'이 체결되어, 재일조선인귀국문제에 대한 지지 및 지원에 대한 합의가 이루어졌다(박정진, 「재일조선인 북송문제와 일본인의 귀국협력」, 『사회와 역사』 91집, 2011, 35~39쪽).

선인의 귀국에 대한 지지와 협력을 부탁하는 내용의 공개 서한이 북한의 조국전선 중앙위원회로부터 일본의 약 100여 단체 및 500여 개인 앞으로 보내졌다. 그리고 이 서한 수령자 중 90여 명이 11월 17일에 중의원의원회관에 집결해 〈재일조선인 귀국협력회(귀국협력회)〉를 공식적으로 결성했다. 〈귀국협력회〉는 재일조선인들의 북한 귀국운동에 대한 지지와 협력을 "일본국민의 도의적 책임과 인도주의의 원칙에 입각한 장기적 운동"으로 정의했다. 그리고 "초당파적으로 이를 추진한다"는 기본방침이 채택되었다.[25]

3.2. '폭풍의 대회': 일조인민연대의 고양

집단적 귀국결의에서 〈귀국협력회〉의 결성에 이르는 동안 새로운 국면이 도래했다. 1958년 10월 8일 미일 간에 안보조약 개정 교섭이 개시되면서 이에 대한 저항의 움직임이 일본 국내적으로 확산되고 있었던 것이다. 결국 귀국협력운동과 안보공투가 같은 시기에 발생했고, 이것이 곧 재일조선인들의 귀국운동에 추진력이 되었다. 이는 1959년 2월 일본 정부가 귀국사업의 사실상의 승인을 내용으로 하는 '각의양해'를 결정한 것이 계기가 되었다. 일본 정부의 각의양해 후, 〈일조협회〉의 지방조직과 〈조총련〉의 분회조직이 총동원되어 〈귀국협력회〉의 전국조직화가 가속화되었다. 그리고 〈일본원수협〉을 필두로 총평과 일본평화위원회 등 〈귀국협력회〉 소속 40단체들은 1959년 2월에 개최된 〈미일안보

---

25) 박정진, 「재일조선인 북송문제와 일본인의 귀국협력」, 35-39쪽.

조약폐지, 평화공존촉진일본평화대회〉에서 「재일조선인의 귀국촉진에 관한 결의」를 채택했다. 〈원수폭금지운동〉도 귀국운동과 더불어 안보공투의 일원이 되어가고 있었던 것이다.[26]

〈안보조약 개정저지 국민회의(국민회의)〉가 탄생한 것은 이로부터 약 1개월 후의 일(1959. 3. 28.)이다. 〈일본원수협〉은 사회당과 더불어 국민회의의 지도부에 해당하는 '간사단체'의 일원이 되었다. 일본공산당은 옵저버의 자격으로 참여하고 있었지만, 〈국민회의〉의 운영은 옵저버도 포함한 만장일치의 원칙을 두고 있었다. 〈일조협회〉는 134개 단체로 이루어진 '참가단체'의 멤버로 활동을 개시했다. 거대 통일전선체로서 〈국민회의〉의 탄생은 전후 최초의 사회당과 일본공산당의 공동투쟁의 실현이었다.[27] 또한 안보투쟁의 본격화와 일조 우호운동의 고양이 동시진행하고 있었음을 의미하는 것이기도 했다.

〈국민회의〉에 의한 안보공투의 위력은 안보개정저지 제3차 전국통일행동에서 가시화되었다. 이는 마침 한국전쟁 9주년에 해당하는 1959년 6월 25일에 계획되어 있었고, 귀국운동의 절정도 이때로 맞추어져 준비되었다. 제3차 통일행동 당일, 〈조총련〉도 전국 39개소에 약 5만 8천여 명의 재일조선인을 동원해 각각 지지대회를 개최했다.[28] 북한으로부터도 각 사회단체 명의로 "열렬한 성원"이 보내졌다. 당시 제네바에서는 귀

---

26) 「平和大会終わる」, 『日本と朝鮮』, 1959. 3. 15.
27) 日本平和委員, 『平和運動二〇年資料集』, 大月書店, 1965, 494~495쪽 ; 水口宏三, 『安保闘争史 一つの運動論的総括』, 社会新報, 1968, 28쪽.
28) 「日本各地で迎えた6・25九周年記念, 六万人が参加, 140余か所」, 『朝鮮総連』, 1959. 7. 6.

국협정체결을 위한 북일 간의 교섭이 최종단계에 접어들고 있었다. 귀국운동 진영은 〈국민회의〉제3차 통일행동 이후 신속히 '귀국협정 즉시 조인요구'로 슬로건을 교체하고, 8월로 예정된 제5회 〈원수폭금지 세계대회〉를 총괄시점으로 투쟁을 집중해 갔다.

이러한 분위기에서 1959년 8월 1일에 개최된 제5회 〈원수폭금지 세계대회〉는 '폭풍의 대회(嵐の大会)'로 일컬어졌다. 비당파성과 국민적 운동을 표방해 왔던 〈일본원수협〉이 〈국민회의〉에 참여하고, 세계대회의 장에서 미일 안보조약의 개정에 반대하는 자세를 분명히 했기 때문이다. 자민당계의 인사들은 집단 탈퇴를 강행했고, 이로 인한 원수금 반대운동의 격렬한 위상변화가 수반되고 있었다. 〈일본원수협〉이 이를 단행하는 데 동원한 논리는 "미일안보조약이라는 '핵의 우산'에 몸을 맡긴 일본이 스스로의 핵문제에 대처하지 않고서 '핵폐기'를 논한다는 것이 과연 가능한 것인가?"라는 것이었다. 하지만 현실에서 이 선택은 '국제공산주의 진영으로의 의도치 않은 편입'이라는 결과를 낳고 있었다.[29]

한편, 제5회 〈원수폭금지 세계대회〉를 전후로 귀국협정 조기조인에 대한 일본국내 지지여론은 절정에 달하고 있었다. 결국 7월 28일의 각의결정으로 일본 정부는 북한과 단독으로 귀국협정(정식 명칭은 재일조선인 귀환에 관한 협정)에 조인하기로 결정했고, 8월 13일 인도 캘커타에서 양국 간에 정식조인이 이루어졌다. 그리고 12월에 귀국사업이 단행되면서 5년 만에 재개한 한일회담은 무산되었고, 북일관계는 일시적

---

29) 道場親信, 『占領と平和 ＜戦後＞という経験』, 422쪽.

으로 비약했다. 12월 14일 귀국 제1선이 출항하던 니가타항에는 10만 이상의 일본인과 재일조선인들이 운집했다. 일조인민연대가 최고조를 보이는 장면이었다.[30]

4. 원수금운동의 좌절과 일조인민연대의 붕괴

4.1. '60년 안보'와 연계전선: 반핵 평화론의 질곡

10만이라는 민중의 결집으로 기시 내각의 퇴진을 불러온 '60년 안보'는 의심할 바 없는 일본 전후사의 정점을 이루는 사건이었다. 한편, 한국에서도 1960년에 '4.19 학생혁명'을 거치면서 이승만 정권의 몰락이 있었다. 북한의 입장에서 보면, 한일 양국에 동시적으로 '혁명적 정세'가 도래하고 있던 것이다. 〈일조협회〉도 공격적인 형태로 일조 우호운동을 본격화하고 있었다. 특히 1월 제2회 전국상임이사회 결정으로 5대 중점목표를 제시하고, 여기서 4번째 항목으로 "자유왕래실현을 위한 제6회 원수폭금지 대회 조선대표 참가"를 들었다.[31] 그리고 '일조 자유왕래 실현운동'의 책임단체로 결정된 것도 다름 아닌 〈일본원수협〉이었다.[32] 1960년 12월에 개최된 제10회 〈일조협회〉 전국대회에서 차기년도 지도부의 구성이 이루어졌고, 여기서 원수협의 야스이 이사장이 고문으로서

---

30) 박정진, 「재일조선인 북송문제와 일본인의 귀국협력」, 52–53쪽.
31) 「第2回全国常任理事会開く－経済交流促進運動など決定」, 『日本と朝鮮』, 1960. 2. 25.
32) 「日朝交流促進全国代表者会議」, 『日本と朝鮮』, 1960. 3. 25.

공식적으로 인선되었다.[33]

〈일조협회〉는 〈국민회의〉의 '참가단체' 자격으로 혁신계의 일익으로서 존재감을 드러내고자 했다. 무엇보다 '신안보'와 '조선문제'와의 관련성을 상기시키기 위한 사업들을 전개했고, 한국의 4.19 학생혁명 이후의 정세를 고려해, 4월 25일 관련 8개 단체와 더불어 '남조선의 인민항쟁에 대해 듣는 모임'을 개최하고 공동성명을 이끌어냈다. 공동성명에는 〈원수협〉도 참가하고 있었다.[34] 하지만 〈일본원수협〉의 원수폭 금지운동은 60년 안보국면 속에서 그 독자성을 상실해 가고 있었다. 각지의 원수협 조직은 안보투쟁에 동원되어, 원수폭 금지운동 고유의 활동에 몰입하지 못하는 상황이 도래했고, 원수협 조직에서 활동하던 많은 활동가들은 안보공투 조직에 흡수되어 갔다. 〈일본원수협〉은 존재했지만 실제 운동의 역할은 희미해져 갔고, 모든 것은 안보공투 조직에서 이루어지는 상황이었다.[35]

안보투쟁 국면에 대응하기 위한 일본 혁신계와 북한과의 전술적 합의는 〈일조협회〉와 〈조선 대외문화 연락협회〉와의 공동선언을 통해 이루어졌다. 여기서 북한의 연방제 통일방안 지지, 일본의 안보투쟁 지지, 귀국사업의 지속과 협정의 연장이 합의되었고, 여기에 한일회담 반대가 새롭게 더해졌다.[36] 신안보조약의 국회비준과 때를 같이 하여 한일회담

---

33) 「日朝友好10周年第6回日朝協会定期全国大会決定集」, 『日本と朝鮮—大会決定特集号』, 1960.
34) 「南朝鮮の人民抗争を支持, 日朝協会など各団体立ち上がる」, 『日本と朝鮮』, 1960. 4. 25. ; 「7団体共同声明を発表—安保阻止でこたえよう」, 『日本と朝鮮』, 1960. 4. 25.
35) 森滝市郎, 『反核30年』, 日本評論社, 1976, 81쪽.

이 다시 재개 움직임을 보이고 있었기 때문이다. 연방제 평화통일론과 한일회담 반대운동을 연계시키고자 했던 북한의 의도는 일정한 성과를 보였다. 한국에서는 조국통일민족전선이 조직되어, 남북 각 계층이 참가하는 조국통일추진전국위원회 결성의 제안이 있었고, 일본에서는 3월 28일까지 휴지상태에 있던 〈안보조약 개정저지 국민회의〉가 '안보반대·평화와 민주주의를 지키는 〈국민회의〉(이하도 〈국민회의〉로 표기)'로 개칭해 재발족했다. 안보투쟁의 의제로서 한일회담 반대가 크게 부각될 것으로 예상되는 대목이었다.

〈국민회의〉가 제1차 전국통일행동을 일으킨 것은 1961년 5월 19일, 즉 한국에서 군사쿠데타가 발생한 직후였다. 하지만 예상과는 달리, '한일회담반대'는 일중국교정상화에 뒤이은 제2의 슬로건이 되어 있었다. 한국에서 '5·16 군사쿠데타'가 발생했기 때문이었다. 한국에서 반복적으로 발생하고 있는 정변과 정권교체로 인해 한일회담의 타결이 당분간 불가능할 것이라는 일종의 낙관론이 일본 혁신계 내에 확산되고 있었던 것이다.[37] 이에 따라 북한은 긴급 기획을 〈일조협회〉에 제안했다. 매년 빠짐없이 이루어지던 8·15경축 사절단의 조직화 방침을 취소하는 대신 3백 명에 달하는 전례 없는 대규모의 사절단 조직이 결정된 것이다. 사절단을 통해 "정식여권을 획득해 일본의 배를 타고 청진을 향해 직항한다"는 계획이었다.[38] 8월에 예정된 제7회 〈원수폭금지 세계대회〉에 맞

36) 「조선대외문화련락협회와 조선방문 〈일조협회〉 사절단 간의 공동성명 발표」, 『로동신문』, 1960. 9. 8.
37) 畑田重夫, 「日韓会談反対闘争の展開とその歴史的役割」, 『アジア·アフリカ講座 日本と朝鮮』, 第3巻, 勁草書房, 1965, 190쪽.

추어 북한대표의 입국실현운동을 결부시켜 분위기를 고양시킨다는 계산이었다.[39]

1961년 제7회 〈원수폭금지 세계대회〉에서는 미국을 평화의 적으로 규탄하는 내용의 결의가 이루어졌다. 평화공존이라는 용어를 여전히 사용하고 있었지만, 원수폭 금지운동은 이미 반제 반핵운동으로 완전히 전환되었음을 의미한다. 이러한 결의가 가능해진 것은 일본공산당계의 활동가가 각지의 원수협 활동에 적극적으로 관여해 온 결과였다.[40] 이 결의에 따라 사회당 및 총평 등은 대회의 의사결정과 운영을 비판하는 성명을 발표하고 퇴장하는 사태까지 빚어졌다.[41] 하지만 사회당의 경우 원수협운동에 대한 구체적인 지도내용과 방침이 결여된 상태였다.[42] 이러한 분위기에서 북한과 〈일조협회〉가 기획한 3백만 사절단 파견의 움직임은 확산되기 어려웠다. 〈일본원수협〉의 분열과 더불어 일조 우호운동도 정체되기 시작한 것이다.

게다가 9월 1일부터 소련이 연일 핵실험을 강행하는 사태가 발생했다. 제7회 〈원수폭금지 세계대회〉의 결의에 근거해 보면, 소련이야말로 인류의 적이 된 것이다. 이는 〈원수폭금지운동〉의 정체성에 중대한 혼란을 불러일으켰다. 반제 반전론적 평화론과 절대평화주의적 평화론 간

---

38) 「中央活動の報告－日朝友好国民3百使節団の派遣実現を中心とする日朝自由往来実現の運動について」, 「第7回日朝協会定期大会決定集」, 『日本と朝鮮』, 1962. 5. 1.
39) 「盛り上げる300名派遣運動」, 『日本と朝鮮』, 1961. 7. 15. ; 「主張, 朝鮮代表の入国を貫徹しよう」, 『日本と朝鮮』, 1961. 7. 15.
40) 道場親信, 『占領と平和 ＜戦後＞という経験』, 424쪽.
41) 日本平和委員, 『平和運動二〇年資料集』, 391쪽.
42) 森滝市郎, 『反核30年』, 105쪽.

에 본질적인 차이가 불분명해진 것이다. 여기서 일본공산당은 소련의 핵은 방위의 성격을 가진다는 입장을 표명해 사실상 지지의 입장을 명확히 했고,[43] 북한 또한 9월 2일 자 로동신문 성명을 통해 "전폭적인 지지"를 표명했다.[44] 따라서 그 다음 날 개최된 〈국민회의〉 전국대표자 회의에서는 이 문제에 대한 통일된 입장을 도출시키지 못한 채, 9월 13일에 사회당과 총평이 "어떠한 이유에서든 핵실험에는 절대 반대 입장을 표명한다"는 성명을 발표함으로써 분열의 길로 접어들게 된다.

4.2. 원수협의 분열과 연계전선의 균열

이후 〈일본원수협〉은 미국의 핵실험에 대해서조차 항의행동을 조직하지 못한 채 침체로 접어들고, 〈국민회의〉 또한 활동정지상태에 빠져들게 된다. 그 사이 10월 24일 제6차 한일회담이 개시되었다. 이러한 국면을 돌파하기 위해, 〈일조협회〉는 1962년 1월 하순부터 3월 중순에 걸쳐, 〈일한회담 분쇄, 일조 우호증진 전국연쇄집회(블록연쇄집회)〉를 전개했다. 〈블록연쇄집회〉는 일본열도의 남북 양 방면으로부터 전국의 도도부현(都道府県)을 횡단하는 형태로 광범위하게 전개되었다. 그리고 제1차 블록연쇄집회 직후인 1962년 3월 30일, 〈국민회의〉가 드디어 '일한회담 분쇄'의 슬로건을 전면에 내걸고 〈전국 통일중앙궐기대회〉를 개최했다. 〈국민회의〉의 통일행동으로서는 통산 9차에 해당하지만, '일

---

43) 道場親信, 『占領と平和 ＜戦後＞という経験』, 425~426쪽.
44) 「핵무기 시험 폭발을 진행할 데 관한 1961년 8월 31일부 쏘련 정부 성명과 관련하여 – 조선민주주의인민공화국 성명(1961. 9. 2.)」, 『로동신문』, 1961. 9. 3.

한회담반대운동사(日韓会談反対運動史)'에서는 제1차 통일행동으로 기록되고 있다.[45]

한편 제7회 원수금 대회가 끝난 후, 사회당과 총평도 원수협의 '체질개선위원회'를 조직하고, '원수협의 임원제도 개선을 통해 총평 계열 인사들을 대규모로 진출시키고자 도모했다'.[46] 지도부 수준에 총평 진영을 강고히 해서, 〈일본원수협〉의 방침을 전환시키는 방식으로 조직에 개입하고자 한 것이다. 이러한 방식은 〈일조협회〉에도 적용되었다. 〈블록연쇄집회〉가 한창이던 1962년 2월 15일에는 당 중앙집행위원회가 개최되어, "일조 우호운동의 추진과 당원회의의 결성에 대하여"라는 제하의 안건이 토의되었다. 토의 결과, "당원들의 〈일조협회〉 참가를 촉진"하고, 〈일조(日朝) 당원회의〉를 결성할 것이 결정되었다. 〈일조당원회의〉의 결성 시기는 4월 5일, 즉 제7회 〈일조협회〉 정기대회에 맞춘다는 계획이었다.[47]

하지만 〈일조협회〉가 추진했던 각 지부 및 블록연쇄집회는 일본공산당의 영향권하에 있던 지방 안보공투 조직의 지원에 의한 것이었다. 이 과정에서 일본공산당 당원의 〈일조협회〉로의 집단입회가 이루어졌다. 그전까지 이루어져 왔던 〈일조협회〉에 대한 사회당과 일본공산당의 영향력 밸런스가 무너진 것이다.[48] 8월에 개최된 제8회 〈원수폭금지 세

45) 畑田重夫, 「日韓会談反対闘争の展開とその歴史的役割」, 179쪽.
46) 今堀誠二, 『原水爆禁止運動』, 178쪽.
47) 「社会党中央実行委で決定, 日朝協会を強化する」, 『日本と朝鮮』, 1962. 3. 1.
48) 박정진, 「일본의 한일회담 반대운동」, 국민대학교 일본연구소 편『외교문서 공개와 한일회담의 재조명 1』, 선인출판사, 2010, 219쪽.

계대회〉에서도 결국 지방대표 수에서 일본공산당 계열이 강세를 보였다.[49] 일본공산당계가 소련의 핵을 '평화의 힘'으로 주장하고 이것이 관철됨에 따라 〈원수폭금지 세계대회〉는 냉전의 한편으로 완전히 편입되게 된다. 결국 이 대회는 결의문과 선언조차 채택하지 못한 채 폐막하였고, 대회 마지막 날, 사회당과 총평 등 11단체가 퇴장해 공동성명을 발표하기에 이른다.[50] 분열의 최종국면이었다.

1963년 제9회 〈원수폭금지 세계대회〉를 앞두고, 도쿄에서 원수협의 분열을 회피하기 위해 사회당, 일공, 총평 3자회담이 개최되었다.[51] 대립의 봉합을 위한 마지막 시도였다. 하지만 이 시도조차 8월 5일, 미영소 간에 부분핵실험금지조약이 모스크바에서 체결됨에 따라 완전 무효가 되었다. 사회당과 총평이 부분핵실험금지조약에 전면적인 지지를 보인 반면, 일본공산당은 지하핵실험이 금지조항에서 제외되었다는 이유로, 사실상 중국의 핵실험이 불리해졌다는 판단하에 반대입장을 보였고, 이로써 사회당과 일본공산당 간의 대립은 다시 격화되었다. 결국 제9회 〈원수폭금지 세계대회〉는 일본 공산당계를 중심으로 단독 강행되어 사실상 유산되었다고 할 수 있다.[52]

결과적으로 제9회 〈원수폭금지 세계대회〉는 부분핵실험금지조약을 둘러싼 중국과 소련 간의 격돌이 여과 없이 투영되었다고 할 수 있다. 일본공산당은 중소논쟁에 있어 중국의 입장을 지지하고, 50년대 중반의

---

49) 道場親信, 『占領と平和 ＜戦後＞という経験』, 427쪽.
50) 日本平和委員, 『平和運動二〇年資料集』, 398쪽.
51) 今堀誠二, 『原水爆禁止運動』, 204쪽.
52) 道場親信, 『占領と平和 ＜戦後＞という経験』, 430쪽.

평화공존론으로부터 중국의 반제 반전론으로 입장을 전환했다. 북한은 쿠바위기 당시의 미·소 간 타협, 그리고 부분핵실험금지조약 등에 대해 중국과 더불어 비판적인 입장을 견지하고 있었고, 이 점에서 일본공산당과 동일했다. 제9회 〈원수폭금지 세계대회〉의 여파는 곧 〈국민회의〉로 이전되어 9월 1일의 제12차 통일행동을 마지막으로 결국 해체되었다. 북한이 시도한 '평화통일운동'과 일본의 '한일회담반대 통일행동' 간 연계전선의 한 축이 붕괴된 것이다.

5. 국제정치에 함몰되는 평화와 연대

이상에서 〈원수폭금지운동〉의 발단과 전개과정을 일조 우호운동과의 연관 속에서 재조명해 보았다. 쇠퇴의 마지막 국면이었던 1964년 8월의 제10회 〈원수폭금지 세계대회〉에서는 28개국 4개 국제단체, 70명의 대표가 참석했지만, 그나마 참가한 대표들 중 1/3 이상이 대회장을 이탈했다. 원수폭 금지운동의 상징이었던 야스이도 이 자리에서 사임한 뒤 운동무대에서 완전히 사라졌다.[53] 일본 내 한일회담반대운동과의 연계전선 구축이라는 북한의 전술도 이 시점에서 사실상 파탄되었다고 할 수 있다. 이후 〈일본원수협〉의 활동과 세계대회의 개최는 10년 이상 동결된다.[54] 1965년 2월 사회당계열이 〈원수폭금지일본국민회의〉를 별

---

53) 日本平和委員, 『平和運動二〇年資料集』, 115쪽.
54) 이후 원수협과 원수폭금지일본국민회의가 통합해 세계대회를 개최한 것은

도로 조직하고, 11월에 있었던 '일한회담 비준저지투쟁'에서 일본공산당과의 공투를 일시적으로 회복하긴 했지만 대부분의 사회단체는 이미 원수협 운동진영에서 탈락한 상태였고, 12월 참의원에서 한일조약에 대한 비준이 이루어지면서 일조 우호운동 또한 급격히 활력을 잃어간다. 이렇게 보면, 1965년을 기점으로 원수폭 금지운동과 일조 우호운동은 사실상 운명을 같이 한 셈이 된다.

1955년부터 개시된 〈원수폭금지운동〉은 평화공존의 원칙을 운동의 방침으로 삼았다. 국제정치에서 평화공존의 원칙이 이데올로기로서 평가되는 것은 그것이 본격적인 핵 경쟁을 배경으로 하고 있었기 때문이다. 당초 원수폭 금지운동은 이에 대한 최초의 대중적인 저항이었으며, 이 저항이 표방하고 있던 평화공존은 이데올로기가 아닌 생활의 문제였다. 하지만 원수폭 금지운동의 확대과정은 역설적으로 생활 속의 평화공존원칙이 국제정치에 함몰되는 과정이었다. 그리고 그 결과는 연대의 파괴와 분열이었으며, 원수폭 금지운동의 자기정체성 상실이었다. 한편, 원수폭 금지운동의 발생과 고양, 쇠퇴가 일어난 1955년부터 65년까지의 시기는 한반도와 일본 간의 기본관계가 형성되는 주기와 거의 일치한다. 여기에는 한일국교정상화는 물론이고, 북한의 대일 인민외교와 재일조선인운동, 그리고 이를 잇는 일조 우호운동의 부침이 매우 밀접하게 연동되어 있었음을 확인할 수 있었다. 이 과정에서는 필연적으로 재일조선인들의 '생활옹호운동'의 희생이 수반되었다. 이에 대한 미시적인 논고는 차후의 과제로 삼고자 한다.

1978년에 이르러서이다.

'자생적 생활운동'으로서의 이와쿠니 반기지운동*

진필수

1. 미군기지 생활사의 문제

제2차 세계대전 이후 미국의 군사적 패권은 지속적으로 강화되어 왔으며, 유럽, 동아시아, 중동을 비롯해 전세계에는 미국의 수많은 해외 군사기지가 건설되었다. 각 시대의 패권국가들이 세계 각지의 군사 분쟁에 개입하는 것은 흔히 있었던 일이지만, 특정 지역에 항구적인 군사기지를 건설하고 운영하는 것은 식민주의와 전쟁 및 점령의 그림자에서 벗어나려는 20세기 후반 이후 시대적 상황에서 많은 논란의 소지를 안고 있는 것이었다.[1]

---

* 이 글은 『사회와 역사』 100호(2013. 12)에 「일본 이와쿠니 반기지운동의 전개과정과 성격: 생활운동으로서의 반기지운동」이라는 제목으로 처음 발표된 것을 본 단행본의 취지에 맞게 수정·보완한 것이다.
1) 정영신, 「동아시아에서 점령의 문제와 점령기 인식」, 정근식·전경수·이지원 (편저), 『기지의 섬 오키나와』, 논형, 2008.

미군기지가 해당 국가 및 지역에 어떤 영향을 미치는가에 대해서는 군사안보, 정치, 경제, 사회, 문화 등 다양한 측면에서 논의가 진행되어 왔다. 미군기지의 의의, 역할, 문제 등은 세계안보 상황과 미국의 군사전략 변화에 따라 시기적 변화를 거쳐 왔을 뿐만 아니라, 해당 국가 및 지역의 사정에 따라서도 특수성을 띠게 되었다. 동아시아에서는 일본, 오키나와, 한국, 필리핀 등지에 미군기지가 존재해 왔으며, 미군기지의 의미와 영향은 미국의 동아시아 군사전략에 따른 유사성과 각 국가 및 지역의 사정에 따른 특수성을 함께 나타내 왔다.

국내학계에서는 한국과 오키나와의 미군기지 문제에 대해 많은 관심을 가져 왔지만,[2] 일본 본토의 미군기지 문제에 관해서는 의외로 연구성과가 적다.[3] 그리고 국내 연구자들의 미군기지 연구는 군사안보 정책과 반기지운동에 대한 논의가 주류를 이루고 있고, 미군기지가 주민생활에 구체적으로 어떤 영향을 미치는지에 대한 생활사적 연구는 매우

---

2) 한국의 미군기지 문제에 대해서는 한미군사동맹의 성격과 정책 변화, 주한 미군 재배치, 용산 및 평택 미군기지 이전 문제, 미군범죄, 여성인권, 환경오염 문제 등에 관해 다수의 논문들이 있다. 오키나와의 미군기지 문제에 대해서는 후텐마기지 반환문제, 미일안보체제의 문제, 지역사회에 대한 영향, 여성인권 문제 등에 관한 연구들이 있다.(정근식·전경수·이지원 편저, 『기지의 섬 오키나와』, 논형, 2008 참조)

3) 일본의 미군기지 문제에 대해서는 미일군사동맹의 성격 변화, 주일미군 재편 문제 등과 같은 안보정책에 대한 연구가 대부분을 차지하고 있고, 수적으로 많지 않다. 일본 본토의 미군기지 문제는 반기지운동의 역사와 유형에 대한 연구(정영신, 「동아시아의 안보분업구조와 반기지운동에 관한 연구」, 서울대 박사학위 논문, 2012)나 전후 일본국가체제의 특수성에 대한 연구(남기정, 「한국전쟁과 일본: '기지국가'의 전쟁과 평화」, 『평화연구』 9호, 고려대 평화연구소, 2000) 등을 통해 단편적으로 그 양상을 파악할 수 있는 정도이다.

적다.4) 이러한 생활사적 관심은 언론과 운동단체의 고발성 기사를 통해 접하는 경우가 많다.5)

미군기지 생활사 연구는 기지촌 매춘과 미군범죄, 중소상인들의 기지경제, 미군병사의 국제결혼과 혼혈아 문제, 미국 대중음악과 음식문화의 유입 등에 국한되는 것이 아니다, 미군기지의 존재는 해당 지역사회의 구조와 국가체제에 총체적인 변화를 가져올 수 있는 것이다.6) 미군기지는 해당 지역 및 국가의 정치체제, 경제구조, 사회조직, 법률 및 문화적 관습, 이데올로기 등에 포괄적 영향을 미칠 수 있는 것이며, 이런 의미에서, 자각되지 않을 수도 있지만 미군기지의 영향을 받고 살아가는 당사자의 범위도 매우 넓다.

이 글은 2000년대 중반 일본에서 전국적 관심을 모았던 이와쿠니 반기지운동의 전개과정을 생활사적 연구의 관심에서 재해석하고 그 성

---

4) 국내 연구자들의 미군기지 생활사에 대한 관심은 기지촌 여성과 혼종가족 등에 대한 연구로 나타나고 있다(김미덕, 「한국 문학에서 기지촌 성매매 여성과 아메라시안에 대한 연구」, 『아시아여성연구』 46권 2호, 2007 ; 이나영, 「기지촌의 공고화 과정에 대한 연구(1950-60): 국가, 성별화된 민족주의, 여성의 저항」, 『한국여성학』 23권 4호, 2007 등 참조). 일본을 비롯한 해외연구자들의 미군기지 연구에서는 당지의 풍부한 지역사 자료를 이용한 생활사적·사회사적 연구의 예를 흔히 찾아볼 수 있다(후지메 유키(양동숙 옮김), 『히로시마만의 군사화와 성폭력: 여성사에서 본 이와쿠니 미군사기지』, 논형, 2013 ; 高橋明善, 『沖縄の基地移設と地域振興』, 日本経済評論社, 2001 ; Molasky M.S., *The American Occupation of Japan and Okinawa: Literature and Memory*, Routledge, 1999 ; Enloe, *Does Khaki Become You?: The Militarization of Women's Lives*, South End Press, 1983 ; *Bananas, Beaches & Bases*, Univ. of California Press, 1989 등 참조).

5) 다큐인포, 『부끄러운 미군문화 답사기』, 북이즈, 2004.

6) 진필수, 『오키나와문화론: 미군기지와 촌락공동체』, 민속원, 2011a.

격을 논의하려는 하나의 시도이다. 냉전과 탈냉전, 테러와의 전쟁을 거치면서 세계 유일의 초강대국으로서 미국의 군사적 영향력은 확대일로를 걸어 왔으며, 세계 평화와 자유민주주의의 수호자로서 미국의 역할을 강조하는 안보담론을 부정할 수 있는 이념적 공감대는 갈수록 축소되고 있다. 냉전의 종식 이후에도 한반도 분단, 일본 식민주의의 청산, 민족주의와 영토분쟁, 중일의 세력경쟁 등의 요인이 복잡하게 얽힌 가운데 군사적 긴장이 계속되고 있는 동아시아에서는 미군의 존재 (presence)가 전쟁 억지(deterrence)에 결정적 공헌을 한다는 담론이 위세를 떨치고 있다.

이러한 상황에서 1990년대 중반 이후 지금까지 미일정부를 곤혹스럽게 만들 정도로 끈기 있게 지속되고 있는 오키나와의 후텐마기지 반환운동은 이례적인 일이라 할 수 있으며, 오키나와의 지역적 특수성 속에서 이해될 필요가 있다.[7] 2000년대 들어 한국에서도 평택 미군기지 이전 반대운동과 제주 해군기지 건설문제가 많은 사회적 관심을 얻고 있지만, 국가안보와 한미군사동맹의 중요성을 강조하는 담론에 밀려 많은 주민들이 희생과 피해를 강요받고 있다. 일본 반기지운동의 원류는 1950년대 후반 스나가와투쟁(砂川鬪爭)[8]을 계기로 촉발된 토지수용 반대투

---

7) 진필수, 「하토야마내각에 있어 후텐마기지 반환문제와 미일안보체제의 재인식 - 오키나와 주민들의 시점」, 『사회와 역사』 92집, 2011b, 169-226쪽.
8) 스나가와투쟁은 1955-7년 스나가와 지역주민들이 미군기지의 확장을 실력으로 저지한 투쟁이다. 일본 정부는 주민들의 실력행사가 미일지위협정 형사특별법 위반이라 하여 기소했지만, 도쿄지방재판소 다테(伊達) 판사에 의해 무죄가 선고되어 큰 화제가 되었다. 이 재판은 미일안보조약이 평화헌법에 대한 위헌인가의 여부를 놓고 뜨거운 논쟁을 불러일으켰지만, 최고재판

쟁으로 거슬러 올라갈 수 있다. 이후 반기지운동은 1960년대 안보투쟁을 통해 반전평화, 민주주의, 반제국주의, 반핵 운동 등과 결합되면서 미일안보체제에 대한 근본적 도전을 시도한 바 있다. 그러나 공산당 및 사회당 조직과 반체제 지식인 및 학생운동 세력이 주도한 안보투쟁이 내부 분열과 함께 종식된 이후 1970-90년대 일본 본토의 반기지운동은 대중들이 폭넓게 참여하는 사회운동으로 계승되지 못한 채 국지화되거나 침체의 길을 걸었고,[9] 사회적 관심을 거의 받지 못하게 되었다.[10]

2000년대 중반 이와쿠니 지역에서 폭발한 반기지운동은 일본 전국

소가 원심을 파기하고 주민들에게 유죄를 선고함으로써 '공익'을 위한 토지수용의 길이 열렸다(本間浩, 「沖縄米軍基地と日米安保条約・在日米軍地位協定: 國際法学からの檢討」, 浦田賢治(編著), 『沖縄米軍基地法の現在』, 一粒社, 2000).

9) 일본 사회운동의 성쇠와 성격 변화는 다각도로 분석되어 왔는데, 최근에는 경제적 고도성장과 함께 도래한 대중소비사회에 대한 격렬한 반발과 순응으로 이해하려는 견해도 제시되었다(小熊英二, 『1968(下): 叛乱の終焉とその遺産』, 新曜社, 2009, 775-866쪽). 반기지운동의 경우에는 미군기지가 샌프란시스코 강화조약 발효시점인 1952년 2,824개소에서 1962년 166개소, 1972년 오키나와 복귀 직전 105개소까지 줄어든 사실이 참작될 필요가 있다. 일본 본토의 미군기지는 1983년부터 다시 늘어나기 시작하는데, 이 시기 미군기지 확장에 따른 제문제는 대도시 중심의 시민운동 영역에서 외면되어 왔다고 말할 수 있다. 1982년 67개소, 22,600ha였던 일본 본토 미군기지는 1992년 98개소, 73,866ha로, 2011년 99개소, 100,493ha까지 늘어났으며, 이는 일시사용 구역의 증가에 기인하는 것이다. 2010년 3월말 현재 주일미군 병력 약 36,000명 중 약 10,000명이 오키나와 이외의 일본 본토에 상주하고 있으며, 2,636개소, 108,686ha에 달하는 자위대기지는 대부분 본토에 분산되어 있다(沖縄県基地公室基地対策課, 『沖縄米軍及び自衛隊基地(統計資料集)』, 沖縄県, 2012).

10) 예를 들어, 북후지훈련장(北富士訓練場)의 인근 지역주민들은 마을의 공동토지소유권 회복을 위해 수십 년의 세월에 걸쳐 투쟁하고 있지만(忍草母の会, 『北富士の戦い: 忍草母の会の42年』, お茶の水書房, 2009), 전국적으로 알려지지 않은 채 국지적 운동으로 지속되고 있다.

의 화제가 될 만큼 이례적인 일이었다. 이와쿠니 기지문제와 반기지운동에 대해서는 전개과정, 역사적 연원, 기지촌 경제 및 여성문제, 미일안보체제 속의 지방정치 양상, 정부정책의 위법성 등을 다루는 연구가 있었지만,[11] 주민생활과 반기지운동의 상관관계에 대한 본격적 논의는 전개되지 않았다. 이 글은 미군의 역할을 강조하는 안보담론이 강화되고 미일안보체제의 변혁을 추구하는 이념지향적 반기지운동이 쇠퇴하는 가운데서도 새로운 반기지운동이 왜 발생하고 어떤 성격을 갖는지에 대해 주된 관심을 가지고 있다. 필자는 반기지운동의 발생과정과 성격을 기지와 공존해온 주민들의 생활과 관련시켜서 검토할 필요가 있다고 본다. 이 글은 주민들의 자생적 생활개선 운동이라는 가정에 입각하여 이와쿠니 반기지운동의 전개과정을 재검토하고 그 성격을 논의하는 데 목적이 있다.

주민들의 생활사 속에서 반기지운동의 성장 혹은 침체(후퇴)의 메커니즘을 설명하기 위해서는 적어도 다음의 네 가지 요인에 대한 분석이 필요하다. 첫째, 기지로 인해 발생하는 생활상의 피해(이하 기지피해)가 자생적 반기지운동을 성장시키는 주요한 원인이 될 수 있다. 연구

---

11) 浅野一弘,「在日米軍再編の現狀と課題: 岩国市の住民投票を中心に」,『現代日本政治の現狀と課題』, 同文館, 2007 ; 池田愼太郎,「日米同盟と地方政治: 岩国基地問題を事例にして」,『Hiroshima Journal of International Studies』vol. 14, 2008 ; 庄司潤一郎,「朝鮮戰爭と日本の對応: 山口縣を事例にして(續)」,『防衛研究所紀要』第8券 第3号, 2007 ; 中達啓示,「利益誘導型基地運動の登場: 国基地沖合移設はなぜ成功したのか」,『地域社会と国際化』, 中国新聞社, 1998 ; 本田博利,『岩国の海と山をめぐる法律問題』, 媛大学法文学部総合政策研究科, 2010 ; 후지메 유키,『히로시마만의 군사화와 성폭력: 여성사에서 본 이와쿠니 미군사기지』등 참조.

대상 지역에서 어떠한 기지피해가 자각되고 인내의 범위를 넘어서고 있는가를 검토할 필요가 있다. 기지피해는 결코 객관적인 것이 아니라, 경험 주체의 조건에 따라 다양하고 불균등한 것일 수 있다. 또한 기지피해의 자각 양상이나 인내 수준은 경험적인 것이라기보다 해석적인 것이다. 기지피해는 주체들의 자기일상에 대한 해석이며, 기지소재 지역주민들의 전유물은 아니다. 기지피해의 판단과 반기지정서의 형성에는 기지에 대한 사회적 이념(이데올로기), 담론, 실천(정책 및 운동)이 끊임없는 영향을 미친다.

둘째, 주민들의 반기지정서를 사회적 힘으로 표출시키는 지역 내외의 다양한 사회운동의 조직 및 이념을 검토할 필요가 있다. 기지의 부정적 측면에 대한 인식은 복합적이고 이데올로기적인 것일 수 있기 때문에 기지의 전면철거, 정리축소, 운용개선 등을 요구하는 반기지운동뿐만 아니라, 반전평화, 반핵·반원전, 환경, 여성운동 등 반기지정서의 다양한 표현 형태가 나타날 수 있다. 여러 사회운동의 이념적·조직적 결합이 일어나거나 기지문제를 안고 있는 지역들의 연대투쟁이 전개될 때 반기지운동의 효과가 더욱 커질 수 있다는 견해가 있다.[12] 이와쿠니 반기지운동의 경우에도 오키나와 및 제주도 반기지운동 조직과의 교류가 진행된 적이 있다. 그러나 이 글은 주민들이 자발적으로 참여하는 자생적 운동의 조직과 이념에 초점을 맞추어 분석을 수행하고자 한다.

셋째, 주민들의 또 다른 기지 경험인 기지경제가 반기지운동에 미

---

12) 정영신, 「동아시아의 안보분업구조와 반기지운동에 관한 연구」.

치는 영향을 살펴볼 필요가 있다. 기지경제는 기지로 인한 경제적 수입과 각종 혜택을 의미할 뿐만 아니라, 지역경제(때로는 국민경제)의 기지 의존성을 표현하는 것이다. 기지경제는 흔히 반기지운동의 성장을 가로막는 요인으로 인식되어 왔으며, 지역경제 활성화를 위한 기지유치를 둘러싸고 지역주민들이 찬반양론으로 분열하는 현상이 보고되기도 했다.13) 그러나 기지경제 수혜집단의 정치화(politicizing) 여부나 도시부 지역경제의 발전 정도에 따라서는 기지경제가 반기지 담론을 강화하는 요인이 될 수도 있다는 점에 유의할 필요가 있다.

넷째, 제도권 지역정치에서 기지문제에 대한 다양한 세력들의 견해가 어떻게 조정되는지를 검토할 필요가 있다. 지역정치는 미일정부의 기지정책을 수용하여 주민들에게 전달하는 통로가 될 수도 있으며, 오키나와에서 흔히 볼 수 있는 것처럼 지자체 수장과 의회가 주민들의 반기지정서를 수렴하여 외부에 전달하는 통로가 될 수도 있다. 지역정치에서도 보수와 혁신의 스펙트럼이 존재한다. 자민당의 오랜 집권 속에서 형성된 일본 정부의 기지정책과 담론은 주로 보수세력에 의해 수용되며, 반기지운동의 요구와 담론은 혁신세력에 의해 수용되는 경향이 있다. 이와쿠니의 지역정치는 보수세력의 오랜 헤게모니가 반기지 시민운동의 급성장으로 붕괴되었다가 정부의 개입으로 회복되는 과정을 보여주고 있다. 이와쿠니의 지역정치는 반기지운동의 침체 혹은 후퇴의 원인을 논의하는 데 중요한 사례이다.

---

13) 배윤기, 「제주해군기지 건설에 대한 로컬 기반의 이해와 로컬리티의 정치」, 『한국민족문화』 43호, 345-389쪽, 2012 ; 高橋明善, 『沖縄の基地移設と地域振興』.

이 글은 2000년대 일본 반기지운동의 새로운 양상과 성격을 규명해 내는 점에서 의의를 가질 수 있으며, 생활사 연구 시각에서 미군기지 문제를 논의하는 틀을 만드는 데에도 공헌할 수 있을 것이다. 또한 이 글은 오키나와와 한국의 반기지운동을 비교문화론적으로 이해하는 데에도 많은 시사점을 제공할 것이다. 이 글을 위해 필자는 이와쿠니 지역에서 2013년 7월 9일부터 16일까지 8일간의 현지조사를 실시하였다. 이하라 가쓰스케(井原勝介) 전(前) 시장과 다무라 준겐(田村順玄) 이와쿠니 시의원의 도움을 얻어 각종 문헌자료의 수집과 여러 활동가 및 주민들에 대한 인터뷰를 수행하였으며 미군기지와 공존하는 이와쿠니의 일상을 참여관찰할 수 있었다. 현지조사 외에 인터넷 검색을 통해서도 이와쿠니 기지 및 지역 상황, 반기지운동의 경위에 대해 풍부한 문헌자료를 수집할 수 있었다.

2. 이와쿠니기지와 지역사회

2.1. 이와쿠니기지의 형성과 변화

이와쿠니기지는 미국 해병대와 일본 해상자위대가 공동으로 사용하는 기지이다. 2011년 4월 현재 기지의 총면적은 약 792ha이며, 이 중 미군의 전용면적은 약 236ha, 미군 및 자위대의 공용면적은 약 553ha, 자위대의 전용면적은 약 3ha이다. 관련시설로서 약 2ha 규모의 소오(祖生)통신소가 있으며, 약 1,870ha의 수역과 광대한 범위의 공역도 설정되어 있다. 이와쿠니기지 내의 주요시설로서, 폭 60m, 길이 2,440m의 활주로 1개 및 부대시설, 수상비행장 및 비행정 양륙장(陸揚場), 탄약고 및 사격장, 격납고 10동, 주택시설 96동, 오락시설, 교육 및 후생시설 등이 있다.

〈그림 1〉 이와쿠니기지의 위치 및 최근 변화

이와쿠니기지에 배속된 주요 미군부대로는 오키나와의 캠프 즈케란에 본부를 둔 제1해병항공단 소속 제12해병항공군과, S.D. 버틀러 해병대기지사령부 소속 이와쿠니해병항공기지대가 있다. 이 부대들에 의해 약 53기의 항공기가 운용되고 있으며, 일본 해상자위대 소속 항공단에 의해서도 약 35기의 항공기가 운용되고 있다. 이와쿠니기지에는 약 2,600명의 미군이 상주하고 있으며, 군속 약 330명과 가족 약 2,230명을 합쳐 총 5,160명 정도의 미군관계자가 있다(2010년 평균). 이 외에도 이와쿠니기지에는 기지종업원이 1,191명(2011년 4월 현재), 해상자위대 대원이 약 1,600명 소속되어 있다.

〈표 1〉 이와쿠니기지 확장의 역사

시 기	내 용
1938년 4월	일본군 비행장건설 개시, 간척농지 122ha, 택지 1.3ha 접수
1945년 9월	미해병대에 의해 접수, 기지 면적은 451ha로 확대
1952년 4월	미공군기지로 전환
1952 - 56년	기지시설 확충, 573ha로의 토지면적 확대와 2,090ha의 수역 설정
1952 - 64년	군민공용공항으로의 이용
1954년 12월	미해군과 해상자위대 교육항공군의 공용기지로 전환
1956년 7월	미해병대 제1항공사단, 미해군 제6함대항공대대가 이주해 옴
1962년 7월	미해병대이와쿠니항공기지(MCAS IWAKUNI)로 개편
1965년 9월	F - 4B팬텀제트기 및 A - 4C스카이호크 공격기 각 35기 배치
1980년 10월	아타고통신소 13ha를 통합
1997 - 2011년	활주로 해안이전 공사
2002년 2 - 3월	CH - 53D시스탤리온 헬리콥터 8기 배치
2005년 10월	주일미군 재편 계획 중간보고서 발표, 항공모함탑재기 57기 등 이전 발표
2006년 5월	주일미군 재편 계획 최종보고서 발표, 중간보고서 내용 구체화
2009년 12월	아타고산 개발지 102ha의 미군주택지 전용 결정
2010년 5월	활주로 해안이전 공사에 따른 신활주로 운용 개시, 해안매립지 213ha 기지편입, 기지면적이 792ha로 확대
2012년 7 - 9월	수직이착륙 헬리콥터 오스프레이 12기의 양륙 및 시험비행
2012년 12월	활주로 해안이전 공사로 남은 기존활주로를 군민공용공항으로 운용 개시
2013년 7 - 9월	수직이착륙 헬리콥터 오스프리(osprey) 12기의 추가 양륙 및 일시주류

이와쿠니기지의 역사에 관해서는 이 글의 논의와 관련하여 몇 가지 특기할 사항만을 지적해 두고자 한다. 이와쿠니기지는 1938년 일본군

비행장으로 처음 건설된 이래 한 번도 축소되는 일 없이 면적 확대와 기능 강화가 계속되어 왔다. 1952-64년에는 기지 확장에 따라 기지의 일부가 군민공용 공항으로 사용된 적이 있다. 1997년-2010년에는 활주로 해안이전 공사의 과정에서 해안매립을 통한 기지의 확장이 있었다.

2006년 5월 미일정부가 발표한 주일미군 재편 계획은 이와쿠니기지에 또 한 번의 큰 변화를 예고하였다. 후텐마기지 반환문제를 비롯한 오키나와 미군기지 문제가 재편 계획에서 중요하게 다루어지긴 했지만, 이와쿠니기지의 기능 및 운용에서도 중요한 변화가 명시되었다. 이와쿠니 관련 항목만을 정리하면, 가나가와 현(神奈川県) 아쓰기(厚木) 비행장에 있던 항공모함 탑재기(F/A-18, EA-6B, E-2C, C-2 항공기) 59기 및 항공단과 후텐마(普天間) 비행장에 있던 KC-130 12기 및 비행부대는 이와쿠니기지로 이전하고, 이와쿠니기지에 있던 CH-53D 8기 및 비행부대는 괌으로 이전하며 해상자위대 항공기 17기는 아쓰기 비행장으로 이전하는 것으로 되어 있다. 항공모함 탑재기 59기 및 항공단은 2014년까지 이전을 완료하고, CH-53D 8기 및 비행부대는 오키나와에 있는 지휘부대가 괌으로 이전할 때 함께 이전하는 것으로 명시되었다.[14] KC-130 12기는 이와쿠니기지를 거점으로 하되, 훈련과 운용상의 필요에 따라 가노야(鹿屋) 자위대기지와 괌의 미군기지에 정기적으로 로테이션 배치한다.

---

14) 재편 계획의 세부 항목들은 하나의 패키지(package)라고 규정되어 하나의 항목이 실행되지 않으면 관련된 다른 항목들도 실행될 수 없게 되어 있다. 미해병대가 주둔하고 있는 이와쿠니 기지는 오키나와 및 도쿄 일대의 해병대 주둔 미군기지와의 관련성이 매우 크며, 주일미군 재편 계획에서도 이 점을 확인할 수 있다.

또한 기지 부담의 집중을 방지하는 차원에서, 가데나(嘉手納), 이와쿠니, 미사와(三沢)기지에 있는 미군기의 훈련은 일본 내 7개 자위대기지에서 분산 실시한다. 장래 민간항공 시설의 일부가 이와쿠니기지에 설치된다. 이상의 주일미군 재편 계획에 따라 이와쿠니기지에는 수십 기의 항공기가 추가 배치될 예정이며, 이로 인해 이와쿠니 주민들 사이에서는 기지기능 강화에 대한 불만이 확산되고 반기지운동이 촉발되었다.

2.2. 지역사회의 현황과 역사

이와쿠니기지가 소재하고 있는 행정구역인 이와쿠니 시는 야마구치 현(山口県) 동남부에 위치해 있으며, 북쪽으로는 시마네 현(島根県), 동쪽으로는 히로시마 현(広島県)과 접해 있고 남쪽으로는 시코쿠(四国)지방 에히메 현(愛媛県) 사이에 있는 세토나이 해(瀬戸内海)에 면해 있다. 이와쿠니 시는 2006년 3월 8개 시정촌의 합병을 통해 새롭게 탄생하였다. 합병된 시정촌은 이와쿠니 시(岩国市), 유 정(由宇町), 구가 정(玖珂町), 혼고 촌(本郷村), 슈토 정(周東町), 니시키 정(錦町), 미카와 정(美川町), 미와 정(美和町)이다(〈그림 2〉 참조). 이와쿠니 시의 인구는 2010년 3월말 현재 143,857명을 기록하고 있으며, 이 중 구 이와쿠니 시의 인구가 100,166명이다. 그 외 구유 정, 구쿠가 정, 구슈토 정의 인구가 각각 1만 명 전후로 비교적 많은 편이다. 이와쿠니 시 인구는 1960년 165,498명으로 정점에 달하였으며, 1990년대 이후 농어촌 지역의 과소화 현상과 함께 점진적으로 감소하고 있다.

2010년 일본 국세조사에 따르면, 이와쿠니 시는 67,576명의 노동력 인구 중에 취업자수가 63,175명, 완전실업자수가 4,401명으로 실업률은 6.5%를 기록하였다. 63,175명의 취업자 중 제1차산업 종사자는 2,675명으로 4.2%, 제2차산업 종사자는 17,975명으로 28.5%, 제3차산업 종사자는 42,525명으로 67.3%을 차지하였다. 일부 소분류 항목들을 살펴보면, 건설업 종사자가 6,964명으로 11.0%, 제조업 종사자가 10,988명으로 17.4%, 도소매업 종사자가 9,659명으로 15.3%, 의료 및 복지업 종사자는 8,048명으로 12.7%, 숙박업 및 음식서비스업은 3,144명으로 5.0%를 차지하였다.

이와쿠니의 지역사적 특성은 근세 에도시대 이와쿠니 번(岩国藩)의 역사로 거슬러 올라가서 이야기되는 경우가 흔히 있다. 현재 이와쿠니 시청과 시가지가 위치한 중심지에서 니시키가와(錦川)를 따라 상류 쪽으로 올라가면, 이와쿠니성(岩国城)과 이와쿠니 최고의 관광 명소인 긴타이교(錦帯橋)가 있다. 이곳이 과거 이와쿠니 번의 영주와 관료들이 거주하던 지역 중심지였으며, 강하류의 평야지대는 17세기 말부터 시작된 간척사업을 통해 형성된 것이다. 가와시모(川下) 지구를 비롯한 현재 이와쿠니의 중심지와 이와쿠니기지는 이러한 간척지에 위치해 있다(〈그림 1〉 참조).

이와쿠니 시가 히로시마 시로부터 약 35km 밖에 떨어져 있지 않아 주민생활에 있어 히로시마 지역과의 연관성이 매우 높은 것으로 알려져 있지만, 지역사의 전개 과정이나 행정체계에 있어서는 명백히 야마구치 현의 일부를 구성하고 있다. 이와쿠니 시에서 100km 이상 떨어진 야마구치 현 중심부, 야마구치 시(山口市)와 하기 시(萩市)는 에도막부의 오

<그림 2> 이와쿠니 시의 위치 및 행정구역

랜 견제세력이었던 조슈 번(長州藩)의 본거지이다. 이와쿠니 번(岩国藩)
영주 킷카와가(吉川家)는 조슈 번 영주 모리가(毛利家)의 분가로서 본가
에 대해 정치적으로 종속되어 있었는데, 1600년 세키가하라(関が原) 전
투에서 적군인 도쿠가와 이에야스 진영과 내통했다는 이유로 조슈 번
으로부터 오랜 홀대를 받은 것으로 알려져 있다. 이와쿠니 번은 주기적
인 재정 압박에 시달렸으며, 이를 벗어나기 위한 대책으로서 제지업의
육성과 간척사업을 통한 농지 확장에 전력을 기울였다. 명치유신 이후

잠시 존재했었던 이와쿠니 현은 곧 야마구치 현에 통합되었고, 지자체 행정에서 야마구치 현과 이와쿠니 시의 상하관계는 현재까지 지속되고 있다.

1920년대부터 이와쿠니 지역의 광대한 간척 농지는 공업지대로 탈바꿈하기 시작했다. 데이코쿠인조견사(약칭, 데이진 帝人) 공장을 비롯하여 산요펄프공업(현재, 일본제지) 공장과 동양방적 공장과 같은 대규모 공장들이 들어섰으며, 인근 와키 정(和木町)과 오타케 시(大竹市)에는 미쓰이석유화학에 의해 일본 최초의 석유화학 콤비나트가 건설되었다. 그러나 이와쿠니기지가 세토나이해 임해공업 지대의 한 부분에 들어서 군사활동 구역이 설정됨으로써 공업지대의 발전은 적지 않은 제약을 받았다.

한편, 이와쿠니에 대한 히로시마의 영향은 다면적인 것이며, 시기에 따라 변화되는 양상을 나타내 왔다. 우선 히로시마 만의 군사화는 그 역사가 매우 오래된 것이며, 미일군사동맹 속에서 지금도 진행되고 있다. 전후 이와쿠니에 미군 시설이 집중되는 동안 히로시마 중심부는 군사시설이 사라진 자리에서 과거 군수산업체의 사업 전환을 디딤돌 삼아 경제 발전을 거듭하였으며, 주고쿠(中国) 지방의 중심 도시로 성장하였다. 이와쿠니는 히로시마 경제권의 한 배후지로 위치하게 되었으며, 이와쿠니 주민들은 생활의 다양한 필요에 따라 히로시마를 왕래하고 있다.

3. 반기지운동의 성장과 후퇴

3.1. 1990년대까지의 이와쿠니 반기지운동

이와쿠니 지역의 자생적 반기지운동은 1968-96년 이와쿠니기지 활주로 해안이전 요구로 시작되었다. 활주로 해안이전 요구의 전개 과정은 이와쿠니 시와 야마구치 현의 기지대책 자료를 통해 상세하게 정리되어 있으며,[15] 국내에도 소개된 바 있다.[16] 활주로 해안이전 요구는 이와쿠니 지역 반기지운동의 발생 과정과 성격을 논의하는 데 출발점이 될 수 있으며, 활주로 해안이전 사업이 시작된 1997년 이후 이와쿠니 지역 반기지운동의 흐름을 이해하는 데에도 큰 중요성을 가진다.

1968-96년 활주로 해안이전 사업의 요구는 정부에 대한 청원운동의 성격을 띠었으며, 이와쿠니 지역주민의 초당파적 운동으로 전개되었다. 1968년 6월 F-4C팬텀기가 규슈대학 구내에 추락하자, 동종 전투기가 배치된 이와쿠니 기지의 주민들 사이에서는 항공기 추락 위험과 소음 경감을 위한 대책을 요구해야 한다는 여론이 일어나기 시작했다. 1971년 10월 이와쿠니 시의회가 〈이와쿠니기지 해안이설에 관한 결의〉를 의결하였으며, 1972년 11월 이와쿠니 시민 약 1,000명이 참여하여 〈이와쿠니 기지 해안이설 기성동맹회〉를 창립하고 결의대회를 가졌다.

---

15) 이와쿠니 시 자료 http://www.city.iwakuni.lg.jp/www/contents/1142594479651 /files/taisaku1.pdf(검색일 2013. 9. 6.)와 야마구치 현 자료 http://www.pref.y amaguchi.lg.jp/cms/a109002/2011kichi/kichi-isetu.html(검색일 2013. 9. 6.)를 참조할 것.
16) 정영신, 「동아시아의 안보분업구조와 반기지운동에 관한 연구」, 319-323쪽.

1974년부터 해안이설을 위한 청원운동은 야마구치 현으로 확대되어 같은 해 3월 야마구치 현의회가 〈이와쿠니기지 해안이설에 관한 요망결의〉를 의결하였고, 7월 자민당 야마구치 현지부연합회 내에 〈이와쿠니기지 해안이설 촉진을 위한 의원연맹〉이 설립되었다. 1977년 11월 구 이와쿠니 시 주변의 8개 시정촌 지자체가 참여한 〈이와쿠니기지 해안이설촉진 연락협의회〉가 설립되었으며, 1978년 6월 이 협의회는 야마구치 현을 중심으로 새롭게 통합된 〈이와쿠니기지 해안이설 촉진 기성동맹회〉로 전환되었다.

이와쿠니기지 이설안은 1982년 7-8월 방위시설청 심의를 거쳐 자민당 소위원회에서 수용되었다. 1983년도 방위시설청 예산으로 이와쿠니기지 해안이설 조사비 약 8,000만엔이 계상되었으며, 1985년 4월 방위시설청, 야마구치 현, 이와쿠니 시에 〈이와쿠니 비행장 해안이설 대책실〉이 설치되었다. 1986년도부터는 공법시험을 위한 공사비가 방위시설청 예산으로 계상되기 시작했으며, 1988년 8월부터는 일본 정부 내에서 활주로 이설의 구체적 설계안에 대한 심의가 시작되었다. 1992년 8월 자민당 〈국방삼부회(国防三部会)〉는 활주로를 동쪽(바다쪽)으로 1km 이설하는 설계안을 실행에 옮기는 것과 방위시설청의 예산 요청을 승인하였다. 1996년 11월까지 일본 정부와 야마구치 현에 의해 환경영향평가를 비롯한 사업 준비절차가 완료되었으며, 1997년 6월 총사업비 약 1,600억엔, 공사예정기간 10년의 활주로 해안이전 사업이 착공되었다.

필자는 2013년 7월 이와쿠니 시의회의 다무라 준겐 의원과 활주로 해안이전 사업의 의미에 대해 논의할 기회를 가졌다. 1997년 6월부터

2011년 3월까지의 활주로 해안이전 사업의 진행과정과 결과에 대해서는 후술하겠지만, 필자는 213ha에 이르는 기지의 확장이 초래된 결과를 염두에 두고 이 청원운동이 반기지운동의 의미를 가질 수 있는가를 질문하였다. 이에 대해 다무라 의원은 장황한 논의를 피하고 활주로 해안이전 사업은 이와쿠니 주민들의 '비원(悲願)'이었다는 짧은 대답을 하였다. 다무라 의원은 혁신세력의 반기지운동가로서 1990년대부터 초지일관 활주로 해안이전 사업이 기지의 확장만을 초래할 것이라고 비판하는 입장을 견지해 왔다.[17] 이런 의미에서 다무라 의원이 활주로 해안이전 요구의 의의를 부정하지 않는 것은 의외라면 의외였다.

다무라 의원의 짧은 답변 속에는 기지피해를 조금이라도 줄이고자 하는 이와쿠니 다수 주민들의 열망과 반기지운동의 자생성에 대한 존중이 담겨 있다. 활주로 해안이전 요구 속에는 기지피해의 경감과 기지촌 일상으로부터의 탈피에 대한 염원이 담겨 있었으며, 기지에 접수된 간척 농지의 반환에 대한 희미한 기대와 기지로 인한 공장 건축과 조업 활동의 규제를 풀려는 인근 공업지대 자본가들의 경제 논리가 작용하고 있었다. 이러한 복합적 동기가 작용하고 있었기 때문에 보수세력 지역 정치인들과 다수 주민들이 힘을 합치는 초당파적 운동이 전개될 수 있었다는 것이 다무라 의원의 설명이었다. 그러나 활주로 해안이전 사업은 기지의 철거, 정리축소, 군사활동 제한이라는 반기지운동의 원론적 목표에 대해서는 명확한 전망을 제시해 주지 않는 것이었기 때문에 후

---

17) 타무라 의원의 입장은 1996년 이후 히로시마만의 광역 시민단체인 〈피스링크 히로시마·쿠레·이와쿠니〉의 소식지에 기고된 글을 통해 확인할 수 있다.

속적 운동의 과제를 남기는 것이었다고 할 수 있다.

3.2. 2005년 10월–2006년 5월 주일미군 재편 계획과 주민투표

2005년 10월 발표된 미일정부의 주일미군 재편 계획은 이와쿠니 반기지운동에 새로운 전환점을 마련하는 외부의 충격이 되었다. 이 계획 속에는 가나가와 현 아쓰기 비행장으로부터 항공모함탑재기 57기를 활주로 해안이전 사업 종료 후 이와쿠니 비행장으로 이전한다는 내용이 포함되어 있었다. 이와쿠니 지역주민들은 기지피해의 증대에 대한 우려로 동요하기 시작했으며, 이하라 가쓰스케 당시 이와쿠니 시장은 항모탑재기 이전에 대한 주민들의 찬반 의사를 묻는 주민투표를 실시하였다.

주민투표는 이와쿠니의 시민운동과 반기지운동을 급성장시키는 계기가 되었다. 이와쿠니 시 주민투표조례에는 유권자의 50% 이상이 투표에 참가해야 당해 주민투표의 효력이 발생한다는 조항이 있었다. 이 조항으로 인해 주민투표 발의 직후부터 시민들의 투표 참가를 요청하는 대대적인 운동이 펼쳐졌다. 주민투표를 계기로 새로운 시민단체들이 생겨나기도 했으며, 기존의 반기지운동 세력은 시민운동이라는 새로운 활동 공간을 얻게 되었다.

2005년 11월 20일 결성된 〈이와쿠니로의 항모탑재기부대와 야간이착륙훈련 이전에 반대하는 시민모임(岩国への空母艦載機部隊とNLP移転反対の市民の会)〉은 독자적인 서명운동을 전개하던 와중에 주민투표 발의가 알려지자, 번화가를 돌며 주민투표의 선전활동에 돌입했다.

2006년 2월 8일에는 〈주민투표를 성공시키기 위한 이와쿠니 시민모임(住民投票を成功させる岩国市民の会)〉이 결성되어 주민투표일까지 적극적인 활동을 펼쳤다. 주민투표일 하루 전인 3월 11일에는 이 두 단체와 공산당 계열의 시민단체인 〈미항모탑재기 수용반대에 O를 하는 모임(米空母艦載機受け入れ反対にOをする会)〉이 연합집회를 개최하기도 했다. 3월 5일 주민투표 고시 후에는 시의회 내 〈신풍회(新風会)〉 소속 의원들과 이하라 시장도 주민투표 선전활동에 적극적으로 가담했다. 이러한 와중에서도 시의회 다수의원들은 주민투표에 반대하는 입장을 견지했으며, 2월 20일에는 〈주민투표에 반대하는 모임(住民投票に反対する会)〉이 결성되기도 했다.

주민투표 결과, 84,659명의 유권자 중에 49,682명이 투표에 참여하여 58.68%의 투표율을 기록하였다. 48,802표의 유효투표 중 98.2%인 43,433표가 항모탑재기 이전반대를 선택함으로써 총유권자의 51.3%가 반대의사를 표명한 셈이 되었다. 주민투표를 통해 기지문제에 대한 이와쿠니 주민들의 의사가 처음으로 직접 표현되었다. 또한 시민단체의 많은 활동가들과 투표참여자들은 시민운동의 실천 혹은 투표행위를 통해 기지문제에 대해 자신의 견해를 갖고 표현하는 주체화의 경험을 하였다.

〈주민투표를 성공시키기 위한 이와쿠니 시민모임〉의 공동대표를 역임했던 후쿠다 마사미(福田雅美) 씨는 2013년 7월 필자의 인터뷰 요청에 응하여 주민투표 당시의 경험을 회상해 주었다. 의사를 남편으로 둔 후쿠다 씨는 1995년 나가사키 현에서 이와쿠니로 이사와 이와쿠니역 앞

맨션에서 딸아이를 키우면서 살게 되었다. 기지의 항공기 폭음이 너무 심해서 1996년 후쿠다 씨 가족은 아타고산 중턱의 주택가인 유리가오카(百合ヶ岡) 단지로 이사했고, 1999년에는 안정적 거주를 위해 인근 아타고산 개발지 주위로 또 한 번의 이사를 했다. 2000년 1월 후쿠다 씨는 두 번째 딸을 출산하여 직장을 그만두고 육아에 전념하게 되었다.

아이들이 낮잠 잘 시간에 인근에서 매일같이 폭음이 울리는 것을 인지한 후쿠다 씨는 자치회장을 방문하여 그 사실을 알리고 대책을 강구했다. 인근 주민이자 시의원인 다무라 준겐 씨의 조언을 듣고 후쿠다 씨는 이와쿠니 시와 야마구치 현 의회에 원인 설명과 해결책을 요구했지만, 국책사업이니 참고 지내라는 의원들의 압력과 무성의에 큰 분노를 느끼게 되었다. 이때부터 후쿠다 씨는 아타고산 개발지 주위의 폭음 피해 사례를 모두 조사하여 자치회 이름으로 주민설명회 개최를 요구하는 활동에 나섰다. 2000년 12월 개최된 주민설명회에서 이와쿠니기지 해안매립용 토사를 아타고산에서 채취하기 위해 암석 발파작업을 하고 있음을 알게 된 후쿠다 씨는 다른 주민들과 힘을 모아 폭음피해를 언론에 보도되도록 하고 야마구치 현 당국에 폭음피해의 해결책을 요구하였다. 이후부터 야마구치 현 당국은 발파 공사의 일정을 주민들에게 알리고 폭음을 줄이는 공법을 시행하기 시작했다.

자치회 부회장으로 활동하고 있던 후쿠다 씨는 2004년 항모탑재기 이전 계획을 뉴스로 접한 후 다무라 씨를 비롯한 다른 주민들과 이야기를 나누면서 기지피해의 증대 위험을 알게 되었다. 후쿠다 씨는 항모탑재기 이전반대 서명운동에 참여하였고, 2006년 2월에는 〈주민투표를 성공시키기 위한 이와쿠니 시민모임〉의 공동대표(총 10명)를 맡게 되었다. 후쿠다 씨는 투표율 50%를 넘기기 위해 최선의 노력을 기울였다. 폭음피해 해결 과정에서 알게 된 자치회 주민들과 인맥을 통해 주민투표 참여를 적극적으로 선전하였다. 후쿠다 씨는 다무라 씨와 같은 운동가들이 선호하는 과격한 구호를 배제하는 것이 선전활동에 도움이 된다고 생각했고, 〈3·12 GO!〉라는 슬로건을 제안하여 〈주민투표를 성공시키기 위한 이와쿠니 시민모임〉의 공식 슬로건으로 채택되기도 했다.

후쿠다 씨는 주민투표 결과에 스스로도 놀랐다. 그러나 돌이켜보면 선전활동 과정에서 이와쿠니 주민들의 생각이나 분위기는 감지할 수 있었다. 많은 주민들이 이번만큼은 자신의 의사를 밝혀야 한다고 생각했고, 심지어는 미군주택업자나 자위대 관계자들조차도 폭음피해를 겪으면서 기지가 가져다주는 피해에 대해 비판적 입장을 취하는 분위기였다. 주민투표 결과가 법률적 구속력을 갖는 것은 아니지만, 이와쿠니 주민들의 의사를 전국에 알렸다는 데 큰 의미가 있었다고 평가했다.

2006년 3월 20일 이와쿠니 시와 주변 7개 정촌의 합병이 예정대로 진행되었다. 이로써 주민투표 결과는 신생 이와쿠니 시에서 조례상의 효력을 상실하게 되었으며, 이하라 시장도 시장직을 상실했다. 시정촌 합병이 예정된 상황에서의 주민투표에 대해 7개 정촌 지자체장들은 반대 의사를 표명했었지만, 이하라 시장은 주일미군 재편 최종보고가 발표되기 전에, 그리고 시청촌 합병을 앞두고 있기 때문에야말로 민의를 묻는 것이 필요하다고 주장했었다. 이하라 시장은 주민투표 결과가 하나의 기성사실로서 시정촌 합병과 관계없이 민의로 존중되어야 한다는 생각을 가지고 있었다. 후쿠다 씨는 많은 시민들도 합병 후 주민투표 결과의 효력이 상실되는 것을 알고 있었다고 한다. 그러나 그 사실에 개의치 않거나 더 이상 기회가 없을지도 모른다는 생각으로 투표에 참여한 시민들이 많았을 것이라고 이야기했다.

주민투표 결과의 무게를 판단하는 차원에서 2006년 4월 23일 실시된 신생 이와쿠니 시의 시장선거는 중요성을 가지고 있었다. 시장선거에서도 항모기탑재 이전 문제는 핵심적 쟁점이 되었고, 이하라 씨는 압승을 거두었다. 총유권자 122,079명 중 79,464명이 투표에 참여하여 65.09%의 투표율을 기록하였으며, 총유효투표 78,888표 가운데 이하라 씨는 54,144표를 득표하여 68.6%의 지지율로 당선되었다. 이하라 씨는 선거에서의 압승으로 주민투표 결과가 이와쿠니 주민들의 의사로서 재확인되었다고 공언할 수 있게 되었다. 그러나 2006년 5월 1일 발표된 미일정부의 주일미군 재편 최종보고서에서는 주민투표 결과가 전혀 고려되지 않았으며, 전년도 10월 중간보고의 내용이 구체화되었을 뿐이었다. 이로써 주민투표로 고양된 이와쿠니의 반기지 시민운동과 이하라 시장의 반기지 정책 노선은 정부당국의 강경책과 대결해야 하는 상황으로 접어들게 되었다.

3.3. 2006년 12월–2009년 12월 시장 사퇴와
　　 아타고산 개발사업 문제

2006년 12월 20일 이하라 시장은 방위성으로부터 이와쿠니 시청사 건설 보조금의 마지막 3차년도분 35억엔을 지급할 수 없다는 통보를 받았다. 오키나와 후텐마기지의 KC-130 공중급유기를 이와쿠니기지로 이전하는 대가로 보조금을 지급하고 있었지만, 주일미군 재편 최종보고서를 통해 KC-130 공중급유기의 훈련 장소가 분산되었고 이와쿠니 시의 항모탑재기 수용 거부에 따라 소음증가 우려가 소멸되었다는 것이 이유가 되었다. 이에 대해 이하라 시장은 정부당국에 약속 위반이자 신뢰관계의 파기라고 강력히 항의했다. 그런데 이와쿠니 시의회는 2006년 2월 26일 이하라 시장에 대해 시청사 정부보조금 중단에 대한 책임을 묻고 미군재편에 대해 '현실적 대응'을 요구하는 시장 문책결의안을 통과시켰다.

이후 이하라 시장은 정부당국과 시의회의 양면 공격으로 시정활동에 심대한 타격을 입었다. 보수세력이 과반수를 차지한 시의회는 2007년 한 해 동안 시장이 제출한 차년도 예산안을 4회나 부결시켰다. 시청사 정부보조금의 부족분을 합병특례채권 발행으로 충당한다는 시장의 대책이 시민의 부담을 증대시킨다는 것이 이유가 되었다. 이하라 시장은 시청사 정부보조금의 부활을 위해 2007년 2월부터 방위성 장관 및 당국과 수차례에 걸쳐 공식적·비공식적 협의를 진행했다. 당국자들은 이하라 시장이 어떤 이유와 표현이 되었건 미군재편안에 반대하지 않는다는 입장만 밝히면 보조금을 지급하겠다는 의사를 비공식적 통로로 전달했으며, 이하라 시장은 당국의 회유책을 거부하였다.[18] 정부당국은 정부재원으로 이와쿠니 지역에서 진행될 계획이거나 진행되던 중요 건설사

---

18) 井原勝介, 『岩国に吹いた風』, 高文研, 2009, 147-150쪽.

업을 연기·중단하기 시작함으로써 시장을 더욱 궁지로 몰아넣었다.

이하라 시장을 지원하는 각종 시민단체들의 활동도 진행되었다. 2007년 1월 중순부터 정부의 시청사 보조금 중단에 항의하기 위한 모금활동이 펼쳐졌다. 시민단체들은 5월부터 일본 전국으로 지원요청을 확대하였으며, 8·9월에는 도쿄에서 시장과 함께 집회 및 모금활동을 벌이기도 했다. 2007년 12월 1일에는 긴타이교 주변 광장에서 〈정부의 처사에 분노하는 1만명 집회(国の仕打に怒りの一万人集会)〉가 열렸다. 이하라 시장, 7명의 국회의원, 약 12,000명의 시민들이 참가하여 정부의 보조금 중단에 대한 항의데모를 펼쳤다.

2007년 12월 26일 이하라 시장은 차년도 예산안을 통과시키는 조건으로 시장직에서 사퇴하였다. 2008년 2월 10일 주민들의 재신임을 묻는 시장선거에서 이하라 씨는 45,299표를 얻어 상대 후보인 후쿠다 요시히코(福田良彦) 씨에게 1,782표차로 석패했다. 후쿠다 씨는 자민당 소속 국회의원직을 버리고 시장선거에 출마하였으며, 지역 내외의 보수세력 선거운동원으로부터 대대적인 지원을 받았던 것으로 알려져 있다.

후쿠다 시장은 당선 이후 항모탑재기 이전을 비롯한 미군재편안의 원활한 실행에 가능한 한 협조적인 자세를 취하기 시작했다. 그 대신에 후쿠다 시장은 정부의 지역진흥책을 확대시키는 데 중점을 두어 왔다. 당선 이후 시청사 정부보조금은 전액 지급되었으며, 중단되었던 지역의 중요 건설사업도 모두 재개되었다. 그러나 후쿠다 시정에서는 지역진흥책의 시행 과정에서 새로운 문제들이 발생하고 있으며, 그 대표적인 예가 아타고산 개발 문제이다.

아타고산 지역개발사업의 연원은 정부, 현, 시에서 활주로 해안이전 사업이 본격적으로 거론되던 시기로 거슬러 올라간다. 1990년 3월 이와쿠니 시가 아타고산 지역을 우량 택지개발 후보지로 선정해 놓은 상태에서 1992년 8월 정부가 활주로 해안이전 사업의 추진을 결정하자, 야마구치 현과 현주택공급공사는 이와쿠니 시의 요청을 받아들여 1994년 4월 아타고산 지역개발사업에 대한 삼자협정서를 체결하였다. 아타고산 발파 및 정지 작업을 통해 해안 간척에 필요한 토사를 확보하고, 깎인 산 정상에 약 102ha 규모의 주택단지를 건설하는 것이 아타고산 지역개발사업의 주된 내용이었다.[19] 현과 시는 야마구치 현 동부지구의 발전이라는 대의명분으로 지주들의 토지를 매수하였고, 약 850억엔의 사업비를 2대 1로 분담하여 약 1,500호의 주택(단독주택 약 850호, 집합주택 650호) 및 부대시설로 구성된 21세기형 주택단지 조성 계획을 제시하였다. 1998년 12월 아타고산 지역개발사업의 기공식이 있었고, 2000년 2월에 토사반출이 개시되었으며, 2007년 3월 토사반출이 종료되었다.

아타고산 지역개발사업은 2007년 1월말, 야마구치 현이 정부에 개발지 매수와 미군주택지로의 용도변경을 타진하자 정부가 "미군주택지의 유력한 후보지"라고 답변한 사실이 알려지면서 지역사회의 새로운 문제로 떠올랐다. 미군주택지로의 전용은 항모탑재기 부대의 이전에 대비한 주택시설 확보의 의미를 지니고 있었으며, 이와쿠니 주민들의 주거지 한가운데에 또 하나의 미군시설이 생기는 것을 의미했다. 이하라

---

19) 井原勝介, 『岩国に吹いた風』, 183쪽.

시장은 활주로이전 사업의 당초 목적을 내세우며 강력히 반대하였고, 2007년 2-3월, 아타고산 개발지 주변의 자치회연합회는 〈미군주택전용 반대〉의 진정서를 시, 현, 정부에 제출하였다.

이하라 전 시장은 자신의 저서에서 2006년 8월부터 이미 야마구치 현과 정부가 미군주택지로의 전용을 은밀하게 추진하고 있었음을 밝히고 있다.[20] 2002년 8월 아타고산 개발지에 대한 주택수요 결과에서 수요 부족에 따른 적자가 예측되어 분양계획의 수정이 있긴 했지만, 야마구치 현은 2006년 8월 개발사업의 중지를 이와쿠니 시에 갑작스럽게 제안하였다. 2006년 11월 야마구치 현은 아타고산 지역개발사업의 예상 적자 규모의 시산을 공표하였고, 같은 달 현의회에서 정부 매수와 미군주택지로의 전용이 제안되었다. 시청사 정부보조금 중단으로 궁지에 몰려 있던 이하라 시장은 현의 압력에 버티지 못하고, 2007년 6월과 8월, 미군주택지로의 전용에 반대하는 조건으로 개발사업 중지 및 정부로의 매각 방침에 합의하였다.

2008년 2월 후쿠다 시정의 출범 이후 현과 시는 아타고산 개발지의 매수를 정부에 지속적으로 요청하였고, 방위성은 2009년 12월에야 이 요청을 받아들였다. 후쿠다 시장의 매각교섭에서는 사업비로 이미 지출된 약 260억엔의 부채를 변제하기 위해 개발지의 전용을 실현하는 것에 목표가 두어졌다. 그 결과 정부의 개발지 전용안은 개발지의 3/4을 미군주택지로 개발하고, 나머지 1/4을 현과 시가 국립의료센터, 방재센터, 다목

---

20) 井原勝介, 『岩国に吹いた風』, 184쪽.

적광장으로 개발하는 내용이 되었다.[21]

　아타고산 개발지의 미군주택지 전용은 이와쿠니의 반기지운동에 있어 또 하나의 중요 이슈가 되었으며, 반기지운동과 지역개발의 문제가 얽히게 만드는 결과를 낳았다. 2008년 7월 아타고산 개발지 주변의 자치회 구성원들이 중심이 되어 〈아타고산을 지키는 모임(愛宕山を守る会)〉을 발족하였다. 아타고산 중턱의 주택가는 해안의 이와쿠니 기지로부터 떨어져 항공기 이착륙 소음을 비롯한 각종 기지피해를 피할 수 있는 장소로 이와쿠니 지역 중상류층 주민들의 거주지로 알려져 있다. 토사 채취로 인해 깎여져 나간 아타고산의 정상 부분에는 지역주민들의 수호신인 우지가미(氏神)를 모신 아타고신사가 있었다. 이 신사는 2009년 2월 지금의 위치로 이축되었으며, 신사 앞 광장은 〈아타고산을 지키는 모임〉의 집회 장소가 되었다.

　이 단체는 미군주택 전용을 저지하기 위해 시, 현, 정부에 여러 번 진정서를 제출하고 항의 방문을 하였다. 또한 "미군주택 거부"를 표제로 한 깃발을 아타고산 주변 각지에 설치하고 홍보물을 배포하였다. 2008년 12월부터 2009년 3월까지는 미군주택 전용 반대를 위한 서명운동을 펼쳐 이와쿠니 시민의 1/3이 넘는 50,747명으로부터 서명을 받았다. 2009년 4월 12일에는 지역의 대표적 연중행사인 아타고신사 대제 후 주민 집회를 개최하였고, 이후 월 2-3회의 정기집회를 지금까지 계속하고 있다.

---

21) 防衛省, 「愛宕山用地における施設配置(案)説明資料」, 2010. 9. ; 防衛省, 「愛宕山用地における施設配置の概要」, 2012. 9.

3.4. 2009년 이후 후쿠다 시정의 지역진흥책 요구와 오스프리(osprey) 문제

2012년 1월 시장선거에서 후쿠다 시장의 압승은 이와쿠니 주민들이 반기지운동보다는 지역진흥에 더 많은 관심을 기울여 왔다는 사실을 나타내고 있다. 최근 후쿠다 시정에서는 항모탑재기 이전에 대해 '기지기능 강화' 대신 '기지기능 변경'이라는 표현이 사용되고 있으며, 정부 및 현과의 협력관계 속에서 안전대책 및 소음피해 경감 등의 요구를 관철시키는 것이 기지대책의 기본 방침이 되고 있다. 후쿠다 시장은 지역진흥책의 유치와 원활한 수행을 통해 주민들의 지지를 확대하고자 해 왔으며, 2012년 12월 자민당 정권의 성립으로 정부에 대한 교섭력도 강화할 수 있는 상황을 맞고 있다.

후쿠다 시장은 2009년 3월, '주일미군 재편에 관련된 지역진흥책 요망서(在日米軍再編に関わる地域振興策についての要望書)'를 정부에 제출한 바 있다. 이 자료에 따르면, 이와쿠니 시는 국가의 안전보장 정책에 협력하는 대가로 각종 안전대책 이외에 5개 항목의 지역진흥책을 요구하고 있다. 간선도로망의 정비, 가와시모 지구의 도시기반 정비, 중심시가지 활성화대책, 아타고산지역개발에 관련된 공공시설 정비, 산업진흥 등에 관한 시책 실시의 5개 항목에다 각 항목마다 3-5개의 세부사업이 제시되어 있다.

후쿠다 시정으로의 교체 이후 정부당국은 지역진흥의 가시적 성과가 나올 수 있도록 적극적인 지원을 해 왔으며, 그 대표적인 예가 2012년 12월 긴타이교 공항(錦帯橋空港)의 운용 개시이다. 1997년 6월 시작된 활주로 해안이전 사업은 2007년 3월 토사반입이 완료된 이후에도 매립 및 시설 공사가 계속되어 2010년 5월에야 신활주로의 운용이 개시되었고, 2011년 3월말 종료되었다. 기존 활주로의 이용 방안은 이와쿠니 주민들과 행정 당국에게 초미의 관심사가 되었다. 이하라 시장은 민간공항으로의 전환을 위해 적극적 노력을 펼쳤지만, 정부당국은 이하라 시장의 항모탑재기 수용을 압박하기 위해 민간공항 이용 결정을 지연시켰다.[22] 민간공항으로의 전환은 2009년 2월 후쿠다 시정 하에서 승인되었으며, 2012년 12월 13일 도쿄-이와쿠니 왕복항공편이 매일 4편씩 취항하기 시작했다.

당초 주일미군 재편 계획에서는 항모탑재기 이전을 2014년까지 완료하는 것으로 되어 있었으나, 2013년 1월 정부당국자는 시설 정비의 시간이 필요하다는 이유로 이전 완료시기를 2017년으로 연기하였다. 이 수정된 계획에 맞추기 위해 2013년부터 대규모 토목건설 사업이 급속히 진행되고 있다. 반기지운동의 성장으로 인해 실행되지 못하던 미일정부의 재편 계획은 지역진흥을 추진하고자 하는 지역정치 세력과 정부당국의 파트너십 관계가 구축됨으로써 진행 단계에 접어들게 되었다.

지역진흥책의 활발한 추진 속에서도 이와쿠니 주민들의 반기지운동은 여전히 계속되고 있다. 2013년 7월 필자가 현지조사를 수행할 당시 이와쿠니의 활동가들은 항모탑재기 이전반대, 아타고산 미군주택지 전용반대, 오스프리 일시주류 반대를 세 가지 주요 현안으로 지적하였다.

---

22) 井原勝介, 『岩国に吹いた風』, 171-182쪽.

이 중 오스프리 일시주류 반대는 2012년 6월부터 이와쿠니 반기지운동의 새로운 이슈로 떠오른 것이다. 이 운동은 오스프리가 오키나와 후텐마기지로 수송·배치되는 과정에서 이와쿠니기지가 양륙장 및 시험비행장으로 사용되는 것에 반대하는 주민운동이다.

2011년 6월 미국방성이 오스프리(수직이착륙 신형수송기) 12기의 후텐마기지 배치를 발표하자 오키나와 주민들 사이에서는 대대적인 반대운동이 전개되었다. 이 수송기는 1989년 첫 비행이 시작된 이후 4회의 추락사고가 보고된 바 있었으며, 후텐마 배치가 발표된 이후 공교롭게도 2012년 4월과 6월에 모로코와 미국 플로리다주에서 추락사고로 사상자가 발생하였다. 이와쿠니에서는 2012년 6월 방위성 당국자에 의해 이와쿠니 일시주류 계획이 통보된 이후 반기지운동의 이슈가 되었다. 2012년 6월 22일, 이와쿠니 시 의회는 〈오스프리 운반 및 일시주류에 반대하는 의견서〉를 전원일치로 결의하였다.[23]

7월 23일 이와쿠니기지에서 오스프리의 양륙이 강행되고, 9월 하순 시험비행을 거쳐 10월 1-6일 오스프리 12기의 후텐마 배치가 완료되는 동안 이와쿠니에서는 네 차례의 시민집회가 개최되었다. 7월 22-3일에는 오스프리 배치반대 긴급집회, 9월 19일에는 오스프리 시험비행 항의

---

23) 2012년 9월 13-14일 모리모토 사토시(森本敏) 당시 방위성 장관이 이와쿠니를 방문하여 사고 위험성에 대해 해명하고, 방위성 당국이 〈추락사고 조사 결과 및 배치후 훈련 등에 대한 질의〉 행사를 개최한 이후 시의회의 입장은 오스프리 일시주류와 시험비행을 용인하는 쪽으로 선회하였다. 2013년 3월 21일, 혁신세력 시의원들에 의해 제안된 〈오스프리 저공비행훈련에 반대하는 의견서〉는 반대 다수로 부결되었다.

집회가 열렸고, 8월 5일 이와쿠니, 도쿄, 오키나와 공동 반대집회, 9월 30일-10월 1일에는 이와쿠니, 오키나와 공동 반대집회가 열렸다. 이와쿠니 시민집회의 참가자는 1,100-200명에 달했으며, 오키나와를 비롯한 일본 전국의 반기지 시민단체 활동가들과 공산당 및 사회민주당의 국회의원 및 관계자들이 연대하는 양상이 나타났다. 오스프리 일시주류 반대운동은 이와쿠니 주민들의 시야가 오키나와 문제와 일본 및 동아시아 미군 배치 상황에까지 확대되고 있는 것을 보여주고 있다. 그러나 운동의 주체가 활동가 중심으로 변화되면서 저변이 축소되는 문제가 나타나고 있다.[24]

4. 성장과 후퇴를 초래하는 생활사적 요인들

4.1. 기지피해와 반기지정서

이와쿠니 주민들의 기지피해는 1938년 일본군 기지가 건설된 이후 기지 앞 유흥가가 번성하던 1970년대 베트남전쟁 시기까지 너무나 익숙한 일상의 한 부분이 되어 있었다. 선조들의 오랜 간척으로 얻어진 농지를 헐값에 접수당할 때에도, 매춘과 범죄가 난무하는 기지촌의 일상이 지속되는 가운데서도,[25] 이와쿠니 주민들은 기지피해를 없애려는 운동

---

24) 2013년 7월 30일에는 이와쿠니기지에서 오스프리 12기의 추가 배치를 위한 양륙작업이 있었으며, 이번에도 이에 앞선 7월 28일과 30일에 이와쿠니 시민집회가 열렸다.

에 나서지 못했다. 1950년대 초반 기지경제가 형성될 무렵 이와쿠니 주민들의 기지에 대한 인식을 나타내는 흥미로운 조사 결과가 있다. 당시 주민들의 29%만이 기지 건설에 찬성했고, 71%의 주민들은 반대의 의사를 표명했다. 찬성의 이유로는 이와쿠니 지역의 번영, 실업문제 해결, 국방상의 필요성 등이 제시되었고, 반대의 이유로는 풍속 문란, 아동 교육에의 악영향, 전쟁 위험, 토지 수용 등이 제시되었다.[26] 살인, 강간, 폭력, 절도와 같은 미군범죄는 1980년대 들어서야 뚜렷하게 감소하였고, 미군이 일으키는 교통사고도 1980년대 말이 되어서야 이와쿠니 시내 교통사고의 1%를 밑돌게 되었다.

이와쿠니에서 지금까지도 해결되지 않고 있는 기지피해는 항공기 소음과 추락사고의 위험이다. 1975년부터 2006년까지의 자료에 따르면, 이와쿠니기지의 항공기 이착륙 횟수는 연간 평균 50,000회 정도에 이르고 있다. 미군과 자위대의 항공기가 매일 평균 136회 이착륙하고 있는 셈이다. 기지 인근의 비행경로에 위치한 지역에서는 전화통화를 할 수 없을 정도의 항공기소음이 매일 40 - 50회씩 발생하는 것으로 나타나고 있다. 주민들에게 특히 악명이 높은 것은 (야간)이착륙에 따른 소음피해로 연간 100회 정도씩 측정되고 있다(岩国市総合政策室基地対策課(編), 2010:21).[27] 이와쿠니에서 항공기 소음은 기지피해를 상징하는 것으로

25) 山口県(編), 『山口県史 資料編 現代2 県民の証言 聞き取り編(語り手: 河野勳)』, 山口県, 2000 ; 후지메 유키, 『히로시마만의 군사화와 성폭력: 여성사에서 본 이와쿠니 미군사기지』, 116-117쪽.
26) 猪俣浩三・木村禧八郎・清水幾太郎, 『基地日本』, 和光社, 1953, 177-178쪽.
27) 岩国市総合政策室基地対策課 編, 『岩国と基地』, 山口県岩国市, 2010, 21쪽.

서 활주로를 1km 해안으로 이전시키기 위해 약 30년에 걸쳐 청원운동을 벌였다. 이와쿠니 주변(야마구치 현, 히로시마 현, 에히메 현)에서 항공기 및 부품의 추락사고는 1948년부터 2009년까지 총 90건이나 발생했다. 이로 인해 수차례의 인명, 지장물, 산림의 피해가 있었다.[28]

기지피해의 경험은 2000년대 중반 이와쿠니 반기지운동을 고양시키는 저변의 동력이 되었다. 반기지운동 시민단체들은 기지피해의 심각성을 부각시키는 데 전력을 기울여 왔으며, 운동의 정당성을 확보하고 저변을 확대하는 수단으로 사용해 왔다. 시민단체들은 항공기 소음 피해를 공론화하고 소음의 원인이 되는 저공비행과 (야간)이착륙훈련에 대해 시민단체들은 엄격한 감시활동을 수행해 왔다. 이와쿠니 시는 이와쿠니기지 주변 5개소에 소음측정기를 설치하여[29] 상시적으로 소음자료를 수집·공개하고 있다. 시민단체들은 주민들의 고충 사례를 수집해서 민원을 제기하거나 저공비행 목격 사례와 야간이착륙에 따른 소음피해를 시당국에 고발하는 활동을 하고 있다. 1993년부터 이와쿠니 시가 집계하고 있는 항공기소음 피해의 민원건수는 매년 100 - 200건을 기록하다가 2005 - 8년 사이에 800 - 2,000건으로 급증하였다.

항공기소음을 이슈로 해서 여러 시민단체들이 생겨났다. 2005년 10월 이와쿠니의 시민운동가들이 모여 〈이와쿠니로의 항모탑재기부대와 야간이착륙훈련 이전에 반대하는 시민모임〉을 결성하였다. 2008년 11

---

28) 岩国市総合政策室基地対策課 編, 『岩国と基地』, 53-57쪽.
29) 이외에도 이동식 측정기가 2개소 설치되어 있고, 야마구치 현이 4개소, 정부당국이 9개소에 소음측정기를 설치해두고 있다.

월에는 〈이와쿠니 폭음소송회(岩国爆音訴訟の会)〉가 결성되어 일본 정부를 상대로 2009년 3월부터 소음피해 경감과 항모탑재기 이전철회를 요구하는 소송을 벌이고 있다.[30] 2005년 12월 결성된 〈이와쿠니기지의 확대강화에 반대하는 히로시마 현 서부주민회(岩国基地の拡大·強化に反対する広島県西武住民)〉 역시 항모탑재기 이전에 따른 소음피해 및 추락사고 위험의 증대 가능성에 항의하는 활동을 하고 있다. 이와쿠니 시에서 떨어져 있는 지역이기는 하지만, 이와쿠니기지 항공기의 비행경로에 있는 스오오시마(周防大島)에서도 2006년 8월 〈오시마의 조용한 하늘을 지키는 모임(大島の静かな空を守る会)〉이 결성되어 소음피해 경감을 위한 항모탑재기 이전반대 운동을 펼치고 있다. 이와쿠니에서 항공기소음 피해는 자생적 시민운동의 핵심 이슈가 되고 있을 뿐만 아니라, 여러 시민단체들의 연대를 가능하게 하는 이슈이기도 하다.

한편 2008년 7월부터 시작된 〈아타고산을 지키는 모임〉의 활동은 또 다른 기지피해의 경험과 주민들의 박탈감을 표현하고 있다. 미군주택지 전용은 토지 박탈에 대한 이와쿠니 주민들의 오랜 경험을 상기시키는 것이었다. 이와쿠니 주민들은 이와쿠니기지의 건설과 확장 과정에서 생계의 자원이었던 농지를 수차례 박탈당하였고, 아타고산 지역개발사업을 통해 지역공동체 신앙의 상징인 마을 숲(鎮守の森)을 잃었다. 아타고산의 소멸[31]은 애당초 지역개발의 명분으로 지주와 주민들에게 동

---

30) 폭음소송은 소음측정치가 75데시벨 이상인 것으로 확인된 구역의 주민들이 제소자격을 가질 수 있다.
31) 해발 120미터의 산이 정상부에 102헥타르의 평지를 가진 해발 60미터의 산으로 변모하였다.

의된 것이었지만, 미군주택지 전용으로 아타고산 주민들에게 행정에 대한 배신감과 함께 조상대대의 삶의 터전마저 잃어버린 문화적 상실감을 맛보고 있는 것이다.

2010년 9월 7일에는 〈아타고산을 지키는 모임〉 소속의 한 주민이 이른 아침 이와쿠니기지로 출근하던 미군 차량에 부딪혀 사망하는 사건이 발생했다. 이 사건은 미군 사고 및 범죄에 대한 주민들의 오랜 경험들을 일깨우는 것이었다. 필자가 현지조사에서 만난 〈아타고산을 지키는 모임〉의 활동가들은 이 사건에 대해 언급하면서 기지 밖의 아타고산 개발지에 미군주택이 들어서면 이러한 교통사고가 언제든지 또 일어날 수 있다고 우려했다.

기지피해는 2000년대 중반 이후 이와쿠니 반기지운동의 성장 과정에서 주민들에게 훨씬 명확하게 자각되고 있는 것이다. 이러한 자각을 통해 기지피해는 주민들의 반기지정서의 확장으로 연결되고 있다. 이하라 전 시장은 오랜 기지피해의 경험이 저류에 흐르고 있는 이상, 이와쿠니기지의 시설정비 공사가 완료되는 2017년 이후 항모탑재기 59기가 실제로 이전하게 되면 기지피해의 심각성이 또 다시 주민들에게 자각될 것이고, 반기지운동이 새롭게 고양될 것이라고 경고하고 있다.

4.2. 반기지운동의 조직과 이념

기지피해의 해소 및 경감은 모든 반기지운동의 보편적 동기가 될 수 있다. 그러나 실제의 반기지운동은 생활 경험에 기초한 경우보다 냉전체제, 미일안보체제, 반전평화주의, 반핵·반원전 등과 관련된 이데올로기에 기초한 경우가 더 많았던 것 같다. 운동의 주체와 조직에서도 지식인, 운동가, 학생이 주도하는 이념지향적 운동 조직이 흔히 사회적 주목을 끌었고, 지역주민, 시민, 생활인이 주체가 되는[32] 자생적·자발적 운동 조직은 많지 않았거나 폭넓은 사회적 관심을 받지 못했다. 지역주민들이 스스로의 생활개선을 위해 펼치는 반기지운동은 새롭거나 잘 알려지지 않던 것이었다.[33]

이와쿠니 반기지운동의 조직과 이념은 주민주체의 자생성과 생활 문제 해결 혹은 생활개선을 추구하는 생활운동의 성격을 나타내고 있다.[34] 이와쿠니 반기지운동의 자생성과 생활밀착성을 잘 보여주는 것은 이슈대응형 운동 조직이다. 이슈의 전개 양상에 따라 존폐를 거듭하긴 했지만, 기지기능 강화 반대, 항모탑재기 이전과 같은 운동의 목표를 공

---

32) 이 글에서 논의하는 반기지 생활운동의 주체를 어떻게 규정할 것인가의 문제가 있다. 지식인, 운동가, 학생과 같은 운동의 전위 혹은 전문가 집단과 구별하여, 대중이나 생활인으로 표현하는 것은 정확하지만, 그 실체가 모호하다. 일본 사회운동의 흐름을 조망해 볼 때, 이와쿠니 반기지운동의 주체는 지역사회의 문제를 자각하고 해결하기 위해 주체화(정치화)된 (지역)주민, 또는 구체적 생활의 문제에서 주권자 의식을 내면화한 시민으로 표현될 수 있을 것이다(한영혜, 『일본의 지역사회와 시민운동』, 한울, 2004, 76-78쪽 참조).
33) 사실 반기지운동의 초기 형태인 1950년대 스나가와투쟁, 우치나다투쟁(內灘鬪爭), 섬전체의 투쟁(島ぐるみ鬪争) 등은 기본적으로 생활개선 운동이자 생계확보를 위한 경제투쟁의 성격을 띤 것이었다. 이후 안보투쟁이나 일본복귀 운동과 같은 정치운동과의 관련성이 강조되면서 이 점이 잘 부각되지 않았을 뿐이다.
34) 이런 의미에서 이와쿠니 반기지운동은 각종 생활혐오시설을 제거하기 위한 생활운동의 연장선상에 있다고도 볼 수 있다. 다만, 투쟁이나 협상의 대상이 정부나 기업을 넘어 미일정부로 확대되는 것이 다르다.

유하는 점에서 반기지운동 조직의 범주화는 가능하다.

2000년대 중반 이와쿠니 반기지운동의 자생성을 집약하는 시민단체는 2006년 2월 주민투표를 앞두고 결성된 〈주민투표를 성공시키기 위한 이와쿠니 시민모임〉이다. 이 단체는 10명의 공동대표를 중심으로 활동을 전개하였는데, 공동대표에는 오카와 기요시(大川淸) 목사를 비롯한 시민운동가들 외에도 이와쿠니 시의 자치회 및 여성단체 임원들이 참여하였다. 〈주민투표를 성공시키기 위한 이와쿠니 시민모임〉의 활동은 전술한 후쿠다 마사미 씨의 이야기에서도 드러나듯이, 〈이와쿠니 시 자치회연합회(岩国市自治会連合会)〉, 〈이와쿠니 시 여성단체연락협의회(岩国市女性団体連絡協議会)〉와 같은 대규모 주민조직들의 지지를 받았다.[35]

주민들의 거주지별 지연조직인 자치회의 향배는 이와쿠니 반기지운동의 대중적 저변을 판단할 수 있는 지표와도 같은 것이다.[36] 주민투표 당시 이와쿠니기지의 인접 지역인 가와시모지구의 자치회연합회는 주민들 사이에 앙금이 남는다는 이유로 소극적 태도를 취하다가 시민단체의 설득으로 투표참가 운동을 벌인 바 있다.[37] 이와쿠니 지역의 자치

---

35) 여성조직의 규모와 조직 양상에 대한 자료는 입수하지 못했지만, 지역신문을 검토해 보면 항모탑재기 이전 문제를 비롯해 현안이 등장할 때마다 신속하게 기지기능 강화에 대한 반대의사를 표명한 것으로 나타나고 있다.

36) 이와쿠니 시에는 총 22개 지구자치회가 있다. 2012년 4월 현재 주민들의 가입율은 가장 낮은 지구에서도 61.43%를 기록하고 있으며, 대부분의 지구에서 75%를 넘고 있다. 반기지운동에 적극성을 나타내어온 가와시모지구 자치회와 아타고지구 자치회의 가입률은 각각 61.43%와 74.20%이다(이와쿠니 시 기지대책과 제공자료).

37) 『毎日新聞電子版』, 2006. 3. 13.

회들은 2006년 10월까지만 해도 보수계열 시의원들이 이와쿠니 시 각 자치회 회장들에게 편지를 보내 '자치회가 서명운동과 같은 정치활동을 하지 마라'[38]는 위협을 해야 할 정도로 반기지 시민운동에 대한 참여도가 높았다. 〈주민투표를 성공시키기 위한 이와쿠니 시민모임〉은 2006년 5월 〈주민투표의 성과를 살리는 이와쿠니 시민모임(住民投票の成果を活かす岩国市民の会)〉로 개편하여 지금에 이르고 있다. 오카와 목사를 대표로 하여 재편된 〈주민투표의 성과를 살리는 이와쿠니 시민모임〉는 주민조직과의 연계성이 약화되는 상황을 맞고 있지만, 여전히 300여 명의 구성원을 가진 시민단체로서 항모탑재기 이전반대를 목표로 활동하고 있다.

2008년 7월 미군주택지 전용 반대를 목표로 결성된 〈아타고산을 지키는 모임〉과 2008년 11월 항공기소음을 이슈로 결성된 〈이와쿠니 폭음소송회〉도 이와쿠니 반기지운동의 주민 기반과 자생성을 잘 보여주는 시민단체들이다. 〈아타고산을 지키는 모임〉은 아타고산 개발지에 인접한 우시노야지구자치회(牛野谷地区自治会)의 유식자 및 구성원들의 결의에 따라 결성된 것이며, 이 자치회의 임원인 오카무라 히로시(岡村寛)씨가 대표를 맡고 있다.[39] 이 단체를 지원하는 〈아타고산을 지키는 시민

---

38) 『長周新聞』, 2006. 10. 6. http://www.h5.dion.ne.jp/~chosyu/iwakuni sigisenn%20abesouridebousousurusigisinnpann.htm(검색일 2013. 10. 11.).

39) 아타고산지구 자치회연합회는 1956년 새롭게 결성되었으며, 우시노야(牛野谷), 몬젠(門前), 오즈(尾津)의 세 하위지구로 구성되어 있다. 우시노야지구자치회연합협의회(牛野谷地区自治会連合協議会)는 12개 단위자치회와 1,269세대, 몬젠지구자치회연합회(門前地区自治会連合会)는 19개 단위자치회와 1,652세대, 오즈지구자치회연합회(尾津地区自治会連合協議会)는 15개 단위자치회

연락협의회(愛宕山を守る市民連絡協議会)〉는 이와쿠니 내외의 11개 시민단체로 구성되어 있으며, 이하라 시장의 퇴진 이후 반기지운동의 구심점 역할을 하고 있다. 〈이와쿠니 폭음소송회〉는 이와쿠니기지 주변 7개 지구에서 654명의 주민을 원고단으로 구성하여 폭음소송을 전개하고 있다. 이 단체의 대표를 맡고 있는 쓰다 도시아키(津田利明) 씨는 재편계획에 대한 방위성의 주민설명회에 참가했다가 항모탑재기 이전반대 운동을 결심했으며, 소송투쟁에 많은 정보를 가진 다무라 준겐 씨의 협조를 얻어 폭음소송을 시작하게 되었다고 한다.

이와쿠니의 반기지 시민운동을 논의하는 데 있어 이하라 가쓰스케 전시장의 공헌과 영향력을 간과할 수 없다. 이하라 전 시장은 2008년 4월 〈풀뿌리네트워크 이와쿠니(草の根ネットワーク岩国)〉라는 시민단체를 결성하였으며, 2012년 4월 〈시민정당 풀뿌리(市民政党 草の根)〉로 개편하였다. 〈시민정당 풀뿌리〉는 이름 그대로 시민정당 조직이자 이하라 전 시장의 지지조직으로서 약 2,000명의 당원으로 구성되어 있다. 이 단체는 반기지 정책을 겉으로 표방하고 있지는 않지만, 이하라 전 시장의 판단에 따라서는 반기지운동 조직으로 전환될 가능성을 언제든지 가지고 있다.[40]

와 1,491세대로 구성되어 있다(愛宕山地区自治会連合会 홈페이지 참조).

[40] 이하라 전 시장은 2000년대 중반 이와쿠니 반기지운동을 상징하는 인물로 알려져 있지만, 자신이 반기지운동가로 평가되는 데는 동의하지 않는다. 이하라 씨는 필자와의 인터뷰에서 기지문제에 관해서도 민주주의의 원칙을 관철시키는 것이 자신의 정치 신념이며, 기지 철거나 정리축소를 요구한 적은 없다고 말했다. 이하라 전 시장이 반기지운동을 이끌었다기보다는 주민들의 반기지정서를 정치화하는 것이 유리한 입장에 있었고, 시장직무를 수

이하라 전 시장이 말하는 기지기능 강화반대, 구체적으로 항모탑재기 이전반대와 미군주택지 전용반대는 이와쿠니 반기지운동의 모든 조직을 통합하는 당면 목표이다. 보수세력의 안보 및 기지 담론이 지배하고 있던 이와쿠니 지역에서 기지기능 강화반대를 공개적으로 말하고 주장할 수 있게 된 것은 이하라 전 시장의 공헌이라는 평가를 많은 활동가들로부터 들을 수 있다. 주민들의 자생적 반기지운동의 성장 속에서 공산당 계열의 반기지운동을 불온시하는 시선도 약화되었다. 그러나 이와쿠니의 활동가들에게도 '반기지'라는 용어는 여전히 어색하거나 부적절한 용어로 받아들여지는 경향이 있으며, 기지기능 강화반대와 같이 온건한 용어나 항모탑재기 이전반대와 미군주택지 전용반대와 같이 구체적 용어가 선호되고 있다.

이와쿠니 지역에는 2000년대 반기지운동이 성장하기 이전에도 공산당 계열과 사회당 계열의 반기지운동 조직이 존재하고 있었다. 공산당 계열은 1953년 무렵 결성된 〈이와쿠니 평화위원회〉가 그 시초이며, 주민투표 당시 활동했던 〈미항모탑재기 수용반대에 O를 기입하는 모임〉과 2008년 2월 이를 계승한 〈주민투표의 힘을 살려나가는 모임〉이 공산당 계열 시민단체이다. 사회당 계열의 반기지운동은 1960 - 90년대 이와쿠니 시직원조합(岩国市職員組合)의 노동조합 운동의 일부로 진행된 적이 있으며, 다무라 준겐 씨가 주도적 역할을 한 바 있다. 그러나 기지의 전면철거, 미일안보조약 및 미일지위협정 폐기를 주장하는 공산당

행하면서 스스로도 반기지운동에 대해 주체화되었다는 것이 필자의 생각이다.

의 이념은 주민들에게 거의 받아들여지지 않고 있다. 일본공산당 이와쿠니 시위원장인 마쓰다 가즈시(松田一志) 씨는 필자와의 인터뷰에서 공산당의 급진적이고 불온한 이미지 때문에 유연한 성격의 시민단체를 결성하고 지원하는 것이 중요한 과제가 되어 왔다고 말했다.

한편 이와쿠니 반기지운동의 성장 요인을 지역외부의 반기지운동 조직이나 다른 사회운동 이념의 영향으로 이해하려는 관점도 존재할 수 있다. 이와쿠니 반기지운동을 지원하는 대표적 외부 운동조직으로서 〈피스링크 히로시마·쿠레·이와쿠니〉가 있다. 히로시마 반핵평화운동의 연장선상에 있는 이 단체의 소식지 내용을 살펴보면, 이와쿠니 기지 문제에 대해 지속적인 관심을 나타내고 있기는 하지만, 1990년대 중반 다무라 준겐 씨의 적극적 참여가 있기 전까지는 단편적인 정보 수집에 그치고 있었다. 그동안 다무라 준겐 씨를 비롯한 이와쿠니의 활동가들이 〈피스링크 히로시마·구레·이와쿠니〉의 활동에 참여하는 경우는 있었지만, 이 조직이 이와쿠니 주민들과 시민단체에 어떤 영향력을 행사해온 흔적은 거의 찾아볼 수 없다.

오히려 이와쿠니 반기지운동이 주변 지역의 반기지운동을 파생시키거나 통합하는 현상이 흥미롭다. 2005년 12월 하쓰카이치 시(廿日市市)에서 결성된 〈이와쿠니기지의 확대강화에 반대하는 히로시마 현 서부주민회〉는 활동가 및 시민 약 200명이 참여하고 있으며, 이와쿠니기지의 항공기소음과 저공비행 정보를 수집하여 규정위반 사례를 고발하는 활동에 전념하고 있다. 〈오시마의 조용한 하늘을 지키는 모임〉은 2006년 2월 항공기소음 증대를 이유로 항모탑재기 이전반대에 대한 주

민 서명을 받으면서 활동을 시작하였다. 은퇴한 교수 및 지역유지 십여 명이 중심이 되어 같은 해 10월말까지 스오오시마(周防大島) 주민 24,918명 중 13,035명(약 61%)의 서명을 모았다. 두 단체는 기지기능 강화반대와 항모탑재기 이전반대라는 운동의 목표에 대해 이와쿠니의 시민단체들과 공동의 보조를 맞추고 있다. 두 단체는 2008년 1월 이와쿠니 주변의 지식인 및 활동가들이 결성한 반기지운동 조직인 〈세토나이해의 조용한 환경을 지키는 모임(瀬戸内海の静かな環境を守る住民ネットワーク)〉에서도 주도적 역할을 하고 있다.

〈이와쿠니기지의 확대강화에 반대하는 히로시마 현 서부주민회〉의 사무국장을 맡고 있는 사카모토 치히로(坂本千尋) 씨는 필자와의 인터뷰에서 운동의 조직 및 이념이 무분별하게 결합될 때의 위험성을 지적했다. 사카모토 씨는 원폭피해자인 조부모와 함께 어린 시절을 보낸 50대 여성으로서 반핵(반원전)운동의 정당성에도 깊이 공감하고 있지만, 자신은 이와쿠니기지의 항공기소음 문제를 전문화하는 노선을 취하고 있다고 말했다. 반기지운동이 반전, 반핵, 평화주의 운동과 결합되면, 오히려 대중적 저변을 상실할 위험이 있다. 요즘같이 반원전운동이 중요한 이슈가 되는 상황에서 반기지운동의 이념과 이슈는 주변화될 가능성이 많다. 가령 피스링크와 같은 하나의 운동 조직이 여러 운동의 이슈에 관여하게 되면, 자기 문제에 우선적 관심이 있는 대중들의 동원에 실패하게 되고 소수의 활동가에 의한 급진적 사회운동만이 남게 된다는 것이다. 자생적 반기지운동의 성장을 위해서는 가령 항공기소음 피해를 고발하는 자그마한 실천을 유도함으로써 기지문제에 더 많은 관심을 갖게 만들고 시민운동에 참여할 기회를 제공하는 것이 중요하다는 것이다.

한편 반기지운동의 지역적 연대에 대해서는 다무라 준겐 의원이 필자와의 인터뷰에서 문제를 언급한 적이 있다. 후텐마기지의 현외·국외 이전을 요구하는 오키나와의 반기지운동이 고양되면, 동아시아 미해병대의 배치구조상 후텐마기지의 부대는 이와쿠니기지로 옮겨올 위험이 있고, 2006년 미군재편안에서 현실화되었다. 또한 항모탑재기 이전을 반대하는 이와쿠니의 반기지운동이 고양되면, 원래의 주둔지인 아쓰기기지 주변 지역의 주민들이 항공기소음 피해를 계속해서 참아내야 한다. 일본, 오키나와, 한국의 반기지운동이 지역적 연대를 형성하고 자기 지역의 기지기능 강화반대가 아니라 기지의 전면철거를 주장하는 것이 이상적이지만, 현실의 상황은 그렇지 못하다. 이와쿠니 반기지운동의 조직과 이념은 지역의 특수한 사정과 자생적 기반 위에 형성된 것이고, 이 힘은 다른 지역의 반기지운동이나 다른 이념의 사회운동과 연대하기보다 경쟁하는 속성을 가진 것이다. 이와쿠니 주민들에게 주어진 과제는 오키나와의 반기지운동만큼 일본사회와 국제사회에서 주목받는 강력한 반기지운동을 발전시키고, 히로시마의 반핵평화운동과 대등한 발언권을 가질 수 있을 만큼 큰 목소리를 내는 것일지도 모른다.[41]

---

41) 다무라 의원의 이야기는 사회운동의 지역적 경쟁을 야기하는 구조와 사회적 상황을 비판하려는 것이지 그러한 경쟁을 펼쳐야 한다는 의미가 아니다. 그는 일본과 한국의 미군기지 소재 지역 반기지운동 활동가들과 적극적인 연대 활동을 펼쳐 왔다.

4.3. 기지경제와 지역활성화

기지경제는 반기지운동을 억제하거나 약화시키는 요인으로 흔히 지적되어 왔다. 기지촌의 기지경제가 열기를 품어내던 시절에는 반기지를 외치는 공산당과 학생운동의 데모대가 기지 앞 거리를 행진하면 상점주인들이 달려 나와 항의하는 풍경이 연출되곤 했다.[42] 그러나 기지의 경제적 효과가 결코 단순하거나 일률적인 것은 아니다. 기지에 따른 경제적 이익과 손실에 대한 논란이 계속되어 왔으며, 최근에는 지역활성화의 방향 속에서 기지경제를 어떻게 위치시킬 것인가의 문제가 대두되고 있다. 기지로 인한 경제적 손실이나 기지경제의 폐해가 부각되는 지역사회의 상황에서는 경제적 요인이 반기지운동을 가속시키는 요인이 될 수도 있다.

패전 직후 이와쿠니 경제는 기지경제, 콤비나트, 관광의 세 가지 축에 의해 발전했다고 이야기되고 있다. 이와쿠니에서는 1950년대 초반 한국전쟁 참전을 위해 모여든 미군들의 소비 욕구를 충족시키기 위해 기지 앞 상점가 및 유흥가가 형성되었으며, 베트남전쟁이 절정에 달하던 1960년대 말까지 이곳은 이와쿠니 기지경제를 상징하는 장소로서 활황이 이어졌다. 1960년 이와쿠니 주둔 미군의 연간급여를 엔으로 환산하면 37억 4,000만 엔에 달했고, 이것은 당시 이와쿠니 시 일반회계 예산의 3배에 달하는 것이었다. 당시 이와쿠니 주둔 미군의 평균 월급은 약 6만 엔이었으며, 이 중 약 1만 7천 엔이 생활용품 구입과 유흥비로 사용된

---

42) 池田慎太郎, 「朝鮮戦争·ベトナム戦争と"基地の街"岩国」, 『六十年代論の再構築』, 同時代史学会 2009년도연차대회 발표논문집, 2009.

것으로 조사된 바 있다. 당시 이와쿠니 시의 고졸 직원 월급은 7,000엔 정도였다.[43] 1970년대 중반 이후 기지 앞 상점가 및 유흥가는 쇠락을 거듭하여 지금은 대부분 주택가로 변모해 있다. 엔화에 대한 달러화의 가치하락으로 미군들의 소비 성향이 위축되었으며, 이와쿠니 미군병사들의 유흥 장소는 히로시마 지역으로 변화되었다.

이와쿠니 주민들에게 기지는 경제적 손실을 안겨다주는 존재이기도 했다. 1930년대 후반과 1950년대 중반 두 시기에 걸쳐 이와쿠니의 농민과 지주들은 임노동자의 일당에 지나지 않는 보상비에 생계자원인 토지를 빼앗겼다. 기지는 이와쿠니 인근의 콤비나트 발전에도 큰 장애가 되었다. 미군당국은 항공기의 비행경로에 있는 건축물에 대해 고도제한과 전파장애방지에 관한 규제를 시행했으며, 이로 인해 이와쿠니기지 북측의 공업지대에 위치해 있던 데이진, 일본제지, 유니온 석유화학의 공장들이 더 이상 확장되지 못하거나 외부로 빠져나가는 일이 발생했다.[44] 1968 - 96년 활주로 해안이전 사업 요구는 기지피해를 줄이려는 주민들의 비원이었을 뿐만 아니라, 토지 회복에 실낱같은 희망을 품은 과거 지주층과 지역산업 발전의 장애 요인을 제거하고자 하는 경제계의 염원이기도 했다.[45]

이와쿠니 지역의 기지종업원수는 1976년 1,147명으로 집계된 이후

---

43) 中国新聞社, 『基地イワクニ』, 中国新聞社, 1996, 90~94쪽.
44) 山口県(編), 『山口県史 資料編 現代2 県民の証言 聞き取り編(語り手: 河野勳)』.
45) 오키나와에서도 1960년대까지는 상인을 제외한 농민과 지주층이 함께 반기지운동에 나섰다. 그러나 1970년대 군용지료 상승과 함께 〈오키나와 현 군용지등지주회연합회〉로 대표되는 지주층은 반기지운동의 대열에서 이탈하였다.

소폭의 증감을 반복했으며, 2008년에는 1,202명으로 나타났다. 이는 이와쿠니 시 노동력 인구의 약 1.8%를 차지하는 것이다. 이와쿠니기지에 상주하는 군인, 군속, 가족원수는 1976년 약 5,200명으로 집계되었고, 이후 소폭의 증감을 반복하여 2008년에는 약 5,470명을 기록하였다.[46] 십만 명을 약간 상회하는 이와쿠니 시 인구 규모를 감안하면, 미군관계자의 소비지출액이 이와쿠니 지역경제에서 중요한 비중을 차지할 수 있음을 알 수 있다. 그러나 지방상권이 히로시마 지역으로 집중되는 구조가 심화됨에 따라 이와쿠니의 미군관계 수취액은 갈수록 축소되고 있다. 항공기소음은 이와쿠니에 떨어지고 돈은 히로시마에 떨어진다는 말이 생길 정도이다.

1990년대 이후 이와쿠니 기지경제의 핵심은 기지의 건설 및 확장에 따른 대규모 토목건설사업이다. 대표적인 예가 활주로 해안이전 사업에 따른 토목건설 공사이다. 이 사업에는 1973년부터 2009년까지 총 2,519억 엔의 사업비가 소요되었으며, 사업비의 대부분은 1997 - 2009년 동안 해안매립과 시설 이전을 위한 공사비로 지출되었다.[47] 이하라 전 시장은 필자와의 인터뷰에서 공사비 중에 이와쿠니 시의 토목건설업체가 수주한 비율이 제네콘 기업의 재하청을 포함해 20%를 넘지 않을 것이라고 추정했다. 대규모 토목건설 공사를 비롯해 평상시 기지에 물건을 납품하는 도소매업자 및 유통업자까지도 근래에는 입찰제로 사업자가 선정

---

46) 岩国市総合政策室基地対策課 編, 『岩国と基地』, 32쪽.
47) 岩国基地沖合移設促進既成同盟会(編), 「岩国基地の概要及び沖合移設について」, 岩国市, 2011, 16–18쪽.

되기 때문에 이와쿠니 지역업체의 이익을 옹호하는 것이 결코 쉬운 일은 아니라고 지적했다.

그렇다 하더라도 10여 년의 기간 동안 500억 엔 정도의 돈이 지역경제에 미치는 영향은 크다. 나가노 히사시(長野壽) 이와쿠니 시 상공회의 소장은 필자와의 인터뷰에서 기지관련 토목건설 사업의 유치가 지역경제 활성화의 유력한 대안이라고 지적하고, 기지소재 지역주민으로서 국가의 안보정책에 협조하는 것은 당연한 일이라는 점을 강조했다. 나가노 소장은 2017년 항모탑재기 이전을 앞두고 2013년도부터 이와쿠니 기지 내의 시설공사가 본격화되었으며, 향후 4년간 매년 640억 엔의 공사비가 투입될 것이라는 사실을 알려주며 지역경제 활성화에 큰 기대감을 표시하였다. 이외에도 미군주택지 전용으로 궤도를 수정한 아타고산 지역개발사업이 또 하나의 대규모 토목건설공사로서 추진을 기다리고 있다.

이하라 전 시장은 필자와의 인터뷰에서 기지경제로부터의 급속한 탈피는 비현실적 대안이라고 지적하면서도 문화관광도시로의 부활과 주택도시로의 전환과 같이 이와쿠니 지역활성화의 새로운 대안이 제시될 필요가 있다고 말했다. 이와쿠니 주민들은 히로시마에 공항이 건설되기 이전인 1952-64년 동안 이와쿠니 비행장을 군민공용 국제공항으로 이용한 기억을 가지고 있다. 이 시기 동안 이와쿠니는 외지인들이 몰려오는 교통의 요충지이자 관광 명소로서 명성을 떨쳤다. 활주로 해안 이전으로 남은 철거지를 민간공항으로 전환해야 한다는 이와쿠니 주민들의 염원은 이러한 황금시대에 대한 기억에서 연유하는 것이다. 이하라 전 시장은 항모탑재기 이전반대로 민간공항으로의 전환 계획이 무산되지 않도록 힘을 쏟았으며, 관광자원 개발을 위해 긴타이교의 세계문화유산 등록을 추진하기도 했다.

이하라 전 시장은 이와쿠니가 히로시마의 베드타운으로서는 거리가 좀 멀지만, 주변 공업지대의 주택수요에 부응한 반자립형 주택도시로 발전할 가능성은 충분히 있다고 설명했다. 이런 의미에서 아타고산 지역개발사업이 중요했다. 아타고산 주택단지 개발의 채산성이 없다는 것은 미군주택지를 원하는 정부에 개발지를 팔기 위한 야마구치 현의 술책에 지나지 않는다는 것이 그의 주장이다. 아타고산 개발지의 미군주택지 전용은 진정한 의미의 지역경제 활성화의 기회를 박탈하고 기지경제에 대한 의존성을 심화시키는 조치이다. 이를 피하기 위해서라도 그는 기지기능 강화를 저지하려는 노력이 필요하다고 역설했다.

이하라 전 시장은 이와쿠니에서는 기지수용을 대가로 오키나와에서와 같이 대대적인 지역진흥책이 실시된 적도 없으며, 세간에 알려진 것처럼 정부보조금을 많이 받아 지방재정을 견실하게 할 수 있는 것도 아니라고 말한다. 그는 각종 법률 및 규정상 기지소재 지자체가 일반지자체에 비해 15 - 20% 정도 더 많은 정부보조금을 받는 것으로 추산했으며, 정부와 지자체와의 관계가 좋은 경우에는 기지관련 보조금을 지역활성화 사업에 전용해서 쓸 수 있는 여지가 어느 정도 있다고 말했다. 이와쿠니 시 기지대책과의 자료에 따르면, 그 15 - 20%에 해당하는 방위시설국 보조금 및 교부금이 2006년도부터 2011년도까지 매년 32억 - 41억엔 정도 유입되었다. 2007년도에는 시청사 보조금 유입으로 이례적으로

62억 엔을 상회하였다. 2011년도 이와쿠니 시의 예산 규모는 약 608억 엔이었으며, 이 중 지방교부세가 약 151억 엔(24.9%), 국고지출금이 약 81억 엔(13.3%), 그 외 정부의 재정지원으로 간주할 수 있는 금액이 약 19억 엔을 차지하였다. 정부의 재정지원금 총액 약 252억 엔 중 방위시설국 보조금 및 교부금은 약 35억 엔으로 약 14%의 비중을 차지하였다.

2006년도부터 2011년도까지 이와쿠니 시에 한 해도 빠짐없이 유입된 기지관련 정부지원금은 민생안정시설 조성금,[48] 특정방위시설주변정비교부금,[49] 고정자산세 손실보전금 등이다. 앞의 두 지원금은 정부당국과 지자체의 교섭 상황에 따라 증감이 생길 수 있는데, 후쿠다 시정이 들어선 이후 2010 - 11년도에 뚜렷한 증가세를 보이고 있다. 여기에다 2008년도부터는 주일미군 재편 계획의 실시에 따라 기지부담이 증대되는 지자체에 교부되는 재편교부금이 매년 약 11 - 15억 엔씩 유입되고 있다. 그럼에도 불구하고 기지관련 정부지원금의 총액은 이하라 시정에서 후쿠다 시정으로 바뀐 이후에도 늘어나지 않은 점이 흥미롭다. 그 이유는 장애방지공사 조성금[50]이 대폭 삭감되었기 때문이다. 즉 이하라 시

---

48) 〈防衛施設周辺の生活環境の整備等に関する法律〉 제8조에 의거한 것으로, 기지소재 지자체가 도로, 공원, 소방시설, 분뇨처리장, 노인요양시설, 학습공용시설, 농림어업시설 등의 각종 생활환경 시설을 정비하는 경우 정부가 그 비용의 일부를 보조하는 제도이다.

49) 〈防衛施設周辺の生活環境の整備等に関する法律〉 제9조에 의거한 것으로, 제8조로 커버할 수 없는 公共用시설 정비에 정부가 그 비용을 보조하는 제도인데, 지출 항목이 아니라 특정 시설에 대해 보조금을 지불하는 방식을 취하고 있다.

50) 〈防衛施設周辺の生活環境の整備等に関する法律〉 제3조에 의거한 것으로, 다양한 기지피해를 사전에 방지하거나 사후적으로 보상하기 위해 방음벽 설치를 비롯한 각종 생활시설 공사에 드는 비용을 정부가 전부 혹은 일부 보

정에서는 기지피해를 명분으로 기지관련 정부지원금을 획득했던 데 비해 후쿠다 시정에서는 지역진흥책의 명분으로 지원금을 획득하고 있지만, 지원금 규모는 늘어나지 않은 것이다. 어쨌든 기지경제의 관점에서 보면, 시정의 교체와 상관없이 매년 30 - 40억 엔의 돈이 지자체의 토목건설 사업에 사용되고 있음을 지적해 둘 필요가 있다.

전체적으로 볼 때, 2000년대 중반 이와쿠니의 반기지운동은 기지경제의 혜택이 토목건설업자를 비롯한 일부 계층에 국한되고, 이하라 시정에 의해 새로운 지역활성화의 비전이 제시되어 기지경제의 필요성에 대한 오랜 공감대가 붕괴된 상황에서 발생한 것이다. 주민투표를 통해 반기지운동이 한창 성장하는 과정에서는 기지경제에 대한 담론 자체가 별다른 변수로 작용하지 않았다. 이와쿠니 반기지운동은 오키나와에서와 같이 기지의 정리축소가 아니라 기지기능 강화반대를 목표로 하고 있기 때문에 기지경제 수혜자의 이익을 현저하게 침해하는 것이 아니다. 기지경제의 수혜집단이 반기지운동에 반대하는 세력으로 등장하는 것은 미일정부의 기지정책에 따라 정치화되는 과정이 있기 때문이다.

4.4. 미일군사동맹 속의 지역정치

지역사회의 제도정치는 주민들의 반기지정서를 표출하는 분출구가 될 수도 있지만, 국가의 정치제도 속에서 정부정책을 수용하는 통로가 되기도 한다. 이와쿠니의 시장과 의회는 후자의 속성을 더 뚜렷하게

조하는 제도이다.

드러내 왔다고 볼 수 있으며, 이 점이 오키나와 지역정치의 속성과 크게 다른 점이다. 1968 - 96년 활주로 해안이전 요구는 양자의 속성을 동시에 갖고 있지만, 지역출신 유력 정치가들에 의존한 청원운동을 통해 일본 정부와 야마구치 현에 대한 종속성을 스스로 강화한 것이었다. 또한 다수 주민의 비원이라는 명분 속에서 다른 이념과 방식의 반기지운동이 성장할 가능성은 차단되었다.

주민투표로 고양된 이와쿠니 반기지운동의 후퇴 요인은 미일정부의 강압적 기지정책에 의해 설명되어야 한다. 미일정부는 2005년 10월 주일미군 재편계획의 중간발표 이전까지 이와쿠니 지자체 및 주민들에게 어떠한 설명과 사전협의도 수행하지 않았으며, 중간발표 이후에도 주민투표 결과를 비롯해 이와쿠니 주민들의 항모탑재기 이전반대 의사를 수용하기 위한 실질적 노력을 하지 않았다.[51] 일본 정부당국의 관심은 재편계획을 주민들이 받아들이도록 회유하거나 강요하는 데 있었다. 정부당국은 지역정치에 대한 직접 개입과 경제진흥책을 통해 기지경제 수혜집단을 정치화시키고, 이를 구심점으로 기지용인 세력을 결집시키는 작업을 수행했다.

이하라 시장은 주민투표 실시가 시의회 다수의원들의 변절에 따른 불가피한 선택이었다고 회고한 바 있다. 그의 회고록에 따르면, 2006년 1월 정부당국이 구와하라 도시유키(桑原敏幸) 시의회 의장과의 접촉을 시작한 이후 조건부용인과 경제진흥책에 대한 요구들이 터져 나오기 시

---

51) 井原勝介, 『岩国に吹いた風』, 95-166쪽.

작했다. 의회 보수계열 의원들을 중심으로, 과거 정부와의 교섭 경험을 가진 지역의 원로정치인들과 상공회의소 관계자들이 정부의 의사를 수용하는 세력으로서 새롭게 결집되었다. 이와쿠니 시 의회에 대한 정부 당국의 압력이 시작되면서 항모탑재기 이전 문제는 미일정부에 대한 이와쿠니 주민들의 저항이라는 구도에서 이하라 시장을 중심으로 한 반기지 시민운동 세력과 시의회 보수파 의원들을 중심으로 한 조건부용인 세력의 대결이라는 구도로 전환되었다.

주민투표를 앞둔 2006년 2월 20일 주민 약 50명의 발의로 〈주민투표에 반대하는 모임〉이 결성되어 투표불참을 권고하는 보이콧 운동을 벌였다. 이 모임의 회장을 맡은 히로세 요시미치(広瀬嘉道) 씨는 국방정책은 정부의 전권사항이니 만큼 지역진흥책을 전제로 할 것은 아니지만 정부에 말할 것은 말하고, 할 수 있는 것은 해서 교섭을 통해 좋은 결론을 내면 될 것이라고 주장했다. 그는 주민투표가 혈세를 사용해서 주민들을 양분시키고 이하라 시장의 선거운동에 이용되는 부당행위라고 규정했다. 또한 이 모임 구성원들은 항모탑재기 이전에는 반대하지만, 해야 할 것은 주민투표가 아니라 지역진흥책이나 소음대책과 같은 조건 교섭이라고 주장했다.

이와쿠니 시장을 역임했던 오이 기에이(大井喜栄) 씨는 시를 상대로 주민투표실시취소소송을 제기하기도 했다. 주민투표 당시 이와쿠니 상공회의소장을 역임하고 있었던 사사가와 노리미츠(笹川徳光) 씨는 지역진흥책을 조건부로 항모탑재기이전 용인을 선언했고, 소음이나 미군범죄와 같은 부정적 측면만을 강조할 것이 아니라 활주로 군민공용화나 지역진흥책의 메리트를 선전해야 한다고 주장했다.[52] 구와하라 당시 시의회 의장은 2005년 6월 시의회가 항모탑재기 이전반대를 이미 결의했고 시민 6만 명의 반대서명을 정부에 제출한 마당에 주민투표로 찬반의사를 묻는 것은 무용하다는 입장을 취했다. 이하라 시장이 주장하는 백지철회는 정부가 받아들일 리 없는 것이고, 막대한 빚을 안고 있는 시재정이나 침체된 지역경제를 고려할 때 지역진흥책을 얻어내기 위한 조건부 투쟁과 정부당국과의 협의를 추진해야 한다는 '현실적 대응론'을 주장했다.[53]

이하라 시장이 2006년 4월 시정촌 합병 후 첫 시장선거에서 시민들의 압도적 지지로 당선되었을 때까지만 해도, 기지용인 세력의 목소리는 주민들 사이에서 공감대를 형성하지 못했다. 그러나 이하라 시장은 주민투표 결과를 정부정책에 반영시킬 만한 교섭력을 갖지는 못했다. 시정촌 합병으로 의원수가 110명이 된 맘모스 시의회는 주민투표의 결과나 시장의 이전안 반대에 대해 명확한 지지를 보내지 않았다. 야마구치 현은 2006년 5월 주일미군 재편계획의 최종안이 발표된 직후 정부안을 용인하는 입장으로 돌아섰고, 이와쿠니 시에 대해서는 시장과 시의회의 의견조정을 권고하기 시작했다.[54] 이러한 와중에 일본 정부는 2006년 하반기부터 이와쿠니 반기지운동의 기세를 허물어뜨리는 작업에 착수했다. 시청사 보조금 지급 중단, 아타고산 개발지의 미군주택지

---

52) 『每日新聞電子版』, 2006. 3. 13.
53) 『中国新聞』, 2006. 3. 7., 2006. 3. 13., 『每日新聞電子版』, 2006. 3. 13.
54) 『中国新聞』, 2006. 6. 22., 2006. 7. 7.

전용, 활주로 해안이전 사업 철거지의 민간공항 전환 유보, 각종 생활시설 건설 및 정비사업의 중단 등은 일본 정부가 기지정책을 강요하기 위해 얼마나 많은 압력을 가했는지를 보여주고 있다.

2006년 10월 시정촌 합병 후 첫 시의원선거에서 34명의 새로운 시의원이 당선되었다. 선거운동 기간 중 지역신문사의 설문조사가 실시되었는데, 당선자 중 17명이 항모탑재기 이전에 대한 반대의사를, 12명이 용인의사를 표명하였고, 5명이 견해를 밝히지 않았다. 이에 따라 지역신문사는 이전안 반대의사가 시의회에서도 우세해지리라는 전망을 하였다.[55]

이와쿠니 시의회에는 인맥과 정견에 따라 의원들이 회파(會派)를 만들어 세력화하는 관행이 오래 전부터 있었다. 회파의 구성은 임기 중에도 계속 변화하지만, 2006년 11월 시점에서는 다음과 같이 회파가 구성되었다. 창지회(創志会) 4명, 헌정클럽(憲政クラブ) 4명, 정화회(政和会) 4명, 시정클럽(市政クラブ) 5명, 무소속 1명, 공명당의원단(公明党議員団) 4명, 청풍클럽(淸風クラブ) 4명, 시민클럽(市民クラブ) 3명, 리버럴이와쿠니(リベラル岩国) 1명, 일본공산당의원단(日本共産党市議団) 4명이었다.[56] 창지회는 국방과 영토 방위를 위해 기지의 확대를 주장하기도 하며, 헌정클럽, 정화회, 시정클럽은 지역진흥책을 요구하는 조건부용인 세력의 의사를 대변해 왔다. 공명당의원단은 정세에 따라 유동적 입장을 띠며, 청풍클럽과 시민클럽은 이하라 시장의 지지세력과 반

---

55) 『中国新聞』, 2006. 10. 24.
56) 의원숫자는 『いわくに市議だより』, 2007년 2월 15일호를 기준으로 함.

기지 시민운동 세력의 의사를 대변하는 것으로 알려져 있다.

2006년 12월 정부가 시청사 보조금지급의 중단을 통보하자 창지회, 헌정클럽, 정화회, 시정클럽 의원 17명은 기다렸다는 듯 이하라 시장에 대한 문책결의안을 통과시켰다. 2007년 예산안 부결에서는 보수 4회파에 공명당의원단까지 합세하는 상황이 발생하였다. 이전안 수용을 강요하는 정부의 다양한 압력들은 시의회 다수파의 완력을 통해 이하라 시장에게 그대로 전달되었다.

이와쿠니 시에 대한 정부의 다양한 압력들이 지역사회에 알려지면서 주민들은 동요하기 시작했다. 정부의 시청사보조금 지급 중단이 화제가 된 2007년 1월 구 이와쿠니 시 자치회연합회는 23명의 각 지구 대표자가 참석한 회의에서 이하라 시장에게 정부 및 현과의 협의를 추진하도록 요구하는 요망서 제출을 다수결로 결의했다.57) 그러나 비슷한 시기 이와쿠니기지 인접 지역인 가와시모지구 자치회연합회 대표들은 정부와 시의 직원들을 초청한 주민설명회에서 시청사 보조금지급 중단과 아타고산 미군주택지 전용과 같은 정부의 강경책에 강력히 항의하였다.58)

2007년 12월 26일 이하라 시장이 사퇴하자, 반기지운동 시민단체들은 시의회에 대한 분노를 폭발시켰지만, 〈이와쿠니의 미래를 개척하는 모임(岩国の未来を拓く会)〉의 회장과 상공회의소장은 너무 늦은 결단이었다고 평가했다.59) 니이 세키나리(二井関成) 야마구치 현 지사는 새

---

57) 『中国新聞』, 2007. 1. 27.
58) 『中国新聞』, 2007. 2. 1.

로운 시장선거의 결과에 상관없이 시장과 시의회의 의견이 집약된 것을 이와쿠니 시민의 민의로 받아들이겠다는 입장을 취했다.[60] 이하라 시장의 사퇴에 대해 정부 인사들도 코멘트를 했다. 후쿠다 야스오(福田康夫) 당시 총리는 "곤란하네요(困ったですよね). 시의회와 의견조정을 잘 해서 미군재편에 꼭 협력해 주도록 부탁하고 싶다"고 했고, 이시바 시게루(石破茂) 당시 방위성 장관은 미군재편계획에 대해 이와쿠니 시장의 이해를 얻기 위한 노력을 계속해 왔다는 점을 강조했다.[61]

야마구치 2구 국회의원(자민당 중의원)으로 재직 중이던 후쿠다 요시히코 씨는 이하라 시장이 사퇴한 후 불과 3일이 지난 2007년 12월 29일 〈이와쿠니의 미래를 개척하는 모임〉과 상공회의소 임원들의 요청을 받아들이는 방식으로 시장선거에 대한 출마의사를 밝혔다.[62] 이후 선거운동 과정에서는 후쿠다 진영에 대한 정부의 전폭적 지원이 있었다. 야마구치 현 출신인 고무라 마사히코(高村正彦) 당시 외무성 장관은 선거운동이 시작될 무렵 후쿠다 후보의 지원 입장을 공식적으로 밝혔고, 후쿠다 씨가 선거에 승리한 후에는 당시 일본 정부 주요각료들이 일제히 환영의 뜻을 밝혔다.[63] 또한 방위성 당국은 핵심 문제가 되었던 시청사 보조금을 2008년 3월까지 지급하겠다는 방침을 발표하여 축하 선물을 주었다.[64]

---

59) 『中国新聞』, 2007. 12. 27.
60) 『中国新聞』, 2007. 12. 29.
61) 『中国新聞』, 2007. 12. 27.
62) 『中国新聞』, 2007. 12. 30.
63) 『中国新聞』, 2008. 1. 20., 2008. 2. 13.
64) 『中国新聞』, 2008. 2. 13.

후쿠다 시정의 출범 이후 정부당국은 동결시켰던 이와쿠니 시에 대한 지역진흥책을 모두 재개하였다. 이와쿠니 지역정치에서도 항모탑재기 이전 조건부용인과 지역진흥책 유치를 주장하는 담론이 주류를 이루게 되었으며, 기지기능 강화반대를 주장하는 반기지 담론은 제도권 정치 밖의 시민운동 영역으로 밀려나게 되었다. 2010년 10월 이와쿠니 시의회 선거에서는 조건부 용인과 지역진흥책 유치를 주장하는 의원들의 수가 더욱 늘어나는 세력구도의 변화가 있었다.

2000년대 중반 재편계획을 둘러싼 이와쿠니의 지역정치는 일본에서 반기지운동이 침체되어온 이유에 대해 많은 시사점을 제공하고 있다. 이와쿠니의 사례에서 중요한 사실은 일본 정부가 기지정책을 관철시키는 방식이며, 지역정치에 대한 직접적 개입과 경제진흥책을 무기로 한 강압과 회유의 수법을 확인할 수 있다. 이 과정에서 기지경제의 수혜집단이 정치화되어 지역정치에서 발언권을 강화하고, 정부의 안보 담론을 수용하여 반기지운동에 반대하는 세력으로 등장하는 모습을 볼 수 있다.

5. 생활과 운동

미국의 패권주의나 제국적 성격에 대한 문제인식은 국민국가, 민주주의, 경제발전, 근대화와 같은 사회과학의 여러 전제를 재고할 수 있게 만드는 유용한 관점일 수 있다.[65] 특히 군사안보와 미군기지 문제는 미국의 패권주의와 제국적 성격을 논하는 데 핵심이 되는 영역이다. 미국의 패권적 힘이 안보 문제에 국한된 것이 아니라, 현대 동아시아의 정치, 경제, 사회, 문화에 총체적 영향을 끼쳐 왔다는 점은 앞으로 더 많이 탐구되고 논의될 필요가 있다. 그러나 주지하다시피 세계체계론적 분석은 너무 거시적이거나 많은 변수를 다루거나 실증성을 결여함으로써 당연하거나 허공에 뜬 이야기로 그치는 경우가 흔히 있다.

필자가 서두에서 제시한 미군기지 생활사 연구는 미시적 차원의 실증성을 확보하는 가운데 미국 패권 아래의 세계체계의 작동방식을 검토하는 데 유용한 연구 영역이 될 것이다. 이 글은 미국패권의 세계 안보체제와 안보담론 속에서도 미군기지 문제가 상존하며, 이때 반기지운동의 발생 원인은 어떠한 이념적 지향이 아니라, 생활의 문제에 있다는 것을 보여주기 위한 노력이었다. 이를 위해 필자는 2000년대 중반 일본 이와쿠니 반기지운동을 자생적 생활운동으로 분석하는 작업을 수행하였다.

오키나와를 제외하면, 일본에서 어떤 이념의 실천이나 체제의 변혁을 추구하는 반기지운동은 1970년대 이후 오랫동안 침체되어 왔다. 2001년 9·11사태 이후 미국의 안보전략 및 안보담론은 일본, 한국과 같은 동맹국 내의 반기지운동을 더욱 위축시키는 요인이 되었다. 일본의 반기지운동은 일종의 생활혐오시설을 없애기 위한 국지적 생활운동으로서 존재하게 되었다. 일본에서 미국의 군사적 헤게모니는 그것에 대한 정면 도전을 허락하지 않을 정도로 강력하고 억압적인 것이 되었다. 이와

---

65) 정일준, 「미국제국과 한국: 한미관계를 넘어서」, 『사회와 역사』 6집, 2012, 113-150쪽.

쿠니 주민들이 미군재편에 따른 피해 가능성을 열심히 외치더라도 정작 미국의 얼굴은 나타나지도 않는다. 자국 정부가 황망하게 나서서 주민들의 입을 틀어막고 있는 형국이다.

생활운동으로서의 반기지운동은 기지를 형성시키는 체제 자체의 문제점을 비판하기보다는 생활에 피해를 가져오는 특정 기지정책을 비판하는 데 그칠 가능성이 많다. 그렇게 하는 것이 운동의 목표를 달성하는 데 효과적일 수 있다. 반기지운동의 스펙트럼에서 보면, 기지의 전면철거나 정리축소가 아니라, 운용개선을 요구하는 데 그칠 가능성이 많다. 이러한 운용개선 요구는 흔히 보수세력의 반기지운동이라거나 기존의 안보체제에 안주하는 운동이라고 그 의의가 폄하되곤 한다. 그러나 필자는 기존의 도식적 평가를 반복하기보다는 반기지운동이 생활운동으로 전개될 때의 여러 가지 의미를 새로운 관점에서 검토할 필요가 있다고 생각한다.

이와쿠니 반기지운동의 생활사적 요인을 검토해 보면, 기지피해는 자생적 반기지운동의 근원이다. 기지피해는 주민생활의 다방면에서 자각될 수 있는 것이며, 주민들의 생활사 속에서 반기지정서로 축적되는 것이다. 인내 범위를 넘어서는 기지피해가 주민들에게 끊임없이 자각되는 한 반기지운동이 발생할 가능성은 상존한다. 미군기지의 필요성이 아무리 강조되더라도 기지피해를 해소하거나 경감시키기 위한 자생적 생활운동은 언제든지 발생할 가능성이 있다. 자생적 생활운동만큼 반기지운동의 정당성을 확고하게 표현하는 것은 없다. 이러한 운동은 안보체제에 문제가 없더라도 기지정책에 문제가 있을 때 발생할 수 있으며,

정부당국의 대응이 구조적 결함을 보일 때는 정책 비판을 넘어 체제 비판으로 발전할 가능성도 있다. 필자는 자생적 생활운동으로서의 반기지운동에 대해 좀 더 적극적 의미를 부여하고 싶다.

이와쿠니 반기지운동은 정책 비판의 전형적 양상을 보여주고 있다. 주민들의 자생적 운동조직들은 기지기능 강화반대라는 목표를 통해 통합되고 있고, 이슈대응형 시민단체들이 여성조직 및 자치회 주민조직의 지지를 얻으면서 이와쿠니 반기지운동은 폭발적 대중운동으로 급성장했다. 여기에는 주민들의 반기지운동의 힘을 주민투표와 같은 이슈로 결집시키는 리더의 역할도 존재했었다. 운동의 고양기에는 자생적 운동조직이 공산당 계열의 급진적 운동조직과도 결합하지만, 후퇴 혹은 침체기에는 급진성을 배제하려는 현상도 흥미롭다. 자생적 생활운동으로서의 반기지운동은 항모탑재기 이전반대와 미군주택지 전용반대와 같은 당면과제에 치중하기 때문에 다른 사회운동과 결합될 가능성이 적고, 다른 지역 반기지운동에 대해 경쟁적 속성을 가지는 문제도 있다.

기지경제 자체가 반기지운동을 침체시키는 요인이라는 통념은 재고될 필요가 있다. 기지경제의 경제적 효과는 지역경제의 구조 및 경제발전 정도에 따라 다르다. 이와쿠니의 기지경제는 기지촌 경제가 쇠퇴하고, 토목건설업 중심으로 재편되어 있다. 기지로 인한 경제적 손실과 폐해가 지적되는 상황에서는 기지경제가 기지피해의 또 다른 유형으로 자각될 가능성도 있다. 기지경제와 반기지운동의 상관성은 기지경제의 수혜집단이 어떻게 정치화되는가의 문제에 달려 있다.

미일군사동맹이 강고한 상황에서 일본의 제도적 지역정치는 정부의 힘에 의해 반기지운동이 억압되는 장으로 기능할 가능성이 많다. 주민생활의 개선이라는 대의명분을 가진 반기지운동도 예외가 될 수 없음을 이와쿠니 사례는 보여주고 있다. 이와쿠니 반기지운동은 미군이 평화로운 일상을 보장해 준다는 안보 담론을 부정하는 것이 아니다. 이와쿠니 주민들은 항모탑재기 59기의 추가 배치로 초래될 기지피해의 증대를 인내할 수 없다는 것이고, 불합리한 기지정책에 대한 재고와 설명을 요구했을 뿐이다. 이에 대한 일본 정부의 대응은 미군기지 정책에 관해 어떠한 주체성과 재량권도 행사하지 못하는 종속국가(매코맥, 2008)의 면모를 여지없이 드러내는 것이었다. 일본 정부는 기지경제의 혜택과 경제진흥책에 대한 약속을 통해 평화로운 일상보다 풍요로운 일상을 중시하는 주민들을 정치화시키고, 지역정치에 대한 개입을 통해 민주주의의 알리바이를 조작하는 길을 선택했다.

이와쿠니 사례에서 나타난 기지정책의 경직성은 오키나와의 기지문제를 둘러싼 정치과정에서도 드러난 적이 있고,[66] 한국의 기지문제에서도 발견될 만한 것이다. 앞으로 미국 중심의 세계안보 체제와 담론에 혼란이 생기지 않는 이상, 기지문제에 관한 논란은 안보체제의 합리성이 아니라, 기지정책 혹은 기지운용의 합리성 문제에 집중될 것이다. 자생적 생활운동으로서의 반기지운동이 문제시하는 것도 이 부분이다. 미군과 동맹국 정부의 기지정책이 주민들의 생활운동을 유발할 만큼 비합리적인 것이고, 생활운동의 요구를 묵살할 만큼 억압적인 것이라면, 이

---

66) 진필수, 「하토야마내각에 있어 후텐마기지 반환문제와 미일안보체제의 재인식 - 오키나와 주민들의 시점」

에 대한 불만과 분노도 주민들의 생활사에서 반기지정서로 차곡차곡 쌓여갈 것이다. 오키나와에서 보는 것처럼, 언젠가는 이 반기지정서가 다시 폭발하게 되어 있고, 그때의 반기지운동은 좀 더 과격한 것이 될 지도 모르겠다. 미군기지가 보장하고 있다고 이야기되는 평화로운 일상과 풍요로운 일상의 구조 속에는 희생자가 존재하며, 희생자의 목소리에서 분노가 사라지지 않는 한 미군이 주는 평화와 풍요에 대한 의문 부호는 사라지지 않을 것이다.

반원전운동과
'생활평화주의'의 전개*

남기정

1. 기시감(deja vu)

동일본대지진 직후 처참한 광경 속에서 조용히 질서를 지키는 일본의 시민사회를 세계는 경탄의 눈으로 바라보았다. 국제사회의 상식으로 볼 때 불가사의한 이런 현상을 두고, 기예의 신진 역사학자 요나하 준(与那覇潤)은 다음과 같은 해석을 붙였다. "3·11 후에 사람들이 자력구제(전형적으로는 약탈)에 나서지 않고 현대판 성곽이라 할 수 있는 학교와 공민관에 피난해 있었다는 것은 전국시대의 전쟁에까지 거슬러 올라가는 전통이 있었던 것이라 할 수 있다. (오랜 경험을 바탕으로―인용자) 재해가 발생해도 지역사회는 혼돈에 빠지지 않고 통치기구를 신뢰하고 행동

---

* 이 글은 『역사비평』 104호(2013년 가을)에 게재된 「일본의 반원전운동―기원으로서 베트남전쟁 반대운동과 '생활평화주의'의 전개」를 수정·보완한 것이다.

할 수 있었던 것이다."[1]

그런데 얌전했던 시민들이 결국에는 일어나기 시작했다. 많은 시민들이 후쿠시마 원자로의 융해에서 일본 국가의 붕괴를 겹쳐 보았듯이 신뢰할 만한 통치기구는 없었으며, 보호막(=성곽)을 상실한 채 침윤되어 잠식당하고 있는 것은 지역사회의 질서가 아니라 개개인의 생활 그 자체였기 때문이다. 시민들은 "벌거숭이가 된 채 국가에 대치하게 된 사적인 것들을 지키기 위한 투쟁"에 스스로 일어나지 않을 수 없었다.[2]

시간이 지나면서 피재지역의 이재민들은 의식주와 관련된 모든 '사적인 것들'이 예전처럼 당연하게 주어지지 않는다는 현실에 직면하게 되었다. 피난소와 가설주택에서의 생활이 길어지면서 '의(衣)'의 자유와[3] '주(住)'의 안심을 빼앗긴 데다, 쌀, 채소, 육류, 어패류 등 모든 '식'재료가 위험해 보였다. 결정적인 것은 내부 피폭에 노출된 쇠고기에서 규제치를 크게 웃도는 방사성 세슘이 검출된 사건이었다.[4] 쇠고기는 참을 수 있다 해도 생선은 일본인의 식탁에서 빼놓을 수 없는 것인데, 점차 참치 등 태평양 연안을 회유하는 어류도 위험하다는 의견이 나오기 시작했다.[5] 사람들은 '공'적인 것의 재구축을 위해 '감바리즘(ガンバリズム)'

---

1) 与那覇潤, 『中国化する日本―日中「文明の衝突」一千年史』, 文芸春秋, 2011, 78쪽.
2) 現代思想編集部, 『現代思想』, 2012. 5., 246쪽.
3) 2012년 연말이 되어서도 후쿠시마 근방에서는 외출 시에 흙이나 모래에 부착된 세슘이 내부 피폭량 검사에 영향을 줄 수 있다고 해서 검사 시에는 외출복을 벗고 옷을 갈아입도록 지도하고 있었다. 이런 지도는 행정당국 스스로 의류에 세슘이 부착되어 있을 수 있음을 명언한 것으로 간주되었다. 『広島新聞』 2012. 12. 18, http://www.hiroshimapeacemedia.jp/mediacenter/article.php?story=20130122111656891_ja, 검색일 2013. 8. 10.
4) 北林寿信, 「日本を揺るがす稲わら―牛肉汚染」, 『世界』 2011. 9., 158쪽.

을[6] 발휘하기보다는 '사적인 것을 지키는 투쟁'에 일어나기 시작했다. '감바로!(화이팅!, Go for it!)' 대신에 '사요나라'를 외치면서.

2012년 여름 오이(大飯) 원전 재가동 문제를 둘러싸고 일본의 시민 사회는 융기(隆起)하기 시작했다. 6월 29일의 데모에 20만 명이, 이어서 7월 16일에 요요기공원에서 열린 '사요나라 원전 10만 명 집회'에 17만 명이 운집해 항의 데모를 진행했다. 이 시점에서 780만 명이 반원전 선언에 서명했다는 주최 측의 발표도 있었다.[7]

청년실업 문제 등에 대한 저술과 활동으로 유명한 아마미야 가린 (雨宮処凛)의 표현을 빌자면, "3·11 이후 일본에서 국가에 순종적이고 행동하지 않는다던 일본인들이 속속 거리로 뛰어나오고 있었다." 아마미야와 같은 사람은 사람들이 자신의 의견을 분출하는 데모 행렬 속에서 '숨쉬기 편안함'을 느꼈다.[8] 그런데 이런 대규모 항의집회의 배경에는 새로운 데모문화의 전개가 있었다. 아마미야 자신이 관여했던 〈프레카리아토 운동〉, 〈사운드 데모〉, 〈노상 파티 데모〉 등이 2008년경부터 전국적으로 널리 열리고 있었던 것이다.[9] 또한 고엔지(高円寺)를 기반으

---

5) 水口憲哉, 「まぐろと放射能」, 『世界』, 2011. 9., 162–171쪽.
6) 성실하고 열심히 노력하는 일본인 특유의 정신. '버티다, 참고 계속 노력하다'는 의미의 '감바루(頑張る)'에서 만들어진 조어.
7) 『世界』, 2011. 6., 132–133쪽.
8) 雨宮処凛, 「デモのある生きづらくない街」, 『世界』, 2012. 9., 147쪽.
9) '프레카리아토'란 '불안정한'을 의미하는 'precario'와 무산자계급을 의미하는 'proletariato'의 합성어로 이탈리아의 낙서에서 유래했다고 한다. 불안정한 노동조건에 처한 계층을 의미한다. 이 시기 일본의 프레카리아토 운동에 대해서는 박지환, 「불안정과 재미의 정치: 2000년대 일본의 시위문화와 탈원전운동」, 강원대학교 인문과학연구소, 『인문과학연구』 35호, 2012, 12쪽 참조.

로 하는 〈보통 사람들의 반란(素人の乱)〉도 지역 수준에서 생활 밀착형 운동을 지속적으로 전개하고 있었다. 3·11 이후 한 달이 지난 4월 10일, 〈보통 사람들의 반란〉이 주최한 최초의 반원전 데모가 고엔지에서 열렸으며 이 자리에 1만 5천 명이 모였다. 원래 일본에서는 '반원전 데모'가 '일부 좌익들의 전매특허'처럼 인식되고 있었는데, 이제 보통 사람들이 '반원전 데모'의 주류가 되었다. 고엔지의 반원전 데모에 참가한 사람들이 자기 지역에서 다시 반원전 데모를 조직하기 시작했다. 〈탈원전 스기나미〉, 〈탈원전 나카노〉, 〈탈원전 후나바시〉 같은 식으로.[10]

이런 형태의 데모를 기시감(데자뷰, deja vu)으로 바라보는 많은 일본인이 있었다. 그것은 마치 〈베평련(ベ平連, 일본어 발음 그대로 읽으면 베헤렌)〉의 재현이었던 것이다. 베평련이란 〈베트남에 평화를! 시민연합(ベトナムに平和を! 市民連合)〉의 약칭으로 베트남전쟁 시기인 1965년부터 1974년까지 일본 전역에서 광범위하게 전개된 반전 시민운동, 또는 이를 주도했던 일군의 시민운동가들을 가리킨다.[11]

2012년 7월 22일, 일본 TBS가 방영한 시사대담 프로그램 〈시사방담(時事放談)〉에서 미쿠리야 다카시(御厨貴) 일본 방송대학 교수(현 도쿄대 교수)는 하마 노리코(浜矩子) 도시샤대학 교수와 나눈 대화 가운데,

---

10) 雨宮処凜, 「デモのある生きづらくない街」, 150쪽.
11) 베평련 운동에 대해서는 다음 논문을 참조. 권혁태, 「'국경' 안에서 '탈/국경'을 상상하는 법: 일본의 베트남 반전운동과 탈영병사」, 연세대학교 국학연구원, 『동방학지』 157권, 2012 ; 남기정, 「베트남 '반전탈주' 미군병사와 일본의 시민운동: 생활세계의 전쟁과 평화」, 단국대학교 일본연구소, 『일본학연구』, 36호, 2012. 베평련은 영어로는 Japan "Peace for Vietnam!" Committee로 표현되었다. 『資料,「ベ平連」運動』上, 河出書房新社, 1974, 16쪽.

그해 여름을 달군 반원전 데모에 대해 그 특징이 "어딘가의 정당이 지도한다거나 하는 중심이 없이 어디서부턴지 모르게 서서히 확산되고 있다"고 하여, 그것이 마치 "〈베평련〉과 같은 느낌이 든다"고 평가했다.[12]

2012년 6월 11일의 〈신주쿠 원전 스톱 데모〉에서 오구마 에이지(小熊英二) 교수가 발언하는 모습을 본 한 반원전 활동가는 그의 활약이 〈베평련〉활동에 대한 존중에서 나오는 것으로 보고 있다.[13] 오구마는 자신의 저서 『1968』에서 〈베평련〉활동을 상대적으로 높이 평가했던 사람이었다. 그런 그였기에 반원전 데모에서 〈베평련〉과 같은 그 무엇인가를 느끼고 연구실에서 뛰쳐나와 거리로 나오게 되었던 것이며, 이를 활동가들은 환영하고 있었다.

또한 『마이니치신문』 7월 25일 자 기사는, "수상관저 앞의 반원전 데모가 〈베평련〉과 같은 양상을 보이고 있다"면서 그 이유는 "트위터의 효용도 있었겠지만, 가족들이나 고령자가 많이 나온 것은 데모를 주도한 연락조직, 〈수도권 반원전 연합〉이 정당색을 배제한 '비폭력 직접행동'을 내걸었기 때문"이라 분석했다.[14] 또한 『도쿄신문』 7월 30일 자는 29일에 히비야공원에서 열린 원전 재가동 반대 데모행렬에 선 사카모토 요시에(坂元良江) 씨에 대한 취재기사를 실었다. 사카모토 씨는 오다 마코토(小田実)와 함께 〈베평련〉 운동을 전개했던 아나운서 겸 TV 프로듀

---

12) http://blog.goo.ne.jp/n-mayuzumi/e/1e288b57f5409b347d99b5b2ee72bdfe 浜矩子語録(166-2), 「ベ平連」に似た反原発運動, 검색일 2012. 10. 9.
13) 広重隆樹, 「サウンド・デモもいいけれど…」, http://www.support-fukushima.net/message2.html NPO法人, 「ふくしま支援・人と文化ネットワーク」, 검색일 2012. 10. 9.
14) 「幸せの学び:＜その16＞デモと小田実さん」, 『毎日新聞』 2012. 7. 25.

서이다. 사카모토 씨는 인터뷰에 응해, 〈베평련〉과 비슷하면서도 〈베평련〉보다 훨씬 더 풍부한 표현력을 갖게 된 반원전운동에 대해 낙관적인 전망을 제시했다.[15)]

과연 3·11 이후의 반원전운동은 〈베평련〉 운동의 재현인가? 반원전운동이 〈베평련〉 운동으로부터 계승한 것이 있다면 무엇이며, 그 의미는 또한 무엇인가? 이 글에서는 이 물음에 대해 '생활평화주의'를 주제어로 삼아 대답해보고자 한다.

'생활평화주의'란 '일상의 생활세계에서 전개되는 평화주의'를 말하는 조어로서, 헌법 제9조에 의해 지탱되어 국가이데올로기의 수준으로까지 격상된 '헌법평화주의'나 평화문제담화회에 모인 지식인 그룹에 의해 창시되고 잡지『世界』에 의해 정식화된 '강단평화주의', 그리고 진영논리에 충실한 공산당이나 사회당, 노조 등 '대조직(大組織)'에 의해 포섭당하고 계열화된 '진영평화주의'와 구별되는 개념이다. 다시 말해 '생활평화주의'는 '헌법평화주의'나 '강단평화주의', '진영평화주의'에 수렴되지 못한, '개인들의 사적 영역에서 전개된 생활인들의 평화주의'를 담아내기 위해 고안된 개념이다. 또한 그것은 생활영역에 깊숙이 자리 잡은 반면, 정치세력화에는 한계를 노정하고 있는 일본 평화운동의 양가적 특징을 포착하는 데도 유용한 개념이 될 것으로 생각된다. 미리 밝혀두자면, '생활평화주의'는 학생운동이나 노동운동의 조직에 속하지 않은 수많은 생활인들이 자발성의 원칙에 입각해서 운동의 전면 또는

---

15) 「『小さな一人』奮い立つ」, 『東京新聞』, 2012. 7. 30.

이면에서 열렬히 또는 말없이 활동했던 〈베평련〉 운동의 과정에서 싹텄다고 할 수 있다. 그것은 운동에 참여한 보통의 평범한 사람들이 스스로 주어가 되어 표현한, 즉 '나'를 주어로 하여 개진한 평화에 대한 생각들을 '울퉁불퉁'한 모습 그대로 그려내고자 하는 의도에서 마련된 개념이다.

2. 〈베평련〉: '생활의 발견'과 '소시민의 힘'

2.1. 생활의 발견

〈베평련〉은 '생활인'의 운동이었으며 '소시민'의 운동이었다. 〈베평련〉의 탄생을 알리는 최초의 집회는 1965년 4월 24일에 아카사카(赤坂)의 시미즈타니공원(清水谷公園)에서 열렸는데, 그 집회를 알리는 4월 15일 자 호소문(呼びかけ)은 21명의 연명으로 만들어졌다. 그런데 그 21명 가운데는 오다 마코토(小田実) 등의 작가, 영화평론가, 영화작가 등과 함께 두 명의 주부(瀬藤多恵子, 浮田久子)가 포함되어 있었다. 그리고 그 호소문은 집회를 여는 '우리'란 바로 '이 문장을 읽는 당신'이라고 하면서 아무나 참가할 수 있는 열린 집회임을 밝혔다.[16]

집회의 주체 '우리'의 내용은 〈평화를 위해 손을 마주잡는 모임(平和のために手をつなぐ会, 평화운동을 위한 부인들의 모임)〉의 이름으로 나온 또 다른 호소문(呼びかけ)에서 보다 구체화하였다. 그 호소문에

---

16) 『資料, 「ベ平連」運動』 上, 5쪽.

는 다음과 같은 문구가 들어 있었다. "우리는 평범한 시민입니다. 평범한 시민이란 것은, 회사원이 있고, 초등학교 선생님이 있고, 목수가 있고, 주인아주머니(女将さん)가 있고, 신문기자가 있고, 꽃가게 주인이 있고, 소설을 쓰는 남자가 있고, 영어를 배우는 소년이 있고, 즉 이 팸플릿을 읽는 당신 자신이 있고, 그런 우리들이 하고 싶은 말은 단 하나, 베트남에 평화를!"[17]

이 문구는 이후 〈베평련〉의 성격을 상징하는 문구로 유명해졌다. 또 「4·24 데모 안내 호소문」에는 호소문의 주체로 '평범한 시민'이 처음 등장했다. 호소문은 여러 입장의 인사들이 전하는 반전 메시지를 담은 뒤, 말미에 호소문의 주체를 밝히는 곳에 다음과 같이 적어놓았다. 〈'베트남에 평화를!' 시민/문화단체 연합, 즉 평범한 시민(「ベトナムに平和を!」市民·文化団体連合 つまり ふつうの市民)〉이라고.[18] 오다 마코토는 이 '평범한 시민(ふつうの市民)'을 다음과 같이 설명한다.

우리들이란 "베트남에 평화를!' 시민 문화단체연합 즉 보통의 시민'이라는 것으로서, 이 연합 자체가 '소리 없는 소리의 모임'이거나 '평화를 위해 손을 마주 잡는 모임' 등 '사'적 색채가 짙은 단체의 연합, 실제로 '평범한 시민'이라고 할 수밖에 없는데, 그런 의미에서 '어떠한 모임에도 속하지 않는 개인'이라는 플래카드를 만들었다. (…) 데모에 참가한 것은 1,500명, 모두 '평범한 그 무엇'인 사람들이었다. 가령 평범한 주부, 평범한 교사, 평범한 소년, 평범한 실업자. 알게 된 것은 많은 사람들이

---

17) 『資料, 「ベ平連」運動』上, 6쪽.
18) 『資料, 「ベ平連」運動』上, 9쪽.

한 사람 한 사람 목소리를 내고 싶다고 생각하면서도 그 기회가 충분히 주어지지 않고 있다는 단순한 사실 하나였다.[19]

또 다른 활동가는 '평범한 시민'을 '평균적 인류'라 표현했다.[20] 고마쓰 사쿄(小松左京)는 '평범한 시민'의 생활에 주목하여 그들의 소원조차 평범한 것이기에 전쟁과 국가에 반대할 수밖에 없다는 논리를 전개했다.

사람을 죽이거나 타인의 생활을 파괴하려 하지 않고, 여유롭고 평온한 내일의 생활을 소원하는, 조금도 영웅적이지 않은, 그저 그런 사람들(当たり前の人たち)―일하고, 가정이 있고, 아이를 낳고, 저금을 하고, 때때로 부부싸움을 하거나 가정의 작은 불행과 우연한 재해로 피해를 입으면서, 그러면서도 안간힘을 써서 생의 영위를 계속해가는 '평균적 인류'―이들 가운데 어느 누가 스스로 나서서 남의 재액(災厄)이 되려고 하겠는가?
'평균적 인류'란 국가에 의해 용자(勇者), 영웅, 파괴자, 살인자가 되기도 하고, 동시에 살육의 피해자가 되기도 하는 자들. '생활'에서 오는 파괴적 투쟁의 문제는 파행적이기는 하나 전 세계적으로 보아 거의 해결되는 데까지 왔다. 그렇다면 남은 문제는 이들 '평균적 인류' 사이의, '평균적 인류' 자신에 의한, '전쟁'에 대결하는 동시에 전쟁 강제력을 갖는 '국가'에 대결하는 동맹뿐이다.

19) 小田実, 「ふつうの市民にできること―『公』と『私』の問題」, 『資料, 「ベ平連」運動』 上, 11쪽.
20) 小松左京, 「平均的人類の願い―『日米市民会議』に参加して」, 『資料, 「ベ平連」運動』 上, 140-141쪽.

이러한 호소에 시민들이 호응했다. 한 주부는 데모에 참가한 경험을 감격스럽게 적어 〈베평련〉 뉴스 편집국에 보냈다.

드디어 아이를 데리고 데모에 참가했습니다. 저와 같은 한 시민, 힘이 없는 주부도 모이면 강력한 힘이 된다는 것을 잘 알게 되었습니다.[21]

'평범한 시민'에 의한 온건한 평화운동으로서 〈베평련〉은 매스컴 일반의 관심을 받았으며, 집회는 횟수를 거듭할수록 활기를 띠어갔다. 1969년 1월 말, 〈베평련〉이 정리한 전국의 반전 시민그룹 리스트에는 143개의 단체가 존재하고 있었으며, 개별 단체에서 100여 개의 기관지가 발간되고 있었다.[22] 그런데 일본에서 미군 탈주병이[23] 〈베평련〉의 도움으로 국외로 탈출했다는 사실이 알려지면서 〈베평련〉에 대한 사회의 시선은 달라졌다. 전문 활동가에 의한 과격한 운동이라는 우려와 회의가 〈베평련〉 안팎에서 일기 시작했던 것이다. 그럼에도 불구하고 〈베평련〉은 애초에 지향했던 원칙을 재확인했다. 오다 마코토와 함께 〈베평련〉의 중심인물이었던 요시카와 유이치(吉川勇一)는 "〈베평련〉이란, 평범한 시민이 베트남의 평화를 위해 자신이 할 수 있는 범위에서 그러나 가능한 한의 노력을 자발적으로 해 나가고자 행동하는 그룹"이라는

---

21) 『ベ平連ニュース』5号, 1966. 2. 20, 2쪽 ; 『ベ平連ニュース, 縮刷版』, 10쪽.
22) 『資料, 「ベ平連」運動』中, 20~26쪽. 다른 조사에 따르면 1965년에서 1974년까지 베트남 반전을 내걸고 활동한 반전단체는 모두 392개에 이르렀다. http://www.jca.apc.org/beheiren/旧「ベ平連」運動の情報ページ, 검색일 2012. 10. 9.
23) 일본 주둔 중에 반전 의사를 밝히고 탈영한 미군 병사를 일컫는다. 이후 본문에서 언급하는 탈주병은 미군 탈주병을 의미한다.

점을 재확인하고, 탈주병 지원활동을 계기로 변화한 시선에 대해, 〈베평련〉은 변화하지 않았으며 그래서는 안 된다는 입장을 강조했다. 그는 "앞으로도 평범한 시민이, 즉 주부가, 봉급생활자가, 재수생이, 꽃가게 주인이, 세탁소 주인이, 오코토(お琴)[24] 선생님이, 신문기자와 소설가와 쓰레기 처리업자가 있어서, 모두가 할 수 있는 일을 베트남의 평화를 위해 각자가 해 나가는 운동이며, 그렇게 계속되어야 한다"고 강조했다. 분명히 탈주병 지원과 은닉은 보통의 평범한 운동이 아니지만, 〈베평련〉 활동가들의 입장에서는 그러한 비정상적인 일을 했다고 해서 〈베평련〉이 변화한 것은 아니었다. 오히려 평범한 시민이 그런 일을 해야 할 만큼 일본인의 생활 속에 비정상적인 베트남전쟁이 침투해 들어와 있다는 인식이었다.[25] 오히려 탈주병의 발생은 생활 속의 전쟁이 의식되는 계기였으며, 따라서 생활인의 반전평화운동의 내용을 보다 근본적으로 고민하게 하는 계기가 되었다.

　　그것은 "우리 안의 전쟁범죄"[26]를 의식하면서 보다 첨예화하였다. 전쟁범죄를 일으키는 자가 특별한 인간이 아니라 우리 주변의 평범한 사람들이라는 생각, 나아가 그것이 나일 수도 있다는 생각은 전쟁의 일상성의 문제를 제기했다. 전쟁 말기에 생체실험을 할 수 있었던 것도 그것이 '일상'이 되어 있었기 때문이었다. 그런데 전쟁범죄가 일상성의 문제라면 전쟁반대와 평화구축도 일상성의 문제여야 했다. 반전 탈주병도

---

24) 오코토는 가야금과 비슷한 일본의 전통 악기.
25) 吉川勇一, 「脱走兵とふつうの市民」, 『資料, 「ベ平連」運動』 上, 270–271쪽.
26) 作田啓一, 「われらの内なる戦争犯罪者」, 『戦後日本思想大系』 第4, 筑摩書房, 1968.

혁명가적 인간이라기보다는 평범한 인간의 모습을 하고 있었다. 조국에 등을 돌리고 자신의 원리를 관철하려는 평범한 인간과 명령이자 의무라면 4만 볼트의 죽음의 스위치를 당기는 평범한 인간 사이에 공통되는 것은 다름 아닌 '일상성'이었다.[27] 그렇기에 무토 이치요(武藤一羊)의 다음과 같은 총괄이 나올 수 있었다. 즉, 운동의 정당계열화가 부정되고 자립적 자율적 운동이 상식화했으며, 국가권력에 대한 저항으로 환원되지 않는 일상적 사회관계에서의 권력해체를 과제로 제기하여 '정치'를 재정의했고, 운동에서의 자기희생적 금욕주의를 부정하는 등의 특징과 함께 '생활'과 신체가 운동의 주제로 등장했던 것이다.[28] 운동 속에서 '생활의 발견'이 이루어지는 순간이었으며, '생활 속의 평화'의 문제가 여기에서 제기되었다.

2.2. '소시민의 힘'

평범한 시민들의 모임이 '소시민의 힘'을 발휘한 사례를 〈오이즈미 시민의 모임(大泉市民の集い)〉에서 확인할 수 있다. 1968년 5월, 한국에서는 북한 연구자이자 일본의 양심적 지식인으로 잘 알려진 와다 하루키(和田春樹)와 그의 부인 와다 아키코(和田あき子)의 주도하에 아사카(朝霞) 미군기지, 즉 캠프 드레이크(CAMP Drake) 주변의 주민운동으로

---

27) 小田実, 「人間, ある個人的考察」, 『資料, 「ベ平連」運動』 上, 279–292쪽.
28) 武藤一羊, 『ヴィジョンと現実─グローバル民主主義への架橋』, インパクト出版会, 1998, 78쪽 ; 道場親信, 『占領と平和─「戦後」という経験』, 青土社, 2005, 487쪽.

〈오이즈미 시민의 모임〉이 발족되었다. 와다 하루키가 작성 배포한 '오이즈미학원 지구에 사는 시민 여러분께 호소함'에서 모임의 발족 경위를 확인할 수 있다. 1965년 말, 침대 수 1,000개의 대형 야전병원이 캠프 드레이크에 개설되었다. 이 병원에는 매일 헬기로 수송되는 병사들이 넘쳐났다. '더러운 전쟁' 베트남전쟁에서 부상당한 병사들을 후송하는 데 '우리 마을'이 이용당하고 있는 현실을 참아야 하는가라는 문제의식이 모임 발족의 계기였다. "일본이 미국의 더러운 전쟁기지가 되어 있으며, 우리 오이즈미학원 지구도 그 속에 있다"는 발견이 모임 결성의 구체적 이유가 되었다. "헬기의 폭음을 듣고 사는 것 자체가 고통이며, 더러운 전쟁에 병사들이 투입되고 있는 현실을 보는 것도 고통이지만, 더 이상 침묵하는 것도 또한 고통이다"라는 선언은 그런 사실을 배경으로 하고 있다.

모임의 주창자인 와다 하루키는 대학교수로서 지식인이었고, 그의 부인이자 모임의 또 다른 주창자인 와다 아키코는 러시아 문학자이자 번역가이며 주부였다. 그리고 그들의 둘레에 모인 〈오이즈미 시민의 모임〉 회원들은 모두 생활인으로서 저녁 시간과 주말에 활동을 전개했다. 지역의 남녀노소가 직업 불문하고 모여서 토론하고, 계획을 세우고, 계획이 정해지면 끈질기게 실천하는 모임이었다.[29] 가히 '소시민의 힘'을 확인할 수 있는 사례라 할 수 있다. 모임이 요구한 것은 세 가지였다. 미

---

[29] 1998년에는 모임 결성 30주년을 기념하여 왕년의 활동가들이 모여 문집을 발간했으며 2008년에도 사진집을 발간하는 등 아직도 그 네트워크는 살아 있다.

국의 베트남전쟁에 반대하고, 아사카 미군병원의 철거를 요구하며, 미군 병사의 헬기 수송에 항의하는 결의를 다짐했다.[30] 7월 7일, 일본기독교단 오이즈미 교회에서 처음으로 집회가 개최되었다. 〈베트남전쟁 반대, 아사카 기지 철거를 요구하는 오이즈미 시민의 모임〉 이름으로 열린 집회였다.[31] 〈오이즈미 시민의 모임〉은 때로는 〈베평련〉과 연대하기도 하면서, 캠프 드레이크 주변에서 미군들을 상대로 미군 해체에 나서도록 촉구하는 운동을 주로 전개했다.

한편, 베트남전쟁이 끝난 뒤 이들은 반원전 문제에 눈을 뜨게 되었다. 와다 하루키는 물론 아키코 부인 또한 러시아 연구자였는데, 그 때문에 체르노빌 사고에 민감히 반응했던 것이다. 이후 두 사람은 체르노빌의 현실을 전하고 피폭자 구제활동을 적극적으로 전개했다.[32]

이렇게 〈베평련〉 외부에서 만들어진 시민들의 단체가 〈베평련〉과 함께 연대투쟁을 벌이는 경우도 있었지만, 〈베평련〉 운동은 여전히 지역운동으로서 미흡하다는 지적이 있어왔다. 그 하나는 〈베평련〉의 도시적 운동에 대한 비판이었다. '글로벌한 문제의식에서 인류 영원의 테마를 담당하는 운동(〈베평련〉)'과 '수탈당하면서 과소화해가는 작은 토지와 주민의 공동체에 어떠한 탈환과 해방의 가능성이 남아 있는가를 고민하는 입장'을 대립시키면서, '지역=촌'에서의 생활투쟁으로의 전환을 요구하는 시선이 있었다.[33]

---

30) 『大泉市民の集い (1)』(미공간 팸플릿), 8-9쪽.
31) 『大泉市民の集い (1)』, 10-11쪽.
32) 『大泉市民の集い (2)』, 48쪽.
33) 広野広, 「『市』を越える『村』の論理を」, 『市民』 第3号, 1971. 7.(『資料, 「ベ平連

또한 〈베평련〉은 사회적으로 지위가 확립된 지식인인 현인=강자가 지연적인 공동체와는 관계없는 시민=약자를 상대로 구미형의 진정한 시민이 되라고 강요하는 운동이라는 이로카와 다이키치(色川大吉)의 비판도 있었다. 이로카와는 이와 대조적으로 지역운동, 주민운동을 평가하고 그 가능성을 기대했다. 그러나 〈베평련〉이 생활과 유리되었다는 비판은 받아들이기 어렵다고 요시카와는 반론한다. 다테 화력발전소 건설에 반대하면서 아이누인들과 연대투쟁을 벌이는 〈삿포로 베평련〉이 그런 구분을 무의미하게 만드는 좋은 사례로 제시되었다. 〈베평련〉에서 활동하는 많은 사람들은 삶(生)의 현실에 이끌려 다니면서도 생활을 변화시켜 장래의 생활을 전망하고 현실의 정치 속에서 자신들의 활동을 추구해왔던 것이다.[34]

여기에서 다시 '생활 속의 평화'의 원리가 제기되는 과정을 〈베평련〉 운동의 주체와 관련지어 확인해보자. 이를 위해 오다 마코토의 주장 가운데 '인간의 원리'에 주목할 필요가 있다. 오다는 '인간의 원리'에 입각함으로써 계급적 원리를 극복했다. 특히 현대사회에서 일어나는 도시문제, 공해, 환경파괴는 실제로 지역주민의 운동으로서, 노동자계급의 운동이 아닌 '생명과 생활(いのちとくらし)'을 지키는 일반 민주주의적 운동'으로서, '인간의 원리'에 입각한 운동으로서 전개되었는데, 이러한 발전에는 '인간의 원리'를 집요하게 추구했던 오다의 공헌을 인정할 수 있

運動』下, 80쪽).

34) 色川大吉, 「国家幻想と草の根のはざまで」, 『潮』 1973. 7.(『資料, 「ベ平連」運動』下, 442-444쪽.

다. 현대적 문제는 지역 주민들의 '생명과 생활'을 계급과 계층, 사회적 지위와 신분에 관계없이 '평등'하게 위협하기 때문이다.[35]

나아가 오다는 '그냥 보통의 인간(ただの人)'으로 '살아가는 것(生きつづけること)'이야말로 가장 소중한 가치임을 주장했다. 즉 보통의 인간으로 평화 속에서 생활을 즐기고 삶을 마감할 것을 희망하는 소시민의 세계관을 관철하고자 했던 것이다. 미시마 유키오(三島由紀夫)의 죽음을 접하고 "나는 다다미 위에서 죽고 싶다"고 선언한 데서도 그 소시민 사상을 엿볼 수 있다.[36] 오다의 사상에서 70년대 이후의 신사회운동을 이끌어갔던 '소시민의 힘'을 확인할 수 있다.

3. 반전에서 반원전으로: '안보'와 '기지', '반공해'와 '토지'

3.1. 〈베평련〉의 갈래에서

베트남전쟁 반대운동은 미국의 전쟁에 대한 일본의 전쟁협력 문제를 인식하게 했으며, 이는 미일안보의 존재를, 다시 기지 문제의 존재를 의식하게 했다. 기지 문제를 둘러싼 운동의 연장선에서 활동가들은 한편으로는 도시문제를 발견하게 됐으며, 다른 한편 농촌에서의 용지매수 문제와 직면하게 되었다. 공해문제는 여러 도시문제 가운데 하나였으

---

35) 足立正恒, 「現代市民主義の展開と限界――小田実氏の思想と『べ平連』」, 『文化評論』 1974. 2., 92쪽.
36) 足立正恒, 「現代市民主義の展開と限界――小田実氏の思想と『べ平連』」, 99-100쪽.

며, 원전 용지 매수문제는 농촌의 토지문제 가운데 하나였다.

활동가들의 면면과 경력에서도 이러한 운동의 흐름은 확인된다. 요시카와 유이치 같은 이는 원수폭 금지운동에서 〈베평련〉으로 변신한 인물이며, 〈베평련〉의 젊은 활동가들은 〈산리즈카 투쟁〉을 매개로 탈원전운동으로 흘러들어 간 것으로 보인다.[37] 〈베평련〉운동이 반원전운동으로 전환될 수 있었던 계기는 1969년 1월, 엔터프라이즈의 사세보 기항 반대운동에서도 마련되고 있었다. 이는 '마음속의 원폭돔'을 지키는 운동으로 간주되었다.[38] 엔터프라이즈는 8기의 원자로가 만들어내는 30만 마력의 동력으로 움직이는 거대한 항공모함으로, 연료 보충 없이 3-5년을 항해할 수 있었다. 엔터프라이즈 기항 반대운동은 이후 핵잠수함 기항, 원자력선 무쓰호 문제 등에서 운동의 방향을 설정하는 기준이 되었다.

반전운동에서 반원전운동의 흐름이 태동한 것은 '원전을 안고 사는 일본'의 탄생이 미일동맹의 결과이자 상징이었다는 점에서 이해할 수 있다. NHK가 1994년 3월에 방영한 〈원전 도입의 시나리오(原発導入のシナリオ)〉라는 다큐멘터리는 원전이 미국으로부터 일본에 주어진 경위와 이유, 인맥 등을 그리고 있다. 원전 도입의 경위를 간략히 정리하면 다음과 같다. 소련과의 치열한 핵개발 경쟁의 와중에 미국은 태평양의 비키니환초에서 수폭실험을 실시했다. 그 해역에 있던 일본의 원양 참치

---

37) 吉川勇一, 「原水爆禁止運動からべ平連へ」, 高草木光一 編, 『一九六〇年代 未来へつづく思想』, 岩波書店, 2011 ; 山口幸夫, 「三里塚と脱原発運動」, 高草木光一 編, 『一九六〇年代 未来へつづく思想』, 岩波書店, 2011.
38) 『資料, 「べ平連」運動』 上, 305-306쪽.

어선 제5후쿠류호(第五福竜丸)가 피폭한 것을 발단으로 일본 전국에 원수폭 금지운동이 일어나 반미감정이 극도로 치달았다. 핵폐기 대신 핵의 관리를 주장하던 미국은 '원자력의 평화적 이용'을 대대적으로 선전하면서 원자로를 동맹국 일본에 넘겨주는 전략으로 이 위기를 돌파했던 것이다.

그런 의미에서 베트남전쟁 반대의 입장에서 볼 때, 미일안보 반대와 원자력 발전소 반대는 같은 선상에 놓여 있는 일란성 쌍생아 같은 과제들이었다. 다만, 바로 그런 이유 때문에 〈베평련〉은 오히려 '베트남전쟁 반대'에 초점을 맞춘 원포인트 투쟁을 전개했던 것이며, 반원전운동으로의 전환이 비교적 늦었던 것으로 생각해볼 수 있다. 그런 〈베평련〉에게도 1970년 9월 변화의 조짐이 보이기 시작했다. '70년 안보'의 패배 직후인 1970년 9월 〈베평련〉 전국 간담회가 열렸다. 이미 〈베평련〉 지역 조직은 공해문제에 반대하는 운동을 개시하고 있었지만, 〈베평련〉은 공해문제에 무관심하다는 비판을 받았다. 그런데 그런 비판은 대부분 '안보는 끝났으니 이제 공해문제에 매진하자'는 입장에서 나왔으며, 주로 이른바 '신좌익' 활동가들의 운동론에서 나온 것이었다. 과연 안보는 끝났는가? 베트남전쟁은 끝났는가? 〈베평련〉이 보기에는 그렇지 않았다. 따라서 〈베평련〉은 철저히 베트남전쟁 반대를 주장해갈 것임을 재확인했다.[39]

1970년 9월 14 - 15일간 열린 〈베평련〉 전국 간담회는 〈베평련〉운

---

39) 『ベ平連ニュース』 60号, 1970. 9. 1., 1쪽 ; 『ベ平連ニュース, 縮刷版』, 353쪽.

동의 분기점이었다. 전국 간담회를 전후하여 각지의 지역 〈베평련〉이 각각의 지역사정에 맞춰 개별 활동을 전개하는 상황이 진전되고 있었으며, 이를 전체 〈베평련〉 차원에서 흡수해 나가려는 움직임이 있었다. 〈베평련〉 뉴스도 베트남 반전 평화만이 아니라, 미나마타병(水俣病) 소송이나 가와사키 공해, 재일조선인/중국인 문제 등을 다루기 시작했다. 이렇듯 70년 안보투쟁에서 패배한 뒤 청년들이 차별과 공해, 산리즈카, 여성인권 등의 문제를 다루는 운동으로 분화되어가는 모습이 〈베평련〉에서도 나타나기 시작했다. 한편, 70년 6월의 안보투쟁 종료 후, 올드 〈베평련〉을 '가구라자카의 노인들'로 표현하고 〈베평련〉 운동의 한계를 지적하는 젊은 〈베평련〉, 지역 〈베평련〉의 목소리가 나타나기 시작했다. '쇼와 한자릿수 태생', 즉 1920년대 후반에서 1930년대 초반에 태어난 〈베평련〉 연장자들은 70년 가을에 〈만주사변이 일어날 즈음에 태어난 사람의 모임(満州事変のころに生まれた人の会)〉을 만들고, 만주사변이 시작된 9월 18일에 집회를 가졌다. 그러나 이미 전쟁의 기억에 의존하는 운동으로의 회귀는 불가능한 상태였다.[40] 「전쟁을 모르는 어린아이들(戦争を知らない子供たち)」이라는[41] 노래는 그런 분위기를 반영한 것이었다.

이후 지역운동, 청년운동은 활발해졌다. 그 대표적인 사례가 〈오이즈미 시민의 모임(大泉市民の集い)〉이었으며, 미군기지가 있는 도시 미

---

40) 小熊英二, 『1968』 下(叛乱の終焉とその遺産), 新曜社, 2009, 481쪽.
41) 1971년 지로즈(ジローズ)가 불러 히트한 포크송으로, 일본레코드대상 작사상을 받았다.

사와(三沢)와 이와쿠니(岩国)에 오픈한 반전주점 〈OWL〉과 반전카페 〈호빗트(ほびっと)〉 등도 지역에서 전개된 반전운동의 성과이자 운동의 지속적 전개를 이끄는 거점으로 주목되었다. 나아가 시간이 지나면서 지역의 미군기지 문제에 대한 문제 제기는 미군 해체운동으로 발전했으며, 이러한 운동은 주일 미군부대 일부에서 영내 반전 병사들의 조직화라는 성과를 올리기도 했다. 반면, 운동의 과정에서 활동가들이 첨예한 문제의식으로 무장하게 되면서, 누구나 쉽게 시작하는 시민운동이 아니라 전문 활동가(專從者)의 운동이 되어가는 문제점이 드러나기 시작했다.[42]

오다는 이를 경계했다. "우리는 다시 시민으로 돌아가자, 뒷골목으로 들어가고 가정으로 들어가자. 지난 1년 운동은 개별화 전문화했다. 그리고 시민이 모이지 않게 되었다고 한다. 이를 어떻게 해결할 것인가는 어려운 문제이긴 하나, 나는 감히 말한다. 우리는 〈베평련〉 내부의 초심자(素人)로 일관하고자 한다."

그럼에도 불구하고 〈베평련〉 지역조직은 반공해를 주장하는 지역의 주민운동과 연계하지 않을 수 없었다. 〈베평련〉 뉴스 1970년 9월호에는 〈공해를 반대하는 오타구민의 모임〉의 호소문, 「왜 우리는 공해와 싸우는가?」가 실렸다. 이 호소문에서 '모임'은 게이힌 지구의 여러 운동단체와 연대할 계획임을 밝혔는데, 거기에는 〈에바라(荏原) 지구 베평련〉, 〈메구로(目黒) 베평련〉, 〈가와사키(川崎) 베평련〉, 〈오타(大田) 베평련〉

---

42) 小熊英二, 『1968』 下, 485쪽.

등이 포함되어 있었다.[43)]

지역 〈베평련〉의 반공해운동에 촉발되듯 전국 규모의 〈베평련〉 운동에서도 반공해운동이 일어났다. 〈베평련〉이 '최대의 공해 제조업자, 죽음의 상인, 대군수산업'으로 지목한 미츠비시중공업의 일주주주운동(一株株主運動)이 그것이었다.[44)] 1973년 9월에는 아사히 가라스(旭硝子)의 공해수출에 반대하는 데모를 〈자주강좌〉, 〈게이단렌에 데모하는 사람들의 모임〉, 〈반전주주회〉, 〈베평련 뉴스〉가 공동으로 개최하기도 했다.[45)] 또한 1973년 10월에는 후쿠오카(福岡) 〈베평련〉이 부젠(豊前) 화력발전소 건설 반대운동을 개시했다. 화력발전소 반대운동은 반공해운동의 일환이면서 동시에 발전소 건설이 '이코노믹 애니멀'의 아시아 진출로 이어진다는 문제의식에서 나온 것이었다.[46)]

3.2. 〈베평련〉과 히로시마

〈베평련〉 이후 반전운동의 흐름이 반원전운동으로 전개되는 모습을 히로시마의 시민운동에서 확인해볼 수 있다. 히로시마는 지역 특성상 반원전운동에 비교적 일찍 나섰다. 히로시마에서 오래전부터 반원전운동을 전개해온 단체 가운데 하나가 〈피스링크 히로시마 - 구레 - 이와쿠니(이하 피스링크)〉이다. 그 정식 명칭은 〈들여놓지 말라, 핵함선! 날리지 말라, 핵공격기! 피스링크 히로시마 - 구레 - 이와쿠니(入れるな核

---

43) 『べ平連ニュース』 60号, 1970. 9. 1., 5쪽 ; 『べ平連ニュース, 縮刷版』, 357쪽.
44) 『べ平連ニュース』 61号, 1970. 10. 1, 3쪽 ; 『べ平連ニュース, 縮刷版』, 363쪽.
45) 『べ平連ニュース』 97号, 1973. 10. 1, 2쪽 ; 『べ平連ニュース, 縮刷版』, 634쪽.
46) 『べ平連ニュース』 97号, 1973. 10. 1, 2쪽 ; 『べ平連ニュース, 縮刷版』, 634쪽.

艦船!飛ばすな核攻撃機!ピースリンク広島・呉・岩国)〉인데, 1989년 봄 (2월 26일), 23개 단체(2008년 현재 28개 단체)의 네트워크로 만들어졌다. 이 단체는 자신의 전사에 대해 다음과 같이 적고 있다. "〈베평련〉이 활약하고 있던 1969년, 이와쿠니, 히로시마에도 각각 〈베평련〉이 있었으며, 질적으로 새로운 운동을 전개하고 있었다. 하나는 "양키 고 홈!"을 그저 소리 높여 외치는 것이 아니라, "반전 미군 병사와 연대하자!", "군대 속에서 반전을", "미군 해체"와 같은 슬로건에 나타나는 것처럼 반전 미군 병사를 지원하고 함께 싸우고자 하는 운동이었다." 이들의 활동 근거지로는 〈베평련〉 활동가가 개업 운영하고 있던 반전카페 〈호빗트〉가 이용되었다. 즉 피스링크는 애초부터 〈베평련〉과의 연속성을 강력히 의식하고 있었다. 이들은 히로시마를 운동의 근거지로 했던 관계로 핵 철폐를 운동의 과제로 삼고 있었는데, 마침 걸프전쟁을 전후로 하여 이와쿠니에 핵공격기 해리어가 배치되고, 구레에 핵공격형 토마호크 순항미사일을 탑재한 함선이 입항된다는 정보를 입수하고 운동의 결합을 모색했던 것이다.[47]

한편, 〈피스링크〉의 히로시마 대표인 닛타 히데키(新田秀樹) 씨는 피스링크의 전사로 세토나이(瀬戸内)해의 환경운동의 역사를 들었다.[48] 그 가운데 하나가 게이난(芸南) 화력발전소 저지운동이었다. 히로시마에서 서쪽으로 해변가를 따라가면 구레시가 나오고, 그다음에 나오

---

47) 「これが岩国基地だ」(ピースリンク叢書), No. 4, 15-17쪽 ; 『ピース・リンク叢書10周年記念合本』, 382-384쪽.
48) 닛타 히데키(新田秀樹) 씨 인터뷰, 2013. 4. 23., 히로시마.

는 도시가 다케하라 시(竹原市)이다. 다케하라 시는 예부터 아키(安芸, 히로시마 근방의 예 이름)의 작은 교토라 불렸다. 그곳에 거대한 화력발전소가 들어선다는 계획이 알려지면서 게이난 화력발전소 건립 저지운동이 전개되었다.[49] 그 중심조직인 〈게이난 화력발전소 저지 연락협의회〉는 피스링크의 네트워크 단체 중 하나였다. 그 회원 중 한 명인 유아사 이치로(湯浅一郎)는 당연히 피스링크의 회원으로서, 〈환세토나이해회의(環瀬戸内海会議)〉의 회원이기도 했으며, NPO법인 〈피스데포〉의 대표를 맡고 있었다. 〈피스데포〉는 1990년에 설립 준비를 시작한 풀뿌리 평화운동단체의 하나인데, 이 단체의 탄생과 운영에 우메바야시 히로미치(梅林宏道)의 역할이 작지 않았다.[50] 그런데 우메바야시 히로미치는 누구인가? 그가 바로 〈보통의 시민이 전차를 멈추게 하는 모임(ただの市民が戦車を止める会)〉의 대표로, 요코하마에서 베트남으로의 전차 수송을 저지하는 시민운동의 전위에 섰던 인물이다.[51] 그 과정에서 〈베평련〉 청년 4명이 체포 구속되기도 했다.[52] 이 운동은 오이즈미 시민의 모임이 전개했던 운동과 함께 〈베평련〉의 흐름을 기지 주변에서 실천했던 시민운동의 대표적 사례로 기록되고 있다. 여기에서도 베트남전쟁 반대운동에서 환경운동을 거쳐 반원전운동으로 나가는 흐름을 확인해볼 수 있다.

---

49) http://www12.ocn.ne.jp/~sosikyou/ 검색일 2013. 4. 30.
50) http://www.peacedepot.org/whatspd/yakuin1.htm 검색일 2013. 4. 30.
51) http://www.peacedepot.org/whatspd/umebayashi1.htm 검색일 2013. 4. 30.
52) http://www.jca.apc.org/beheiren/D85SenshawoTometaUndou.htm 검색일 2013. 4. 30.

또 하나 히로시마에서 반원전운동을 오랫동안 전개해온 시민단체가 있다. 〈원전은 필요 없다 히로시마 시민의 모임(原発はごめんだヒロシマ市民の会, 이하 히로시마 시민의 모임)〉이 그것이다.[53] 그 대표인 기하라 쇼지(木原省治)는 피폭 2세로, 29세이던 1978년 미국의 시민단체로부터 초청을 받아 콜로라도에서 개최된 핵무기 국제회의 집회에 참석했던 경험을 계기로 반원전운동을 개시했다고 한다. 거기에서 그는 그들이 8월 6일과 9일, 즉 히로시마와 나가사키에 원폭이 투하된 날, 원자력 발전소 앞에서 반원전 데모를 펼치고 있었다는 것을 알게 되었으며, 히로시마에서 직접 피폭당한 자신이 원전에 대해 무감각했던 것을 반성하고 활동을 개시했다고 한다.[54] 기하라가 미국에서 만난 반원전 활동가들은 베트남전쟁 반대운동의 맥을 잇고 있는 그룹이었으며, 기하라는 귀국한 뒤 10월 26일, 일본에서 최초로 원자력 발전에 성공한 것을 기념하여 제정된 '원자력의 날'을 '반원자력의 날'로 삼아 반원전 콘서트를 여는 등의 활동을 했다. 이러한 운동의 형식 또한 〈베평련〉 활동을 의식한 것으로, 일본에서의 베트남전쟁 반대운동의 연장에 기하라의 활동이 놓여 있음을 알 수 있다. 기하라는 히로시마 피폭 2세로서 "몸이 아프거나 하면 원폭의 영향이 아닌가 두려워하며 평생을 살아왔다"면서, "체르노빌 여행을 통해서도 그들의 아픔에 깊이 공감할 수 있었으며, 후쿠시마에서 피폭당한 사람들에게도 히로시마인으로서 연대를 느낀다"고 토로했다. 베트남전쟁 반대운동에 기원을 둔 미국의 시민운동을 접하면서

---

53) http://www2.ocn.ne.jp/~gomenda/ 검색일 2013. 4. 30.
54) 기하라 쇼지(木原省治) 씨 인터뷰, 2013. 4. 23., 히로시마.

반원전운동에 나선 히로시마 피폭 2세에게, 히로시마와 체르노빌과 후쿠시마는 너무나도 자연스럽게 하나의 문제로 연결되어 있었죠.

히로시마에서는 시민운동 진영만이 아니라 노동운동 진영도 원전 문제에 민감하게 반응했다. 일본에서 대부분의 노동조합이 원전 문제에 무관심하거나 나아가 '원자력의 평화이용'에 적극 호응하던 와중에 히로시마에 기반을 둔 〈덴산주고쿠(電産中國)〉는[55] 1973년이라는 비교적 이른 시기부터 반원전을 슬로건으로 내걸고 반원전운동을 전개해온 노조로 유명하다. 〈덴산주고쿠〉는 1974년 영업운전을 개시한 시마네 원전에서 파업을 주도했으며, 이후 반원전은 〈덴산주고쿠〉의 본부방침이 되었다.[56]

이 시기 반원전운동을 주도했던 〈덴산주고쿠〉의 간부들은 대개 60년 안보투쟁에 참가하면서 운동가 또는 활동가로 나서게 된 사람들로서, 60년대 고도성장기의 합리화 공세에 맞서 직장으로 돌아가 개별 직장에서 싸우고 있었다. 그들은 1965년에는 한일회담 반대운동에 나섰으며, 이후 〈원자력 잠수함 엔터프라이즈 기항 반대 투쟁〉 등을 전개하기도 했다. 여기에서 베트남전쟁 반대운동과의 접점이 나타난다. 60년대 후반 베트남전쟁 반대운동에 연대해서 투쟁하던 이들은 70년 반안보 투쟁 이후 사회운동이 소강상태에 접어들자 직장에 복귀해서 직장 내 투쟁을 전개하던 가운데, 때마침 세간의 주목을 받기 시작했던 원전문제를 운동의 중심에 놓고 반원전운동을 시작했던 것이다. 이들 가운데도

---

55) 주고쿠전력(中国電力)의 노동조합.
56) 五月社編集部, 『反原発労働運動—電産中国の闘い』, 五月社, 1982, 5쪽.

'평화이용'이라면 문제가 되지 않는다고 생각하는 사람들이 있었지만, 원전이 공해문제의 일환으로 다루어지기도 했던 상황이어서 반공해운동의 일환으로서 반원전운동에 착목할 수 있었다.[57]

3.3. 〈일시련〉과 〈시민의 의견30〉

이상과 같이 반원전운동의 전위에 선 개인들의 체험에서도 〈베평련〉의 흔적을 찾아볼 수 있지만, 〈베평련〉 이후 시민운동의 전개에서 베트남전쟁 반대운동은 반원전운동의 흐름과 보다 직접적으로 조직적 수준에서 만나고 있었다. 〈베평련〉을 계승한 시민단체라 할 수 있는 〈일본은 이대로 좋은가 시민연합(日本はこれでいいのか市民連合, 日市連=닛시렌, 일시련)〉과 반원전운동의 만남에서 그 예를 찾을 수 있다.

〈일시련〉은 1980년 6월 22일, 중참 동일선거에서 자민당이 압승한 것을 배경으로 탄생한 시민단체이다. 오다 마코토와 이로카와 다이키치가 공동대표였고, 요시카와 유이치도 중요 회원으로 참가했으며, 〈베평련〉을 계승한 단체로 알려져 있다. 오다와 요시카와 등이 시민운동, 〈베평련〉 계열이었으며, 이로카와는 반공해운동의 계보를 잇는 인물로서 미나마타병 조사단 활동을 통해 근대비판운동과 주민운동의 결합을 시도하고 있었다.[58] 그런 의미에서 〈일시련〉은 시민운동과 주민운동의 결합을 시도한 데 의미가 있었다.

---

57) 五月社編集部, 『反原発労働運動―電産中国の闘い』, 25-27쪽.
58) 色川大吉, 『昭和へのレクイエム―自分史最終篇』, 岩波書店, 2010 참조. 제1장이 미나마타 조사단으로서의 활동, 제3장이 〈일시련〉 활동에 대한 내용이다.

그런데 바로 〈일시련〉이 간행한 〈일시련〉 소책자 제1호가 반원전 운동가인 다카기 진자부로(高木仁三郎)에 대한 특집이었다. 〈베평련〉에서 중심주제가 되지 못했던 원전 문제가 〈일시련〉에서는 중심주제가 되었던 것이다. 그것은 〈일시련〉의 공동대표였던 이로카와의 이력에서 나온 것으로 볼 수 있다. 이로카와는 공해병의 일종인 미나마타병 조사단의 중심인물로, 미나마타병 투쟁을 통해 근대비판의 시점을 획득했으며 주민운동의 힘에 주목하고 있었다.[59] 한편, 〈베평련〉 계열의 후쿠토미 세쓰오(福富節男) 등도 반원전의 입장을 공유하고 있었다.

〈일시련〉 소책자 제1호는 『소수파의 힘에 다시 주목한다: 다카기 진자부로 씨에게 듣다(少数派の力を見直す―高木仁三郎さんに聞く)』였는데, 이는 『일시련 뉴스(日本はこれでいいのかニュース)』 1985년 2월호의 인터뷰를 기초로 한 것이었다. 다카기는 1969년 9월부터 『프로제(ぷろじぇ)』라는[60] 잡지를 창간하여 〈베평련〉이 해산할 즈음인 1974년 5월까지 10호를 발간했는데, 여기에는 전술한 우메바야시 히로미치와 야마구치 유키오(山口幸夫)도 중심적인 인물로 참가하고 있었다.[61] 우

---

59) 色川大吉, 『昭和へのレクイエム―自分史最終篇』, 39쪽.
60) 사르트르의 『방법의 문제(Question de Méthode)』(1960)에 나오는 문장에서 빌려 온 제목이라고 한다. "인간의 실천이란 (…) 사회적 가능성을 향해 인간을 내던지는 투기(projet)라 할 수 있다"라는 문장에서 따온 것이다. サルトル, 平井啓之 訳, 『方法の問題』, 人文書院, 1962. 『프로제(ぷろじぇ)』에 대해서는 山口幸夫, 「三里塚と脱原発運動」, 224-234쪽 참조. 한편, 사르트르는 1966년 10월, 〈베평련〉의 초청으로 보부아르와 함께 집회에 참석하여 강연을 한 적이 있는데, 이런 데서도 일본에서 초기 반원전운동가들이 〈베평련〉과의 심리적 유대 속에서 활동하고 있었음을 알 수 있다.
61) http://www.pen.co.jp/index.php?id=290, 검색일 2013. 4. 30.

메바야시와 야마구치는 〈보통의 시민이 전차를 멈추게 하는 모임(ただの市民が戦車を止める会)〉의 중심인물이기도 했다. 이들 두 사람을 매개로 반전과 반원전이 연결되고 있었던 것이다. 이후 다카기 자신은 1975년 〈원자력정보자료실〉을 설립하여 이후 일본 반원전운동의 대부 역할을 하게 된다. 그런 의미에서 〈일시련〉은 〈베평련〉이 해산된 이듬해에 탄생한 원자력정보자료실을 〈베평련〉과 매개해주는 역할을 하고 있었다.

〈일시련〉은 1994년 8월에 해산하기까지 이로카와 다이키치 등을 중심으로 활동을 계속하지만, 1987년 도쿄 도지사 출마를 둘러싸고 오다 마코토와 대립하던 요시카와 유이치는 〈일시련〉을 이탈하여 1988년 〈시민의 의견 30의 모임(市民の意見30の会, 이하 의견30)〉을 결성했다. 〈의견30〉의 편집위원 12명에는 요시카와 이외에 다카하시 다케토모(高橋武智), 모토노 요시오(本野義雄) 등 〈베평련〉의 중심인물이 포함되었다. 그런데 시민의 의견 30개 가운데 첫 번째 의견은 다음과 같은 것이었다. "자연파괴는 이제 더 이상 놔둘 수 없다. 이 사회를 '핵' 없는 사회로 만들자. 이를 위해 모든 수단을 다하자. 핵무기도 원전도 핵연료재처리공장도 필요 없다." 〈일시련〉을 거쳐 〈의견30〉에 와서는 반핵과 반전이 가장 중요한 과제로 떠올랐던 것이다. 당연히도 후쿠시마 원전 사고 이후 〈의견30〉은 독자적 반원전 시위활동을 전개하는 한편, 전국적 규모의 반원전 데모에도 적극적으로 참가하고 있다. 〈의견30〉이 발간하는『시민의 의견(市民の意見)』은 동일본대지진이 발생한 뒤 처음 나온 제125호에서 야나기다 마코토(柳田真)〈민들레사(たんぽぽ舍)〉공동대표의

긴급기고를 게재하고 '모든 원전의 즉시 철폐'를 요구하고 있다. 이어서 2011년 4월 10일에 발간된 제126호에서는 반원전 특집을 짜고 원전 문제에 대한 독자의 관심을 환기하고 ⟨6·11 탈원전 백만인 행동(脱原発100万人行動)⟩으로의 결집을 호소하고 있다.

3.4. ⟨전공투⟩의 연장에서

한편, 반공해운동이 태동하고 이어서 반공해운동이 반원전운동으로 전개되는 흐름은 ⟨전공투(全学共闘会議)⟩ 운동이 패배한 뒤 새로운 운동을 모색하는 과정에서 갈려 나온 것이기도 했다. 그 태동은 시모키타 반도의 롯카쇼무라(六カ所村)에서 일어난 석유콤비나트 건설 반대운동이었다. 콤비나트 신설은 1969년 신 전국종합개발계획 가운데 하나로 추진되었는데, 그 계획이 발표되자 공해반대운동, 용지매수 반대운동의 형태로 일본 최초의 반원전운동이 시작되었다.[62]

그러나 처음부터 정면에서 원전문제를 과제로 운동을 전개한 최초의 사례는 니가타현의 가리와(刈羽)/가시와자키(柏崎) 원전반대운동에서 찾을 수 있다. 가리와/가시와자키 원전반대운동도 처음에는 공해반대운동의 연장선에서 시작되었다. 비슷한 시기 시코쿠(四国)의 이카타(伊方)에서도 주민운동으로 원전반대운동이 전개되고 있었다. 이즈음 전국적으로 반원전운동이 산발적으로 전개되었으나, 실력투쟁의 형태로 전개된 것으로는 가리와와 이카타의 운동이 대표적이다.[63]

---

62) 운동의 전모에 대해서는 다음을 참조. 鎌田慧, 『六ヶ所村の記録』 上, 現代文庫, 2011.

가리와/가시와자키에 원전이 들어선다는 것이 처음으로 알려진 것은 1969년 9월이었다. 1969년 9월 24일, 『아사히신문』 석간에 가리와원전 건설계획이 발표되었다. 당시로써는 세계 최대의 원자력 발전소가 건설된다는 것이었다. 와세다대학에서 전공투 운동에 참가했던 스가이 마스로(菅井益郎)는 정치운동, 혁명운동은 좌절했다고 인식하고, 이후 반공해운동으로 전환하고 있었다. 한편, 가시와자키에서는 이미 1969년 3월 사회당을 중심으로 반대운동이 개시되었다. 스가이는 니가타대학 학생들과 함께 현지에서 데모를 조직했는데, 대학투쟁에 좌절한 젊은이들이 다수 있었다고 스가이는 회고하고 있다. 반면, 낡은 타입의 활동가들이나 공산당 계열 사람들은 원전에 대해 무관심했다. 언제 노선전환이 이루어졌는지 확실하지 않지만 '자본가가 경영하는 원전은 위험하지만 민주적 정권이 과학적으로 운전하면 안전하다'는 인식이 있었던 것으로 생각할 수 있다. 한편, 원전 절대반대의 입장에 대해 전공투의 입장을 버리지 않은 쪽에서는 '시민운동적인 사고를 한다(市民運動的になった)'고 야유하기도 했다.

1970년대에는 〈산리즈카 투쟁(三里塚闘争)〉의 영향으로 사회운동의 전개에서 지역과의 연계가 매우 중시되었다. 〈산리즈카 투쟁〉은 1960년대 고도경제성장에 따라 급증한 운송량에 도쿄의 하네다공항이 대응하지 못하게 됨에 따라 사토 에사쿠(佐藤栄作) 수상 재임 시에 산리즈카를 공항 건설 예정부지로 확정하자, 이 지역을 터전으로 하던 농민

---

63) 鎌田慧, 「拒絶から連帯へ」, 『現代思想』 2011. 10., 34~35쪽.

들이 일으킨 공항건설 반대운동이다. 특히 공항건설 예정부지의 결정
(1966. 7. 4.)이 매우 비민주적인 방법으로 이루어졌기 때문에 이를 민주
주의의 위기로 규정한 문제 제기 그룹들이 농민들을 지원하면서 매우
격렬한 투쟁이 전개되었다. 또한 "산리즈카의 지하호(地下壕)는 베트남
으로 통한다"는 슬로건에서 보이듯, 산리즈카에서의 공항건설은 베트남
전쟁에 대한 본격적인 개입과 그 지원을 의도하는 것이며 이는 평화헌
법의 위기를 의미한다고 하여, 공항건설 반대운동은 반전운동의 일환으
로 전개되었다. 도쿄대학 이과계열 조교들로 구성된 〈베트남 반전회의
(ベトナム反戦会議)〉 회원들도 다수가 〈산리즈카 투쟁〉에 관심을 갖고
연대활동을 전개했다.[64] 그들 가운데는 다카기 진자부로와 야마구치 유
키오와 같이 반원전운동의 중심인물들이 포함되어 있었다. 이처럼 반공
해운동이나 반원전운동은 지역주민을 중심으로 지역운동의 형태로 전
개되었으며, 일부 활동가와 운동조직을 매개로 하여 연결되고 있었다.

한편, 니가타는 사회당 좌파의 영향이 큰 곳이었는데, 이러한 현실
을 반영하여 시 의회에 진입해 있는 사회당 좌파를 중심으로 1970년 1월
〈가시와자키 원전 반대동맹〉이 결성되었다. 미야가와(宮川集落), 아라
하마(荒浜集落), 가리와(刈羽村) 등 집락별로 용지매수 반대운동 등 마
을공동체를 '지키는 운동(守る会)'이 전개되었다.[65] 이러한 지역의 자연
발생적 원전반대운동에 전국에서 미나마타 등 반공해운동에 참가했던

---

64) 山口幸夫, 「三里塚と脱原発運動」, 235-237쪽.
65) 菅井益郎, 「足尾・柏崎・福島—反原発運動と反公害運動の重なりから」, 『現代思想』 2011. 10., 72-74쪽.

경력이 있는 활동가들이 참여하면서 조직적인 운동으로 발전해갔다. 그런 의미에서도 반원전운동은 반공해운동과 밀접한 관계에 있었다.[66]

68년 〈전공투〉 운동이 도쿄대학 투쟁에서 패배한 뒤 많은 사람들이 좌절하는 가운데 새로운 운동의 활로를 반공해운동에서 찾는 사람들이 생겼다. 도쿄대학 혼고 캠퍼스의 〈자주강좌〉는 반공해운동의 거점이 되었다. 1970년부터 1971년에 걸쳐 학원투쟁에서 반공해운동으로 전환하는 사람들이 많이 나오기 시작했으며, 『月刊地域鬪爭』, 『公害硏究』(1971년 창간, 都留重人), 『技術と人間』(1972년 창간) 등이 그 성과였다.[67]

반공해운동의 거점이었던 〈자주강좌〉에서 반원전 그룹이 생겨난 것은 1974 - 75년이었다. 도쿄에서 반원전운동이 일어난 것은 그보다 한해 앞선 1973년이었다. 일본소비자연맹과 가시와자키/가리와에서의 원전반대운동 그룹이 〈아사히신문 투쟁〉이라는 운동을 전개했으며, 1973년 스가이 등이 〈가시와자키 원전반대 재경자 청년회의〉를 조직했던 것이다. 그러나 〈자주강좌〉 그룹은 미나마타병 소송에 운동의 주력부대를 집중했다. 결국 이 시기에 와서도 아직 원전문제는 공해문제의 부차적 문제로 치부되었던 것이다. 그러나 〈자주강좌〉 운동에서 반원전운동이 갈려 나왔다는 사실은 두 운동이 같은 뿌리에서 나온 운동이라는 점을 재확인하게 해준다. 반공해운동과 반원전운동은 고도성장을 절대시하는 데 대한 거부, 성장을 이념의 기둥으로 삼아 산학공동노선을 달리는 대학에 대한 반발 등을 공유하고 있었다.[68]

---

66) 菅井益郎, 「足尾・柏崎・福島—反原発運動と反公害運動の重なりから」, 74쪽.
67) 菅井益郎, 「足尾・柏崎・福島—反原発運動と反公害運動の重なりから」, 75쪽.

4. 반원전운동과 일본의 민주주의

이와 같이 베트남전쟁 반대운동에서 반원전운동으로의 전개 과정에서 생활평화주의의 태동과 형성, 전개를 볼 수 있다. '생활 속의 평화'에서 '평화 속의 생활'로, 즉 '생활인의 평화주의'에서 '생활의 평화주의'로의 전개가 이 과정에서 확인된다. 이를 달리 설명하자면, 베트남전쟁 반대운동의 주체가 생활인들이었다는 점을 고려할 때, 원전을 생활의 위협으로 감지하고 이에 반대하여 행동하는 사람들을 베트남전쟁 반대운동이 키워내고 있었다고 이야기할 수도 있을 것이다.

그것은 일본의 반원전운동의 역사에서도 확인해볼 수 있다. 오구마 에이지에 따르면, 일본에서 반원전운동의 역사는 1960년대 후반에 공해와 거대규모의 개발계획에 반대하는 주민운동의 일환으로 나타나, 시대적 테마였던 평화와 반핵 등의 문제로 논의되면서 시작된다.[69] 태생에서부터 반원전운동은 '생활=평화'의 문제로 의식되었다. 다시 말해 그것은 '계급 또는 권력'의 외부에 존재하는 문제로 인식되었던 것이다. 이후 1980년대 후반에 '탈원전의 뉴웨이브' 운동이 나타나는데, 이는 체르노빌 원전 사고에 촉발되어 도시부 주부들을 중심으로 전개된 운동이었다. 그들을 운동의 전면에 나서게 했던 것은 식품의 방사능 오염에 대한 높은 관심과 상대적으로 안정된 생활에서 오는 시간과 경제의 여력이었다.[70] 여기에 와서 '생활'과 '평화'는 더욱 밀접히 연결되었다. 바로 그 때

---

68) 菅井益郎, 「足尾・柏崎・福島―反原発運動と反公害運動の重なりから」, 75쪽.
69) 小熊英二, 『社会を変えるには』, 講談社現代新書, 2012, 164-165쪽.

문에 체르노빌의 충격이 가시고 잊히자 반원전운동은 수그러들고 말았고 오랫동안 잠복기를 거치게 되었다. 여기에서 일본 반원전운동의 특징인 '생활평화주의'적 성격이 드러나 보인다.

한편, 1960년대 이후 반전운동의 중심을 이루었던 〈베평련〉 운동은 〈생활클럽생협〉 등과 함께 1960년대 후반에 나타난 신사회운동(new social movement)의 일환으로 전개되었다. 신사회운동의 참신성은, 운동의 주체가 계급이나 노동자가 아니라 소수자, 청년, 여성 등 고도산업사회의 주변부에 위치한 사람들이라는 점, 운동의 쟁점이 생산자의 관점이 아니라 환경, 인권, 평화 등 삶의 전반적 과제에 놓여 있다는 점, 운동의 조직방법이 관료적 위계적 조직이 아니라 개인 간 네트워크형 조직을 취했다는 점 등이었다.[71] 이후 신사회운동은 소수자 공민권운동, 페미니즘운동, 환경운동, 평화운동 등의 형태로 전개되었다. 경제성장주의와 고도산업사회에 대한 반대를 공통점으로 하고 있으며, 그런 의미에서 번영의 결과물이면서 동시에 번영과의 대립을 추구했다고 할 수 있다.[72]

오다의 총괄에서 이런 점이 드러난다. 〈베평련〉 해산에 즈음한 편지에서 그는 〈베평련〉 운동이 반원전운동으로 전개되는 자연스러운 흐름을 예견했다. "〈베평련〉은 좋은 의미에서건 나쁜 의미에서건 번영 속에서 생겨난 운동이며 번영에 대응하려는 운동이었다. 앞으로는 구태의

---

70) 小熊英二, 『社会を変えるには』, 166쪽.
71) 天野正子, 『「生活者」とはだれか―自律的市民の系譜』, 中公新書, 1996, 171쪽.
72) 天野正子, 『「生活者」とはだれか―自律的市民の系譜』, 170-171쪽.

연한 혁명의 청사진만으로는 더욱 힘들어질 것이며, 새로운 현실에 대응한 청사진, 예컨대 석유문제, 에너지 부족문제 등에 어떻게 대응할 것인가가 중요해질 것"이라고 내다본 것이다.[73] 실제로 반원전운동의 도입은 개인적 수준에서는 물론 조직적 수준에서도 베트남전쟁 반대운동의 연장과 맞닿아 있다. 한편, 전공투 운동의 '패배' 이후 학원투쟁의 활동가들 가운데 일부가 지역의 반공해 주민운동가로 변신했으며, 지역에 따라서는 가령 가리와/가시와자키에서와 같이 반원전운동을 전개한 경우를 확인할 수 있었다. 그 과정에서 지역 〈베평련〉과의 연대가 모색되었을 가능성도 없지 않다.

마지막으로 반전운동과 반원전운동의 상관성이 지니는 현재적 의미를 짚어보자. 원전 문제와 관련하여 자민당 일각에서 잠재적 핵주권을 언급하는 발언이 나오기도 했다. 원전 도입의 경위를 함께 고려하면, 이 발언은 원전문제와 미일안보가 긴밀히 관계된 문제임을 드러내주고 있다.[74] 평화운동으로서 반원전운동이 전개되는 것은 운동가의 입장에서 이 문제를 민감하게 받아들이고 있음을 반영하는 것이다. 안보와 원전을 하나의 뿌리에서 갈려 나온 두 개의 문제로 보는 입장은 〈베평련〉의 노장 활동가의 발언에서 확인된다.[75]

이로부터 확인되듯이 일본에서 반원전운동은 태생적으로 반전운동과 밀접히 연결되어 있었다. 반원전운동이 그 어느 때보다도 커다란

---

73) 『資料, 「べ平連」運動』 下, 470쪽.
74) 加藤哲郎他, 『原子力と冷戦—日本とアジアの原発導入』, 花伝社, 2013.
75) 「安保そして原発,『政治力欠けた』反省も, 80歳の平和運動家, 吉川勇一・武藤一羊」, 『朝日新聞』(夕刊), 2011. 12. 13.

진동의 폭을 그리며 전국적인 규모로 전개되었음에도 불구하고, 2012년 여름 오이(大飯) 원전의 재가동이 결정되고 그해 연말의 선거를 통해 반원전 진영이 철저히 패배했다는 사실은, 오히려 원전 문제가 전후 일본 사회의 구조, 즉 미일동맹에 근거하여 미군의 기지에 의해 안보가 확보되는 '기지국가'적 속성 그 자체에 맞닿아 있음을 확인해주고 있다.[76] 그런 의미에서 반원전운동은 아베의 재등장으로 가시화된 개헌정국 속에서 다시 반전평화운동으로 전화되어 재조직될 수 있으며, 반전평화운동의 근거인 평화헌법의 가치를 되새김질하게 해주는 바로미터가 되었다.

그런 전망이 암울한 패배의 깊은 터널에 빠져 있다고 느껴지기 시작할 즈음, 일본에서 최초의 SNS선거로 치러진 2013년 7월의 참의원 선거에서 탈원전을 구호로 내걸고 일본 전국 각지의 자원봉사자와 그들이 동원한 '넷심'의 힘으로 야마모토 다로(山本太郎)가 당선되는 일이 일어났다. 이는 탈원전운동이 조직환원론이나 이질적 운동의 통일에 대한 강박증으로 '개체론적 오류'에[77] 빠지지 않고 자유로운 개인들의 이합집산=네트워크로 전개될 때 새로운 가능성을 열 수 있다는 것을 증명했다는 점에서 충분히 주목할 만한 사건이다. 과연 그의 당선은 정치조직화에 거리를 유지했던 전후 일본의 '생활평화주의'가 한계를 극복한 순간으로 기록될 수 있을 것인가? 아니면 '생활평화주의'의 21세기 버전에 불과한 것인가? 그 귀추에 21세기 일본의 '민주주의와 평화'가 달려있다.

---

76) 일본을 '기지국가'로 보는 입장에 대해서는 남기정, 「한국전쟁과 일본: 기지국가의 전쟁과 평화」, 『평화연구』 9호, 2000 참조.
77) 小熊英二, 『社会を変えるには』, 484~503쪽.

주요 참고문헌

서장: '생활평화주의'로 풀어보는 전후 일본의 평화론

김왕배, 『도시, 공간, 생활세계』, 한울, 2000.

박인철, 「생활세계와 의사소통: 후설과 하버마스의 비교를 중심으로」, 『철학과 현상학 연구』 31권, 2006.

한국현상학회편, 『문화와 생활세계』, 철학과현실사, 1999.

한전숙, 『현상학』, 민음사, 1996.

山本真理, 『戰後労働組合と女性の平和運動—「平和国家」創生を目指して』, 青木書店, 2006.

Habermas, Jürgen, *Theorie des kommunikativen Handelns*, Bd. 2, Frankfurt a. M. 1995.

Husserl, Edmund, *Erfahrung und Urteil. Untersuchungen zur Genealogie der Logik*, hrsg von L. Landgrebe, 1954.

_____, *Die Krisis der europäischen Wissenschaften und die transzendentale Phänomenologie. Eine Einleitung in die phänomenologische Philosophie*, hrsg. von W. Biemel, 1954.

Schütz, Alfred(ed by H. Wagner), *On Phenomenology and Social Relation*, The University of Chicago Press, 1975.

Yamamoto, Mari, *Grassroots Pacifism in Post-war Japan: The Rebirth of a Nation*, Routledge, 2004.

남기정, 「한국전쟁과 일본 : '기지국가'의 전쟁과 평화」, 『평화연구』 9, 2000.

오미정, 「1950년대 기록문학운동—〈국민〉에서 〈대중〉으로」, 『일본학연구』 27, 2009.

요시미 순야(오석철 옮김), 『왜 다시 친미냐 반미냐—전후 일본의 정치적 무의식』, 산처럼, 2008.

조정민, 『만들어진 점령서사—미국에 의한 일본점령을 어떻게 기억할 것인가』, 산지니, 2009.

_____, 「다니가와 간과 서클운동」, 『일본문화연구』 42, 2012.

桂川寛, 『廃虚の前衛—回想の戦後美術』, 一葉社, 2004.

吉見俊哉, 「冷戦体制と「アメリカ」の消費」, 『岩波講座 近代日本の文化史9 冷戦体制と資本の文化』, 岩波書店, 2002.

西本匡伸, 「リアリズムとアヴァンギャルドの50年代美術」, 目黒区美術館他編, 『戦後文化の軌跡』, 朝日新聞社, 1995.

成田龍一, 「「サークル時代」の時代——一九五〇年代・「日本」の文化の場所」, 『ローカルヒストリーからグローバルヒストリーへ——多文化の歴史学と地域史』, 岩田書院, 2005.

小椋廣勝編, 『講和からMSAへ』(日本資本主義講座—戦後日本の政治と経済 第2巻), 岩波書店, 1953.

辻智子, 「1950年代日本の社会的文化的状況と生活記録運動」, 『神奈川大学心理・教育研究論集』, 2009.

安部公房, 「ルポルタージュの意義」, 『日本の証言』, 1955.

野間宏, 「日本抵抗詩集」, 『野間宏 第16巻』, 筑摩書房, 1970.

日本作文の会編, 『生活綴方事典』, 明治図書, 1958.

猪俣浩三 木村禧太郎, 清水幾太郎 『基地日本—うしなわれいく祖国のすがた』, 光文社, 1953.

全日本婦人団体連合会教育宣伝部, 『麦はふまれても—砂川の母と子らの文集』, 1956.

鳥羽耕史, 『1950年代—「記録」の時代』, 河出ブックス, 2010.

佐藤泉, 「五〇年代ドキュメンタリー運動」, 『昭和文学研究』、2002.

中谷いずみ, 「「私」を綴る「ひとびと」—1950年代における「生活綴方運動」をめぐって」『日本近代文学』, 2006.

清水幾太郎・宮原誠一・上田庄三郎, 『基地の子—この事実をどう考えあらよいか』, 光文社, 1953.

瀬木慎一, 『アヴァンギャルド芸術—体験と批判』, 思潮社, 1998.

사라 러딕 지음(이혜정 옮김), 『모성적 사유 전쟁과 평화의 정치학』, 철학과
　　　현실사, 1995.

서정민, 『한일기독교관계사연구』, 대한기독교서회, 2002.

이은경, 「다이쇼기 일본 여성의 사상과 논쟁」, 김용덕 엮음, 『일본사의 변혁
　　　기를 본다』, 지식산업사, 2011. 4.

加納実紀代, 『女たちの「銃後」』, 増補新版, インパクト出版会, 1995.

_____, 『天皇制とジェンダー』, インパクト出版会, 2002.

_____, 『戦後史とジェンダー』, インパクト出版会, 2005.

大越愛子, 『近代日本のジェンダー：現代日本の思想的課題を問う』, 三一書
　　　房, 1997.

_____, 『フェミニズムと国家暴力：トランスナショナルな地平を拓く』,
　　　世界書院, 2004.

鈴木裕子, 『女と＜戦後50年＞』, 未来社, 1995.

_____, 『フェミニズム・天皇制・歴史認識』, インパクト出版会, 2006.

_____, 『フェミニズムと戦争：婦人運動家の戦争協力』, マルジュ社, 1997.

鹿野政直, 『婦人・女性・おんな：女性史の問い』, 岩波書店, 1989.

_____, 『現代日本女性史：フェミニズムを軸として』, 有斐閣, 2004.

木村康子, 『いのちのうた響かせながら 母親大会のがたり』, かもがわ出版,
　　　1999.

牧瀬菊枝, 「母親大会」, 朝日ジャーナル編, 『女の戦後史』Ⅱ, 朝日新聞社, 1985.

米田佐代子, 『母さんに花を―山家和子と母親大会』, ドメス出版, 1981.

福島要一, 「母親たちの力は世界をも動かす」, 『日本のお母さんたち』, 淡路書
　　　房新社, 1961.

小山静子, 『家庭の生成と女性の国民化』, 勁草書房, 1999.

_____, 『良妻賢母という規範』, 勁草書房, 1991.

若桑みどり, 『戦争がつくる女性像：第二次世界大戦下の日本女性動員の視覚
　　　的プロパガンダ』, 筑摩書房, 1995.

羽仁もと子, 「日本の家族的家庭的使命は今や最高潮に達したり」, 『婦人之友』,
　　　37-2(1943).

日本母親大会50年のあゆみ編集委員会, 『日本母親大会50年のあゆみ』, 日本母
　　　親大会連絡会, 2009.

日本母親大会十年史編纂委員会, 『母親運動十年のあゆみ』, 日本母親大会連絡会, 1966.

早川紀代, 『近代天皇制国家とジェンダー : 成立期のひとつのロジック』, 青木書店, 1998.

_____, 『近代天皇制と国民国家 : 両性関係を軸として』, 青木書店, 2005.

平塚らいてう, 『平塚らいてう著作集』 7, 大月書店, 1984.

『岩波女性史事典』, 岩波書店 2002.

『日本女性史大辞典』, 吉川弘文館, 2008.

『日本大百科全書』, 小学館, 1994.

『日本婦人問題資料集成(二)』, ドメス出版, 1996(1977).

『資料 母性保護論争』, ドメス出版, 1988(1984).

『朝日新聞』, 1955-1964.

『現代日本女性の主体形成』 2·3·4, ドメス出版, 1996.

김경남, 「재조선 일본인들의 귀환과 전후의 한국 인식」, 『동북아역사논총』 21호, 2008.

김준섭, 「전후 일본의 평화주의에 관한 고찰」, 『국제정치논총』 40집4호, 2000.

나카무라 마사노리(유재연·이종욱 옮김), 『일본 전후사 1945-2005』, 논형, 2006.

서민교, 「일본의 전쟁기억과 평화기념관」, 『일본의 전쟁기억과 평화기념관 I 』, 동북아역사재단 편, 2009.

안자이 이쿠로, 「'평화를 위한 박물관'의 조건」, 『일본의 전쟁기억과 평화기념관 I 』, 동북아역사재단 편, 2009.

우에다 노리유키(박현미 옮김), 「'이계'를 마주 보며 끊임없이 성장을 계속하고 있는 청춘」, 『청춘의 문7 도전편』해설, 지식여행, 2012.

이연식, 「해방 후 한반도 거주 일본인 귀환에 관한 연구」, 서울시립대학교박사학위논문, 2009.

_____, 『조선을 떠나며』, 역사비평사, 2012.

이쓰키 히로유키(박현미 옮김), 『청춘의 문4, 타락 편』, 지식여행, 2012.

최영호, 『일본인 세화회-식민지조선 일본인의 전후』, 논형, 2013.

加藤聖文, 「引揚げという歷史の問い方」(上·下), 『彦根論叢』, 2004.

_____, 「台湾引揚と戦後日本人の台湾観」『台湾の近代と日本』, 台湾研究部会編, 2003.

_____, 『「大日本帝国」崩壊-東アジアの1945年-』, 中公親書, 2009.

高崎宗司, 『植民地朝鮮の日本人』, 岩波親書, 2002.

高梨光猪, 『我が子は中国に生きていた！』, 『あの星の下に』, 第三文明社, 1981.

蘭信三編, 『日本帝国をめぐる人口移動の国際社会学』, 勉誠出版, 2011.

半藤一利, 『昭和史 戦後篇1945-1989』, 平凡社, 2009.

山田昭次, 『近代民衆の記録6』, 新人物往来社, 1978.

成田龍一, 「引揚げと'抑留'」『岩波講座 アジア·太平洋戦争4 : 帝国の戦争体験』, 岩波書店, 2006.

_____, 「引揚げに関する序章」, 『思想』, 2003.

_____, 『「戦争経験」の戦後史-語られた体験／証言／記憶』, 岩波書店, 2010.

引揚者実体験記, 『凍土からの声』, 謙光社, 1976.

河野悗, 「「満洲」から福岡へ」『日本に引揚げた人々』, 図書出版のぶ工房, 2011.

박진우, 『천황의 전쟁책임』, 제이앤씨, 2013.

家永三郎, 『戦争責任』, 岩波書店, 1985.

高橋哲哉編, 『〈歴史認識〉論争』, 作品社, 2002.

根津朝彦, 「戦後八月十五日社説における加害責任の論説分析」 上・下, 『季刊 戦争責任研究』 59, 60号, 2008.

吉田裕, 『日本人の戦争観』, 岩波書店, 1995.

_____, 『現代歴史学と戦争責任』, 青木書店, 1997.

門奈直樹, 「戦後史のなかの8·15社説」, 『マスコミ市民』, 1989. 11.-1990. 1.

山田敬男, 「『サンケイ』新聞8·15報道の歴史的変遷」, 『歴史評論』, 340号, 1978.

小田実, 「平和の倫理と論理」, 『展望』 8, 1966.

岩松繁俊, 『反核と戦争責任』, 三一書房, 1982.

有山輝雄, 「戦後日本における歴史·記憶·メディア」 『メディア史研究』, 14号, 2003.

田中利幸, 『知られざる戦争犯罪』, 大月書店, 1993.

朝日新聞論説委員室編, 『天声人語にみる戦後50年』 上・下, 朝日文庫, 1995.

朝日新聞社編, 『戦争体験·朝日新聞への手紙』, 朝日文庫, 2013.

佐藤卓己, 『8月15日の神話』, 筑摩新書, 2005.

佐藤卓己·孫安石, 『東アジアの終戦記念日』, 筑摩新書, 2007.

中野正志, 「戦後60年 朝·毎·読三紙にみる8月15日社説の検証」, 『朝日総研リポート』 183号, 2005.

荒井信一, 『戦争責任論』, 岩波書店, 1995.

남기정, 「일본의 반원전운동 ―기원으로서 베트남전쟁 반대운동과 '생활평화
　　　　주의'의 전개」, 『역사비평』 104호, 2013.

와카미야 요시부미, 「도쿄에서 생각하는 조용필의 의의」, 『동아일보』, 2013.
　　　　11. 21. http://news.donga.com/3/all/20131121/59035623/1).

요한 갈퉁(강종일 외 옮김), 『평화적 수단에 의한 평화[Peace by Peaceful
　　　　Means]』, 들녘 2000.

이와부치 고이치(히라타 유키에·전오경 옮김), 『아시아를 잇는 대중문화. 일
　　　　본, 그 초국가적 욕망』, 또하나의 문화 2004.

이철주, 「정전협정 60주년 맞아 열린 철원 평화음악회」, 『민족 21』 148호,
　　　　2012.

추영준, 「3國 3人 팩스 뮤지카 부활」, 『세계일보』, 2004. 10. 19. http://www.segye.
　　　　com/content/html/2004/10/19/20041019000528.html)

탁진현, 「김정훈-비-이완, 한국대표로 아시아 톱스타들과 한자리에」, 『스포
　　　　츠조선』, 2006. 9. 13. http://media.daum.net/entertain/enews/newsview?
　　　　newsid=20060913181818968)

한정선, 「대중문화의 표상과 일본 보수주의 ― 만화 시마 과장과 현대 일본의
　　　　샐러리맨 보수주의」, 장인성, 『전후 일본의 보수와 표상』, 서울대
　　　　출판문화원 2006.

한현우, 「'그 시절' 아시아 가요스타. 10년만의 외출: 조용필 알란 탐 다니무라
　　　　신지」, 『조선일보』, 2004. 10. 13. http://news.chosun.com/svc/content_
　　　　view/content_view.html?contid=2004101370322)

홍제성, 「아시아 대표 가수들. 80~90년대 영광재현」, 『연합뉴스』, 2004. 10. 14.
　　　　http://www.choyongpil.net/info/03_news.html)

「Interview Box」, 『週刊明星』, 集英社, 1988. 11.

古茂田信男(編), 『日本流行歌史』(下), 東京: 社会思想社, 1997.

谷村新司, 「Pax Musica 香港」, 『週刊平凡』 27(46), 1985.

_____, 『夢創力: 人間「谷村新司」から何を学ぶのか』, 東京: 創英社, 2010.

藤田明史, 「平和のモデルとしての音楽」, 『芸術と平和』, 早稲田大学出版部, 2004.

鈴木明, 「PAX MUSICA　響け、アジアのサウンド鼓動や」 (1) [三人のス―
　　　　パースター出会い], 『VOICE』, 1984. 10.

_____, 「PAX MUSICA　響け、アジアのサウンド鼓動や」 (4) [さまよえる香

港人の歌声」, 『VOICE』, 1985. 1.

富澤一誠, 「第108回　Pax Musica　アジアでの連帯感」, 2006.
　　　　　http://www.slownet.ne.jp/sns/area/culture/reading/tomi_reading
　　　　　/200611131340-1000000.html)

　　　　, 「第154回　長崎でPax　Musica」, 2007.
　　　　　http://www.slownet.ne.jp/sns/area/culture/reading/tomi_reading
　　　　　/200612291054-3000004.html)

　　　　, 「第155回　谷村新司に長崎でのPax Musicaを依頼」, 2007.
　　　　　http://www.slownet.ne.jp/sns/area/culture/reading/tomi_reading
　　　　　/200612291055-3000000.html)

石原慎太郎, 「NO」と言える日本』, 光文社, 1989.

　　　　, 『「NO」と言えるアジア』, 光文社, 1994.

水野浩二, 「ヨンピル日本版? 韓国でレコード発売」, 『週刊アエラ』, 1988. 12.
　　　　28. 7면.

村上雅子, 「谷村新司(有名人の告白)」, 『現代』 35/8, 東京: 講談社, 1999.

平泉金弥, 「平和研究における音楽の可能性」, 『芸術と平和』, 早稲田大学出版
　　　　部, 2004.

Ching, Leo, "Globalizing the Regional, Regionalizing the Global: Mass Culture
　　　　and Asianism in the Age of Late Capital", *Public Culture* 12/1, Duke
　　　　University Press 2000.

남기정, 「일본의 반원전 운동-기원으로서 베트남전쟁 반대운동과 '생활평화
　　　주의'의 전개」, 『역사비평』 104호, 2013.

＿＿＿, 「일본 전후 평화주의의 원류-전후적 의의와 태생적 한계」, 『일본연구』
　　　2집, 2008.

박정진, 「재일조선인 북송문제와 일본인의 귀국협력」, 『사회와 역사』 91집,
　　　2011.

＿＿＿, 「일본의 한일회담 반대운동」, 국민대학교 일본연구소 편 『외교문서
　　　공개와 한일회담의 재조명 1』, 선인출판사, 2010.

今堀誠二, 『原水爆禁止運動』, 三一新書, 1974.

＿＿＿, 『原水爆時代　上』, 三一新書, 1960.

吉川勇一, 『コメンタール戦後50年第4巻　反戦平和の思想と運動』, 社会評論
　　　社, 1995.

道場親信, 『占領と平和　＜戦後＞という経験』, 青土社, 2005.

藤原修, 『原水爆禁止運動の成立　戦後日本平和運動の原像』, 明治学院国際平
　　　和研究所, 1991.

森滝市郎, 『反核30年』, 日本評論社, 1976.

水口宏三, 『安保闘争史　一つの運動論的総括』, 社会新報, 1968.

日本平和委員, 『平和運動二〇年資料集』, 大月書店, 1965.

田畑忍編著, 『近現代日本の平和思想　平和憲法の思想的源流と発展』, ミネル
　　　バ書房, 1997.

畑田重夫, 「日韓会談反対闘争の展開とその歴史的役割」, 『アジア・アフリカ
　　　講座　日本と朝鮮』 第3巻, 勁草書房, 1965.

池山重朗, 『危機からの脱出：平和運動入門』, 合同新書, 1963.

개번 매코맥(이기호·황정아 옮김), 『종속국가 일본』, 창비, 2008.

김미덕, 「한국 문학에서 기지촌 성매매 여성과 아메라시안에 대한 연구」, 『아시아여성연구』, 46권 2호, 2007.

남기정, 「한국전쟁과 일본: '기지국가'의 전쟁과 평화」, 『평화연구』 9호, 2000.

다큐인포, 『부끄러운 미군문화 답사기』, 북이즈, 2004.

배윤기, 「제주해군기지 건설에 대한 로컬 기반의 이해와 로컬리티의 정치」, 『한국민족문화』 43호, 2012.

이나영, 「기지촌의 공고화 과정에 대한 연구(1950~60): 국가, 성별화된 민족주의, 여성의 저항」, 『한국여성학』 23권 4호, 2007.

정근식·전경수·이지원 편저, 『기지의 섬 오키나와』, 논형, 2008.

정영신, 「동아시아에서 점령의 문제와 점령기 인식」, 정근식·전경수·이지원(편저), 『기지의 섬 오키나와』, 논형, 2008.

_____, 「동아시아의 안보분업구조와 반기지운동에 관한 연구」, 서울대 박사학위 논문, 2012.

정일준, 「미국제국과 한국: 한미관계를 넘어서」, 『사회와 역사』 96집, 2012.

진필수, 『오키나와문화론: 미군기지와 촌락공동체』, 민속원, 2011a.

_____, 「하토야마내각에 있어 후텐마기지 반환문제와 미일안보체제의 재인식 – 오키나와 주민들의 시점」, 『사회와 역사』 92집, 2011b.

한영혜, 『일본의 지역사회와 시민운동』, 한울, 2004.

후지메 유키(양동숙 옮김), 『히로시마만의 군사화와 성폭력: 여성사에서 본 이와쿠니 미군사기지』, 논형, 2013.

高橋明善, 『沖縄の基地移設と地域振興』, 日本経済評論社, 2001.

本間浩, 「沖縄米軍基地と日米安保条約·在日米軍地位協定: 國際法学からの検討」, 浦田賢治(編著), 『沖縄米軍基地法の現在』, 一粒社, 2000.

本田博利, 『岩国の海と山をめぐる法律問題』, 媛大学法文学部総合政策研究科, 2010.

山口県(編), 『山口県史 資料編 現代2 県民の証言 聞き取り編(語り手: 河野勳)』, 山口県, 2000.

小熊英二, 『1968(下): 叛乱の終焉とその遺産』, 新曜社, 2009.

岩国基地沖合移設促進既成同盟会(編), 岩国基地の概要及び沖合移設について」, 岩国市, 2011.

岩国市総合政策室基地対策課 編,『岩国と基地』, 山口県岩国市, 2010.

忍草母の会,『北富士の戦い: 忍草母の会の42年』, お茶の水書房, 2009.

庄司潤一郎,「朝鮮戦争と日本の対応: 山口県を事例にして(続)」,『防衛研究所 紀要』第8券 第3号, 2007.

猪俣浩三・木村禧八郎・清水幾太郎,『基地日本』, 和光社, 1953.

井原勝介,『岩国に吹いた風』, 高文研, 2009.

中達啓示,「利益誘導型基地運動の登場: 国基地沖合移設はなぜ成功したのか」, 『地域社会と国際化』, 中国新聞社, 1998.

中国新聞社,『基地イワクニ』, 中国新聞社, 1996.

池田慎太郎,「日米同盟と地方政治: 岩国基地問題を事例にして」,『Hiroshima Journal of International Studies』vol. 14, 2008.

_____,「朝鮮戦争・ベトナム戦争と"基地の街"岩国」,『六十年代論の再構築』, 同時代史学会 2009년도연차대회 발표논문집, 2009.

沖縄県基地公室基地対策課,『沖縄米軍及び自衛隊基地(統計資料集)』, 沖縄県, 2012.

浅野一弘,「在日米軍再編の現状と課題: 岩国市の住民投票を中心に」,『現代日本政治の現状と課題』, 同文館, 2007.

Enloe, C. *Does Khaki Become You?: The Militarization of Women's Lives*, South End Press, 1983.

Enloe, C., *Bananas, Beaches & Bases*, Univ. of California Press, 1989.

Molasky M.S., *The American Occupation of Japan and Okinawa: Literature and Memory*, Routledge, 1999.

권혁태, 「'국경' 안에서 '탈/국경'을 상상하는 법: 일본의 베트남 반전운동과 탈영병사」, 연세대학교 국학연구원, 『동방학지』 157권, 2012.

남기정, 「한국전쟁과 일본: 기지국가의 전쟁과 평화」, 『평화연구』 9호, 2000.

_____, 「베트남 '반전탈주' 미군병사와 일본의 시민운동: 생활세계의 전쟁과 평화」, 단국대학교 일본연구소, 『일본학연구』, 36호, 2012.

박지환, 「불안정과 재미의 정치: 2000년대 일본의 시위문화와 탈원전운동」, 강원대학교 인문과학연구소, 『인문과학연구』 35호, 2012. 12.

加藤哲郎他, 『原子力と冷戦—日本とアジアの原発導入』, 花伝社, 2013.

鎌田慧, 「拒絶から連帯へ」, 『現代思想』, 2011. 10.

鎌田慧, 『六ヶ所村の記録』 上, 岩波現代文庫, 2011.

高草木光一 編, 『一九六〇年代 未来へつづく思想』, 岩波書店, 2011.

菅井益郎, 「足尾・柏崎・福島—反原発運動と反公害運動の重なりから」, 『現代思想』, 2011. 10.

吉川勇一, 「脱走兵とふつうの市民」, 『資料, 「べ平連」運動』 上, 河出書房新社, 1974.

道場親信, 『占領と平和—「戦後」という経験』, 青土社, 2005.

武藤一羊, 『ヴィジョンと現実—グローバル民主主義への架橋』, インパクト出版会, 1998.

北林寿信, 「日本を揺るがす稲わら—牛肉汚染」, 『世界』, 2011. 9.

色川大吉, 「国家幻想と草の根のはざまで」, 『潮』, 1973. 7.

色川大吉, 『昭和へのレクイエム—自分史最終篇』, 岩波書店, 2010.

小松左京, 「平均的人類の願い—『日米市民会議』に参加して」, 『資料, 「べ平連」運動』 上, 河出書房新社, 1974.

小熊英二, 『1968』 下(叛乱の終焉とその遺産), 新曜社, 2009.

小熊英二, 『社会を変えるには』, 講談社現代新書, 2012.

小田実, 「人間, ある個人的考察」, 『資料, 「べ平連」運動』 上, 河出書房新社, 1974.

小田実, 「ふつうの市民にできること—『公』と『私』の問題」, 『資料, 「べ平連」運動』 上, 河出書房新社, 1974.

水口憲哉, 「まぐろと放射能」, 『世界』, 2011. 9.

五月社編集部, 『反原発労働運動—電産中国の闘い』, 五月社, 1982.

雨宮処凛, 「デモのある生きづらくない街」, 『世界』, 2012. 9.

作田啓一, 「われらの内なる戦争犯罪者」, 『戦後日本思想大系』第4, 筑摩書房, 1968.

足立正恒, 「現代市民主義の展開と限界―小田実氏の思想と『べ平連』」, 『文化評論』, 1974. 2.

与那覇潤, 『中国化する日本―日中「文明の衝突」一千年史』, 文芸春秋, 2011.

天野正子, 『「生活者」とはだれか―自律的市民の系譜』, 中公新書, 1996.

平井啓之 訳, 『方法の問題』, 人文書院, 1962.

広野広, 「『市』を越える『村』の論理を」, 『市民』, 第3号, 1971. 7.

현대일본생활세계총서 **7**

전후 일본의 생활평화주의

필자약력

남기정

서울대학교 일본연구소 HK교수. 현대일본의 정치와 외교를 전공했고, 최근에는 동아시아 냉전사 속에서 일본의 평화운동을 자리매김하는 데 관심을 갖고 연구하고 있다. 편저로는 『전후 일본, 그리고 낯선 동아시아』, 논문으로는 「베트남 '반전탈주' 미군병사와 일본의 시민운동: 생활세계의 전쟁과 평화」 등이 있다.

서동주

이화여자대학교 이화인문과학원 HK교수. 전공분야는 일본근현대문학, 표상문화연구이다. 주요 업적으로는 『전후의 탄생』, 『전후일본의 보수와 표상』 등의 공저와 「1938년 일본어연극 〈춘향전〉의 조선 '귀환'과 제국일본의 조선 붐」, 「새로운 전쟁과 일본 전후문학의 사상공간」 등의 논문이 있다.

이은경

서울대학교 일본연구소 HK연구교수. 최근의 주된 연구주제는 일본 근현대사 중에서도 여성의 운동과 생활, 근현대를 관통하는 문화의 형성 등에 관한 것으로, 근대 여성잡지와 신문 텍스트 등을 주된 자료로 사용하고 있다. 공저로 『일본사의 변혁기를 본다』, 『현대일본의 전통문화』, 『전후일본의 지식풍경』 등의 연구서와 「근대 일본 여성과 '제도부흥'(帝都復興)」, 「다이쇼기 일본 여성운동의 조직화와 노선갈등」 등의 논문이 있다.

박이진

　성균관대학교 동아시아학술원 HK연구교수. 일본근현대문학을 전공했고, 최근에는 식민지 출신 귀환 작가들의 일본 전후문학 내에서의 위상 정립에 관심을 갖고 연구하고 있다. 주요 업적으로『오에 겐자부로 작가자신을 말하다』(공역),『韓國における日本文學飜譯の64年』(공저) 외에「귀환자(引揚者)의 '전후'」,「전후일본의 이방인들」등의 논문이 있다.

박진우

　계명대학교 사학과를 졸업. 일본 츠쿠바대학 지역연구과 석사과정 수료. 히도츠바시대학 사회학연구과 박사과정 수료. 영산대학교 국제학부를 거쳐 현재 숙명여자대학교 일본학과 교수. 일본천황제 문제와 역사인식에 대해 관심이 있다. 저서로는『근대일본 형성기의 국가와 민중』,『21세기 천황제와 일본』,『함께 읽는 동아시아 근현대사』(공저) 등이 있다.

이경분

　서울대학교 일본연구소 HK연구교수. 독일 마르부르크대학교에서 망명 음악연구 논문으로 음악학 박사를 취득했다. 저서로는『Musik und Literatur im Exil』,『망명음악 나치음악』,『프로파간다와 음악 – 나치방송정책의 '낭만적 모더니즘'』,『전후 일본, 그리고 낯선 동아시아』(공저), 논문으로「영화음악으로 해석한 일제강점기 영화〈半島の春〉」(2012),「식민지 조선의 음악문화에 나타난 쇼와천황의 청각적 이미지」(2012) 등이 있다.

박정진

   일본 쓰다주쿠(津田塾)대학 국제관계학과 교수. 냉전기 북한과 일본의 관계를 중심 테마로 동아시아 외교사를 전공해왔고, 최근에는 '한반도와 일본'의 관계라는 관점에서 한일관계와 북일관계를 통합적으로 이해하고 재평가하고자 하는 시도를 하고 있다. 저서로는 『日朝冷戰構造の誕生 1945- 65』, 『帰国運動は何だったのか 封印された日朝関係史』(편저), 역서로는 『일본 전후 정치사: 일본 보수정치의 기원과 전개』, 논문으로는 「한일관계와 북일관계 1950-57」 등이 있다.

진필수

   서울대 일본연구소 HK연구교수. 최근에는 오키나와. 일본, 한국에 대한 비교문화론적 연구와 함께 섬과 해양을 통해서 보는 동아시아 연구로 관심을 확대하고 있다. 저서 『오키나와 문화론: 미군기지와 촌락공동체』(공저) 『기지의 섬 오키나와』, 『경계의 섬 오키나와』, 『나무를 껴안아 숲을 지킨 사람들』 등이 있다. 최근의 논문으로는 「오키나와의 무라아스비(村遊び)와 전통예능의 전승양상」, 「하토야마 내각에 있어 후텐마기지 반환문제와 미일안보체제의 재인식 – 오키나와 주민들의 시점」 등이 있다.

IJS 서울대학교 일본연구소
현대일본생활세계총서 **7**

전후 일본의 생활평화주의

초판1쇄 인쇄 2014년 05월 26일
초판1쇄 발행 2014년 05월 31일

저 자 남기정 외
발행인 윤석현
발행처 도서출판 박문사
등 록 제2009-11호
전 화 (02)992-3253(대)
전 송 (02)991-1285
주 소 서울시 도봉구 창동 624-1 북한산현대홈시티 102-1106

편 집 자 주은혜
책임편집 김선은
전자우편 bakmunsa@hanmail.net
홈페이지 http://www.jncbms.co.kr

ⓒ 서울대학교 일본연구소, 2014. Printed in Seoul KOREA.

ISBN 978-89-98468-31-6 93340   **정가** 22,000원